책 좋아하는 아이 만들기

국립중앙도서관 출판시도서목록(CIP)

책 좋아하는 아이만들기 : 독서 지도의 이론과 실제 /
임성관 지음. ── 서울 : 시간의물레, 2008
　　p. ;　　cm

ISBN　978-89-91425-64-4 93010 : ₩30000

독서 지도[讀書指導]

029.8-KDC4
028.5-DDC21　　　　　　　　　　CIP2008003651

책 좋아하는 아이 만들기

- 독서지도의 이론과 실제 -

임 성 관

시간의 물레

머리말

나는 정말 책을 좋아했다. 책을 쉽게 구해 볼 수 없는 시골에서 자랐고, 학교도서관은 물론 공공도서관 시설도 거의 경험하지 못하며 컸지만, 마음 한 구석에는 늘 책에 대한 갈망이 있었다. 그래서인지 운명은 나를 독서교육과 독서치료라는 분야로 이끌어, 이제는 평생을 책과 함께 보낼 수밖에 없게 만들었다.

이런 내 모습을 주변의 여러 분들은 참 행복해 보인다고들 한다. 그도 그럴 것이 가장 좋아하는 책을 매일 재미있게 읽을 수 있고, 이를 바탕으로 교육과 치료 등의 목적으로 사람들을 만나 도움도 드리니, 너무나 당연한 결과이다. 누구든 좋아하는 일을 하면 지치지도 않고 새로운 생각이 자꾸 떠오른다고 하는데, 지금의 내 모습이 그럴 것이다. 매일 새 책이 출간되는 것처럼, 매일 새로운 샘물이 솟아나는 것처럼 말이다.

책을 좋아하는 마음, 아이들을 좋아하는 마음, 아이들도 책을 좋아했으면 싶은 마음으로 10년을 넘게 공부하고 연구했으며, 현장에서 교감도 나누었다. 그러면서 내린 결론 한 가지는 아이들에게 다양한 분야 및 방법으로의 접근을 시도해야 한다는 점이다. 그러기 위해서는 우선 가정과 학교, 사회의 독서환경이 만들어져야 하는데,

다행스럽게도 이 부분은 이미 충족된 면도 많고, 점점 나아지고 있다. 따라서 우리 독서교육가들은 그런 자원들을 활용해 아이들에게 무엇을, 어떻게, 왜 주려하는 가에 대한 고민만 진지하게 하면 된다.

이 책은 그런 고민을 통해 나온 여러 교육 방안들을 엮은 것이다. 논술 시험을 잘 보거나 글쓰기 대회에서 상을 받기 위해 기교만 가르치는 교육이 아니라, 진정으로 책을 좋아하는 아이로 만들기 위한 목적으로 계획하고 실시된 내용들인 것이다. 다루고 있는 내용은 아이들이 처해 있는 독서교육환경에 대한 점검에서부터, 독서능력과 흥미의 발달단계 고찰, 나아가 창의력, 동요 및 동시, 미술, 음악, 연극놀이, 책 만들기(북 아트), 신문 활용 교육(NIE), 다매체교육(MIE), 글쓰기 및 논술을 망라했다. 이는 오늘날의 독서교육이 과거의 글쓰기에만 머물러 있지 않고, 다양한 분야로 확장·연계되어 있음을 반증해 주기도 한다.

따라서 이 책은 이렇게 활용하셨으면 한다. 우선 각 장에서 부족하게 다루어진(혹은 아예 다루어지지 않은) 이론들은 다른 책들을 반드시 참고하시라. 필자는 어디까지나 '독서교육'의 관점에서 여러 분야를 다루었기 때문에, 그 쪽 분야만을 떼어놓고 보자면 부족한 면이 많을 것이다. 그러니 찾아 읽기를 게을리 하지 마시고, 더불어 실제적인 면들은 충분한 실습 후에 활용하시면 좋겠다. 아이들과의 교육 장면에서는 여러 변수가 발생한다. 그렇기 때문에 경험을 많이 해봐야 그런 상황들이 발생해도 적절하게 대응할 수 있을 것이다.

더불어 필자가 인용한 자료들 가운데 출처를 끝내 확인할 수 없었던 것도 있음을 밝힌다. 워낙 좋은 자료여서 독서교육 현장에 계신 선생님들께 알리고 싶은 욕심이 앞선 것이라고, 잘 활용되면 좋은 일이라고 생각해 주셨으면 한다.

책 좋아하는 아이 만들기, 이 일은 어느 한 사람의 힘으로 할 수 있는 일이 아니다. 또한 단기간 내에 할 수 있는 일도 아니다. 그러니 꾸준하고 창의적인 활동으로 아이들 스스로가 책을 좋아할 수 있게 만들어 주자. 우리 어른들의 관심으로 말이다.

2008년 8월 연구소에서
임성관

차 례

제1장

독서교육의 이해 및
독서교육환경

1. 독서교육의 이해

독서는 저자가 자신의 지식과 사상을 기호화 시켜놓은 것을 독자가 해독해 나가는 과정이라고 할 수 있으며, 이 과정에서 저자의 사상과 독자의 스키마 양자 간의 상호작용을 통해 저자의 사상은 독자에게 새롭게 재구성된 의미로서 전달된다. 이러한 과정을 통하여 독자는 지적능력과 창의력 및 사고력을 키울 수 있으며, 정서를 함양할 수 있을 뿐만 아니라, 나아가 새로운 문화발전의 창달에도 기여할 수 있다. 즉, 불완전한 존재인 인간이 독서라는 행위를 통해 자신의 부족한 부분을 보충해 나감으로써, 스스로의 능력 향상을 기할 수 있음은 물론 사회에도 이바지할 수 있다.

이와 같은 효과 때문에 우리는 독서가 매우 중요하다고 말하며, 특히 자라나는 어린이들에게 강조하는 경향이 있다. 어린이의 교육에 관심을 갖고 있는 부모나 교사, 사서는 독서의 중요성을 강조하면서 독서를 습관화시킬 것을 권하고 있지만, 이것은 단순히 글을 읽을 수 있는 능력만으로 이룰 수 있는 것은 아니다. 또한 독서의 기술이나 태도도 역시 적절한 지도아래 바람직하게 형성되어야 할 필요가 있다.

그러나 이러한 독서의 필요성과 중요성에 비추어 볼 때 우리나라에서의 독서지도 또는 교육은 큰 관심을 끌지 못하다가, 7차 교육과정에 들어와 자기 주도적으로 자신의 삶을 영위하는데 필요한 지식과 정보의 획득 수단으로 강조된 면이 있다. 그와 더불어 사회적인 독서환경도 체계를 잡아나가고 있는데, 그렇다면 먼저 독서교육의 필요성과 목적을 살펴보자.

1) 독서교육의 필요성

(1) 자기 주도적 학습 능력을 신장시킨다!

경험은 인간을 성장하게 만든다. 그렇기 때문에 우리는 살아가면서 많은 경험을 할 필요가 있는데, 한정된 공간과 시간 속에서 모든 경험을 한다는 것은 불가능하다. 따라서 책이야말로 시공간을 초월해 세상의 여러 일들을 간접적으로 경험할 수 있는 가장 좋은 매체라 할 수 있다. 이처럼 인간은 책을 통해서 지식과 학문을 배우는 것은 물론, 많은 경험을 하며 발전할 수 있는 원동력을 얻게 된다. 결국 책은 새로운 것들을 가르쳐 주는 정다운 벗과 스승의 역할을 해준다.

21세기는 지식과 정보가 폭발적으로 넘쳐나는 시기이다. 따라서 인간이 인간답게, 보람 있게, 유능하게 살아가기 위해 익혀야할 수많은 내용들을 학교교육이 다 감당할 수 없게 되었다. 이제 학교는 학생들이 자기 주도적으로 자신의 삶을 영위하는데 필요한 지식과 정보를 획득할 수 있는 학습 능력을 키워주어야 한다. 그런데 독서는 이상적인 자기 학습의 능력을 가능케 해 줄뿐만 아니라, 자기의 경험과 사색의 고도화를 조력해 준다. 따라서 21세기 인간상이 지녀야 할 자기 주도적 학습 능력을 습득하는데 유용한 방법이 된다.

(2) 창의성을 발달시킨다!

독서는 이성적인 사고를 찾아가는 꽤 어려운 과정이라 할 수 있다. 그러므로 이성적인 사고를 통해 저자의 사상을 이해하는 것, 그것을 내 삶에 반영하는 것이 쉽지 않은 일인데, 이성적인 사고를 통해 인간은 비로소 새로운 생각과 새로운 의미를 창출할 수 있다. 새로운 의미를 창출하는 것은 창의성에 기반을 둔다. 따라서 독서는 창의성을 발달시키는 훌륭한 방법이 되는 것이다.

(3) 지식 생성력을 길러준다!

지식 생성력은 말 그대로 새로운 지식을 만들어 내는 능력이다. 지식기반 사회의 특징은 지식의 생성과 소멸이 빠른 속도로 일어나기 때문에, 여러 정보들을 바탕으로 새로운 지식을 만들어 내는 능력이 절실히 요구된다. 그런데, 독서를 많이 하면 할수록 학습의 전이가 촉발되어 새로운 지식을 만들어내는 능력이 함양된다.

(4) 구성주의적 교육관에 부합한다!

구성주의 교육관은 구성주의 인식론에 그 뿌리를 두고 있다. 구성주의 인식론의 핵심 주장은 지식은 '발견'되는 것이 아니라 '구성'된다는 것이다. 구성주의는 지식이 인식의 주체와는 별개로 객관적으로 존재하며, 인식 주차는 그것을 단지 발견하는 역할을 할 뿐이라는 객관주의를 거부하는 데서 출발한다. 지식 혹은 대상의 본질은 인식 주체의 필요와 목적, 상황, 선입견, 기대 지평, 스키마 등에 따라 서로 다르게 구성된다는 것이다. 카시오페아 별자리를 형성하는 다섯 개의 별이 지구로부터 서로 매우 다른 거리에 떨어져 있음에도 사람들은 그것을 같은 거리에 있는 W자로 인식하는 것처럼, 지식은 실재적 현상과는 달리 인식 주체의 머릿속에서 구성되는 것으로 보는 것이다. 그리고 한 번 구성된 지식이라 할지라도 고정 불변으로 남아 있는 것이 아니라, 상황에 따라 변화와 수정을 거듭하는 것으로 본다. 이런 점에서 인간을 객관적인 지식의 소유자 혹은 대상의 본질을 꿰뚫어 볼 수 있는 이성의 소유자로 보지 않고, 지식이 만들어지는 과정의 참여자이며 끊임없이 지식을 수정하고 확충해 감으로써 점진적으로 성장해 가는 존재로 보는 것이다. 지식의 다양성에 대한 용인과 장려는 교육의 본질에 대한 관점과 맥이 닿아 있다. 구성주의 교육관에서는 필요한 지식은 사람에 따라 다양할 수 있으므로 지식자체보다는 새로운 문제 사태에 직면하여 그 문제를 해결하는 데 필요로 하는 지식을 주체적으로 구성할 수 있는 능력을 길러 주는 것을 교육의 궁극 목적으로 본다.[1] 따라서 독자는 어떤 필요와 목적에 따라 행하는 독서를 통해 자신에게 적합한 어떤 의미를 구성할 것이다.

(5) 평생 학습 능력을 신장시킨다!

21세기의 교육은 학교뿐만 아니라 학교 밖에서 이루어지는 사회교육이 밀접한 연관을 맺으며 상호 보완해 나가야 한다. 특히, 삶의 질 향상에 따라 평생에 걸친 교육기회가 확대되고, 일반 교양교

---

[1] 이성영, 『구성주의적 읽기 교육의 방향』, 한국초등국어교육, Vol.18 No. -. 2001.

육과 전문교육의 조화와 균형이 요구되는 오늘날에는 평생 학습 능력 신장을 위해서도 독서교육이 매우 중요하다. 독서는 교양을 갖춘 인간 형성의 목적을 달성케 할뿐만 아니라, 취미와 오락의 기회를 제공해주기 때문이다.

(6) 올바른 가치관 형성을 돕는다!

지금의 청소년들은 흔히 N세대 혹은 M세대라고 한다. 그들은 인터넷과 동영상, 그리고 MP3를 생활도구화 하여 살아간다. 그들은 뚜렷한 개성을 추구하면서도, 월드컵에서 보여준 거대한 응집력을 지니고 있다. 그런데, 영상세대답게 즉흥적이고 감각적이며 사색과 숙고를 싫어한다. 그런데 독서는 내가 지금까지 알지 못하고 있던 것을 깨닫게 해주고, 새로운 감동과 느낌을 준다. 때로는 한 권의 책을 읽음으로써 훌륭한 분의 일생을 본받게 되고, 때로는 한평생 마음에 두고두고 간직할 귀중한 감동도 받게 된다. 그래서 책은 훌륭한 스승도 되면서도 정다운 벗이 되는 것이다. 다시 말하면, 책은 우리에게 건전한 정신을 갖게 하고 교양을 얻게 하며 수양을 쌓게 한다. 따라서 독서교육이 필요하다.

(7) 건전한 여가 선용의 장(場)이 된다!

우리의 생활을 더욱 즐겁고 보람 있게 보내는 일을 여가 선용이라고 한다. 지금 청소년들은 자칫 탈선할 수밖에 없는 유해한 환경들에 무방비로 노출되어 있다. 특히, 청소년들이 건전한 여가를 보낼 수 있는 공간도 턱없이 부족한 형편이다. 그런데 독서는 생활을 즐겁고 보람 있게 해 준다. 독서는 정말 중요한 여가 선용의 길이 되는 것이다. 시, 소설, 위인전, 희곡, 과학, 역사, 예술, 종교 등에 관한 독서를 통하여 학생들은 자신도 모르는 사이에 삶이 참으로 값있는 것이라는 생각을 갖게 된다. 따라서 시간이 날 때마다 언제나 반겨주는 책을 읽음으로써 여가를 보내게 한다면, 가장 건전하면서도 효율적으로 시간을 활용했다 할 수 있을 것이다.

2) 독서교육의 목적

(1) 어린이의 독서능력과 흥미의 발달을 도모한다.

독서는 어린이들의 독서능력과 흥미 발달을 돕는다. 따라서 독서를 즐겁고 유익하게 할 수 있는 방법을 가르치는 독서교육 역시 능력과 흥미 발달에 기여한다.

(2) 어린이의 당면문제를 본인이 독서에 의하여 해결하도록 한다.

독서는 어린이들이 겪을 수 있는 여러 문제들을 스스로 해결할 수 있는 힘을 제공한다. 책은 세상의 여러 일들을 간접 경험할 수 있는 가장 편리한 매체이다. 따라서 그런 책을 읽는 행위는 다양한 경험을 쌓을 수 있는 길이며, 그렇게 쌓인 경험들은 스스로 문제를 해결할 수 있게 돕는다. 이 목적은 오늘날 독서치료라는 분야에서도 중요하게 다루어지는데, 평소 독서를 열심히 하면 예방을 할 수 있다는 이론으로 설명된다.

(3) 어린이의 교양을 높이도록 한다.

교양을 뜻하는 영어 'culture'의 원뜻은 '경작(耕作)'이고, 독일어의 'Bildung'은 '형성'이라는 뜻임을 보아도 알 수 있듯이, 여기에는 인간정신을 개발하여 풍부한 것으로 만들고 완전한 인격을 형성해 간다는 뜻이 포함되어 있음을 알 수 있다. 이러한 노력은 시대마다 일정한 문화이념에 입각해서 이루어지므로 교양의 내용은 시대 또는 민족에 따라 달라지는데,[2] 책은 다양한 분야의 지식과 정보를 담고 있기 때문에, 여러 주제 분야의 책을 읽으면 그만큼 많은 지식과 정보를 얻을 수 있다. 교양은 살아가며 여러 관계를 맺는데 있어 매우 중요하기 때문에, 이 목적만 이야기 하더라도 매우 중요하다 할 수 있겠다.

(4) 독서를 건전한 레크리에이션으로 이끈다.

현대를 살아가는 많은 어린이들은 컴퓨터나 텔레비전 PMP, 휴대폰 등의 영상 기기 매체를 통해 영상 및 게임을 즐기느라 독서를 소홀히 하는 경향이 있다. 물론 시대가 변했고 세대 또한 변했으니 추구하는 매체가 달라지는 것도 당연하다. 하지만 좋은 면보다는 폐해가 더 크다는 보고들을 보면, 여전히 독서야말로 가장 건전하면서도 도움이 되는 활동임에 분명하다. 하지만 여기서 한 가지 짚고 넘어갈 점은, 독서는 결코 '여가'여서는 안 된다는 것이다. '생활독서', 즉, 하루라도 책을 읽지 않으면 입 안에 가시가 돋는다고 말씀하신 안중근 의사처럼, 매일매일 해야 하는 일이다.

---

[2] 인터넷 포털 사이트 네이버 백과사전에서 인용한 내용입니다.

2. 독서교육 환경

'인간은 환경의 지배를 받는다'라는 말이 있다. 이러한 절대적 결정론은 사실 위험하기 때문에 복합적으로 사고하는 것이 맞겠지만, 사회 제반적 환경, 즉 교육, 종교, 사회제도, 생활 근거지, 가정의 분위기 등 많은 것들이 우리 삶에 영향을 주는 것은 사실이다. 특히 이 말은 조기자녀교육을 주창하는 이들 사이에서도 많이 사용되고 있는데, '스펀지'처럼 주어지는 대로 흡수해 버리는 유아·아동기의 특성에 맞는 환경의 제공을 이야기하곤 한다. 그들이 자주 인용하는 사람 중에 맹자의 어머니가 있다. 그녀는 환경에 따라 행동하는 아들의 인성과 교육을 위해 세 번 이사를 통해 훌륭한 아들을 만들어 냈다는 신화적인 인물이다. 비단 교육과 관계된 예나 맹자의 어머니를 들먹이지 않더라도 환경이 미치는 영향에 대해서는 뉴스 등을 통해서도 쉽게 접할 수 있고, 또한 충분히 수긍도 할 수 있는 부분이다.

그렇다면 독서교육은 어떨까? 이 역시 필자는 환경의 영향을 많이 받을 수밖에 없다고 생각한다. '세 살 버릇 여든까지 간다'라는 속담으로 인해, 세 살 나이에 형성된 독서습관이 평생 동안 유지될 수 있도록 많은 부모님들이 가정 내에서 노력을 하는 것이나, 어린이 도서관의 건립, 공공도서관·학교도서관의 설립과 여러 활동들은 결국 어린이들에게 적절한 독서교육 환경을 제공해 주기 위한 노력인 것이다. 하지만 이 역시 스스로 실천하고 노력하는 이들만 가질 수 있는 혜택인 것은 자명한 사실이다. 따라서 필자는 대한출판문화협회와 문화관광부에서 발표 된 지난 한 해 동안의 출판통계와 국민 독서실태 자료를 통해 독서 실태와 독서환경들에 대한 부분을 먼저 살펴보고, 그에 대한 대안으로 가정에서 실천할 수 있는 독서교육 지침과 공공·학교도서관에서의 독서교육도 살펴보고자 한다.

1) 아동출판 환경(대한출판문화협회 2007년 출판통계 자료)

2007년 한 해 동안 출협을 통해 납본된 도서는 5만 3,225종(만화 포함), 1억 6,754만 7,871부로 지난해 같은 기간에 비해 종수는 16.9% 증가했고, 부수는 48.1%가 증가했다. 한 종 당 평균 발행부수는 3,148부, 한 권당 책값은 1만 1,877원, 평균 책의 두께는 262쪽으로 집계되었다. 평균 발행부수는 26.7%가 늘었고, 정가는 2.9%가 증가했으며, 책의 두께는 0.5%가 감소된 것으로 나타났다.

(1) 분야별 발행 종 수 현황

지난 해 발행 종수는 총 5만 3,225종이었다. 이 가운데 총류 분야가 161% 증가하여 가장 크게 늘어난 분야로 나타났다. 또한 종교는 70%, 철학은 55.2%, 아동은 42%의 증가를 보였다. 반면 기술과학은 유일하게 11%가 감소한 분야가 됐다. 이 가운데 문학은 9,864종 발행되어 전체 발행 종수의 18.53%를 차지, 아동(9,515종)을 제치고 가장 많이 발행된 분야로 나타났다. 이밖에 만화(9,040종), 사회과학(7,027종) 순으로 나타났다. 반면, 총류는 663종 발행되어 순수과학 699종과 더불어 가장 발행 양이 적은 분야로 또 다시 집계되었다.

(2) 분야별 발행 부수 현황

발행 부수의 경우 총 1억 6,754만 7,871부로 집계되어 전년(1억 1,313만 9,627부) 대비 48.1%의 증가를 보였다. 전년 대비 가장 많이 늘어난 분야는 아동 분야로 206.3%의 증가를 보였다. 이밖에 총류 172.4%, 종교 114.5%, 철학 52.6%의 순으로 전년보다 발행부수가 늘어난 것으로 나타났다. 반면 순수과학은 33.8% 감소되어 가장 많이 감소한 분야가 됐다.

발행부수가 가장 많은 분야로는 아동이 6,464만 775부가 발행되어 전체 발행부수의 57.13%를 차지한 것으로 나타났다. 이밖에 문학(19.35%), 만화(19.07%), 학습(16.78%) 등의 분야로 집계되었다.

(3) 종 당 평균 발행부수 3,148부, 평균정가 1만 1,877원

도서의 한 종 당 평균 발행 부수는 3,148부로 전년 같은 기간 (2,485부) 대비 26.7%가 늘었다. 종 당 평균 발행부수가 가장 많은 분야는 학습참고서로 8,267부, 가장 적은 분야는 순수과학 분야로 1,455부로 집계되었다.

도서의 평균정가는 1만 1,877원. 전년 같은 기간 대비 2.9%가 늘

어난 것으로 나타났다. 가장 비싼 분야는 기술과학으로 2만 1,109
원, 그 다음은 역사(20,810원), 순수과학(19,090원) 순이었으며, 가장
저렴한 분야는 만화(4,183원), 아동(9,383원), 학습(9,405원) 순으로
나타났다.

(4) 평균 면수는 262쪽

한 권당 평균 면수는 262쪽으로 전년도의 263쪽에 비해 0.5%가
줄었다. 가장 두꺼운 분야는 평균 401쪽의 총류 도서, 반면 아동은
평균 105쪽으로 전체 분야 가운데 가장 얇은 분야로 나타났다.

이상의 내용을 간략히 표로 정리하면 다음과 같다.

구분	발행부수(부)	평균 정가(원)	시장규모 추정금액	순위
총류	1,005,637	18,254	36,713,795,596	12
철학	2,125,001	14,513	61,680,279,026	10
종교	1,539,139	12,473	38,395,361,494	11
사회과학	9,302,706	17,777	330,748,409,124	3
순수과학	787,308	19,219	30,262,544,904	13
기술과학	4,637,466	21,034	195,088,919,688	5
예술	2,075,179	17,750	73,668,854,500	9
언어	3,581,105	15,087	108,056,262,270	7
문학	17,323,993	9,658	334,630,248,788	2
역사	1,873,392	21,346	79,978,851,264	8
아동	56,747,059	9,224	1,046,869,744,432	1
학습참고	13,408,947	9,460	253,697,277,240	4
만화	18,096,187	4,173	151,030,776,702	6
계	132,503,119	11,872	2,740,821,325,028	-

구분	신간 발행 종수			신간 발행 부수		
	2006	2007	증감율	2006	2007	증감율
총류	254	515	102.8	458,350	1,005,637	119.4
철학	826	1,066	29.1	1,696,320	2,125,001	25.3
종교	1,749	1,980	13.2	3,359,125	1,539,139	-54.2
사회과학	6,488	5,579	-14.0	9,941,622	9,302,706	-6.4
순수과학	694	565	-18.6	1,536,076	787,308	-48.7
기술과학	4,493	3,135	-30.2	6,377,662	4,637,466	-27.3
예술	1,731	1,441	-16.8	2,930,265	2,075,179	-29.2
언어	2,277	1,667	-26.8	5,917,231	3,581,105	-39.5
문학	9,667	7,752	-19.8	21,133,130	17,323,993	-18.0
역사	1,326	1,048	-21.0	2,459,589	1,873,392	-23.8
학습참고	1,830	1,749	-4.4	15,495,501	13,408,947	-13.5
아동	6,700	7,307	9.1	21,103,181	56,747,059	168.9
계	38,035	33,804	-11.1	92,408,052	114,406,932	23.8
만화	7,486	7,290	-2.6	20,731,575	18,096,187	-12.7
총계	45,521	41,094	-9.7	113,139,627	132,503,119	17.1

2) 아동의 독서실태

－문화관광부 발행 2005 독서진흥에 관한 연차보고서 내용

(1) 독서율

전국의 만 18세 이상 성인남녀 1,000명을 대상으로 실시한 『국민 독서실태조사』결과, 조사시점('04년 11월)을 기준으로 지난 1년 동안 '한 권 이상의 일반 도서를 읽었다'고 응답한 성인은 전체의 76.3%로, 성인 10명 중 2명 이상이 지난 1년 동안 '단 한 권의 책도 읽지 않은' 것으로 나타났다. 또한 전국의 초·중·고생 2,700명을 대상으로 한 학생조사 결과, 학생의 한 학기 독서율은 89.0%로 초·중·고 순으로 학교 급이 높아질수록 독서율도 감소하는 것으로 나타났다.

〈독서율〉 (단위 : %)		성인	학 생			
			전체	초등학생	중학생	고등학생
독서율	일반도서 연간 독서율 (학생=한 학기)	76.3	89.0	94.4	90.9	81.6
	일반도서 월 독서율	54.5	77.3	90.4	79.7	61.7
	만화 연간 독서율 (학생=한 학기)	22.6	74.3	89.1	69.9	63.9
	만화 월 독서율	14.8	59.3	77.2	52.7	47.9
	잡지 연간 독서율 (학생=한 학기)	47.6	32.1	25.3	33.0	37.9
	잡지 월 독서율	30.2	18.6	14.9	19.6	21.4

(자료 : 한국출판연구소)

* 연간(한학기) 독서율 : 지난 1년간(학생은 지난 한 학기) 해당도서를 1권 이상 읽은 사람의 비율
* 월 독서율 : 성인/학생 모두 지난 1개월 동안 해당도서를 1권 이상 읽은 사람의 비율

월 독서율 역시 성인의 54.5%가 지난 1개월 동안 '한 권 이상의 일반 도서를 읽었다'고 응답한 반면, 나머지 절반은 전혀 책을 읽지 않은 것으로 나타났다. 학생의 월 독서율은 77.3%로 나타났으며, 고등학생의 독서율이 초·중학생에 비해 낮은 것으로 조사되었다.

성인의 연간 독서인구 비율은 지난 '02년(72.0%)보다 4.3% 상승하였으나, '99년 이전의 독서율보다는 낮으며, 학생의 경우 한 학기 독서인구 비율은 '96년 96.7%→'99년 93.9%→'02년 89.6%→'04년 89.0%로 지속적인 감소추세를 보이는 것으로 나타났다.

(2) 독서량

지난 1년 간 단 한 권의 책도 읽지 않은 사람까지 포함하여 우리나라 성인의 연평균 독서량은 11.0권으로 지난 '02년 조사보다 1.0권정도 늘어난 것으로 나타났다. 이는 책을 읽지 않는 비 독서

인구 비율의 감소('02년 비독서자 비율 28.0% →'04년 비독서자 비율 23.7%)로 독서인구가 확대되었고, 독서인구의 연간 독서량이 지는 '02년 평균 13.9권에서 '04년 평균 14.4권으로 늘어난 결과로 해석될 수 있다.

〈독서율〉		(단위 : %)	성인	전체	초등	중학생	고등
독서량	일반도서	연간 독서량 (학생=한 학기)	11.0	11.8	19.4	9.5	6.3
		월 독서량	1.3	4.5	8.2	3.3	2.1
	만화	연간 열독량 (학생=한 학기)	12.1	18.0	16.7	15.3	21.9
		월 열독량	2.0	6.6	6.2	6.0	7.5
	잡지	연간 열독량 (학생=한 학기)	3.7	1.0	1.0	1.0	1.1
		월 열독량	0.5	0.4	0.3	0.3	0.4

(자료 : 한국출판연구소)

* 연간(한 학기) 독서량 : 지난 1년간(학생은 지난 한 학기 동안) 해당도서를 '전혀 읽지 않았다'는 사람까지 포함한 성인/학생의 1인당 평균 독서량임.
* 월 독서량 : 지난 1개월 동안 해당도서를 '전혀 읽지 않았다'는 사람까지 포함한 성인/학생의 1인당 평균 독서량임.

(3) 독서시간

독서율·독서량과 함께 주요 독서지표의 하나인 독서시간은 성인의 경우 평일 37분, 주말 27분으로 '02년 조사보다 평일은 6분이 늘어난 반면, 주말은 2분이 줄어든 것으로 나타났다.

〈독서시간〉 (단위 : 분)		성 인	학 생			
			전체	초등학생	중학생	고등학생
독서시간	평 일	37	47	52	41	46
	주 말	27	49	54	49	45

(자료 : 한국출판연구소)

* 독서시간 : 만화, 잡지, 신문을 제외한 '일반도서' 열독시간을 기준으로 함

(4) 여가 활용 시 독서의 비중

〈여가 활용 시 독서 비중〉 (단위 : %)

순위	성인		순위	초등학생	
1	TV시청	19.8	1	TV시청	18.3
2	인터넷하기	10.9	2	컴퓨터게임(집)	15.4
3	수면/휴식	7.6	3	책읽기	9.9
4	신문/잡지읽기	7.0	4	인터넷하기	9.1
5	친구모임/대화	6.9	5	체력단련/운동	8.5
6	책읽기	5.9	6	친구들과 어울림	7.4
7	체력단련/운동	4.6	7	만화책읽기	6.8
8	영화관람	3.7	8	음악 감상	5.0
9	등산	3.4	9	수면/휴식	3.4
10	컴퓨터게임(집)	3.1	10	그림그리기	2.9
순위	중학생		순위	고등학생	
1	TV시청	16.9	1	TV시청	17.3
2	인터넷하기	13.3	2	인터넷하기	16.2
3	컴퓨터게임(집)	12.8	3	컴퓨터게임(집)	10.1
4	음악 감상	7.3	4	음악 감상	6.9
5	책읽기	7.0	5	책읽기	5.4
6	만화책읽기	6.4	6	만화책읽기	5.3
7	수면/휴식	6.3	7	수면/휴식	5.0
8	체력단련/운동	5.0	8	영화관람	4.7
9	영화관람	2.8	9	체력단련/운동	4.3
10	노래방가기	2.0	10	노래방가기	3.8

(자료 : 한국출판연구소)

우리 국민들의 여가생활에서 '독서'가 차지하는 비중을 알아본 결과, 성인의 경우 'TV시청'을 한다는 응답자가 가장 많았으며, '책읽기'는 'TV시청', '친구 모임/대화', '신문/잡지 읽기', '수면/휴식', '인터넷' 다음으로 여섯 번째 비중을 차지하고 있는 것으로 나타났다.

초등학생의 경우 'TV시청'과 '컴퓨터게임'이 여가생활에서 1, 2위를 차지하고 있으며, '책읽기'는 여가활용 중 세 번째 비중을 차지하였다. 중·고등학생의 경우 'TV시청'과 '인터넷'이 거의 비슷한 비중을 차지하고 있으며, '책읽기'는 학생들의 여가활동에서 다섯, 여섯 번째 비중을 차지하는 것으로 나타났다.

(5) 가정의 독서환경

가정의 독서환경을 알아보기 위해 평소 자녀들에게 독서를 어느 정도 권하고 있는지 알아본 결과, 초등학생 이상의 자녀를 둔 부모의 과반수 이상(53.9%)이 자녀들에게 독서를 권하고 있는 것으로 나타났다.

그러나 실제로 가족들과 '독서' 관련 대화를 '자주 한다'는 응답은 '성인' 18.5%, '학생' 14.3%에 불과하여 독서가 자연스럽게 생활화될 수 있는 환경이 조성되어 있는 가정은 극히 드문 것으로 나타났다. 학생의 경우 상급학교로 갈수록 '가족 간의 독서 대화 부재' 현상이 심해지는 것으로 나타났다.

한편, 학생들의 경우 부모님이 본인의 독서에 '많은 관심을 보인다'는 응답은 초등학생 58.6% > 중학생 48.4% > 고등학생 30.4%의 순으로 상급학교로 갈수록 부모들의 자녀독서에 대한 관심도가 낮아지고 있는 것으로 나타났다.

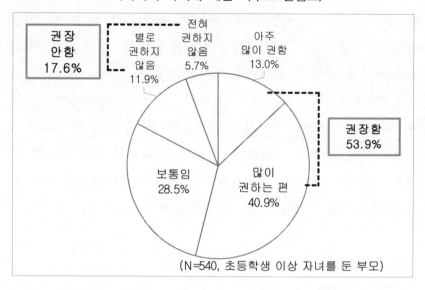

〈자녀의 독서에 대한 학부모 관심도〉

권장
안함
17.6%

별로
권하지
않음
11.9%

전혀
권하지
않음
5.7%

아주
많이 권함
13.0%

권장함
53.9%

보통임
28.5%

많이
권하는 편
40.9%

(N=540, 초등학생 이상 자녀를 둔 부모)

3) 사회적 독서환경

국민 독서 장려를 위해서는 가정의 독서환경뿐만 아니라 독서 공간 조성 등 사회적 독서환경도 매우 중요하다. 그러나 우리사회의 경우 지난 '02년과 마찬가지로 '서점', '도서 대여점', '공공도서관', '마을문고' 등 〈독서 공간〉보다는 '비디오 대여점', '노래방', 'PC방' 등 〈소비적인 대중문화 공간〉을 보다 쉽게 접할 수 있는 것으로 나타나고 있어 사회적인 독서환경은 여전히 열악한 현실을 보여주고 있다.

〈집 주변 문화 공간 실태〉 (단위 : %)		성인	학생
사례수		1,000	2,700
독서관련 문화공간	공공도서관	34.9	37.2
	서점	70.3	60.9
	도서대여점	75.9	52.7
	마을문고/작은도서관	20.2	14.3
일반 문화공간	비디오대여점	89.5	68.5
	노래방	91.5	67.0
	PC방	92.3	72.5
	비디오방/DVD방	39.3	22.4
	사회복지관	16.3	12.5
	영화관	16.6	14.9
	문화원/문화센터	17.7	12.5
	청소년 회관	12.7	9.7
	공연장	6.5	5.6
	박물관	2.2	2.3
	미술관	2.2	2.5

(자료 : 한국출판연구소)

(6) 공공도서관 이용실태

공공도서관 이용률에 대한 물음에 대해, 전체 성인 중 지난 1년간 공공도서관을 '이용해본 적이 있다'는 응답자는 24.7%로 조사되어, 지난 '02년(17.3%)보다 증가한 것으로 나타났다. 또한 학생들의 공공도서관 이용률은 평균 50.2%로 '중학생' 53.4% 〉 '초등학생' 51.6% 〉 '고등학생' 45.7%의 순으로 높게 나타났다.

한편, 공공도서관 비이용 이유로는 성인의 경우 '바빠서 이용할 시간이 없다'(38.6%)는 점이 가장 주된 이유이나, 학생들의 경우 '집에서 멀다'(30.0%), '이용할 시간이 없다'(19.9%)는 점 이외에 '읽을 만한 책이 없다'(11.0%)는 현실도 공공도서관 이용의 주된 장애요인이 되고 있는 것으로 나타났다. 또한 '학교도서관 이용'(12.1%)이라

는 응답도 상대적으로 높게 나타났다.('02년 5.6%) 이는 지속적으로
확충되고 있는 학교도서관의 순기능이 작용하는 것으로 나타났다.

공공도서관 이용자들의 도서관 만족도를 물어본 결과, '만족한다'
는 응답은 성인 38.5%, 학생 41.3%로 학생층에서 '만족한다'는 비율
이 상대적으로 높게 나타났다.

〈공공도서관 이용률 : 학생〉   (단위 : %)

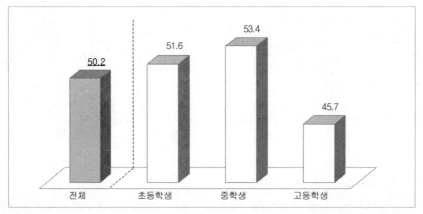

(자료 : 한국출판연구소)

(7) 학교의 독서환경

조사대상 학생들 중 '학교도서관이 있다'고 응답한 학생들은 95.4%
에 이르고 있으나, 실제로 '학교도서관을 이용한다'는 학생은 70.7%에
불과해 학교도서관이 있어도 이용하지 않는 학생이 29.3%에 달하고
있는 것으로 나타났다. 학교도서관 이용률은 역대 조사 중 가장 높
게 나타났다. 모든 학생층에서 지난 '02년에 비해서는 크게 증가한
것으로 나타났다.

학교도서관이 있어도 이용하지 않는 학생들(754명)의 경우 '읽을

만한 책이 없다'(41.4%)는 점이 가장 주된 이유이며, 그 다음은 '마음 대로 이용할 수 없다'(11.7%), '독서지도나 사서선생님이 없다'(4.2%), '대출이 불가능하다'(4.4%) 등으로, 학교도서관의 장서 부족과 이용의 불편성이 학교도서관 이용의 주된 장애요인인 것으로 나타났다. 이러한 결과는 학교도서관 설치율이나 이용률이 예전보다는 확대되었으나 아직도 학교도서관이 학생들의 '독서 공간'으로 충분히 활용되고 있지 못함을 반영하는 결과라 할 수 있겠다.

한편, "평소 선생님들이 참고서 이외의 독서를 어느 정도 권장하느냐"고 물어본 결과, '독서를 권장한다'는 긍정적 응답이 53.3%로 다수이나 '독서를 권장하지 않는다'는 부정적 응답도 14.9%로 적지 않았으며, 특히 고등학생의 경우 초등학생이나 중학생에 비해 교사의 독서지도가 소홀한 것으로 나타났다.

〈학교도서관 비 이용 이유〉 (단위 : %)

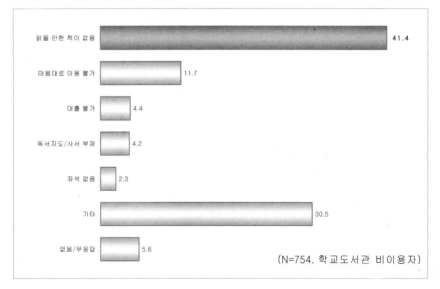

(N=754, 학교도서관 비이용자)

학교에서의 독서지도 내용으로는 '독후감 쓰기'가 50.0%로 가장 많았으며, 이외 '도서관 이용/도서분류법' 20.4%, '도서 선택과 독서 방법' 13.9%, '독서토론회 및 발표' 11.5% 등의 독서지도를 하고 있는 것으로 나타났다. 한편, 학교에서 '독서지도를 전혀 하지 않는다'는 응답도 32.5% 정도에 이르는 것으로 나타났다.

〈학교의 독서지도 내용〉 (단위 : %)

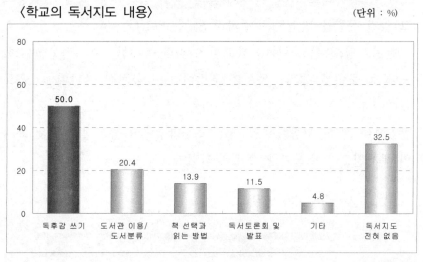

(자료 : 한국출판연구소)

3. 아동 독서교육에의 시사점

앞의 자료를 통해 살펴본 것처럼 우리나라의 아동도서 출판 양은 해마다 큰 폭의 성장세를 보이며 전체 분야 가운데 발행 부수에서는 당당히 1위를 차지하고 있다. 그런데 거기에 만화와 학습참고도서 대부분이 어린이나 청소년들에게 출판 목적이 맞춰져 있다고 본다면, 결국 우리나라 출판계에 아동도서가 차지하고 있는 비율이 어느 정도인지 알 수 있을 것이다.

이렇듯 아동도서가 많이 출판되는 이유는 여러 가지가 있겠지만, 그 가운데 가장 큰 이유라면 높은 교육열에서 나오는 자녀에 대한 관심에서 비롯된 높은 구매율이 그 첫 번째 이유이겠고, 더불어 아동시장은 거의 실패하지 않는다는 출판계의 인식 때문에 기존의 성인물만을 다루던 출판사들도 하나같이 뛰어들었기 때문이 두 번째 이유라고 하겠다.

물론 출판되는 책의 양이 많아지면 구매자(독자) 입장에서는 보다 다양한 책을 만날 수 있는 기회가 주어지기 때문에 좋은 점이 있지만, 상대적으로 좋지 않은 책들도 많아지는, 덕분에 오히려 선택의 적절성을 기해야 하는 어려움이 있기도 하다. 사실 근래 출판된 책들을 보면 어린이들에게 권하고 싶지 않은 조잡한 책들이 많기도 한데, 출판인들의 양심에만 호소하는 선에서 그칠 것이 아니라 어린이 책을 고르는 사람들의 보다 적극적인 노력도 필요하겠다. 그렇다면 어떻게 해야 끊임없이 밀려오는 아동도서와의 한 판 승부에서 이겨낼 수 있을까? 먼저 그 선택 방법에 대해 살펴보고자 한다.

1) 직접 읽어보는 것이 짱!

아동도서를 선택하는 사람들은 우선 책에 대해서 많이 알아야 하는데, 책에 관해 가장 많이 알 수 있는 좋은 방법은 책을 많이 읽는 것이다. 물론 선택 도구를 사용하거나 수상도서 목록 등을 이용하는 것도 좋지만, 그것은 선택의 첫 단계에서나 유용할 뿐이다. 그 이유는 목록의 도서 이외에도 해마다 많은 책이 출판되고 있고, 그 중에서 좋은 책을 선택하려면 책에 대해서 잘 알아야 하며, 평가하는 기술이 있어야 선택도서 목록의 범위 이외의 책도 선택할 수 있고, 또 목록에 있는 책이라도 그것을 선택도서 대상자의 특성에 따라 적절성의 여부를 결정할 수 있기 때문이다.

이렇듯 늘 책을 가까이 두고 읽으면서 전체적으로 그 책이 자신에게 미친 영향을 평가할 뿐 아니라 이야기의 배경, 관점, 등장인물, 구성, 주제, 문체 등 책의 구성요소 별로 그것들이 효과적으로 표현되어 있는지 검토하면 된다.

2) 각종 목록의 참고! – 지나치면 위험하다

앞서 이야기한 것처럼 선택도구의 한 종류로 각종 기관·단체 등에서 제시하고 있는 도서목록을 들 수 있겠다. 간혹 아동도서를 선택하는 위치에 있는 분들 가운데 이런 목록들을 너무 맹신하는 경우를 보기도 했는데, 이는 어디까지나 아동발달단계 등에 입각한 보편성에 근거한 목록들인 경우가 대부분이므로 참고만 하는 것이 좋겠다. 또한 아무리 객관성을 유지했다고는 하나 목록 결정자들의 주관이 개입되지 않을 수 없기 때문에 한 번 더 생각해보는 지혜도 필요하겠다. 실제로 우리 아이들의 수준은 제시되는 목록들의 수준에 미치지 못하기도 하다는 것이 필자의 생각이다.

3) 독서수준

요즘은 출판사에서 책을 출판할 때 아예 독서수준을 제시하는 경우가 많이 있는데, 이것을 선택자의 입장에서 그 책을 판단하는 데 이용하도록 하면 보다 효과적일 수 있다. 예를 들어 '10~12'세라고 독서수준이 제시된 책이라면 책의 선택자는 '이 책을 5학년 어린이들이 재미있게 읽을 수 있을까?', '독서기술이 좀 미숙한 5학년 아이에게도 괜찮을까?' 하는 식으로 선택자의 입장에서 제시된 독서수준을 이용하여 책을 판단하고 평가하는데 기초로 삼는 것이 무조건 그 연령의 아이에게 권하는 것보다 바람직하다. 사전에 독서진단능력테스트 등을 통해 그 아이의 적정 독서수준을 알고 있다면 적정 자료의 제시가 한결 쉽고도 정확하게 이루어질 수 있을 것이다.

4) 꼼꼼히, 그리고 천천히 훑어보기

좋은 책으로 평가되려면 성인도서에서 뿐 아니라 아동도서에서도 일정한 평가기준을 충족시킬 수 있어야 한다. 그에 따라 각각의 책은 평가기준에 따라 그 책이 갖고 있는 장점, 내용과 형태적인 면 등에서 일일이 분석되어야 하는데, 그 평가기준은 다음과 같은 것들이 있다.

⑴ 배경 - 언제 어디서 그 이야기가 벌어지고 있는 것인가?
⑵ 관점 - 누가 그 이야기를 하고 있나?
⑶ 등장인물 - 등장인물로 누가 나오는가?
⑷ 구성 - 이야기 속에서 어떤 일이 일어났나?
⑸ 주제 - 이야기의 중심 사상은 무엇인가?
⑹ 스타일 - 이야기가 어떻게 쓰여 있는가? 중심사상을 어떻게 표현하고 있는가?

5) 아동의 관심

아동도서의 선택에 있어서 꼭 짚고 넘어가야 할 부분이 바로 아동의 관심이다. 아무리 좋은 책이라 하더라도 그것을 읽어 낼 아동이 관심을 기울이지 않는다면, 결국 그 도서는 좋은 책이라 할 수 없는 것이다. 아동의 관심에만 전적으로 의존하는 것도 좋지 않지만, 아동의 관심 영역을 전혀 고려하지 않는 것 또한 좋지 않은 일이다. 아동의 관심 영역을 넓혀주면서 적정 단계로의 수준 향상도 꾀할 수 있도록 하는 것은 아동도서 선택자의 역할이라 할 수 있겠다.

이상으로 아동도서를 선택하는 방법에 대해 살펴봤다. 이제 좋은 책을 골랐으니 아이들이 재미있게 읽어주기만 하면 도서를 구입한 1차적인 목적은 이룬 셈인데, 읽는 모습만 흐뭇하게 바라보고 말기에는 책 한 권의 값이 만만치 않게 비싼 것이 사실이다. 때문에 본전 생각이 나서라도 아이들에게 이런 저런 질문이나 활동(독후감 쓰기라도)을 권해보고 싶을 것이다. 하지만 요즘 아이들의 반응은 읽는 것만도 어딘데 세상에서 제일 싫어하는 쓰기를 시킨다며 정색을 해버리고, 다음부터는 절대 어떤 책도 읽지 않을 것이라는 협박을 가해오기도 한다. 그렇다고 순순히 물러설 선택자들이었다면 처음부터 책을 권해주지도 않았을 것이란 생각이 든다. 이제 아이들과 적당한 선에서의 타협은 물론, 책에 흥미를 느낄 수 있도록 하는 방법들에 대해 생각해 보자.

4. 효율적인 독서교육의 방법

1) 개인차에 따른 지도

단순히 책을 읽었다 해서 독서라고 할 수 없다. 독서는 텍스트를 정확히 이해하는 과정이다. 그런데 텍스트를 정확히 이해하기 위해서 가장 중요한 것은 스키마를 획득하는 것이다. 스키마란 책을 이해하는데 필요한 전반적인 지식을 의미하기 때문이다. 스키마는 아이큐와는 상관없다. 다만 책을 많이 읽고, 글을 많이 쓰고, 많이 생각할 때 스키마는 저절로 형성된다. 따라서 학생 개인의 스키마에 맞는 독서지도를 할 때만이 책 속에 있는 의미와 형식의 요해를 이해하는 능력이 증가하고, 그런 과정에서 스스로 독서에 흥미를 갖게 된다.

2) 충실한 독서환경 조장

불과 얼마 전까지만 해도 어린이 및 청소년을 위한 전문도서관은 없었고, 학교도서관 또한 거의 없거나, 있어도 책 창고 수준으로 방치되어 있었다. 이는 물론, 여러 가지 이유가 있을 수 있겠지만 사회와 학교의 독서교육이 부실함을 대변해 준다고 하겠다. 다행히 현재는 어린이도서관이 지자체별로 설립되고, 학교 도서관 역시 정보센터화 되어 학생들이 필요한 지식과 정보를 도서관을 통해서 해결할 수 있도록 정비되고 있다.

3) 독서행사 확대

아이들이 능동적으로 참여할 수 있는 독서행사를 확대하여 독서 분위기를 확산한다. 독서행사에는 독서 감상문, 독서 감상화, 독서 발표회, 독서 토론회, 독서 방송, 독서 퀴즈 등이 있다.

4) 독서 교육의 충실

학교 및 공공도서관 이용방법, 올바른 독서 방법, 올바른 책의 선택, 우수 도서 및 신간도서 소개, 독서 위생, 독후감 쓰는 방법 등에 대한 체계적인 독서교육을 실시해야 한다.

5) 교과와 연계한 독서교육

국어과를 비롯한 각 교과 교육과 재량활동 및 특별활동에 독서 교육을 적극 활용하여야 한다. 또 독서 수행 과정을 평가하여 평가

결과를 추후 독서교육의 기초적인 자료로 삼는다. 마침 이 부분은 학교도서관의 확충으로 점차 가능해지고 있는데, 독서교육을 교육과정 달성에 활용하기 위해서는, (1) 학년별 필독도서 및 권장도서와 관련된 단원의 지도요소를 추출한다. (2) 추출된 지도 요소로 지도 계획을 수립한다. (3) 지도 계획에 의거 지도를 실시한다.

6) 가정과 연계한 독서교육

학생의 독서력 향상은 물론 독서의 사회화에 기여하기 위해서는 가정과 연계한 독서교육이 이루어져야 한다. 앞서 환경론에 대한 이야기를 했지만, 사실 어린이에게(인간 전반으로 확대될 수 있는 부분이지만) 있어 가장 중요한 환경은 가정이라고 할 수 있겠다. 때문에 독서교육에 있어서도 가정에서 담당해야 할 부분이 상당히 많은데, 일단 일차적으로 가정 내에서 독서에 대한 긍정적인 인식이 형성되지 않으면 그 이후 여러 면들에 영향을 미칠 수밖에 없을 것이다. 이에 가정에서 실천할 수 있는 독서교육 지침을 소개한다.

(1) 책 읽는 것을 즐기도록 한다!

독서는 의무감이나 책임감으로 하면 참된 기쁨을 잃어버리게 된다. 책 읽는 것을 다른 놀이보다도 더 즐거워할 수 있게 되려면, 책과 사귀며 얻는 참된 "앎의 희열"을 지속적으로 체험해야 한다.
① 개인의 발달 수준을 고려하여 알맞은 책을 읽도록 한다.
② 개인의 흥미와 관심을 채워주는 책을 스스로 골라 읽도록 한다.

③ 때와 상황에 알맞은 것을 읽도록 한다.

④ 자녀가 책을 읽을 때, 부모가 그것을 알고 있으며 그 모습을 흐뭇해한다는 것을 자연스럽게 표시한다.

⑤ 책의 내용을 자연스럽게 이야기할 수 있는 기회를 준다.

⑥ 책을 많이 읽는 사람들과 만날 수 있는 기회를 자주 갖도록 한다.

(2) 독서를 위해서는 좋은 환경의 조성이 필요하다!

독서 습관의 형성과 발달을 위해서도 가정의 분위기와 주변의 여건을 조성해 주어야 한다. 외부의 방해 없이 자녀들이 독서하는 기쁨을 마음껏 누릴 수 있는 물리적, 심리적, 사회 문화적 조건들을 갖추어 주어야 한다.

① 자녀가 책을 읽을 때에는 집안의 분위기를 조용하고 차분하게 해준다.

② 자녀가 책을 읽을 때에는 말을 시키지 않는다.

③ 자녀가 책을 읽을 때에는 심부름을 시키지 않는다.

④ 자녀가 책을 읽을 때에는 텔레비전이나 라디오를 크게 틀지 않는다.

⑤ 될 수 있는 대로 책상과 책장을 마련해 준다.

⑥ 외부로부터 방해받지 않고 책을 읽을 수 있는 시간과 장소를 마련해 준다.

⑦ 여러 가지 유혹을 물리치고 독서에 몰두할 수 있도록 격려해 준다.

(3) 책은 여러 가지를 골고루 읽혀야 한다!

편파적인 독서는 균형 있는 정신의 발달을 저해한다. 사고도 특정 방향으로만 진행되면 그 방향이 비대해지고 다른 방향의 사고가 위축된다. 또 독서가 줄 수 있는 다양한 즐거움과 유익함을 누릴 수 없게 된다는 점에서도 다양한 종류의 책을 읽혀야 한다. 정보의 홍수 속에서 적응하고 새로운 아이디어를 채취할 수 있는 재원을 풍부하게 가지고 있는 사람만이 바르게 살아갈 수 있다.

※ 편식 독서는 이런 결과를 가져 올 수도 있습니다. → 동화만을 지나치게 많이 읽은 아이는 커서도 여전히 비현실적인 사고를 많이 함으로써 현실에 적응하지 못하는 경우가 있다. 범죄자들은 유년기에 선정적이거나 폭력적인 책을 다른 이들보다 많이 읽었다고 한다.

(4) 책읽기에도 계획이 필요하다!

독서교육은 자녀의 상황과 처지에 맞는 계획을 세우는 것으로부터 시작한다. 독서 계획은 닫치는 대로, 목적 없이 행해지기 쉬운 독서를 극복하게 해준다. 독서계획에는 자녀의 연령과 발달을 고려하여 세우는 커다란 계획은 물론, 책 한 권을 읽을 때 하루 얼마만큼의 시간을 어떻게 내서 읽을 것인가에 대해서 생각해 보는 작은 계획도 포함된다.

① 부모가 자녀의 발달 수준에 따라 무엇을 읽혀야 하는지를 먼저 알아둔다.

② 자녀와 서점에 동행하여 여러 영역의 책이 있다는 사실을 알려준다.

③ 자녀가 읽고 싶어 하는 책의 순서를 함께 정한다. 이 때 부모는

여러 종류의 책을 읽을 수 있도록 지도한다.

④ 일 단위, 주 단위, 월 단위, 년 단위, 학년별로 읽어야 할 책의
양과 종류를 결정한다.

(5) 책읽기 전에 제목이나 목차를 보면서 책의 방향을 알려준다!

책의 제목과 목차는 항해사의 항해도와 같다. 책을 읽기 전에 책
의 제목이나 목차를 보면서 책의 방향과 내용을 짐작하고 어떤 방
법으로 읽을 것인가에 대해서도 생각해 보도록 한다.

① 그 책이 어떤 종류의 글인지 이해하게 한다.

② 산만한 자녀일 경우, 자녀가 그 책에 관심을 모을 수 있도록
부모가 책의 방향에 대해서 가볍게 확인해 준다.

③ 책의 제목과 목차를 보고 그 내용에 대해 상상해 보도록 한다.

④ 내용에 따라 차근차근 깊이 읽을 책인지 속독을 할 책인지, 몇
가지 아이디어만 얻을 책인지를 구별하도록 한다.

⑤ 책을 읽어가면서 책의 실제 내용과 기대했던 내용을 비교하며
읽게 한다.

(6) 책을 읽을 때 묻고 답하며 읽는 습관을 길러준다!

책의 내용을 그대로 받아들이기보다 책의 내용에 대해 끊임없이
의문을 가지고 그 의미를 재해석하는 활동이 중요하다.

① 부모가 자녀에게 책 속의 주인공이 어떤 사람이며 어떤 생각을
하는지와 저자의 주장에 대해 가벼운 분위기로 대화를 한다.

② 자녀에게 책이 독자에게 무엇을 전달하려고 하는지 가볍게 물
어본다.

③ 책 속 주인공의 사고방식이나 저자의 주장에 대해 의문을 갖도록 한다.

④ 자녀로 하여금 책 속 주인공의 사고방식이나 저자의 주장과 자신의 생각이 어떤 점이 같고 어떤 점이 다른지를 생각해 보게 한다.

(7) 책을 읽은 뒤에는 내용을 되씹어 생각하는 힘을 길러준다!

책과의 대화 이후에도 되새김질하는 시간이 필요하다. 책 한 권을 다 읽고 그냥 덮어버리면 책 속에서 알게 된 많은 정보를 잃어버리게 된다. 책을 일고 난 후 전체의 의미나 내용을 자주 되씹어 보는 질문을 주고받는 것은, 책을 읽어 얻은 내용을 오랫동안 간직하게 하고 생각하는 힘을 길러준다.

※ 생각을 이끌어 내는 질문 순서

① 머릿속에 떠오르는 것이 무엇인지 단순히 확인하게 한다.

② 떠오르는 것을 조합하여 글의 내용을 짐작하게 한다.

③ 전체 내용에 뒷받침이 되는 세부 사항이나 인물의 특성, 중심 생각을 짐작하게 한다.

④ 사실과 의견, 현실과 환상, 글의 적절성 등을 판단하게 한다.

⑤ 전체적인 느낌과 감상을 함께 이야기한다.

(8) 책 읽는 것을 간단하게나마 메모하도록 한다.

책을 읽는 사람은 많아도 그 책에 있는 필요한 내용을 모두 기억하는 사람은 흔치 않다. 책에서 얻은 정보나 경험을 효과적으로 활용하는 사람은 더더욱 드물다. 읽은 책의 내용과 느낀 점을 간략하게 정리해 두고 필요할 때 활용할 수 있는 사람만이 실생활에서 독서의 진가를 발휘할 수 있게 된다.

① 책제목, 주인공의 성격, 인상적인 부분 등을 정리하게 한다.

② 책의 내용 이외에 자신이 새롭게 생각하고 느낀 것들도 정리하게 한다.

- 노트보다는 카드로 정리해 두도록 한다.
- 요약식 보다 주제나 핵심어를 적도록 한다.
- 서술식 보다는 부담이 되지 않는 메모식으로 정리하도록 한다.

(9) 이제, 읽은 것을 일상생활에서 활용하게 한다!

독서를 통해 얻은 감동, 체험, 지식도 마찬가지이다. 독서를 통한 느낌과 생각을 자신의 생활에 접목시키기 위해서는 일상생활에 적용해 보고 응용하는 것이 필요하다. 독서 체험의 가치가 생활 속에서 확인될 때 비로소 독서 체험은 자녀의 생활에 밑거름이 되는 것이다.

① 읽은 내용을 창조적으로 표현하기 위해 부모와 자녀가 함께 자유로운 형식으로 글을 쓸 수 있는 공책을 만든다.

② 자녀와 대화를 할 때 책에서 본 내용이나 단어를 사용하여 격려해 준다.

③ 자녀가 자신의 생각과 느낌을 말할 때, 그 생각과 느낌을 자녀가 읽은 책의 내용과 관련지어 주도록 한다.

④ 작가의 주장과 반대되는 비판적인 견해를 말로 표현하게 하거나 글로 써 보게 한다.

⑤ 서로 다른 견해의 책을 읽었을 때, 그 견해들을 비교해 보도록
한다.

⑥ 책을 읽으면서 생각한 점을 이전의 경험이나 지식에 연결시킨다.

(10) 살아가면서 생기는 중요한 의문을 푸는 독서로 나아가야 한다!

독서교육의 궁극적인 도달점은 필요를 해결해 줄 수 있는 독서
가 되는 것이다. 삶에서 제시되는 의문을 풀고 문제를 해결하고 정
보를 찾아내기 위해 적극적으로 찾아 나서는 독서를 할 수 있는
용기와 추진력을 자녀들에게 길러줄 때, 독서교육은 성공적으로 마
무리될 수 있다.[3]

7) 공공도서관의 독서교육 프로그램

우리나라 공공도서관은 이용자들에게 독서 자료를 제공함으로써
국민독서생활화를 위한 중심적인 역할을 수행하고 있다. 국민들의
계속적인 독서생활을 위해서 계획적으로 독서를 할 수 있도록 독
서교육 프로그램을 개발하고 독서 환경을 조성하여 적극적인 독서
운동을 전개해 나가기 위함이다.

봄·가을의 도서관 주간이나 독서의 달 및 도서관 관계 기념일,
문화 축제일, 세시풍속 등의 특별한 기간을 통하여, 그 내용에 부합
되는 독서 자료를 중심으로 전개하는 독서운동들이 여기에 속한다.

---

3) 이 내용은 서울특별시 교육과학연구원에서 발행한 '자기 주도적 학습력을 키우
는 독서교육'의 내용 중 일부로, 필자가 내용을 덧댄 것입니다.

또한, 현재 공공도서관들에서 실시하고 있는 독서교육 프로그램으로 여름·겨울 독서교실, 1일 독서교실, 어린이 이야기 교실, 독후감상화 그리기 대회, 독서감상문 발표 대회, 어린이 동화 구연 대회, 독서발표회, 독서캠프, 독서회 등의 독서교육 프로그램이 있다.

우리나라의 공공도서관 독서교육 프로그램의 대부분은 이와 같이 도서관 주간 및 독서의 달 행사 그리고 독서회의 운영 등으로 되어 있다.

(1) 독서교실 운영 현황

전국 공공도서관에서 실시되고 있는 독서교실은 어려서부터 독서의 즐거움과 필요성을 깨닫게 하고, 올바른 독서태도를 길러 스스로 즐겨 독서하는 습관을 갖게 하며, 도서관에서의 폭넓은 학습 경험으로 도서관 이용을 생활화하려는 것이 목적이다. 전국적으로 실시되고 있는 독서교실은 초등학생 중·고학년(3~6학년) 및 중학생, 학부모들에게까지 매년 여름과 겨울 방학 등을 이용해 운영되고 있다.

1971년 1월 이후 2005년 1월까지 제73회를 거듭한 독서교실은 제6회(1973. 1)까지는 국립중앙도서관 단독으로 실시되었으며, 평균 31개의 초등학교가 참가하였다. 이때는 매회 평균 160명의 어린이가 등록하였으며, 그 중에서 150명의 어린이가 수료하였고, 이들 전체 수료 학생이 13일 간에 읽은 1인 평균 독서량은 17권 수준이었다.

한편, 제7회부터 전국적인 규모로 확대 실시되어 해를 거듭하면서 반응이 좋아 독서교실을 설치하여 운영하는 공공도서관이 점점 많아졌다. 여기에서 2004년도 제67회 겨울 독서교실 실시 현황을 살펴보면, 전국의 주요 공공도서관 281개관이 참여했고, 참가 인원은 11,058명이며, 총 독서량은 75,598책으로 1인당 독서량은 평균 8책이다.

각 공공도서관의 독서교실 운영은 국립중앙도서관의 기본 운영지침에 의해 자체 실정에 맞게 변용되기도 하며, 그 결과는 국립중앙도서관에 보고된다.

8) 학교도서관의 독서교육 프로그램

학교도서관의 여러 기능 가운데 가장 보편적이면서도 중요한 활동이 바로 독서교육이다. 독서교육은 아이들의 독서의욕 및 흥미유발이라는 측면에서뿐만 아니라, 요즘 각광을 받고 있는 논리·논술을 다루고 있기도 해서 그 중요성 및 관심이 한층 높아지고 있다고 하겠는데, 학교도서관이 아직 설치되어 있지 않은 곳도 있고, 더욱 큰 문제로 도서관은 있지만 전문적인 사서교사가 배치되어 있지 않거나, 사서교사의 능력 부재 등으로 인해 효과적인 독서교육을 실시하지 못하는 곳이 많은 형편이다.

현실은 그렇지만 서울 및 경기 지역 학교에는 비정규직으로나마 대부분의 학교에 사서교사가 배치되어 있어 여러 형태의 독서교육이 실시되고 있는데, 공공도서관과 마찬가지로 방학 중 실시되는 독서교실과 학기 중에 실시되는 다양한 독서 관련 행사를 통한 방법이 일반적이다.

5. 독서교육의 장이 되는 기관별 특성 살펴보기

1) 공공도서관의 독서교육 프로그램

우리나라 공공도서관은 이용자들에게 독서 자료를 제공함으로써 국민독서생활화를 위한 중심적인 역할을 수행하고 있다. 국민들의 계속적인 독서생활을 위해서 계획적으로 독서를 할 수 있도록 독서교육 프로그램을 개발하고 독서 환경을 조성하여 적극적인 독서운동을 전개해 나가기 위함이다.

봄·가을의 도서관 주간이나 독서의 달 및 도서관 관계 기념일, 문화 축제일, 세시풍속 등의 특별한 기간을 통하여 그 내용에 부합되는 독서 자료를 중심으로 전개하는 독서운동들이 여기에 속한다.

또한, 현재 공공도서관들에서 실시하고 있는 독서교육 프로그램으로 여름·겨울 독서교실, 1일 독서교실, 어린이 이야기 교실, 독후 감상화 그리기 대회, 독서 감상문 발표 대회, 어린이 동화 구연 대회, 독서발표회, 독서캠프, 독서회 등의 독서교육 프로그램이 있다.

우리나라의 공공도서관 독서교육 프로그램의 대부분은 이와 같이 도서관 주간 및 독서의 달 행사 그리고 독서회의 운영 등으로 되어 있다.

(1) 독서교실 운영 현황

독서교실 운영에 관한 사항은 앞서 자세히 설명한 바 있으므로 생략한다.

(2) 문화강좌

도서관들은 주로 아동과 성인들을 위한 문화강좌 프로그램을 운영하고 있다. 이들에 비해 청소년층의 프로그램은 미약한 편인데, 이유는 학업 등의 이유로 참여가 적기 때문이다. 실제 몇몇 공공도서관들은 청소년들을 위한 프로그램을 운영 중인데, 보다 많은 청소년의 참여를 위해 주말에 개설하고 있다. 하지만 여전히 참여 청소년의 숫자는 많지 않다.

따라서 상대적으로 참여율이 높은 아동과 성인들을 대상으로 하는 프로그램들이 많은데, 도서관에 따라 수업의 종류와 진행 기간, 참여 인원, 강사료 등이 달리 결정된다. 다만 평균적으로 10~15강 정도가 진행되고, 인원은 20명 이상, 수업 내용은 독서교육 전반과 독서치료 쪽으로 맞춰져 있다.

(3) 독서회 운영

모든 도서관들은 크고 작은 형태의 독서회를 운영한다. 어떤 도서관의 경우 독서회 자체가 문화강좌 프로그램 내로 들어온 곳도 있지만, 별도로 분리해 운영하는 곳도 있다. 만약 독서회를 이끄는 지도교사가 되면 그에 따른 수익이 발생한다. 하지만 많은 성인들의 모임인 경우는 독자적으로 꾸려 가는 형태가 많다.

(4) 독서의 달 및 도서관 주간 특강

도서관들은 1년에 두 번 정기적으로 특강을 실시한다. 4월에는 '도서관 주간'이라는 것이 있어 정규 강좌 이외 프로그램을 구성해 특강을 진행하고, 10월에는 '독서의 달'을 맞아 역시 특강(혹은 행사)을 진행한다. 행사를 몇 가지 살펴보면 우선 어린이들을 위한 독서 감상문, 독서 감상화, 독서퀴즈 대회 등이 있고, 성인들을 위한 백일장 대회 등이 있다. 백일장이나 감상문, 감상화의 경우 심사위원으로 참석할 수 있고, 퀴즈 대회인 경우 도서선정 위원, 출제위원, 진행 및 판정위원으로 참여할 수 있다.

(5) 공공도서관에서의 강의에 필요한 준비 및 장·단점

공공도서관에서는 강사를 공채로 선발하는 것이 원칙이다. 보통 개관을 하거나 결원이 생겼을 때, 혹은 그동안 진행되던 프로그램이 교체되는 경우 등의 이유로 강사를 선발하는데, 무엇보다 중요한 것은 학력과 경력이다. 또한 근래에는 포트폴리오를 요구하는 곳도 있는데, 역시 이보다 우선하는 것은 학력과 경력이다. 왜냐하면 면접을 실시하는 사람들은 독서교육 쪽으로는 문외한이기 때문이다. 그들의 눈을 사로잡는 것이 무엇이겠는가? 학력은 높을수록, 게다가 국문학 등의 문학을 했을 때 더 선호하는 경향이고(물론 강의 주제에 따라 다른데 일반적인 독서교육인 경우), 강의 경력은 타 도서관이나 혹은 학교 등 공공기관을 선호한다.

공공도서관에서 강의 했을 때의 장점은 수강 인원에 관계없이 일단 개설이 되면 안정된 강사료를 받을 수 있다는 점이다. 또한 모든 기관이 그렇듯 타 도서관과 연계될 가능성도 아주 높다. 하지만 휴강을 쉽게 할 수 없고, 복장이나 관계 등에 신경을 써야 한다.

2) 학교의 독서교육 프로그램

제7차 교육과정의 목표는 '자기 주도적 학습'이다. 또한 능동적인 전인을 양성하는 것이 교육의 목표이기도 하다. 따라서 학교는 독서의 중요성을 매우 강조한다. 마침 논술의 중요성, 독서인증제 시행 등으로 학교도서관의 여러 기능 가운데 가장 보편적이면서도 중요한 활동이 바로 독서교육활동이다.

독서교육은 아이들의 독서의욕 및 흥미유발이라는 측면에서뿐만 아니라, 요즘 각광을 받고 있는 논리·논술을 다루고 있기도 해서 그 중요성 및 관심이 한층 높아지고 있다고 하겠는데, 이런 면을 반영이라도 하듯 학교에서 시행되는 특기적성교육에는 독서와 관련된 것들이 다수 포함되어 있다. 또한 중·고등학교 중에는 논술대비 우열반을 만들어 운영을 하기도 한다.

(1) 특기적성교육

학교에서 이루어지는 특기적성교육은 학원으로 이동하지 않고 학교 내에서 받을 수 있으며, 비교적 저렴한 가격이라는 장점 때문에 많은 학부모와 아이들로부터 호응을 받는 교육 형태이다. 하지만 일부 부모님들께는 싼 맛에 보낸다는 식의 인식도 있기 때문에 수업을 잘하면 본전이고 그렇지 않으면 손해를 볼 수 있다. 보통 참여하는 아이들 숫자가 많아 진행을 하기가 쉽지 않고, 학교 내

교실을 빌려서 사용하는 경우에는 담임교사와 마찰이 생길 수도 있는 등, 주의할 점이 많다.

(2) 학교에서의 강의에 필요한 준비 및 장·단점

공공도서관에서와 마찬가지이다. 학력과 경력이 높을수록 선호하는 것은 당연한 일이라고 생각하면 된다. 각 시도교육청에 특기적성강사를 따로 접수한 뒤, 요청을 해 온 학교에 진출할 수 있는 방법이 있고, 누군가의 소개로 시작할 수 있는 방법도 있다. 학교에서의 장점이라면 우선 학교생활을 몸소 체험할 수 있다는 것과, 아이들을 다양하게 만나볼 수 있다는 점이다. 반면 단점이라면 고정된 강사료가 아닌 아이들이 내는 금액의 일정 부분을 받기 때문에, 아이들 관리에 신경을 써야 한다. 이는 문화센터와도 같은 부분이다. 또한 학교는 보는 눈과, 듣는 귀, 말하는 입이 많다는 점을 명심해야 한다. 따라서 아이들에게도 절대 함부로 말을 하거나, 좋지 않은 행동을 보여서는 안 된다. 행동에 대한 부분은 적어도 보수적일 필요가 있다.

3) 가정에서의 독서교육 프로그램

앞서 환경론에 대한 이야기를 했지만, 사실 어린이에게(인간 전반으로 확대될 수 있는 부분이지만) 있어 가장 중요한 환경은 가정이라고 할 수 있겠다. 때문에 독서교육에 있어서도 가정에서 담당해야 할 부분이 상당히 많은데, 대부분의 부모들이 이런 점은 알고 있으면서도 직접 할 수는 없기에 선생님을 부른다. 결국 사교육의 일환인데, 실제 많은 아이들이 학원보다 집에서 수업을 받고 있다.

(1) 가정에서의 강의에 필요한 준비 및 장·단점

일단 가정 내로 입성하려면 까다로운 엄마들을 먼저 이겨내야 한다. 즉, 수업은 아이들이 받지만 비용은 엄마가 지불하기 때문에 1차 관문을 통과하지 못하면 소용이 없다. 그런데 이 엄마들이 또 만만치가 않다. 고학력자가 많고, 더불어 여성회관이나 도서관, 문화센터 등에서 독서교육 관련 강좌를 한 두 개 이상 들은 분들이 대부분이다. 또한 관련 전문서적이 많이 나와 있고, 언론 미디어에서도 하루가 멀다 하고 관련 정보가 나오고 있을 정도이니, 들어서 이론적으로 알고 있는 것만큼은 강사에 뒤지지 않는다. 심한 경우 함께 수업 받을 아이들의 엄마들이 모여 선생님을 심사하기도 하니, 단단히 준비를 해야 한다. 무엇보다 확신에 찬 자세와 음성이 필요하며, 전문가로서의 논지를 펼칠 수 있어야 한다. 엄마들은 강한 선생님에게 끌려가는 경향이 있다. 그러니 논지가 강한 선생님이 될 필요가 있다.

집에서 진행되는 수업의 장점은 공공기관에 비해 수업에 참여하는 아이들 숫자는 적지만 수입은 낮다는 것이다. 또한 아이들이 먼 거리를 움직이지 않고 안전한 공간에서 수업을 받으므로 부모들이 안심하는 경향도 있다. 하지만 선생님의 수업이 고스란히 노출되어 더 부담될 수 있다. 아이의 방에서 문을 닫고 수업을 진행하더라도 엄마가 거실 소파에 앉아 수업이 어떻게 이루어지나 듣고 있는 경우도 많고, 수업을 마치면 오늘 내용에 대해 브리핑을 요구하기도 한다. 두 번째 단점은 수업의 맥이 쉽게 끊길 수 있다는 것이다. 도서관이나 학원 등은 그 시간 동안에 아이들을 선생님의 의지대로 통제하고 끌어 나갈 수 있는데, 집에서는 예상치 못한 일들이 자주 벌어진다. 예를 들어, 전화벨이나 초인종이 울리는 경우, 어린 동생이 자지러지게 우는 경우 등의 상황 말이다. 만약 이런 일이 벌어지면 수업의 맥이 끊겨 다시 회복하려면 힘이 든다. 게다가 친한 아이들끼리 팀을 꾸리는 경우가 많아 대부분 현재 수업을 하고 있는 집의 구조에 대해 잘 알고 있기 때문에, 이런 면들도 산만해지기 쉬운 부분이다.

6. 우리나라 독서환경 개선 방안

세계 선진국들은 지식 정보화 사회에서의 국가 경쟁력을 높이는 방법으로 독서교육과 더불어 도서관 확충 사업을 활발히 추진하고 있다. 미국은 클린턴 대통령시절 유아 독서교육을 강화했고, 부시 행정부에서는 도서관 사서 출신인 로라 부시여사가 '학교도서관 설립 재단' 등을 통해 어린이, 청소년들의 독서교육 운동과 학교도서관 확충 사업을 적극적으로 펼치고 있다. 영국은 1992년부터 BOOK-START 운동을 시작하여 전국에서 다양한 형태의 BOOK-START 운동이 전개되고 있을 뿐 만 아니라 세계 여러 나라에 영향을 미치고 있다. 이스라엘은 의무교육 13년 동안 모든 학교에 오면 가장 먼저 도서관에 가서 그 날 읽을 책을 빌려 읽도록 지도하고 있다. 일본에서는 학교도서관법이 통과되어 전국의 모든 학교에 전임 사서교사를 1인 이상 확보토록 하였으며, 1개교 당 평균 2.7명의 학교도서관 전담자를 통해 학교도서관을 운영하고 있다. 세계는 지금 이렇게 지식정보화 사회의 인프라 구축을 위하여 도서관을 통한 독서교육을 중심으로 눈에 보이지 않는 지식 개혁을 실시하고 있는 것이다,

하지만 우리나라에서는 어린이와 청소년들의 꿈과 희망, 그리고

미래가 담길 도서관(학교도서관, 어린이도서관, 공공도서관의 아동 열람실, 작은 도서관 등 포함)과 독서교육이 수십 년 계속되어온 입시위주의 교육풍토와 사회는 물론 어른들의 무관심 속에 소리 없이 묻혀 왔었다. 10여 년 전부터 어린이 독서 운동을 펼쳐온 학부모, 시민단체들에 의해서 학교도서관을 살리자는 운동이 활발히 펼쳐지고 있고, 교육인적자원부에서는 2002년 7월 학교도서관 활성화 정책이 발표되어 2003년 초부터 본격적인 학교도서관 지원 사업이 펼쳐진 것을 계기로, 이제 학교도서관은 시설적인 면에서는 제대로 된 틀을 갖추었다.

〈MBC 느낌표!〉 프로그램에서는 이 달의 선정도서를 추천하여 독서 붐을 조성하여 어린이, 청소년을 포함한 일반 시민들에게 큰 호응을 얻었으며, 독서 환경의 중요성 중에서도 특히 어린이들의 독서 환경에 대한 중요성을 인식하고 어린이 도서관 만들기 운동으로 '기적의 도서관' 프로젝트를 진행하여 전국적인 관심을 불러 모은 바 있다. 이는 정보화 및 지식을 기반으로 한 사회에서 교과서 중심의 획일적 교육으로는 미래의 인재양성에 한계가 있음을 모두가 공감하고 있다는 것이다. 앞으로는 소질과 적성, 창의성의 산실이 될 어린이 도서관을 활성화하여 제대로 된 '독서교육'을 하고자 하는 시대적 과제를 수행하기 위한 첫 단추를 끼우기 시작한 것이라 생각된다.

우리나라에서도 뒤늦은 감은 있지만 아이들의 미래를 생각하는 학부모, 시민단체들에 의해서 다양한 형태의 독서 운동과 도서관 환경 조성을 위한 다양한 노력들이 시도되고 있음은 정말 다행스러운 일이다. 이는 앞으로 우리나라의 미래를 짊어지고 나갈 어린이들이 꿈과 희망을 키울 수 있는 '도서관'이라는 공간이 많아지고 있다는 점에서 매우 바람직하다고 할 수 있겠다.

독서는 세계를 인식하는 창이다. 눈에 보이는 것만이 확실하다는 인식이 팽배한 물질주의와 쾌락주의를 극복하기 위해서는 독서교육을 통하여 학생들로 하여금 눈에 보이지 않는 세계를 인식하게 하고 올바른 가치관을 형성하게 하는 것이 무엇보다도 중요하다고 본다. 특히, 자기 주도적 학습과 창의성 계발이 무엇보다도 요구되는 21세기 지식·정보화의 시대에는 독서의 필요성이 그 어느 때보다도 중요하므로, 우리 아이들에게 체계적인 독서교육을 실시하는 것이 중요하다.

필자는 가끔 이런 생각을 해본다. 비록 우리가 자라날 때는 도서관이나 책의 문화를 쉽게 접할 수 없었지만, 이만큼 발전된 세상에서 살아가는 우리 어린이들에게는 마음만 먹으면 얼마든지 좋은 환경을 만들어 줄 수 있을 것이라고. 사실 요즘은 모든 것이 너무 많아서(지나쳐서) 문제인 것이 다반사인데, 도서관이나 책의 경우는 많을수록 도움이 되는 요소들이기 때문에 가능한 그 범위를 넓혀줄 필요가 있겠다. 환경의 영향으로 모든 어린이들이 책을 쉽게 접하고 그 안에서 저마다의 꿈을 키워나간다면, 굳이 어떤 방법으로든 개입을 하고자 하는 어른들의 영역은 확연히 줄어들게 될 것이다.

철학자 데카르트는 "좋은 책을 읽는다는 것은 과거의 훌륭한 사람들과 대화하는 것이다."라고 했다. 이제 좋은 책을 통해 교사와 학생, 학부모와 자녀들이, 대화를 나누고 있는 모습을 자주 볼 수 있기를 기대한다.

제 2 장

아동 발달에 따른
독서능력·흥미의 발달

1. 연령별 발달 특징과 독서지도

발달(development)이란 체계적인 과정을 따라 이루어지는 일련의 변화를 의미한다. 경험 및 학습 또는 훈련과 같은 외적 작용에 의한 연령적 변화와 함께 유전인자에 의한 내적 작용에 의한 생리적 변화를 모두 포함한 질적 변화를 뜻한다. 발달은 생명체가 신체적으로나 정신적으로 끊임없이 변화되어 가는 과정이다. 즉 개체 출생으로부터 성숙에 이르기까지 계속되는 적극적이고 진보적인 변화 전체를 말하는 것이다. 인간에게 있어서 발달은 어린이가 제각기 타고난 소질과 항상 변화하는 생활환경을 상호 연결하면서 눈에 띄게 급속한 변화의 과정을 밟으며 점차로 개성을 뚜렷하게 나타내 가는 모습으로 개체가 가지고 있는 여러 요인들과 환경의 여러 요인들이 서로 상호 작용해서 이루어진다. 이에 발달은 개체가 그 생명활동에 있어서 그 환경에 적응하여 가는 과정이라 말할 수도 있다.[4] 따라서 발달은 인생의 긴 과정에서 지속적으로 일어나는 변화이며 이 변화가 계획된 순서대로 체계적으로 일어나므로 인간의 미래를 예측할 수도 있다. 그리고 인간을 포함한 동물은 모두 다 그 종 특유의 발달의 형에 따라 발달하는 원리가 있다. 이런

---

4) 양재한 외 공저, 『어린이 독서지도론』, 태일사, 2007.

발달의 원리를 알고 있다면 우리 아이들을 이해하고 그들에게 적합한 독서지도를 할 수 있을 것이다. 각 연령별 발달 특징과 독서지도에 대한 시사점은 다음과 같다.

1) 0~2세 영아

(1) 인지와 언어발달

① 지각의 발달 - 영아는 태어날 때부터 빨강, 초록, 흰색의 구별이 가능하며 2~3개월이 되면 사람의 얼굴을 가장 오래 응시하고 빨강, 하얀, 노란색의 순서로 응시를 한다.

② 대조적인 색 패턴을 좋아하므로 배경과 대조되는 단순하고 밝은 색깔의 그림책을 소개할 수 있다. 다시 말하면 파스텔조의 그림보다 흰색 바탕에 까만 글씨 같은 대조를 좋아한다.

③ 3개월쯤부터 쿠잉이 시작되고 6개월이 되면 옹알이를 하기 시작한다. 10개월부터 1년 사이에 한 단어 말을 할 수 있게 된다. 그 후 18개월에서 20개월이 되면 두 개의 단어를 결합하여 자신의 의사를 전보식 문장으로 표현하게 된다.

④ 12~18개월부터 사물의 이름을 말하고 얘기된 사물을 지적할 수 있다. 또한 사물의 이름 등을 즐겁게 명명할 수 있다.

⑤ 의성어를 흉내 내면서 반복하고 책 옹알이를 한다. 운율 있는 노래를 들려주면 재잘댄다. 따라서 반복적 운율이 있는 책을 좋아한다.

⑥ 12개월부터 영아의 일상생활이 담긴 친근한 내용의 사실적

이야기에 흥미를 가지며, 단순한 줄거리가 있는 이야기책을 좋아한
다. 예를 들어 가족들의 이야기나 영아의 일상적인 생활 습관을 다
룬 것, 신체 부위를 가르치는 책들을 좋아 한다.

(2) 사회·정서 발달

① 부모와의 접촉과 따뜻한 관계를 통해서 기본적인 신뢰감을
형성하는 시기이다.

② 물건과 자기 신체를 구별하게 되면서 신체적 자아가 나타난
다. 15개월이 되면 영아 자신이 자기 몸을 알게 된다. 그리고 15개
월~24개월경에 영아들은 자신의 이름을 통해 자신을 알게 되고,
나, 내 것을 주장하기 시작한다.

③ 3개월경이 되면 즐거움과 불쾌 정서가 분화되는데 불쾌 정서
가 약간 빨리 나타난다. 5~6 개월에는 불쾌 정서가 분노·혐오·공포
로 분화된다. 10~12개월쯤에는 쾌정서가 의기양양함과 애정으로 분
화된다. 18개월이 되면 질투가 불쾌에서 분화되고, 24개월경에는
기쁨이 분화된다. 스로우페(Sroufe,1979)는 7개월에 노여움, 9개월에
공포, 18개월에 수치심, 36개월에 죄책감을 느낀다고 보고하였다.

(3) 신체 및 운동발달

① 2~3개월에는 안아 올리면 머리를 똑바로 세우고 가눌 수 있
으며, 눈에서 25cm 거리의 물체를 명확히 본다.

② 4~6개월이 되면 원하는 물건을 손을 뻗어 잡을 수 있고 손에
쥔 것은 모두 입으로 가져간다. 혼자 앉을 수도 있다. 소리가 나는
그림책을 좋아하기 시작한다. 오감을 통한 경험을 직접 해볼 수 있

많이 하게 된다. 이때 유아들에게는 간단한 개념을 익히는 책이나 정보를 주는 그림책들이 그 호기심을 충족시킬 수 있을 것이다.

③ 이 시기는 상징 기능이 발달하면서 어휘력도 급증하게 된다. 이 시기의 유아들은 주로 상상놀이를 통하여 주변 세계에 대하여 배우게 되는데, 이러한 상징놀이는 상상력과 창의력을 기르며 사회성과 인지능력도 촉진시켜준다.

④ 자기중심적인 사고를 한다. 이것은 유아들이 다른 사람의 관점을 이해 못하고 모든 사람이 자기처럼 생각한다고 여기는 것이다. 따라서 상대방의 입장을 고려해서 이야기할 수도 없다. 4세 된 남자아이가 어머니 생일 선물로 자신이 가장 아끼는, 닳고 닳은 곰 인형을 주는 것이 그 좋은 예이다. 자신이 가장 좋아하는 것을 어머니도 가장 좋아할 것이라고 믿는 것이다.

⑤ 물활론적(animism) 사고를 한다. 이것은 무생물도 살아 있으며 자신처럼 감정과 의도를 가지고 생각할 수 있다고 여기는 것이다. 즉 곰 인형이나 의자도 사람처럼 살아 있다고 본다. 피아제는 이런 물활론적 사고도 발달 단계가 있음을 밝혔다. 첫 단계는 사람에게 영향을 주는 것(예로 해, 자전거, 전등, 나무 등)은 무엇이나 생명이 있다고 본다. 두 번째 단계는 4~6세 유아들의 경우, 움직이는 모든 것은 살아 있다고 생각하는 것이다. 예를 들어 나무는 장소를 바꿔가며 움직일 수 없으므로 생명이 없으나, 자동차는 움직이기 때문에 살아 있다고 생각한다. 세 번째 단계는 대략 6~8세 때 나타나는데 스스로 움직이는 것만 살아 있다고 본다는 것이다. 예를 들면 자전거와 자동차는 스스로 움직이지 못하므로 생명이 없으나, 해·구름·바람 등에 대해서는 물활론적 사고를 한다. 따라서 유아들은 동

물이나 장난감이 의인화된 환상 그림책을 즐긴다.

⑥ 실재론적(realism) 사고를 한다. 실재론은 정신적 현상과 물리적 현상이 미분화된 전조작기 유아의 독특한 사고이다. 유아의 실재론적 사고가 가장 잘 나타나는 것이 꿈이다. 이 시기 유아는 꿈이 실제로 일어난다고 믿는다. 4세경의 유아는 자신의 꿈이 다른 사람에게도 보이며, 하늘로부터 창문을 통해 들어오는 것이라고 생각한다. 또한 꿈꾸고 있는 동안 꿈이 자기 주위에 남아 있다고 생각한다. 유아들은 꿈과 현실을 명백하게 구분을 못한다. 따라서 상상한 것과 현실 상황도 엄격하게 구분할 수 없다. 유아가 거짓말하거나 엉뚱한 얘기를 하는 것도, 가끔씩은 꿈과 현실 혹은 환상과 현실이 구별되지 않아서일 때가 있다. 5~6세 유아는 어느 정도는 꿈과 실제적 사건을 구별할 수는 있으나, 아직도 꿈을 꾸는 동안에는 꿈이 자신의 몸 밖에 있다고 생각한다. 윌리엄 스타이그의 『치과의사 드소토 선생님』을 읽어준 후 책 속의 환상을 얼마나 현실과 구분 하는지 그 반응을 물어보았을 때, 만 6세 유아도 구분을 못하는 경우가 있었다.

⑦ 주변의 글자에 대해 많은 관심을 가진다. 어렸을 때부터 옛날이야기를 듣거나 그림책을 많이 본 유아는, 인쇄된 글자에 대해 더 많은 관심을 가지게 된다. 그림책을 보다가 우연한 기회에 같은 글자를 찾기 시작하면서 글을 읽고 싶어 하게 된다. 또 글을 읽음과 동시에 자신의 이름을 쓰고 싶어 하며, 자신의 생각을 괴발개발 쓰려고 하여 글씨를 만들어 쓰기(invented writing)도 한다. 학교에 들어가기 전부터 자연스럽게 읽기와 쓰기를 배운 유아들은, 대체로 풍부한 이야기 읽기 경험을 한 유아임이 밝혀지고 있다. 또 3~4세 시기

의 책 다루기 경험이 5~6세와 초등학교 시기의 성공적인 읽기·쓰기 발달과 상호 관련이 있음이 보고되고 있다(Wells, 1981). 따라서 이 시기부터 좋은 그림책을 부모와 함께 보는 경험은, 정서적 안정감뿐 아니라 언어 발달에도 직접적으로 좋은 영향을 미침을 알 수 있다. 쉬케단츠(Schickedanz, 1986)는 영아기부터 유치원기 유아가 책을 읽음으로써 다음과 같은 것을 배운다고 제시하였다. 즉,

- 책과 인쇄물의 기본 속성을 이해할 수 있게 되는데 보통 책에는 시작과 끝이 있고, 보통 앞장에서 뒷장으로, 왼쪽에서 오른쪽으로, 위에서 아래로 읽어가도록 되어 있다는 것을 배운다.
- 인쇄된 글자는 의미를 전한다.
- 인쇄된 글자와 말은 서로 관련성이 있다.
- 책의 언어(문어)와 말(구어)이 다르다는 것을 안다.
- 책 읽기는 즐거움을 준다는 것을 안다.
- 학교 상황에서 예상되는 행동의 상호작용 유형, 즉 학교의 문화를 알게 된다.

또한 유치원기 유아(3~5세)의 책 읽기 활동의 발달적 경향을 살펴보면 다음과 같다.(Schickedanz, 1986)

- 이야기 내용을 정확하게 다서 말할 수 있는 능력이 점점 증가한다.
- '책을 읽는 것은 그림을 읽는 것이다'라는 사고가 바뀌어서, 그림을 참조하지 않고도 인쇄된 글자를 알게 된다.
- 인쇄된 글자를 알고 흥미를 느끼게 되면 유아는 문자와 말의

관련성에 대해 더 정확하게 이해할 수 있다.

• 그림과 이야기의 의미에 대한 흥미가 글의 약정적 특징에 대한 흥미로 바뀐다.

(2) 사회·정서 발달

① 프로이트(Freud)의 발달 단계 중 남근기(phallic stage)에 속하는 시기로서 성기의 차이에 대해 관심을 가진다. 그리고 어떻게 아기가 생기는지에 대해서도 관심을 갖기 시작한다. 사춘기 전에 자연스럽고도 건강한 성교육을 시킬 수 있는 시기이다.

② 자아개념이 발달하면서 자립심이 발달한다. 혼자서 한 일에 대해 성취감을 느끼고 싶어 하기도 한다. 3세경부터 자율성에 대한 욕구가 강해지면서 "내가 할 거야"라는 얘기를 많이 하게 된다.

③ 자기 것에 대한 집착과 소유욕이 강해진다(4세경).

④ 자아상(self-image)을 가지게 되는 데 부모의 영향이 절대적이다. 『내가 아빠를 얼마나 사랑하는지 아세요?』와 같은 부모의 사랑을 확인할 수 있는 책도 좋다.

⑤ 이 시기에는 동생을 보게 되는 경우도 생긴다. 동생에 대한 질투심, 동생 때문에 오는 소외감을 해결하기 위해서는, 동생이 태어나기 전부터 관련된 그림책을 보여 주며 얘기해 주는 게 좋다. 그림책을 통해서 준비할 수 있도록 도와주면 언니나 위 형제로서 돌보아 주는 것을 자연스럽게 습득할 수 있다.

⑥ 2~3세 유아는 어려움에 처해 있는 또래를 도와주거나 장난감을 나누어주기도 하고 위안을 주려고 노력한다. 그러나 자발적인 자기희생적 행동은 드물게 나타난다. 이타적 행동은 4~6세경부터

증가하기 시작한다.(Shaffer, 1993)

(3) 신체 및 운동발달

① 영아기에 비해 키와 몸무게의 성장 속도는 느리나 꾸준히 성장을 한다. 그리고 신체 부위별 성장 속도가 다르기 때문에 외모도 변하게 된다. 즉 2세경에 배가 나오고 살이 통통하고 다리도 짧았던 몸매가, 6세가 되면 배가 들어가고 살이 빠지며 근육이 발달한다.

② 영아기에 습득한 운동 기술이 정확하고 빠르게 통합되어 세련된 동작으로 발달한다. 매우 활동적이 된다. 대근육과 소근육이 발달하고 신경 계통이 성숙하면서 운동 기술이 눈에 띄게 발달한다. 즉, 뛰고, 달리고, 자전거를 타고, 가위로 종이를 자르고, 옷을 입고 신발 끈을 매는 등 다양한 활동을 할 수 있게 된다.

3세경에는 눈과 손의 협응력이 늘어나서 옷의 단추를 풀 수 있고 신발을 신을 수 있다. 4세경에는 혼자서 손발을 씻고 이를 닦을 수 있으며 옷을 입고 벗을 수 있다. 신발 끈도 매고 젓가락도 사용하며 가위로 윤곽을 따라 자를 수 있다. 5세경에는 사각형과 삼각형을 그리고 자신의 이름을 쓰며, 1~5까지 숫자를 모방해서 그린다. 6세에는 글자를 쓰며, 여러 가지 모양의 도형을 모방해서 그린다.

(4) 책을 고를 때 유의사항

간단한 이야기가 있는 그림책을 좋아하므로 그림과 내용의 조화도 중요한 요소이다.

① 외형

아이들에게 매력적으로 보일 수 있도록 제본된 책으로 다양한 모양이 가능하고, 재질도 꼭 딱딱하거나 두꺼울 필요가 없으며, 부드러운 책도 좋다. 책의 크기도 다양하고 책 모양도 다양할 수 있다. 그림 크기는 반드시 커다랗지 않아도 되고, 색은 책 내용의 분위기에 맞는 색으로 다양하게 고를 수 있다. 때때로 유아들은 흑백도 좋아한다. 꼭 파스텔 톤일 필요 없다. 시작부터 끝까지 아이들의 시선을 붙들며 상상력을 이끌어내고, 책 내용과 잘 어울리는 그림이어야한다.

② 내용

가족 간의 따뜻한 사랑을 느낄 수 있는 내용이나 심리적 안정감을 느낄 수 있는 내용과, 일상생활과 관련이 있고 사실적인 이야기뿐 아니라 환상적인 이야기도 좋아한다. 반복적인 요소가 많고, 운율, 리듬, 의성어 의태어가 많은 책을 좋아하고, 개념을 익히는 책이나 정보를 주는 책도 알고 싶은 호기심을 충족시켜준다. 또한 자아개념이 발달하는 시기이므로 자립심과 자율성을 다룬 책도 좋고, 동생을 새롭게 보는 경우도 많으므로, 관련된 내용을 다루거나 형제간의 우애를 다루는 내용도 필요하다.[5]

---

5) 이 내용은 한국독서치료학회에서 운영하는 독서치료 전문가 과정 자료집에서 인용한 것으로, 김현희 선생님과 이영식 목사님께서 정리하신 자료입니다.

2) 독서의 발달 단계

독서 발달에 대한 연구는 그 역사가 오래 되지 않았다. 샬(Chall, 1979)의 독서 발달 단계 모형 연구와 그 연구 성과를 바탕으로 한 우드(Wood, 1992)의 발달 단계와 국내 연구는 천경록(1998)의 읽기 발달 모형 외 몇 편을 꼽을 수 있다.

우드(Wood)는 독서 발달 단계를 5단계로 나누었다. 우드가 제시한 발달 단계는 유아 독서기, 초기 독서 단계, 전이기 독서 단계, 자립 독서기, 고급 독서기이다.

천경록은 독서 발달 단계를 다음과 같이 7단계로 나누었다.

(1) 독서 맹아기(태어나서 유치원 다닐 때까지)

독서 맹아기는 글을 읽기 이전 단계로 주로 음성 언어를 사용하는 단계이다. 아동에게는 직접적인 경험, 부모로부터 듣는 전래동화, 어린이 프로그램, 그림책 등이 중요한 역할을 한다. 이 단계의 언어 발달에 부모의 역할이 매우 중요하다. 책을 읽어주는 것이 효과적인 독서지도 방법이다.

(2) 독서 입문기(초등학교 저학년 1, 2학년)

독서 입문기는 음성 언어에서 문자 언어로 나아가는 단계이다. 단어를 소리 내어 읽을 수 있는 단계이며 글자와 소리의 관계를 인식하는 시기이다. 그리고 독서 학습(learning to read)의 시기이다. 그림과 글자의 구분, 글자가 그림보다 추상적인 실체라는 사실, 글자는 소리와 일정한 관계를 맺고 있다는 점, 기초 어휘에 대한 발음과 해독·단어와 구절·문장을 정확하게 끊어 읽기, 이 단계는 초기 독서 시기이다. 교사의 '책 읽어주기'를 통해 학생들은 다른 사람과 독서 경험을 공유한다.

(3) 기초 기능기(초등학교 중학년 3, 4학년)

기초 기능기는 해독(decoding)에서 독해(reading comprehension)로 나아가는 기간으로 독서의 기초기능을 익히는 시기이다. 묵독이 중심이 되는 의미 중심의 글 읽기를 시작하고, 음독에서 묵독으로 넘어가는 과도기이며, 학습독서(reading to learn)가 시작되고, 긴 문장을 의미 중심으로 끊어 읽기(어구 나누기)를 시작한다. 글을 유창하게 소리 내어 읽을 수 있어야 하고, 글을 읽을 때 안구가 고착되는 것으로부터 점차 자유로워진다.

(4) 기초 독해기(초등학교 고학년 5, 6학년)

기초 독해기는 묵독 중심, 의미 중심으로 글을 읽는 시기이며, 사실과 의견 구별하기, 정보 축약하기, 생략된 정보 추론하기, 이어질 내용 예측하기, 비유적 표현의 의미 이해하기, 표현의 적절성 판단하기 등과 같은 기초 독해 기능을 기르는 단계이다.

(5) 고급 독해기(중학교 1, 2학년)

고급 독해기에는 작자의 관점, 태도, 글의 동기 등에 대하여 비판적 시각으로 글을 읽는 단계로 글쓴이의 의도나 목적을 파악하며 글 읽기, 내용의 통일성 생각하며 글 읽기, 글의 구조 파악하기, 글의 일관성 평가하기, 추론하기, 읽은 내용의 신뢰성과 타당성 판단하기 등 비판적 시각으로 글을 읽게 된다.

(6) 독서 전략기(중 3 ~ 고등)

독서 전략기에는 독해 기능을 구체적인 독서 목적에 맞추어 자기의 독서 상황을 점검하고 조정하면서 전략적으로 독서를 하는 단계, 초인지를 활용한 독서의 특성이 가장 잘 발휘되는 시기이며 앞 단계에서 배운 독서 기능을 실제 독서 상황에 적용할 수 있어야 한다. 따라서 독서 목적에 맞게 유연하고 융통성 있게 독서 상황을 조절하면서 글을 읽어야 한다.

(7) 독립 독서기(고등학교 2학년 이후)

독립 독서기는 능숙한 독서단계이다. 독립된 독자로서 책을 읽는 단계로 독자가 각자의 교양, 학문, 직업의 필요에 따라 전문적인 상황에서 필요한 책과 글을 스스로 선택하여 읽는 시기이다.

독서지도의 방법을 학생의 능력에 맞게 지도하기 위해서는 다양한 독서방법과 학생의 발달단계를 고려해야 하며 그 방법과 발달단계를 살펴보면 다음과 같다.

책을 선택하기 이전과 책을 선택한 이후로 나누어 생각해 볼 수 있다. 책을 선택하기까지의 방법의 문제는 독자의 수준에 맞는 책 선택하기, 관심 있는 분야의 책 즉 읽고 싶은 책 선택하기, 읽고 싶은 자세로 편안하게 읽기, 자기 동기화하기, 독서의 필요성 인식하기 등과 관련된다고 한다.(경상남도 교육청, 1999 : 24-25). 독서의 행위는 눈으로 문자를 지각하는 데서 내용을 이해하는 행위까지 모두 독자의 머릿속에서 일어나는 행위이다. 그러므로 독서의 방법은 머릿속에서 일어나는 행위를 어떻게 이해하고 통제하느냐에 관련된다.

독자는 글을 읽을 때 자신의 경험을 상기하거나 자신의 지식을 관련시켜 이해하려는 능동적인 독서를 해야 한다. 독서는 독자와 텍스트(Text)의 상호작용이다. 독자가 자신의 지식이나 경험을 상기시키는 것은 능동적 사고의 독서를 위해서는 제목을 보고 내용을 예측해 보거나 중요한 개념을 구체적으로 생각해 보아야 한다.

독서를 효과적으로 하기 위해서는

첫째, 독자가 독서의 목적을 분명히 해야 한다.

둘째, 독서의 방법은 독서의 목적에 따라 달라져야 한다.

셋째, 독서의 책략을 중요시해야 한다. 책략적인 독서란 무조건 책을 읽는 것이 아니라 무엇인가 계획과 의도를 가지고 읽는다는 것을 말한다. 독해학습 활동은 내용을 이해하고 그들의 경험과 가치관을 책의 내용과 관련지어 언어사용 기능을 꾸준히 쌓아나감으로 향상되어 간다고 본다. 이러한 독해활동은 교사의 의도에 의해 학생 능력에 맞는 도서가 선정되어질 경우 더욱 체계적인 지도가 이루어질 것이다. 우선 필독 도서의 선정으로 학년별 필독, 권장도서 목록을 선정하는 기준은 다음과 같다.(열린수업연구소, 1999 : 5)

· 학생들의 발달 단계에 적합한 내용
· 교육과정 목표를 심화시킬 수 있는 내용
· 학생들의 정서순화에 도움이 되는 것
· 문학성이 풍부한 것

· 시대적 사회적 요청에 부합될 수 있는 것

· 각 영역별로 고루 선정

· 저자, 출판사가 분명하고 문장 구성, 표기, 제본이 잘된 책

한편 창의적이고 다양한 체험적 독서지도의 방안을 설정하기 위하여 발달단계별로 독서지도 방안을 살펴본 결과 남미영은 다음과 같이 기술하고 있다(남미영, 1997 : 116-176).

(1) 옛날이야기 시대(5~6세)

① 단순한 전래동화를 읽어준다.

② 판타지 문학(마법이나 환상을 다룬)과 친하게 한다.

③ 주인공과 자신을 동일시한다.

④ 이야기를 그림으로 나타낸다.

⑤ 그림책을 둘이서 함께 읽는다.

⑥ 여러 가지 책을 골고루 읽어준다.

(2) 환상 동화 시대(초등학교 1~2학년)

① 판타지를 읽는다.

② 쉬운 단편 동화를 많이 읽는다.

③ 둘이서 읽기로 동화를 즐긴다.

④ 책을 읽고 이야기를 나눈다.

⑤ 스토리를 다른 사람에게 전달한다.

⑥ 혼자서 읽기를 즐긴다.

⑦ 등장인물의 행동을 평가한다.

⑧ 감상을 그림 일기로 쓴다.

⑨ 읽으면서 이미지를 그린다.

(3) 역사 이야기 시대(초등 3~4학년)

① 신화와 전설을 즐긴다.

② 영웅을 흠모한다.

③ 스스로 책을 선택한다.

④ 다독의 시대가 열린다.

⑤ 우정의 이야기를 읽는다.

⑥ 모험의 세계를 동경한다.

⑦ 동정심을 유발하는 주인공을 좋아한다.

(4) 지식과 논리의 시대(초등학교 5~6학년)

① 지식적 이야기에 흥미를 느낀다.

② 인간의 역사에 흥미를 느낀다.

③ 서정 문학을 즐긴다.

④ 우정을 다룬 장편 소설을 좋아한다.

⑤ 탐정 추리 소설을 읽는다.

⑥ 공상 과학 소설을 읽는다.

이와 같이 단계별 특성을 볼 때 독서(책읽기)에는 단계가 있고, 따라서 그 단계에 다라 아동의 수준에 맞는 책을 고르고 권하는 것이 좋다. 미취학 아동의 경우 먼저 어머니가 이야기를 들려주고, 그림책에 흥미를 갖게 하는 단계부터 출발해야 한다.[6]

6) 김영옥(2006). 독서 능력 신장을 위한 독서 지도 프로그램 적용에 관한 연구 : 초등학교 4학년 아동을 대상으로. 진주교육대학교 교육대학원 초등국어교육전공 석사학위논문에서 인용했습니다.

제 3 장

독서지도의 실제 1 :
아이들의 마음 열기

　사회가 여러 부분에 걸쳐 개방화되고, 한 둘만 낳아 잘 기르자는 풍조로 가정 내의 자녀들이 줄었으며, 내 아이가 어디서든 '기' 죽지 않았으면 하는 부모님들의 배려(?)로, 우리가 자랄 때와는 비교할 수 없을 정도로 자기표현이나 주장이 강한 어린이들이 많은 것이 사실이지만, 아직도 학교 및 공공도서관의 독서교실, 공부방 등의 자리에서 만나 본 우리나라 대부분의 어린이들은 자기표현에 있어 소극적이고 걱정이 많은 편이다. 이는 모르는 사람들 앞에 선다는 두려움에서 오는 결과이기도 하겠지만, 실수를 하면 절대로 안 된다는 완벽주의에서 오는 두려움이 아닐까 싶기도 하다. 결국 이런 태도는 독서교실 등의 프로그램을 진행해야 하는 독서지도사들에게는 부담으로 작용할 수밖에 없는데, 첫 만남에서부터 긴장을 풀어줌으로써 자기 자신을 좀 더 솔직히 드러내고, 진행되는 회기마다 적극적으로 참여할 수 있는 기회를 마련해 줄 필요가 있겠다. 이에 독서지도의 실제 1에서는 독서지도에 참여한 어린이들에게 조금 더 다가갈 수 있는 마음 열기의 기법들을 소개하고자 한다.

1. 자기소개

자기소개는 서로에 대한 정보가 없는 사람들이 어떤 목적에 의한 만남을 함께 할 때 자연스럽게 하는 행위로, 서로에 대한 정보를 나누는 것이다. 그런데 어른들도 마찬가지이지만, 어린이들에게 돌아가며 자기소개를 해보라고 하면, 하나같이 모기가 내는 소리만큼이나 작은 소리로 이름과 학년 반 등을 이야기하는 것이 고작이다. 조금 길게 한다 싶으면 사는 곳과 가족 등을 첨가하는 정도이니 말이다. 이는 주입식 수업의 형태에서 나온 산물로 발표가 익숙하지 않기 때문이라는 생각인데, 그렇다면 교사는 앞으로 이어질 수업들에 있어서 어린이들의 적극적인 참여를 위해서라도, 첫 만남인 자기소개를 통해 잘 할 수 있다는 자신감은 물론, 참여 어린이 개개인이 교사와 친구들로부터 관심을 받고 있다는 점을 심어 줄 필요가 있다. 가장 기본적인 방법부터 소개를 하자면 다음과 같다.

1) 메모를 통한 소개

말과 글의 차이는 꽤 크다. 말은 한 번 뱉어내면 다시 담을 수 없지만, 글은 다시금 고칠 수 있다. 소개의 경우도 말로만 하는 것과, 말로 발표를 하기 전 일정 시간을 주고 먼저 메모를 하도록 했을 때의 경우는 사뭇 다르다. 적지만 자신의 장점 등에 대해 생각해 볼 수 있는 시간이 보다 조리 있는 발표를 가능하게 하고, 나아가 내용까지 충실하게 해, 결국 어린이 자신의 자신감도 생기게 한다. 그 방법도 어려워하는 어린이들에게는 교사가 몇 개의 항목을 미리 정해주는 방법의 힌트를 주는 것이 좋겠다. 특히 자신의 장점이나 잘하는 것 등을 10가지 이상 적을 수 있도록 하고, 그 내용은 평소 자주 사용하는 수첩의 제일 앞면에 붙인 뒤, 기분이 우울하거나 자존감이 떨어질 때 한 번씩 읽어보는 방법을 권유하면 좋겠다. 이 방법을 사용할 때 주의할 점은 친한 친구의 경우라도 그 친구에 대해 100% 알고 있는 것이 아니기 때문에, 발표한 내용에 대한 비판은 절대 하지 않기로 사전에 약속을 하는 것이 좋다. 발표한 내용에 춤이나 노래 등에 대한 부분이 있으면 분위기를 업그레이드시키는 차원에서 자연스럽게 권해보는 것도 교사의 센스이다. 소개를 시키는 순서는 원하는 사람부터 자연스럽게 하는 것이 좋겠으나, 지원자가 선뜻 나서지 않는 등 시간만 흘러가는 경우 먼저 교사가 한 뒤 다음 사람을 정하고, 그 사람이 발표 후에 이어서 다음 사람을 지목하는 방법으로 진행하면 된다.

2) 도구 사용을 통한 소개 1 - 소개판과 카드

이 방법은 특히 저학년 어린이들과의 수업 시 활용도와 참여도가 높은데, 교사의 준비가 많아야 하고 소개 시간이 오래 걸린다는 단점이 있다. 하지만 앞서 이야기 한 것처럼 참여도와 흥미도가 높기 때문에 바지런한 교사라면 꼭 시도해 봤으면 한다. 구체적인 방법은 다음과 같다.

(1) 독서지도에 참가한 어린이들의 이름을 한 글자씩 크게 인쇄해 일정한 모양으로 잘라둔다.

(2) 가족구성원으로 소개할만한 인물들의 그림이나 사진, 혹은 손가락인형 등을 준비해둔다.

(3) 취미로 소개할만한 컴퓨터게임이나 운동, 예술 방면의 그림 등을 준비해둔다.

(4) 음식이나 동물의 그림 등을 준비해둔다.

(5) 준비한 그림들을 모양대로 잘라 코팅한 후 뒷면에 부직포 접·탈착이 가능한 테이프를 붙인다.

(6) 부직포를 활용한 융판 등의 소개판을 준비한다.

(7) 융판 사용을 위한 테이프 부착 대신 코팅상태 그대로 넣고 뺄 수 있는 소개판도 시중에 나와 있는 것이 있다. 이에 대한 자세한 모양이나 활용내용은 사진을 통해 소개하겠다. 또한 융판 등의 모양과 형태도 자유자재로 만들 수 있다.

위와 같은 준비가 모두 끝나면 교사가 먼저 시범을 보인 뒤 어린이들에게 기회를 주면 되는데, 자칫 어린이들의 발표가 교사의 경로와 똑같아질 수 있으니 주의를 요할 필요는 있다. 발표의 내용이나 길이, 사용하는 준비물에 이르기까지 철저히 어린이의 자율에 맡기되, 역시 비난은 금하는 것이 좋고 소개가 끝나면 다음 친구를 위해 스스로 정리하고 들어갈 수 있도록 하면 된다.

3) 도구 사용을 통한 소개 2 - 얼굴 가면

인터넷이라는 매체가 발달하면서 우리의 삶은 익명성이라는 것의 자유로움과 그 두려움을 동시에 경험할 수 있게 됐다. 여기서 필자가 익명성을 '자유롭다'라고 표현한 것은 남을 비방하는 등의 비신사적인 행동을 했음에도 불구하고 특별한 방법을 사용하지 않고서는 그 당사자를 찾아낼 수 없다는 행태의 자유로움이 아니고, 자신을 드러내고 싶지 않은 경우 그럴 수 있는 자유가 있다는 의미에서의 자유로움이다. 물론 그 역시 해석하기에 따라 그 말이 그 말 아니냐는 지적을 받을 수 있지만, 어쨌든 익명성이 주는 자유로움은 분명 있는 것 같다. 바로 이런 심리를 이용해 준비해 본 방법이 얼굴 가면이다. 얼굴 가면의 준비와 사용은 다음과 같다.

(1) 얼굴 가면은 얼굴을 전부 가릴 수 있는 크기로 활짝 웃는 모습과 눈물을 흘리거나 화가 난 모습 등으로 각각 1개씩을 준비한다.(아이들 숫자만큼 만들 수도 있다.)

(2) 환한 얼굴은 '기쁜 일', 눈물을 흘리거나 화가 난 모습은 '슬픈 일'이라고 이름을 붙인다.

(3) 앞으로 한 사람씩 나와 자기가 겪은 기쁜 일이나 슬픈 일에 관해 발표해보도록 한다.

(4) 기쁜 일이나 슬픈 일에 대한 특별한 기억이 없는 경우, 좋아하는 것과 싫어하는 것에 대해 이야기 해보도록 하면 된다.

4) 활동을 통한 소개 1 - 별칭 짓기

별칭은 말 그대로 자신의 이름 대신 불릴 수 있는 별도의 이름
이다. 다른 사람들이 이름이나 신체의 특징, 특별한 사건을 통해
지어 부르는 별명과는 달리, 자기가 좋아하는 것을 선택할 수 있
다. 따라서 듣기 싫다기보다는 자꾸만 불리고 싶은 것이 바로 별칭
이다. 그런데 이런 별명이나 별칭은 결국 그 사람의 모습을 반영할
수밖에 없다.

어린이들의 경우 동물이나 식물, 음식, 유명 연예인 등의 별칭을
선택하는 경우가 많은데, 개성을 나타내는 별칭으로 자기를 소개함
으로써 상호간에 친밀감을 느끼며 마음의 문을 열 수 있다. 독서교
실이 진행되는 동안 별칭으로만 호칭을 하기로 약속을 정할 수도
있는데, 이때 중요한 점은 별칭을 갖고 놀리지 않도록 해야 한다는
것이다.

구체적인 활동을 위한 교안은 다음과 같다.

〈별칭 짓기〉

목적	자기의 개성을 나타내는 별칭으로 자기를 소개함으로써 상호간에 친밀감을 느끼며 마음의 문을 열 수 있다.	영역	자아발견
준비물	① 명찰용 두꺼운 종이(색종이)1인 1매 ② 핀 ③ 필기구 ④ 크레파스(색연필, 싸인펜)	대상	초중고
지도상 유의점	① 구성원의 마음을 여는 장으로 활용한다. ② 화기애애한 분위기를 조성한다. ③ 교사도 함께 참여한다. ④ 별칭을 지어 주거나, 암시를 주는 일은 삼간다.	집단구성	소↔중
		소요시간	40~50분

진행	활동내용	참고
준비	· 명찰용 종이와 필기도구를 책상 위에 놓는다. · 구성원은 모두 잘 보이도록 앉게 한다. · 눈을 감고 명상을 하게 하여 안정감을 가질 수 분위기를 조성한다.(1분)	㉠ 장래 희망하는 직업 ㉡ 존경하는 인물 ㉢ 자기를 잘 표현하는 형용사
프로그램 설명 및 활동	· 별칭은 별명과 다르며 평소에 자신이 남에게 불리고 싶었던 것, 나를 가장 잘 나타낼 수 있는 것, 내가 되고 싶은 것 등으로 별칭을 짓게 한다. - 명찰 종이와 크레파스는 좋아하는 색으로 고르고, 크고 분명하게 써서 잘 보이게 한다. - 구성원들이 잘 볼 수 있도록 앞가슴에 달게 하며, 프로그램이 끝날 때까지 계속 달도록 한다.	· 별명 : 본 이름 외에 남들이 지어 부르는 이름 · 집단의 성격에 따라 - 희망하는 직업 - 되고 싶은 역사적 인물 - 존경하는 인물
별칭소개	· 교사가 먼저 자기소개를 하고, 시계방향으로 돌아가게 하거나 희망하는 순서로 하되, 발표 안한 사람이 없도록 한다. - 별칭을 선택하게 된 동기, 이유, 의미 등을 말하도록 한다.	- 가장 중요 시 하는 덕목 등으로 별칭을 짓게 한다.
느낌발표 정리 기대효과	· 별칭소개가 끝나면, 돌아가며 인상적인 것, 느낀 점등을 발표하게 한다. · 구성원 상호간의 진솔한 인간성에 접하여, 마음의 문을 열고 친밀감을 갖도록 한다. ① 자기를 개방하고 마음의 문을 열게 된다. ② 긴장감이 해소되고 구성원 간에 친밀감을 느끼게 된다. ③ 상대방을 알고, 이해하게 된다. ④ 자기를 표현하려는 적극적인 자세를 갖게 된다.	분위기를 부드럽게 하기 위하여 노래를 부르면서 발표하게 할 수도 있다.

5) 활동을 통한 소개 2 – 이런 사람은 움직이세요!

교사가 제시하는 사항에 해당되는 아이는 맞은편 줄로 이동하는 활동으로, 서로 잘 알지 못하는 아이들에게 실시하면 효과적이다. 교사는 다양하고 재미있는 조건을 제시해본다. 구체적인 방법은 다음과 같다.

(1) 두 모둠으로 나눈다.

(2) 두 모둠은 5~10m 사이를 두고 마주선다.

(3) 독서지도사는 조건을 제시하고, 해당되는 아이들은 상대편 모둠 쪽에 가서 선다.

(4) 독서지도사는 처음에는 겉으로 드러나는 외형적인 조건부터 제시한다. 그런 뒤에 점차 마음 속 생각을 나타내는 조건을 제시한다.

◎ 조건들의 예 ◎

• 나는 잘 생겼다고(예쁘다고) 생각한다. 나는 오늘 아침 밥을 한 그릇 다 먹었다.
• 나는 춤을 잘 춘다. 나는 좋아하는 남자·여자 친구가 있다. 나는 지금 기쁘다.
• 나는 지난 일주일동안 슬픈 일이 있었다. 나는 공부가 싫다.

6) 활동을 통한 소개 3 – 나를 보여줄게

누군가 나에 대해 알고 있는 부분은 지극히 피상적일 수밖에 없는데, 나만의 방식으로 보여주고 싶은 나에 대해 표현해 보는 활동이다. 활동 방법은 다음과 같다.

(1) 서로 얼굴이 보일 수 있도록 둥그렇게 선다.

(2) 두루마리 휴지를 돌려가면서 자신이 원하는 수만큼의 칸을 떼어 내어 갖고 있게 한다.

(3) 떼어 낸 칸만큼의 숫자는 내가 갖고 있는 재능이나 자랑의 수와 같다고 말해 준 다음 차례로 돌아가며 발표하도록 한다.

(4) 독서지도사가 먼저 시범을 보임으로써 아주 작은 사실도 나만의 자랑이 될 수 있다는 것을 일깨워 준다.

(5) 10칸이 넘게 칸을 떼어 낸 어린이의 경우 10가지 정도로 줄여주는 것이 좋다.

(6) 휴지를 갖고 장난을 치는 등 지저분해질 우려가 있으니 미리 주의를 주도록 한다.

7) 놀이를 통한 소개 1 – 안녕, 반가워!

익숙하지 않은 관계들과의 첫 만남 속에서 놀이의 형식을 빌어서 자연스러운 접촉을 통한 인사로 서로에 대한 호감 및 친밀도를 형성하기 위한 방법이다.

(1) 서로 얼굴이 보일 수 있도록 둥그렇게 선다.

(2) 마음에 드는 사람 앞으로 걸어가 자유로운 형태로 인사를 한다. 그럼 인사를 받는 사람은 인사를 하는 사람의 동작을 잘 봐두었다가 그대로 따라 인사해 준다.
(3) 인사를 한 사람이 인사를 받은 사람의 자리로 들어가고, 인사를 받은 사람은 다시 다른 사람에게 다가가 다른 방법으로 인사를 한다.
(4) 이미 인사를 받은 사람에게 다시 인사하지 않도록 하며, 모든 사람이 돌아갈 때까지 반복한다.
(5) 남자 어린이들의 경우 신체 접촉이 과격해질 수 있는데, 그 부분만 미리 주의를 주면 좋겠다.

8) 놀이를 통한 소개 2 - 이름 놀이

여럿이 만났을 때 그들의 이름을 모두 기억하기는 어렵다. 더구나 처음 만난 여러 사람의 이름을 기억하는 것은 쉬운 일이 아니다. 이 놀이는 이름을 반복해 부름으로써 쉽게 기억할 수 있는 활동이다.

(방법 1)
(1) 원으로 둥글게 둘러앉는다.
(2) 한 명씩 돌아가면서 자신의 이름을 말하고 앉는다.
(3) 각자 한 번씩 이름을 소개했으면 옆에 있는 아이 이름을 먼저 말하고 나서 자신의 이름을 말한다. 예를 들어 "저는 최연희 옆에 있는 김지용이라고 합니다." "저는 김지용 옆에 있는

서강산입니다." 이런 방법으로 이어간다.

(4) 익숙해졌으면 주변에 있는 3~5명의 아이들을 함께 소개한다. 예를 들어 "저는 최연희, 김지용, 서강산 옆에 있는 최용훈입니다."로 자신을 소개한다.

(방법 2)

(1) 한 명이 옆에 있는 친구에게 노크하고 나서 방문한 까닭을 말한다.

(2) 방문을 받은 아이가 다시 옆에 있는 친구에게 노크한다.

(3) 앞에 소개했던 친구들 이름도 모두 넣어서 방문한 까닭을 말한다. 방문한 이유는 앞에 했던 친구가 이야기하지 않은 독창적인 것을 말하도록 한다.

(4) 이렇게 돌아가면 마지막 아이는 원 안의 모든 아이들 이름을 말하게 된다.

(방법 3)

(1) 공을 하나 준비해서 원으로 둘러앉는다.

(2) 한 명이 이름, 별명, 특기, 장점, 단점 등으로 자신을 소개한다.

(3) 소개가 끝나면 가지고 있던 공을 다른 아이에게 던진다.

(4) 공을 받은 아이는 같은 방법으로 자신을 소개하고 공을 다른 아이에게 던져준다.

(5) 아직 소개하지 않은 아이에게 공을 던져줘서 모두 자신을 소개하게 한다. 이때 소개한 아이에게는 공을 던지지 않는다.

(6) 익숙해지면 놀이를 변형해서 해본다. 공을 가진 아이가 이름

이나 별명을 대고 다른 아이에게 던지면 공을 받은 아이는 던진 아이의 이름(별명)을 말하고 자신을 소개하는 형식으로 해본다. 예를 들어 "저는 최연희에게서 공을 받은 김지용입니다."라는 식으로 자신을 소개하고 다른 아이에게 공을 던져준다.

(유의점)

(1) 인원은 최대 20명 정도까지가 적당하다. 인원이 많을 때는 원을 두 개 만들어도 되지만 처음에는 아이들 모두가 참석하는 것이 효과적이다.

(2) 아이들의 이름을 말하는 것이 목적이므로 대화를 너무 길게 이어가지 않도록 한다.

(3) 말해야 하는 이름이 많아 이름을 기억하지 못할 경우에는 자신의 이름을 알려 주어 빨리 진행하도록 한다.

9) 놀이를 통한 소개 3 - 소개 놀이

자신이 스스로를 소개하는 것보다 다른 사람이 소개해줌으로써 신뢰감을 키우는 놀이이다. 서로 이야기할 때 외적인 부분뿐 아니라 내적인 특성이나 성격 등도 솔직하게 말하게 한다.

(1) 두 사람씩 짝을 짓는다.

(2) 사는 곳, 좋아하는 음식, 특기, 장래희망 등을 중심으로 서로에 대해 5분 정도 이야기한다.

(3) 모두 원으로 둘러앉아서 짝끼리 번갈아 가며 서로에 대해 소

개한다. 예를 들어 "여러분께 의왕시에 사는 연희를 소개해드리겠습니다. 연희는 아이스크림을 좋아하며, 그림을 잘 그려서 나중에 유명한 화가가 되고 싶다고 합니다. 여러분, 미래의 화가 최연희 친구를 소개합니다."라는 식으로 다양하게 소개한다.

(4) 소개받은 아이는 인사하고 나머지 아이들은 박수로 환영해준다.

(5) 미리 알고 있던 친구들의 경우 서로를 장난스럽게 소개하거나 부정적인 면을 부각시키는 경우도 있으니, 가능한 서로 처음 만나는 친구들끼리 짝을 짓도록 한다.

10) 놀이를 통한 소개 4 - 좋아 좋아

각자의 이름을 소개한 후에 얼마나 기억을 잘 하고 있는지 확인하면서 직접 친구의 이름을 불러보는 기회도 갖게 하는 놀이다. 이름이 불렸을 때 "나도 좋아" 하면 부른 사람은 다시 다른 사람을 불러야 하고 "나는 싫어" 하면 싫다고 한 사람이 다른 사람을 불러야 한다.

(방법)
다함께 : "좋아 좋아" → 교사 : "지선이 좋아" → 지선 : "나도 좋아" →
다함께 : "좋아 좋아" → 교사 : "정훈이 좋아" → 정훈 : "나는 싫어" →
다함께 : "그럼 누구" → 정훈 : "미진이 좋아" → 미진 : "나도 좋아"

(유의점)
(1) "나도 좋아" 하는 경우가 세 번이 넘지 않도록 하여 골고루

기회가 돌아가도록 한다.

(2) 이미 부른 사람을 다른 사람이 또 부르면 벌칙을 준다.

11) 놀이를 통한 소개 5 - 인터뷰

신문의 '인물소개'란을 취재하는 기자가 되어 일정 시간동안 참여자들을 인터뷰한 뒤 발표할 수 있도록 하는 활동이다. 한 사람 당 질문은 5가지 정도로 정해주고, 질문의 내용은 마음대로 결정할 수 있도록 한다. 정해진 시간 동안에 많은 사람을 인터뷰한 사람에게 '기자상'을 주고, 돌아가면서 차례로 소개하고 싶은 사람을 소개해 주도록 한다. 앞에서 이미 소개를 한 사람의 경우 빠진 내용이 있으면 보충할 수 있는 기회를 주고 모든 사람이 소개될 수 있도록 한다. 펜과 종이만 있으면 쉽게 할 수 있는 활동이다.

2. 마음 열기

자기소개를 모두 마쳤으면 심층 활동을 통해 서로에 대해 조금 더 알 수 있는 기회를 가져보는 것도 좋겠다. 아래에 소개하는 방법들은 독서치료 활동에서도 사용되는 것들로, 인생선과 내 마음의 한 구석은 A4용지 한 장으로 해결할 수 있는 활동이므로 같이 실시하는 것이 좋겠다.

1) 심층 활동을 통한 마음 열기 1 - 인생선(나의 기억)

인생선(Life Line)은 아주 간단하면서도 심층적인 내용을 통해 마음을 열어 보일 수 있도록 하는 방법으로, 어린이들과의 수업 시에는 '나의 기억'이라는 용어로 바꾸어 이해를 돕는 것이 좋다.

기뻤던 일	슬펐던 일

(1) A4용지 한 장을 반으로 접어 먼저 한 면을 사용하도록 한다.

(2) 반으로 접은 용지 중앙에 일직선을 하나 긋는다.

(3) 직선의 제일 마지막 부분은 자신의 현재 나이를 적도록 하고, 중간 중간 적당한 지점에 나이를 표시할 수 있도록 한다.

(4) 일직선 위의 나이를 고려해, 지내오면서 느낀 기뻤던 일과 슬펐던 일이 있었던 지점을 표시하고, 그 내용을 구체적으로 써보도록 한다.

(5) 겪은 일이 여러 가지인 경우 모두 표시해 보도록 하고, 그런 사례가 없었던 어린이들은 가장 좋았던 기억이나 나빴던 기억 등으로 강도를 낮춰줄 수 있다.

2) 심층 활동을 통한 마음 열기 2
- 내 마음의 한구석(내 마음 속)

(1) A4용지의 나머지 면에 위와 같이 번호를 적도록 한다.

(2) 번호를 모두 적으면 1번에는 가장 좋아하는 사람, 2번에는 가장 좋아하는 물건, 3번에는 가장 좋아하는 장소(기억에 남

는 장소), 4번에는 가장 잘 하는 것을 적도록 한다.

(3) 특히 남자 어린이들의 경우 2번의 좋아하는 물건에는 컴퓨터를, 4번의 가장 잘하는 것에도 컴퓨터나 컴퓨터 게임을 적는 경우가 많으므로 다른 방향으로 유도해 볼 필요도 있다. 또한 '가장'이라는 것은 그 많은 것들 가운데 한 가지만을 선택해야 한다는 점도 미리 설명해 준다.

3) 심층 활동을 통한 마음 열기 3 – 문장 완성하기

문장 완성하기는 심리검사 가운데 하나인 문장완성검사(SCT)에서 형식을 빌린 것으로, 문장의 비어 있는 부분을 자신의 생각으로 채워 완성하는 활동이다. 자기 자신에 대한 폭넓은 이해를 바탕으로 한 활동으로 경우에 따라서는 많은 시간을 필요로 하기도 하며, 어린이들이 어렵다고 느낄 수도 있겠다. 항목의 숫자나 내용에 대한 구성은 대상에 따라 달리 하는 것이 좋은데, 그 예는 다음과 같다.

1. 내가 가장 행복한 때는
2. 나는 친구가
3. 다른 사람들은 나를
4. 우리 엄마는
5. 나는 공상을 잘한다.
6. 나에게 가장 좋았던 일은
7. 내가 제일 걱정하는 것은
8. 대부분의 아이들은
9. 내가 좀 더 나이가 많다면

10. 내가 가장 좋아하는 사람은

11. 내가 가장 싫어하는 사람은

12. 우리 아빠는

13. 내가 가장 무서워하는 것은

14. 내가 가장 좋아하는 놀이는

15. 내가 갖고 있는 것 중에서 제일 아끼는 것은

16. 내가 가장 갖고 싶은 것은

17. 여자(남자) 애들은

18. 나의 좋은 점은

19. 나는 때때로

20. 내가 꾼 꿈 중에 제일 좋은 꿈은

21. 나의 나쁜 점은

22. 나를 가장 슬프게 하는 것은

4) 심층 활동을 통한 마음 열기 4 – 동일시

동일시(同一視)란, 심리학에서 남과 자기를 같은 것으로 여기어 욕구를 실현하고자 하는 심리현상을 말한다. 특히 어린이들은 아기였을 때부터 갖고 놀던 장난감이나 어떤 대상물에 대한 동일시를 잘 하는 경향이 있는데, 이 활동은 상대적으로 부담을 덜 느끼는 대상물들을 통해 어린이들의 마음을 알아보기 위한 것이다.

(1) 어린이들이 평소 주변에서 접할 수 있는 친근한 대상물들을 준비한다. 대상물은 동물이나 인형, 장난감, 음식(과일) 등이 좋겠는데, 인형이나 장난감을 제외하고는 그림 혹은 모형으로 준비하는 것도 좋겠다.

(2) 여러 대상물들 가운데 자신을 가장 잘 표현할 수 있는 것을 골라보고, 그 이유에 대해 이야기해본다.

(3) 다른 어린이들의 발표 시 절대 웃지 않기로 약속을 정한 다음 실시한다.

5) 심층 활동을 통한 마음 열기 5 - 가치관 경매

우리는 누구나 이 세상을 살아가기 위한 나름대로의 신호등인 가치관을 갖고 있다. 이 '가치관'이라는 것은 때로 그 사람을 평가하는 잣대가 되기도 하는데, 마땅한 평가기준이 없는 것이기도 하다. 그야말로 스스로에 의해 좌우되는 경우가 많다. 그렇다면 과연 현 세대를 살아가는 우리 아이들은 어떤 가치관을 갖고 살아갈까? 시시때때로 변하는 것이 또 아이들의 가치관이기는 하지만 어느 정도의 관념을 알아 볼 수 있는 소중한 기회가 되기도 한다.

이 활동을 진행하는 방법은 이렇다. 우선 20가지 목록에 담긴 내용들을 함께 읽으며 설명을 해준다. 그런 다음 가장 사고 싶은 것부터 순위를 매기게 하고, 이어서 배당금을 걸게 하는데 여럿이 함께 하기 때문에 100만 원이면 100만 원 똑같이 사용할 수 있는 금액을 정해주면 된다. 그러면서 그 배당금 내에서 나누어 걸어야 한다고 알려주며, 배당이 끝나면 누가 그 번호에 가장 많은 배당을 했는지 경매를 해본다. 낙찰가는 그 번호를 낙찰받기 위해 쓴 돈의 액수를 적으면 된다.

순번	목록	순위	배당금	낙찰가
1	행복하고 단란한 가족			
2	일생동안 돈 걱정 없이 사는 것			
3	병 없이 오래 사는 것			
4	친구와의 우정			
5	진정한 사랑			
6	얼짱과 몸짱			
7	공부를 잘 할 수 있는 두뇌			
8	만족스럽고 행복한 결혼			
9	정의롭게 나설 수 있는 용기			
10	맡은 바 일을 잘 해내는 책임감			
11	남을 즐겁게 하는 유머 감각			
12	발명왕 에디슨 같은 창의성			
13	타인에게 인정과 칭찬을 받는 것			
14	멋지게 연출할 수 있는 감각			
15	대중을 지휘할 수 있는 리더십			
16	삶의 의미에 대한 이해			
17	변치 않는 믿음과 종교			
18	부정과 속임수가 없는 세상			
19	개미와 같은 부지런함			
20	주변의 간섭이 없는 자유로움			

★ 이런 책과 함께 할 수 있어요! ★

본격적인 활동에 앞서 책을 함께 읽어보거나, 혹은 활동을 모두 마치고 활동에 참여한 어린이들이 공감할 수 있는 내용의 책을 소개해 주는 것도 좋은 방법 가운데 하나이다. 특히 첫 만남을 통해 마음을 열기 어려운 어린이들에게 공감할 수 있는 내용의 이야기를 통한 마음의 안정감의 제공은, 이후 여러 활동에 많은 영향을 줄 것이다. 단, 대상 아동에 따라 어떤 책이 적절할 것인지는 꼭 생각해 보셨으면 한다.

· 나는 나야 / 마리 루이스 피츠패트릭 지음, 이상희 옮김/내인생의책
· 내 이름은 자가주/퀜틴 블레이크 지음, 김경미 옮김/마루벌
· 안녕 안녕/이모토 요코 지음, 변은숙 옮김/문학동네
· 안녕하세요!/김영란 글, 김민선 그림/와이즈아이
· 이름 보따리/장 클로드 무를르바 지음, 신선영 옮김/문학동네
· 세상에서 가장 긴 이름/폴 제라티 지음, 햇살과나무꾼 옮김/베텔스만코리아
· 내 이름은 프레즐/마가렛 레이 글, 한스 아우구스토 레이 그림, 김원숙 옮김/비룡소
· 칠판 앞에 나가기 싫어/다니엘 포세트 글, 베로니크 보아리 그림, 최윤정 옮김/비룡소
· 크림, 너라면 할 수 있어!/미야니시 타츠야 글·그림, 이선아 옮김/시공주니어
· 너는 특별하단다/맥스 루카도 지음, 세르지오 마르티네즈 그림, 아기장수의 날개 옮김/고슴도치
· 까불지 마/강무홍 지음/한길사
· 나 친구 안 사귈래/파울 마어 지음, 유혜자 옮김/아이세움

제 4 장

독서지도의 실제 2 :
창의력 기르기

　언제부터인가 우리사회에는 창의력, 창의성이라는 단어의 많은 영향을 받게 됐다. 이는 '지금껏 없었던 일을 새로 생각하여 냄, 또는 그 의견'이라고 풀이되어 있는 국어사전 상의 의미를 몸소 보여주고 있는 것처럼, 어느 순간 우리 곁으로 성큼 다가왔고, 현재에 이르러서는 어떤 분야에서건 가장 기본적이자 큰 덕목으로 인식되는 단계로까지 발전되어졌다. 특히 독서활동은 학생들에게 있어 가장 강력한 학습 양식으로, 단순히 내용에 포함되어 있는 인지적 지식, 정서, 가치관, 규범 등을 고정된 실체로서 수동적으로 받아들이는 것을 의미하지는 않는다. 독자 자신의 생활 체험과 삶의 방식, 사회·문화적 맥락 등과 같은 여러 요인들과의 상호작용을 통한 새로운 의미를 창출할 때, 진정한 의미의 독서활동이 이루어질 수 있으며, 지식의 생산 능력 및 활용, 창의적 사고 능력, 풍부한 상상력, 올바른 가치관을 획득할 수 있는 것이다.

　그 동안 우리의 학교 교육 상황에서는 사실 혹은 개념 학습에만 치중하여 개인의 창의적 사고를 길러줄 수 없는 등, 자라는 어린이들의 지식 생산 능력과 활용능력, 창의적 사고 능력과 풍부한 상상력, 투철한 가치관과 인간적 감수성을 길러주는 면에 대한 인식과 노력이 부족했던 것이 사실이다.

　학교 현장의 이런 문제점을 독서지도활동을 통해 모두 해결할 수는 없지만, 창의적 능력 신장을 위한 다양한 독서지도 모형과 특별활동 및 재량활동 과정에서의 창의적 활동으로 연계될 수 있는 모형 등의 개발이 필요하다고 생각한다.

1. 창의력 발상 훈련 - 상황 제시를 통한

앞서 창의력에 대한 정의를 살펴보면서, 창의란, '지금껏 없었던 일을 생각해 냄, 또는 그 의견'이라는 결론을 내렸는데, 필자가 생각하기에 창의력은 지금껏 전혀 없었던 것을 생각해 내고 만들어 내는 것임에는 틀림없지만, 그 기저에는 '경험'이라는 것이 깔려 있어야 한다고 본다. 이유는, 이미 갖고 있던 경험이나 생각 등이 결합해 만들어 내는 또 다른 생각이나 의견 등이, 결국 더욱 창조적이며 훌륭한 경우가 많기 때문이다. 우리가 일본이라는 나라를 '모방의 천국'이라고 하는데, 그처럼 모방을 하다 보니 결국 새로운 것도 만들어 내는 것이다.

창의는 때로 '엉뚱함'으로 인식되기도 하는데, 이는 아인슈타인 등 오늘날에 회자되고 있는 과학자의 일화 등을 통해서 받아들여진 개념이 아닐까 싶고, 실제 창의력을 키우기 위한 활동 등에서도 '엉뚱하게 생각해 보기'나 '반대로(뒤집어서) 보기' 등의 활동을 하기 때문이기도 하다. 창의력 발상 훈련은 바로 이 엉뚱하게 생각해 보기활동으로, 구체적인 예는 아래와 같다. 전개에 앞서 교사가 먼저 답변에 대한 충분한 생각을 해보는 것이 좋을 것 같아, 어린이들이 실제 답변할 수 있는 예들까지 제시를 해봤다.

≪창의력 발상 훈련 1≫

주제	· 어느 날 갑자기 내가 거인이 돼 버린다면 어떨까? · 어느 날 갑자기 내가 난쟁이가 돼 버린다면 어떨까?
전개 - 창의력 이끌어 내기	· 우리가 알고 있는 키가 큰 사람들에 대해 이야기 해봅니다. - 거인, 농구선수, 배구선수 등의 운동선수, 아저씨, 아빠 등 · 우리가 알고 있는 키가 작은 사람들에 대해 이야기 해봅니다. - 난쟁이, 요정, 엄지공주, 어린이, 아기, ○○ (친구 이름 등) 등 · 그렇다면 어느 날 갑자기 내가 세상에서 제일 키가 큰 거인으로 변한다면 어떨까 이야기 해봅니다. - 먼 곳까지 볼 수 있을 거예요, 하늘을 더 가까운 곳에서 바라볼 수 있어요, 사람들이 다 쳐다볼 거예요, 차를 탈 수 없어요 등 · 이번에는 어느 날 갑자기 내가 세상에서 제일 키가 작은 난쟁이로 변한다면 어떨까 이야기 해봅니다. - 엄마 주머니에 들어가서 다닐 수 있어요, 쥐나 다른 벌레들이 잡아먹으려고 덤빌지도 몰라요, 장난감들과 친구가 될 수 있을 것 같아요 등 ♧ 마무리 활동 ♧ · 우리가 살아가는 세상에는 다양한 모습으로 살아가는 사람들이 많다는 것을 가르쳐 줍니다. 그 가운데 키가 큰 사람과 너무도 작은 사람의 수업을 통해, 외모에 대한 편견을 없애고 다양한 삶의 모습을 자연스럽게 받아들일 수 있도록 지도해줍니다. 

≪창의력 발상 훈련 2≫

주제	· 하늘이 노란 색이라면 어떤 일들이 벌어질까? · 하늘이 노랗게 변한 이유는 무엇일까?

전
개
-
창
의
력
이
끌
어
내
기
	· 하늘의 여러 가지 색깔에 대해 이야기 해봅니다.
	
	 - 파란색, 하늘색, 회색, 검정 색, 빨강 색, 노란 색, 주황색, 무지개색 등
	
	· 하늘이 여러 색깔로 보이는 이유와 각 색깔에 맞는 환경을 이야기 해봅니다.
	
	 - 회색 : 구름 낀 날, 빨강 색, 노란 색, 주황색 - 해가 질 때
	   파랑 : 바다가 하늘에 비친 날 등
	
	· 하늘이 온통 노란 색이라면 어떻게 될까요?
	
	 - 예쁘지 않을 것 같아요, 구름의 색깔이 달라질 것 같아요,
	   밤에는 까만색으로 변할까요? 등
	
	· 하늘이 노란 색으로 변한 이유는 무엇일까요?
	
	 - 하느님이 그림을 그리다가 노란 색 물감을 쏟았어요!
	 - 천사가 하느님 몰래 오줌을 쌌어요!
	
	☆ 마무리 활동 ☆
	
	· 하늘의 색깔은 여러 가지이므로 단지 파란색만으로 표현을 하는 것이 옳지 않다는 사실을 가르쳐 주고, 날씨, 계절의 변화 등에 따른 하늘의 다양한 색깔을 인지할 수 있도록 이야기 해줍니다.

앞에서 본 것처럼 창의력 발상 훈련은 우리 주변에서 흔히 일어나는 현상들의 색깔이나 모양, 크기 등을 변형시킴으로써 또 다른 생각거리를 제공해 줌으로써 창의력을 이끌어 낼 수 있는 활동이다. 유아에서부터 초등학교 고학년 등에 이르기까지 그 대상을 다양하게 정할 수 있는데, 교사는 질문 및 답변에 대한 열린 사고와 적절한 피드백을 전해줌으로써 그 효과를 더욱 높일 수 있다. 자칫 참가 어린이들 사이에서 언쟁이 발생할 수도 있기 때문에 사전에 다른 사람이 발표한 내용에 대한 비난이나 비웃는 행동을 하지 않도록 약속을 정할 필요가 있겠다.

2. 창의력 발상 훈련 – 그림 자료 제시를 통한

그림 자료 제시를 통한 창의력 발상 훈련은, 말 그대로 적절한 그림 자료의 제시로 다양한 사고를 이끌어 내기 위한 활동이다. 이는 미술활동을 통한 독서지도와 연관 관계를 지을 수도 있으나, 참가 어린이들의 직접 그림 그리기 활동이 아닌 생각을 이끌어 내는 부분에 초점이 맞춰져 있기 때문에 창의력의 범주에 넣은 것이다. 이에는, 어린이들이 쉽게 접해보지 못한 명화 자료를 통해 이야기 꾸며보기, 그림 없는 그림책 등을 활용해 적절한 상황 연출해 보기 등의 활동이 포함된다.

1) 글자 없는 그림책

사랑이(구 아가월드)에서 나온 '사라 페리'의 『만약…』라는 책은, 앞서 살펴본 것처럼 우리가 갖고 있는 고정관념에서 약간은 벗어난(때로는 지나칠 정도로) 그림과, 처음부터 생각할 거리를 던져주는 듯한 '만약'이라는 단어를 앞세운 내용들의 구성으로, 아주 훌륭한 그림책이라고 할 수는 없겠지만, 적어도 아이들의 창의력을 키워주는 데에는 더없이 좋은 샘플을 제공해 준다고 하겠다. 간혹 억지스러운 부분과 도저히 이야기를 전개시켜 나갈 수 없을 것 같은 부분도 있기는 하지만, 그 구성 내용이 많기 때문에 교사는 적절한 장면을 선택해 이야기 나눌 수 있는 기회로 삼는 것이 좋겠다.

'만약 사람에게 꼬리가 있다면…', '만약 고양이가 훨훨 난다면…', '만약 지렁이에게 바퀴가 달려 있다면…', '만약 음악 소리를 만질 수 있다면…', '만약 치약이 애벌레라면…', '만약 발가락이 이라면…' 과연 어떤 일들이 벌어질까? 어른들이 보시기에는 너무 엉뚱한 면이 있어 터무니없게 느껴질 수도 있지만, 상상력의 고삐가 매어져 있지 않은 어린이들에게는 그야말로 상상력에 날개를 달아줄 수 있는 기발한 물음들일 수 있다.

두 번째로 활용해 볼 수 있는 책은 이은홍 선생님이 사계절출판사에서 펴낸 글자 없는 그림책 시리즈이다. 이 책은 모두 세 권으로 구성되어 있는데, 각 장마다 테마를 정해주고 있으며, 무엇보다 아이들이 주변에서 흔히 겪는 일, 낯익은 물건들, 친근한 동물들을 소재로 하고 있는 것이 큰 장점이다. 또한 만화와 같이 느껴지는

삽화들도 편안한 웃음을 자아내게 만든다. 의도된 줄거리를 강요하지 않고 고정관념의 틀을 깨는 발상의 전환을 경험할 수 있는 기회를 제공하는 책이다.

세 번째로 소개해 주고 싶은 책은 고학년들을 위한 것으로, 안노 미쯔마사가 그리고 한림출판사에서 출판한 여행그림책 시리즈이다. 현재 3권까지 출판이 되어 있는데, 유럽의 각 나라들에 대한 꼼꼼한 필치로 그린 세상 풍경들이 담겨 있다. 역시 글이 하나도 없지만, 생활 구석구석의 이야기들이 녹아 있어 그 어떤 책보다 많은 이야기를 풀어낼 수 있겠다.

앞서 소개한 책들 이외에도 활용해볼 수 있는 자료는 정말 많이 나와 있다. 그 가운데 몇몇 자료들에 대한 사항을 목록으로만 제시 하고자 한다.

★ 글자 없는 그림책들 ★

- 수염 할아버지/이상교 글, 한성옥 그림/보림
- 눈사람 아저씨/레이먼드 브릭스 지음/마루벌
- 천사와 꼬마병정의 대모험/피터 콜링턴 지음/한림출판사
- 빨간 풍선의 모험/옐라 마리 지음/시공주니어
- 나무/옐라 마리 지음/시공주니어
- 사계절/옐라 마리 지음/시공주니어
- 사과와 나비/옐라 마리 지음/보림
- 숲 이야기 Ⅰ, Ⅱ, Ⅲ/안노 미쯔마사 지음/한림출판사
- 빨간 끈/마곳 블레어 지음, 이경우 옮김/케이유니버스
- 산양을 따라 갔어요/브라이언 와일드스미스 지음/비룡소
- 트럭/도널드 크르주 지음/시공주니어
- 화물열차/도널드 크루즈 지음/시공주니어
- 바람이 불었어/팻 허친스 지음/시공주니어
- 지하철 바다/황은아 지음/마루벌
- 이상한 화요일/데이비드 위즈너 지음/비룡소
- 이상한 자연사 박물관/에릭 로만 지음/미래M&B
- 노란 우산/류재수 지음/재미마주
- 눈사람이 된 풍선/류재수 지음/보림
- 어느 곰인형 이야기/강전희 지음/진선출판사
- 숨어 있는 그림책/송명진 지음/보림

2) 명화 자료

근래 들어 어린이들에게 명화를 소개해 주기 위한 좋은 책들이 많이 나왔다. 『꼬마 미술관』처럼 특정 주제의 장면만을 담고 그림에 대한 간략한 사항만을 보여주는 책에서부터, 웅진의 『위대한 화가 아름다운 그림 70선』처럼 석기시대부터 현대에 이르기까지의, 작품에 대한 예술가의 삶은 물론이고 작품의 배경까지 설명해 주는 책에 이르기까지 말이다. 주위를 둘러보면 너무나 좋은 책들이 많이 나와 있기 때문에 이 부분에 대한 구체적인 설명은 생략하도록 하겠다. 명화 자료의 적용은 앞서 살펴 본 글자 없는 그림책과 같은 방식으로 해도 무방하겠고, 혹은 그림의 전체를 보여주는 것이 아니라 일부분만을 볼 수 있게 한 뒤, 전체 그림 내용을 유추해 볼 수 있게 하는 것도 하나의 방법이겠다.

3) 창의력 발상 훈련 – 도서자료를 활용한

필자는 아이디어가 많은 사람이라는 소리를 듣는다. 이유가 무엇일까? 워낙 머리를 많이 쓰는 일을 하기 때문에 생각을 늘 달고 살아서 그런 면도 있겠지만, 무엇보다 중요한 이유는 '책'을 많이 읽기 때문이다. 앞서 창의력은 '경험'에서 나온다는 말을 했는데, 책이야말로 방에서 온 세계를 여행할 수 있도록 해주는 가장 좋은 매체가 아니던가? 때문에 매일 한 권 씩의 책만 읽어도 80일이 아닌 일주일에도 전 세계를 여행할 수 있으니, 자연 아이디어가 많을 수밖에!

그러니 우리 아이들에게도 가장 쉬운 방법으로 많은 경험을 쌓을 수 있게 해주자. 그렇다면 여러 곳에서 중요하게 대접받는 창의력이 많은 사람으로 성장할 수 있을 것이다.

– 나도 무늬를 갖고 싶어/조남주 글, 김복태 그림/웅진닷컴 –

주제	연상과 변형	지도대상	저학년
학습 목표	·우리 주변에서 만날 수 있는 무늬들을 통해 색깔의 개념에 대해 알 수 있다. ·다양한 변형을 통한 상상놀이를 해 볼 수 있다.		
단계	학습과정 및 학습내용	교수 - 학습활동	
전개	·내가 찾는 무늬 (활동자료 1)	① 우리 주변에는 어떤 무늬들이 있는가? 몸에서 찾을 수 있는 무늬, 옷 등의 사물에서 찾을 수 있는 무늬, 동물·식물들의 무늬, 그 밖에 좋아하는 무늬들을 찾아보자. (엄마의 화장으로 인해 생기는 변화도 무늬로 설정해 이야기 해 볼 수 있다.) ② 무늬는 왜 생겨나게 됐을까? 우리 몸의 어느 곳에 어떤 무늬가 있다면 좋을까? (보조자료 : 표범의 얼룩무늬는 어떻게 생겨났을까? /재미마주) ③ 동물이나 식물들 가운데 가장 잘 어울리는 무늬와 바꿔주고 싶은 무늬들에 대해 이야기해본다. ④ 무늬가 가장 잘 어울리는 색깔은 무엇일까? 각각의 무늬와 어울리는 색깔을 골라보는 활동으로 색감과 명도, 채도에 대해 느껴볼 수 있게 한다.	
	·연상 놀이 (활동자료 2)	① 여러 무늬들의 한 부분만을 플래시 카드처럼 준비해 보여주고 어떤 곳에 쓰이는 무늬인지, 어디서 볼 수 있는지 알아 맞춰본다.(크게 확대하는 등의 방법도 재미있다.)	
	·표현 활동	① 무늬 스탬프 찍기 - 과일이나 식물, 우리 몸을 이용해 자기가 만들어 보고 싶은 무늬를 스케치북에 찍어본다. (스탬프를 별도로 제작해 판매하는 것도 있다.) 만들어진 작품에 대해서는 이름을 붙여보고 누구에게 또는 어디에 어울릴지 친구들에게 설명해 주도록 한다. (보조자료 : 야채로 도장 찍기/한림) ② 변형놀이 - 고무줄, 컵, 우산, 의자 등을 활용해 다른 이미지로의 변형놀이를 해보자.	

위 표는 '웅진닷컴'에서 나온 책 『나도 무늬를 갖고 싶어』라는 책을 활용해 창의력 발상 훈련과 몇 가지 활동을 겸해 본 내용이다. 자신의 하얀 털이 마음에 들지 않는 토끼는 어울릴만한 무늬를 찾아 길을 나서는데, 결국 그 어떤 무늬도 접목할 수 있는 자신의 하얀 털이 가장 좋다는 것을 깨닫는다는 이야기이다. 이 이야기를 통해 초등 저학년을 대상으로 우리 주변에서 쉽게 만날 수 있는 '무늬'에 대해 수업해 봤다.

〈활동자료 1 – 나도 무늬를 갖고 싶어〉

내가 찾는 무늬!!

1. 우리 주변에서 찾을 수 있는 무늬의 종류에는 무엇이 있는지 생각해 봅시다.

몸의 무늬	
동물의 무늬	
식물의 무늬	
사물의 무늬	
내가 좋아하는 무늬들	

2. 위에 찾은 여러 무늬들 가운데 가장 잘 어울리는 무늬는 무엇이라고 생각하는지 한 가지씩만 골라 보고 그 이유를 써보세요.

몸의 무늬		
동물의 무늬		
식물의 무늬		
사물의 무늬		

2) 악어강 이야기

옛날에 순이라는 소녀가 있었는데, 그는 철이라는 소년과 사랑하는 사이였습니다. 철이는 학교 운동장에서 농구를 하다가 운 나쁘게도 안경을 깨뜨리고 말았습니다.

철이는 안경 없이는 아무 것도 볼 수 없으므로 순이는 그 안경을 수리 해다 주겠다고 자청하였습니다. 안경 수리점은 강 건너에 있었는데, 지난 번 홍수에 다리가 떠내려가서 강을 건널 수가 없었으며, 그 강에는 악어가 살고 있었습니다.

순이는 안경 수리점으로 가기 위해 안간힘을 썼습니다. 그녀가 궁리를 하며 깨진 안경을 두 손에 꽉 쥐고 강둑에 외롭게 서 있을 때, 민호라는 소년이 보트를 저으며 미끄러지듯 다가왔습니다. 그녀는 민호에게 강 건너에 데려다 줄 수 있느냐고 물었습니다. 그는 그녀의 요청이라면 들어주겠으나, 조건이 있다고 말했습니다. 안경 수리점에서 안경을 수리하는 동안, 그 근처 전파사에 가서 갖고 싶어 하던 라디오 한 대를 훔쳐오라는 것이었습니다.

순이는 이것을 거부하고 보트를 갖고 있는 영철이라는 친구를 찾아갔습니다. 순이가 영철에게 고민거리를 말하자, 그는 바빠서 그녀를 데려다 줄 수 없고, 또 남의 일에 끼어들기가 싫다고 하였습니다.

그녀는 별 도리가 없어서 민호에게 돌아가 그의 요구에 응하겠다고 말하였습니다.

순이는 수리된 안경을 철이에게 주면서 그녀가 겪어야만 했던 일을 말했으나, 철이는 그녀의 말에 매우 화를 내며, 다시는 그녀를 찾지 않겠다고 말했습니다.

　순이는 당황하여 이 슬픈 사연을 영희에게 털어놓았습니다. 영희는 순이를 너무 딱하게 여겨서 철이에게 복수하여 줄 것을 약속하였습니다.

　그들은 철이가 농구를 하고 있는 운동장으로 갔습니다. 영희는 철이를 주먹으로 한 대 쳤고, 안경을 또 다시 깨졌습니다.

　위 글을 읽고 그 내용을 잘 이해한 후, 이 글에 등장하는 다섯 사람의 행동 중에서 가장 마음에 들지 않는 사람부터 순서대로 쓰고, 그 이유를 밝히기 바랍니다.

순위	이름	이유	범죄순위	형량
(1)				
(2)				
(3)				
(4)				
(5)				

3) 누구를 태울 것인가

누구를 태울 것인가

목적	다양한 사람들이 모여 사는 사회 속에서 어떤 사람이 필요한 사람인가를 생각해 봄으로써 모두 함께 살아야 할 소중한 존재임을 깨닫는다.	영역	가치관 형성
준비물	① '누구를 태울 것인가?' 유인물 1인 1 매 ② 필기도구	대상	초중고
지도상 유의점	① 살아 남은 10명에 대해 서로 살아야 할 가치와 이유를 충분히 검토하게 한다. ② 개인 순위는 신중히 생각한 다음 결정하게 한다. ③ 집단 순위를 정할 때 시간이 걸린다고 개인 순위의 통계로 결정해서는 안 된다.	집단구성	소↔중
		소요시간	40분
진행	활동내용	참고	
준비 프로그램 설명 및 활동발표 느낌발표 정리 기대효과	· 원형으로 서로가 잘 보이게 앉게 한 후, '누구를 태울 것인가?' 유인물을 나누어준다. · 내용을 모두 이해한 후, 개인 순위란에 꼭 태워야 할 사람부터 1위에서 10위까지 순위를 정하여 기록하게 한다. · 개인 순위 정하기가 끝나면, 각자 자기 순위를 차례대로 발표하게 한다. · 개인 순위 발표를 끝낸 후, 구성원들의 토의를 통하여 집단 순위를 정하도록 한다. - 구성원들이 자기의 주장과 이유를 분명히 표현한다. - 다른 사람의 의견을 존중하며 결정한다. · 집단 순위를 정한 후, 구성원 모두 만족해하는 가를 확인하게 한다. · 느낌을 돌아가며 발표하게 한다. · 10명 모두가 살아야 할 가치와 이유가 있고, 또 소중한 존재임을 깨닫게 한다. · 다른 사람의 의견도 소중하기에, 듣는 태도도 신중하여야 함을 인식시킨다. ① 누구나 다 소중한 사람임을 깨닫게 된다. ② 어떤 결정을 한 경우에는 심사숙고하고, 다른 사람의 의견을 존중하는 자세를 갖는다.	· 시간이 없거나 구성원들 간에 의견이 맞지 않는다고 거수로 집단 순위를 정하여서는 안 된다.	

〈활동자료 - 누구를 태울 것인가?〉

누구도 원치 않는 제3차 세계대전이 한 사람의 실수로 벌어지고 말았습니다. 온 세계가 방사능과 불길에 휩싸여 이 지구상의 모든 생물들이 죽어가고 있습니다. 그런데 초토화된 지구의 상황 속에서도 꼭 10사람만이 살아남아 숨을 쉬고 있었습니다. 그 때 마침 지구의 지하 깊숙한 연구실에서 예전부터 지구 최후의 날을 대비하여 연구를 거듭해왔던 한 과학자가 7명이 들어갈 수 있는 캡슐을 만들었기 때문에, 살아 남은 10명중에서 7명이 최후까지 살아남을 수 있게 되었습니다. 그러면 어떤 사람이 제외되어야 할까요? 생존하지 못할 3명을 여러분이 결정해 보세요.

생존자	가능	불가능	이유
(1) 변호사			
(2) 변호사의 아내 (임신 중)			
(3) 여자대학생			
(4) 축구선수			
(5) 똑똑하고 예쁜 여배우			
(6) 동남아시아에서 유학 온 의과대학생			
(7) 유명한 소설가			
(8) 과학자			
(9) 45세의 목사			
(10) 무장한 경찰관			

4) 엑스별에서 날아온 소식⁷⁾

나는 우주 탐험가입니다. 얼마 전 은하계 중심부에서 새로운 별을 발견했습니다. 엑스(X)별이라는 이름의 이 별을 조사하고 그 내용을 즉시 지구로 보내는 것이 내가 할 일입니다.

엑스별 여행은 매우 재미있고 흥미로웠습니다. 이제 내가 조사한 내용을 적어 보도록 할까요?

〈조사 보고서〉

엑스별에 착륙하자마자 이상한 모습을 한 외계인이 마중을 나왔다. 그들의 모습은 매우 이상했는데 다만 _____

_____

이(가) 우리와 똑같았다.

그들은 날 환영한다는 의미로 _____

_____

을(를) 선물로 주었다.

이곳에는 _____

_____

와(과) 같은 생물들도 살고 있었는데, 가장 재미있는 생물의 특징은

_____

이다.

---

7) 이 내용은 충청북도 교육청에서 나온 '교실수업개선 도움자료'를 수정 인용한 것입니다.

　엑스별에 사는 외계인의 집도 굉장히 독특한 모양이었는데, 그 건물의 모습을 그려보면 다음과 같다.

엑스별에 사는 외계인들이 주로 먹는 음식의 종류와 맛을 소개하면

_____

_____

　엑스별에서 있었던 일들은 나에게 정말 흥미진진하고 즐거운 추억으로 남을 것이다. 왜냐하면 _____

_____

_____

때문이다.

5) 브레인스토밍

브레인스토밍(Brain Storming)은 '두뇌폭풍'이란 말뜻 그대로 많은 사람들이 한 주제에 대하여 여러 가지 아이디어를 내어 자유롭게 토론하는 가운데 아이디어를 발전시키는 방법이다.

(1) 브레인스토밍의 원칙

① 아무리 잘못된 의견이 나오더라도 비판하지 않는다.
② 자유로운 활동분위기 속에서 자유롭게 사고한다.
③ 많은 양의 아이디어를 낸다.
④ 제시된 아이디어를 결합하고 발전시킨다.

(2) 브레인스토밍 방법

① 조장과 기록자를 선정하고 주제를 정한다.
② 제시된 주제를 생각하거나 메모할 시간을 갖는다.
③ 의장은 제시된 의견에 대해 찬성이나 반대 의견을 표시하지 말고 기록자는 제시된 의견을 모두 기록한다.(기록자를 2~3명 정하여 의견을 교대로 기록하는 방법도 좋음.)
④ 정해진 시간동안 의견 발표가 끝나면 기록자는 나온 의견을 낭독한다.
⑤ 사용 가능한 의견을 조원 전체가 토의하여 다듬고 종합한다.

(3) 브레인스토밍의 의의

① 남의 의견을 비판하지 않고 수용하는 자세를 통하여 남을 존

중하는 태도를 기른다.

② 활기찬 의견을 통하여 서로를 북돋아주고, 협동정신을 기를 수 있다.

③ 창의적인 의견 제시를 통하여 집단과 개인의 확산적 사고를 기를 수 있다.

(4) 브레인스토밍 주제의 예시

① 주전자를 좀 더 사용하기 편하게 만들 수 있는 방법은 무엇인가?

② 이 지구상에 공기가 없다면 어떤 일이 일어날까?

③ 우리 교실을 새로 지으려고 한다. 우리 스스로 교실을 짓는다면 어떻게 짓는 것이 좋을까?

④ 도시에는 많은 차들 때문에 교통이 복잡하다. 교통난을 해결할 수 있는 방법을 모색해보자.

⑤ '주사위 놀이'를 즐겁게 할 수 있는 방법을 찾아보자.

⑥ 연필이나 안경의 용도를 생각해보자.

4. 미술활동을 통한 창의력

1) 다른 그림 찾기

2) 연상화 그리기(미완성 그림 완성하기)

연상화 그리기는 미완성의 모양 등을 활용해 하나의 완성 그림을 그려보는 것으로, 이야기 이어 쓰기와 같은 개념으로 이해할 수 있다. 제시되는 모양은 교사가 정한 그 무엇이든 될 수 있는데 그 예는 다음과 같다.

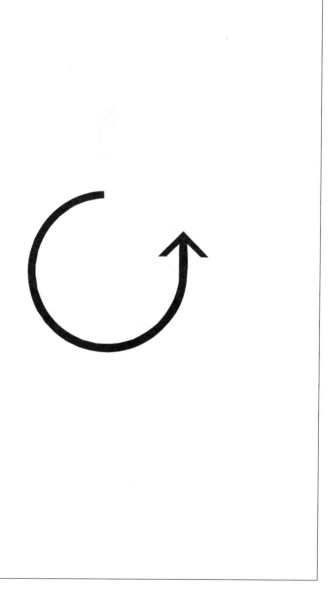

다음 그림에 한 여성이 있습니다. 그런데 여성의 아랫부분은 가려져 있네요. 과연 저 여성의 아랫부분은 어떤 모습이나 형태를 하고 있을는지 각자의 생각에 따라 그려보세요.

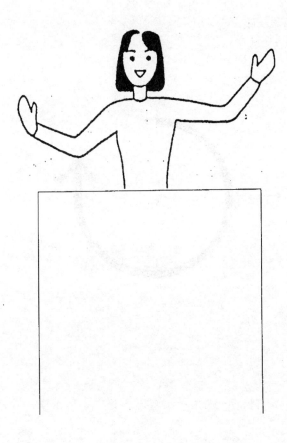

3) 난화 상호 이야기 만들기

난화 상호 이야기 만들기는 난화법과 이야기법을 종합하여 응용한 것으로 미술치료 영역에서 사용되는 기법 가운데 하나이다. 그 방법은 치료자와 내담자가 서로 제시해준 난화에 이미지를 찾아 형상을 그리고 서로 번갈아 가며 이야기를 만들어 나간다. 이 때 난화에서 이끌어낸 심상의 형성이 치료에 중요한 의미를 지닌다. 최근에는 난화와 콜라주를 함께 사용하기도 한다.

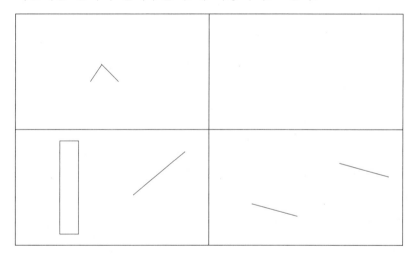

(1) 실시방법

위와 같이 A4용지에 테두리를 두른 다음, 4등분으로 나누어 각각의 칸에 난화를 제시해준다. 제시된 난화를 다른 모양으로 발전시켜 나가면서 두 사람이 번갈아 가며 이야기를 만들어 나가면 된다. 이어서 각각의 칸에 대한 제목과 상황, 전체 내용에 대한 제목과 이야기를 엮어볼 수 있다.

5. 상상과 변형

우리의 부모님들이 어렸을 적에는 별로 신통한 장난감이 없었음에도 불구하고 아주 신나고 재미있게 놀았다는 말씀을 자주 하신다. 그런데 신기하게도 그 말씀 속에는 없는 것 없이 모두 등장한다. 처음에는 "에이 거짓말, 옛날에는 장난감이 없었잖아요." 하고 의심 가득한 눈으로 바라보면 우리의 부모님들은 이런 말씀을 하셨다. "길가의 작은 돌멩이 하나가 밥이 되고 반찬이 되며, 나뭇가지는 젓가락이 되어 맛있는 밥상을 차리고, 밤에 베던 베개는 어느새 아기가 되어 등 뒤에서 울면 어르기도 하였다."라고 말이다.

요즘처럼 없는 게 없는 시대에 살고 있는 아이들은 놀 거리가 무궁무진해진 덕분에 무엇 하나 아쉬운 점을 모르고 자라지만, 그래도 아이들은 그 많은 장난감들을 가지고 놀다가 싫증이 나거나 시들해지면, 곧 우리 세대의 부모님들이 처치 곤란으로 여길 정도의 주변 잡동사니를 가지고 상상의 세계에서, 또는 상상을 통한 사물의 다양한 변형으로 또 다른 놀이를 만들어 낸다. 상상과 변형은 바로 이처럼 우리 주변의 사물을 응용한 활동으로, 여기서는 막대 변형에 관한 부분만 다루어 보고, 그 이외의 활동들에서 활용 가능한 것들의 안내만 하고자 한다.

1) 막대변형8)

▶ **활동목표** : 막대를 여러 가지 다른 물체로 변형시켜 몸짓으로 표현한다.

▶ **준비물** : 신문지를 이용하여 만든 막대나 기타 딱딱한 재질의 막대

▶ **놀이방법**

(1) 원으로 둘러선다.

(2) 교사는 막대를 몇 가지로 변형시켜 이용하는 몸짓을 시범 보인 다음, 무슨 물건인지 맞춰 보게 한다.

> 얘들아! 지금 선생님이 갖고 있는 물건이 무엇이니? 그래, 너희들이 말한 이 막대가 지금부터는 다른 무엇인가로 바뀔 거야. 그럼, 선생님이 무엇으로 바뀌었는지 보여줄 테니까 알아 맞춰봐. (교사는 막대를 바닥에 놓고 슉-슉-소리를 내면서 움직이는 모습을 보인다.) 그래, 이건 '뱀'이야. 이제부터는 너희들이 한 사람씩 자기가 생각한 것을 친구들에게 보여주자. 그리고 그걸 보고 생각이 난 사람은 무엇인지 알아 맞춰보자.

(3) 교사는 그 옆의 유아에게 막대를 넘기고 받은 유아는 어떤 물건을 연상한 다음, 그 물건을 이용하는 모습을 몸짓으로 표현한다.

(4) 한 명의 유아가 하는 변형활동에 어느 정도 익숙해지면 두 명이 함께 막대를 이용하여 변형활동을 할 수 있다.

> 조금 전에는 너희들이 혼자서 이 막대를 가지고 여러 가지 다른 것으로 바꾸어 보았는데 이번에는 두 사람이 함께 생각을 모아 막대를

---

8) 이 활동은 '사다리연극놀이연구소'에서 실시한 '연극놀이 워크숍'에 참여했을 때 배운 것으로, 설명 글은 워크숍 자료집에서 인용을 했습니다.

다른 것으로 바꾸어 보자. 그럼, 선생님이 먼저 한 번 보여줄게. 무엇인지 알아 맞춰봐. (교사는 지원자 중 한 명과 함께 두 사람이 하는 막대 변형을 보여준다. 교사가 아이에게 머리를 대고 있으면 유아는 막대를 머리빗으로 변형하여 교사의 머리를 빗어주는 모습을 보여준다.) 자, 막대가 무엇으로 변한 것 같으니? 그래, 머리빗으로 바뀌었지?

(5) 막대 이외에 고무줄, 보자기, 우산 등을 활용하여 놀이를 계속한다.

(6) 준비물을 미리 준비해 오거나 수업 중 주변의 사물들을 이용해 즉흥적으로 활동을 꾸며볼 수도 있다.

2) 창의력 모양 만들기 1

▶ **활동방법**

(1) 활동지를 나누어준다.

(2) 활동지 윗면의 빈 공간에 여러 가지 모양 가운데 마음에 드는(평소 좋아하는) 모양 3가지를 정한 뒤 그려놓도록 한다. (동그라미, 네모, 세모, 마름모, 하트, 원, 별, 달 등)

(3) 모양 3가지를 모두 선택했으면, 활동지의 네모 칸에 선택한 모양만을 갖고 사물 등을 나타내는 그림을 그리도록 한다. 단, 반드시 선택한 모양만을 활용해 그림을 완성해야 한다. 다만 같은 모양의 반복 사용이나 크기의 조정은 가능하다. 그림이 다 그려지면 무엇을 그린 것인지 제목도 정하도록 한다.

3) 창의력 모양 만들기 2

▶ **활동방법**

(1) 활동지를 나누어준다.

(2) 활동지에 그려진 그림은 모두 25개의 작은 정사각형으로 이루어진 하나의 커다란 정사각형 모음이다. 지금부터 그 정사각형을 정확하게 반으로 나누어 또 다른 모양을 만들되, 각 그림의 주제나 이름을 정하도록 한다.

(3) 정사각형을 나누는 방법에는 여러 가지가 있음을 선생님이 예를 들어 설명해 준다.

우리는 이 장에서 창의력을 키울 수 있는 다양한 활동들을 접해 봤다. 사실 별 것 아닌 것 같으면서도 뭔가 굉장한 내용을 품고 있을 것만 같은 '창의력'이라는 단어. 그 자체의 뉘앙스를 극복하는 것만으로도 우리는 또 다른 창의력을 발휘하고 있는 것이 아닐까 싶은 생각이 든다.

4) 지워진 사진(그림)[9]

어린이들의 상상력과 창의력은 무한대이다. 그러나 그것들을 자유롭게 발산하거나 표현해 볼 기회를 자주 갖지 못해 점점 쇠퇴하는 것이다. 신문의 사진이나 그림에는 전체가 아닌 일부분만이 표

---

9) 이 활동은 '신나는NIE논술교육원'을 운영하시는 박점희 선생님의 자료집 '신나는 NIE 자료집'에서 인용한 것입니다.

출되어 있는 것들이 많다. 그런 것들의 나머지 부분을 상상하여 그 려보고 그 그림을 설명하게 함으로써 어린이들의 상상력과 창의력 에 도움을 줄 수 있다.

신문에서 사진이나 그림 중에 부분적으로만 표출되어 있는 사진 을 어린이 스스로 고르게 하거나, 교사가 자료를 복사하여 나누어 주는 방법 중 어느 것을 택해도 상관없다. 이 때 어린이 스스로 그 림을 고를 경우 움직임이 느껴지는 스포츠 면을 활용하면 좋고, 교 사가 가진 자료를 나누어 줄 경우 한 가지 주제를 공통적으로 다 루게 되므로 그 공통된 과제에 대해 알아보는 시간을 가질 수 있 다. 발표할 때에는 자신이 그린 그림 하나하나를 자세히 설명할 수 있도록 한다.

〈예시자료 — 자전거〉

제 5 장

독서지도의 실제 3 :
동요 및 동시 활용

1. 동요와 동시의 이해

아동문학은 산문과 운문으로 나뉘고 운문에는 동요와 동시가 포함된다. 동요는 다시 옛날부터 전해 내려오는 전래동요(구전동요)와 작가에 의하여 지어진 창작동요로 나뉘는데, 그것은 고대에서 현대에까지 전해 내려오는 구전동요이든 문헌을 통해 전해 내려오는 기재동요(정착동요)이든 모두 노래에 뿌리를 두고 있으며, 4.4조의 기본적 율조를 근간으로 하고 있다. 이러한 율조는 1920년대에 들어서면서 전래동요가 아닌 창작동요로 바뀌면서 7.5조의 폭넓은 율조를 가지게 되었고, 그 내용과 표현에 큰 변화를 가져오게 된다.

동시는 아동의 시로서 신문학과 더불어 나타나게 된 것이며 그 기원을 동요에 두고 있다. 그러나 동요의 정형적인 율조에서는 벗어난 현대시 형식이라고 볼 수 있는데, 그것은 현대가 정형시에서 탈피하여 자유시로 진전한 것과 같이 동시도 동요가 갖고 있는 정형성에서 벗어나 현대시의 형식을 갖고 있기 때문이다. 그러므로 동시는 자유시가 지니는 내재율에 의한 조형적인 음악성을 그 특색으로 볼 수 있다. 다시 말하면 동요가 외형률 곧 음수율에 의존해서 음악성을 갖는데 비하여, 동시는 음 자체를 효과적으로 배열함으로서 음악성을 수반한다고 보기 때문이다.

동시는 내용에 따라서 서정시적 동시와 서경시적 동시, 서사시적 동시로 나눌 수 있다.

동요와 동시에 대한 이론적인 이해에 뒤이어 실제적으로 부딪히게 되는 문제는, 어떻게 어린이들에게 시적인 경험을 제공하여 이것이 그들에게 지적이고 예술적인 자산이 될 수 있게 하는가에 있다. 이것의 첫 단계는 좋은 시를 가려내는 것이 된다.

좋은 시의 조건은 우선 노래할 수 있을 정도로 리듬과 운율이 있어야 하고, 감각적이면서 암시적인 의미를 지닌 시어들로 쓰여 있어야 한다. 시의 주제는 어린이에게 경이로운 세계를 보여주거나 일상적인 생활의 경험이라도, 보다 풍요롭고 새롭게 의미를 되새길 수 있게 하는 것이라면 더욱 좋겠다.

가능하다면 시를 크게 읽어주고 레코드, 책, 테이프 등 여러 형태의 미디어에 실린 시를 제공해 주며, 고전시뿐 아니라 현대시도 고르게 선정하여 읽게 하고, 간혹 직접 시를 써보게 하는 것도 좋다.

2. 동요의 역사

1) 1920년대

1920년대를 흔히 우리 근대 동요의 태동기라고 부른다. 1921년 방정환의 어린이 사랑운동을 시작으로 색동회가 곧 결성되고 우리 동요의 필요성을 인식하기 시작한다. 1920년대 우리 근대 동요의 시작을 알리는 작곡가는 박태준과 윤극영이다. 1920년대부터 대구에서 동요를 작곡하기 시작한 박태준은 1925년 〈오빠생각〉을 발표하였고, 윤극영은 1924년 〈반달〉을 발표한다. 〈반달〉이 최초의 동요로 불리는 것은 윤극영이 최초로 개인 작곡집을 1926년에 발표한 데서 기인한 듯하다. 1927년 경성방송이 개국되면서 우리 동요는 전파를 타기 시작한다.

2) 1930년대

1930년대의 우리 동요를 많은 이들이 황금시대라 부른다. 1920년대 성공적으로 출발한 튼튼한 동요의 토대 위에 30년대는 더욱 가속이 붙은 시대라 할 수 있다. 30년대 초반 경성에서는 〈녹양회〉라는 동요 동극 단체의 활약이 있었고, 33년에 결성된 서울의 〈녹성 동요회〉의 활동은 특히 두드러져 레코드 취입까지 하게 된다. 또한 30년대에는 최초의 유치원이 생겨 유아동요의 시초를 이룬다. 32년 에는 윤석중의 첫 동요집 〈윤석중 동요집〉이 출간되고 많은 어린 이 잡지가 등장하면서 많은 아동 문학인들의 고운 동요작품이 이 들 잡지에 실리게 된다.

30년대 또 하나 주목할 사실은 기독교 주일학교의 역할이 매우 컸다는 점인데, 어린이 성가대를 통해 어린이 찬송가 이외에 우리 동요를 배울 수 있어 동요 보급에 큰 역할을 담당하게 된다. 이 시 기에 등장한 동요작곡가를 살펴보면, 〈꽃동산〉의 이흥렬, 〈가을〉의 현제명, 〈방울새〉의 김성태, 〈산바람 강바람〉의 박태현, 〈자전거〉 의 김대현, 〈어린 음악대〉의 김성도 등을 들 수 있다.

1930년대는 20년대의 튼튼한 토대 위에 많은 작곡가와 아동 문학 인이 등장해 질적·양적으로 동요가 풍성해진 시기로, 동요를 통해 우리 스스로 자생력을 키워 민족문화운동으로까지 발전시킨 동요 의 황금기였다.

3) 1930년대 후반 ~ 45년

이 시기는 일제가 가장 혹독하게 우리 민족을 억압한 시기로 우 리말뿐만 아니라 우리 동요 또한 전혀 부르지 못하게 한 동요 암 흑기였다.

4) 1945 ～ 1950년

광복을 맞자 우리 동요는 그 전과는 다른 모습을 보이기 시작한
다. 우울하고 어두운 심성의 노래에서 밝고 씩씩한 노래들로 전환
하게 된다. 동요의 인식도 바뀌어 유희적 재롱노래 개념에서 교육
적이고 음악적인 개념으로 정립되기 시작한다. 이러한 인식은 학교
에서의 정상적인 음악교육으로 체계화되기 시작되는데, 음악 교과
서가 이때부터 등장하게 된다.

이 시기 또 하나 주목할 사항은 어린이 노래단체들이 많이 생겨
났다는 점이다. 45년 〈봉선화 동요회〉를 시작으로 해서 〈노래 동무
회〉, 〈방송 어린이 동요회〉, 〈종달새 동요회〉와 같은 노래단체들이
행사와 방송을 통해 동요를 보급시켰다.

이 시기 등장한 동요작곡가를 살펴보면 〈세우자 새나라〉의 권길
상, 〈우리의 소원〉의 안병원, 〈어머님 은혜〉의 박재훈, 〈가을맞이〉
의 장수철, 〈어린이 행진곡〉의 정세문 등을 들 수 있다. 이 시기는
광복의 기쁨과 감격을 동요에 담아 보다 밝아진 모습을 보인 희망
의 노래가 많이 만들어졌다.

5) 1950년대

전쟁으로 받은 상처를 치유하는 것이 급했던 시기로 마음을 순
화시키는 노래들로 동요는 다시 재도약한다. 휴전 후 국정 교과서
가 새로 편찬되면서 새 노래가 나오기 시작했으며 일부 작곡가들

에 의한 새로운 동요 작곡의 시도도 있었다. 이 시기의 가장 중요한 점은 KBS의 〈방송동요〉이다. 〈종달새 동요회〉를 이끌던 한용희가 방송국 PD로 오면서 〈새 시대의 새로운 동요〉라는 이름 아래 동요 보급 운동이 방송을 통해 본격적으로 이루어지게 된다. 수많은 작사가와 작곡자가 이 방송동요운동에 참여해 오늘날까지 불리는 주옥같은 동요들을 쏟아낸다. 이때의 동요작곡가들을 살펴보면, 〈나뭇잎 배〉의 윤용하, 〈파란마음 하얀마음〉의 한용희, 〈초록바다〉의 이계석, 〈무궁화 행진곡〉의 손대업 등을 들 수 있다. 50년대는 방송동요를 통해 모든 문학인과 작곡가들이 한마음으로 동요보급에 힘쓴 시기였으며, 우리 동요의 예술성을 한 차원 끌어올린 우리 동요의 전성시대로, 질적·양적으로 그 어느 시대보다 동요가 풍부했던 시대였다.

※ 1950년 ~ 53년 전시동요

우리 동요에는 다른 나라에서는 찾아볼 수 없는 전시동요라는 것이 있다. 우리 동요가 우리 근대 역사와 함께 했다는 또 하나의 증거이기도 하다. 전쟁이 발발하자 '공산주의 노래'가 불리면서 다시 우리 동요가 위협받게 된다. 이에 대항해 전쟁의 승리를 기원하는 노래가 동요에 등장하는데 이른바 '멸공승공의 노래'가 그것이다. 9.28 서울 수복 후 '어린이 음악대—후에는 해군 어린이 음악대'가 임시수도였던 부산에서 전시동요를 보급시켰다. 또한 '경찰 어린이회'도 대구에서 전시동요를 보급시켰다. 이 시기의 동요는 대부분의 문학가와 음악인들이 국군기관에 소속되면서 전시예술 활동을 함으로써 피난살이를 하고 있는 어린이들에게 힘과 용기를 심어주고 나아가 승전 의지가 담긴 전시동요를 보급했다.

6) 1960년대

이 시기는 방송사들이 하나둘 생기면서 상업시대가 시작되고 가요, 팝, CM송 등의 자극적인 음악이 등장해 어린이들에게 영향을 미쳐 동요의 위기가 대두됐다. 이런 위기 상황을 극복하기 위해 각 사회단체에서는 동요 행사를 개최하게 되는데, 그 중 63년 동아일보 소년판의 '이주일의 동요'란이 생겨 방송동요로까지 이어지면서 많은 동요를 보급시켰다. 특히 60년대는 어린이 합창단이 그 어느 때보다 활발했던 시기로 이들 어린이 합창단에 의한 각종 동요행사는 우리 어린이 합창단의 수준을 높인 것뿐만 아니라 동요 보급에도 큰 영향을 미쳤다.

또한 이 시기는 유아동요(유치원 동요)가 음악적 이론을 바탕으로 정립되었다. 그리고 '어린이 오페라타'라는 형식이 선보였는데 이를 종합구성물로까지 발전시켰다. 66년에는 손대업이 '한국동요 작곡 통신 교실'을 열었는데 이것이 지금의 '한국동요연구회'로 발전한 것이다. 60년대에는 상업화시대의 도래로 동요 보급에 많은 어려움이 있었지만, 어린이 합창운동을 중심으로 동요의 가창력 수준이 높아져 음악적 기법이 다양해진 시기로, 동요지도자의 활약도 두드러진 시기였다.

7) 1970년대

이 시기는 텔레비전(흑백)이 급속히 보급되어 60년대보다 더욱 상업화가 거세진 속에 '동요부흥운동'이 일어났다. 73년 동요창작 50년을 맞아 동요보급운동의 의욕을 다졌고 70년대 후반부터는 동요가 시대적 감각을 표출해야 한다는 주장이 대두되면서 새로운 동요 시도가 이루어지기도 했다.

이 시기는 각 방송사마다 어린이 프로그램들이 매우 많았는데 특히 텔레비전으로 옮겨와 방송된 KBS의 〈누가 누가 잘하나〉는 70년대 상업적인 물결 속에 동요를 나름대로 지켜주었던 보배 같은 프로그램이었다. 70년대의 동요는 약동하는 당시 사회상을 담은 노래들이 등장한 시기로 이수인의 〈앞으로〉가 그 대표적인 노래이다.

8) 1980년대

1980년대부터 컬러텔레비전 방송이 시작되면서 더욱 자극적인 영상으로 그 어느 때보다 상업물결이 거세졌고 동요계는 큰 위기의식을 가지게 된다. 이 때 위기 돌파구를 열어준 것이 '방송창작동요대회'이다. 1983년 문화방송에서 처음 시작된 '방송창작동요대회'는 기존 동요작곡가가 아닌 일선 학교 선생님들에 의해 곡들이 만들어졌는데, 초창기부터 아이들의 사랑을 많이 받으면서 현재 동요의 주축을 이루고 있다. 또한 이 시기에는 아동문학단체도 속속 등장해 동요창작에 이바지했다. 80년대 방송창작동요는 아이들의 현실적인 모습을 많이 담아 시대에 맞는 동요로 많은 이들의 사랑을 받은 우리 동요의 전환기였다.

9) 1990년대 ~ 현재

1990년대는 92년 이후로 동요의 신 암흑기를 맞이한다. 각 방송사들의 시청률 지상주의로 모든 어린이 프로그램이 폐지되면서 동요프로그램들도 전멸한 시기였다. 동요대회도 하나 둘 사라졌으며 아이들은 동요대신 랩이나 힙합을 자신의 노래인 양 부르기 시작했고, 동요는 그들에게서 잊혀지기 시작했다. 동요행사들도 알게 모르게 열려 그 존재성이 의심받았으며 동요가 완전히 사라질 위기에 처했다. 다행이 최근 들어서 조금씩 동요가 다시 태동하려는 분위기가 일고 있고 일부 동요 전문가들의 노력 덕분에 동요가 다시 중흥하기 위한 몸부림을 하고 있다. 최근 발표된 동요들은 이전 노래보다 길어졌고 가요적인 리듬도 일부 도입하면서 동요 변화가 급속하게 이뤄지고 있다.[10]

---

10) 이 내용은 인터넷 사이트 동심의 세계(http://patacake-korea.com)에서 인용한 것입니다.

3. 동시교육의 흐름

　동시는 유아교육 현장에서 동화와 더불어 가장 많이 활용되는 문학 장르 중의 하나이다. 현대의 언어학자와 유아교육자들은 어렸을 때의 적절한 시적 경험은 모국어에 대한 아름다움을 경험시켜 주는 좋은 방법이 되며, 그들이 느끼고 품고 있는 생각과 감정을 자연스럽게 표현할 수 있는 능력을 길러 준다고 보았다. 즉, 정선된 시어를 통하여 언어 기능을 체험하고 사물에 대한 직관력을 기를 수 있으며, 나아가 자신의 감정을 자연스럽게 표현할 수 있는 능력을 길러 준다고 보았다.

　동시교육은 동시 감상과 동시 창작으로 나눠 볼 수 있는데, 감상과 창작은 상호보완적이며 역동적인 관계에 있다. 즉, 창작을 하려면 감상이 필수적이고, 반면에 창작과정 중의 내적 경험은 추후의 동시감상의 수준을 높이는 계기가 된다. 동시 감상교육은 크게 전통적인 교사중심 감상법과 독자가 중심이 되는 반응중심 감상법으로 나눌 수 있으며, 교사중심 감상법은 교사가 일방적으로 동시를 소개하고 동시를 읽고 동시를 외우는 것을 말한다. 이에 비해 반응중심 감상교육에서는 유아의 경험에 바탕 한 심미적 감상이 강조되며 교사중심 동시감상법과 동시소개는 - 동시낭송 등 외형상 부분적으로 공통점이 있지만 - 내용적으로는 큰 차이가 있다.

Rosenblatt이 주장한 반응 중심 문학교육은 동시감상에 있어 반응형성-반응 명료화 - 반응심화단계를 제시했는데 반응형성 단계란, 텍스트와 독자 간의 거래단계로 시를 듣고 자신의 경험세계와 작품세계를 연결해 보는 단계(직관의 단계)를 말하며, 반응 명료화는 독자와 독자 간의 단계로 반성적 질문을 하며 반응을 명료화하는 단계, 반응의 심화단계는 텍스트와 텍스트의 상호관련으로 다양한 상상력을 발휘하도록 설정하고 있다. 동시를 동작으로 표현해 보기, 감상 말하기, 외워서 낭송하기 등은 반응 심화단계에 해당하는 활동이다. 즉, 유아가 중심이 되는 동시감상 활동에서는 단순한 언어의 암송대신 자신의 경험과의 연결, 느낌에 대한 상호작용, 시 내용 동작으로 체화시켜 보기 등을 제안하고 있다.

하지만 우리나라에서 행해지는 동시교육을 살펴보면, 첫 단계는 암송부터이다. 학부모님들의 초청으로 유치원 재롱잔치를 구경 간 적이 있는데, 아이들이 갖고 있는 저마다의 장기를 하나씩 발표하는 자리였다. 그런데 그 무대에서도 동시 낭송이 이루어졌다. 필자는 너무 놀랐는데, 첫째는 어린 아이들이 한 글자도 틀리지 않고 동시를 외워낸 능력에 놀랐고, 둘째는 의미도 모르면서 종알종알 머리로만 입으로만 외우고 있는 모습에도 놀랐다. 그래도 어른들은 그 모습이 기특하다며 많은 박수를 치고 있었으니, 안타까운 마음이 들었던 것은 나 혼자 뿐이었나 보다.

그런데 이런 장면은 초등학교라고 크게 다르지는 않다. 필자가 알고 있는 초등학교 선생님 중 한 분은 동시 단원에 이르면 가르칠 내용도 별로 없고 아이들도 재미 없어해 중요한 것만 가르치고 빨리 넘어간단다. 그 시간을 다른 내용으로 대체한 적도 있다니, 아이들이 시를 제대로 만나 즐거움을 맛볼 수 있는 기회가 적겠다는 생각이 들었다.

이처럼 우리는 동시교육을 많은 학생들에게 동시에 하는 교육으로 착각하고 있다. 다 같이 시 제목과 작가의 호 및 이름, 시어에 담긴 몇 가지 의미들만 달달 외우는 암기 위주의 교육으로 말이다. 그러니 성인이 되어서도 '시'라는 말만 들어도 '재미없다', '외워야 하는 것' 등의 대답이 가장 먼저 연상된다고들 한다.

유아교육 현장에서 가장 많이 활용되는 장르 가운데 하나인 동시, 모국어에 대한 아름다움을 경험시켜 주는 동시를, 유년기는 물론 성인이 되어서도 즐길 수 있다면 얼마나 좋을까? 그러려면 현재 이루어지고 있는 교육의 방법부터 바뀌어야 한다.

4. 동시 감상 및 지도

1) 동시 감상의 방법

작품을 감상할 때는 선입관을 갖지 말아야 한다. 또한 시어 하나
하나에 어떤 의미가 담겨 있을까 그 뜻을 캐려 하거나, 작품을 해
석하려고 들면, 시가 지니는 가장 소중한 생명력을 훼손하게 된다.
그러니 있는 그대로, 느껴지는 그대로 솔직하게 받아들이자. 시인
이 작품으로 빚어 놓은 심상을 그대로 흡수해서, 독자인 우리의 마
음에 다시 하나의 그림으로 그려낼 수 있을 때에야, 우리는 비로소
그 시를 완전하게 이해한 것이다.

2) 동시 감상을 돕는 지도

(1) 느낌 비교하기

아이들을 감상자의 위치에 앉혀 놓고, 선생님이 동시를 두 버전
으로 읽어 주자. 하나는 산문 버전, 또 다른 하나는 행과 연의 호
흡 및 리듬, 느낌을 살린 동시 버전. 그런 다음 느낌이 어떻게 다
른지 발표하게 하자. 단, 아이들이 잘 알고 있는 동시를 선택하는
것이 좋다.

(2) 시인이 되어 보자!

사실 내가 그 작품을 쓰지 않았다면, 그 작품의 작가가 어떤 마음으로, 어떤 느낌으로 그 작품을 썼는지 100% 이해하는 것은 불가능하다. 하지만 시어를 하나하나 몸으로 표현해 보면 구체적으로 다가올 것이다. 특히 유아 및 초등학교 아이들이 읽는 동시는 경험을 바탕으로 쓴 시가 많기 때문에, 이 활동은 시를 온전한 감상의 길로 이끌 수 있다. 덧붙여 시의 느낌을 다양한 방법으로 표현할 수 있게 해봐도 좋다. 즉, 꼭 몸만이 아니라, 그림이나 노래, 또 다른 시 등으로 말이다.

5. 동요·동시를 활용한 수업

앞서 우리는 동요와 동시의 의미와 지도, 감상에 대해 살펴봤다. 서로 비슷한 것 같지만 형식적인 면에서 약간은 다른 특징들을 갖고 있는 동요와 동시는, 무엇보다 근래에 와서 어린이들에게는 교과서 등을 통한 학습에서만 접하는, 쉽게 표현해 인기가 없는 장르가 되어 버렸다. 그 기저에는 멀티미디어의 발전으로 컴퓨터, 텔레비전 등의 더욱 재미있는 요소가 많은 것들의 출현이 가장 큰 요소로 자리 잡겠지만, 이는 꼭 동요나 동시라는 장르에만 미치고 있는 영향은 아닐 것이라 생각되어진다. 그렇다면 우리 어린이들이 동요와 동시를 가까이 두지 않는 이유는 무엇일까? 그것은 재미가 없고 어렵기 때문일 것이다. 사실 속내를 들여다보면 그 어떤 장르보다 재미가 있고 쉬울 수도 있는데, 현대사회를 살아가는 어린이들에게는 그럴만한 여유가 없다. 또한 또래집단의 전반적인 문화적 흐름의 영향도 클 것이다. 모두가 인기 가수에 대한 이야기, 그가 부른 노래를 읊조리고 있는데 혼자서 동요를 부르고 있는 모습을 상상해 보라? 그 어린이는 십중팔구 왕따 당할 것이다. 또한 시의 경우는 어른, 어린이를 막론하고 어렵다는 인식이 지배적이다. 그렇기 때문에 우리는 어린이들에게 동요와 동시의 재미 및 쉬움을 알려줄 필요가 있다. 그렇다면 이제부터 실제적인 수업에 대한 안을 살펴보도록 하자.

1) 시 감상을 글로 쓰기

감상은 감상으로만 그쳤으면 하는데, 어른들은 그 마저도 허락하지 않는다. 그래서 다시 글로 쓰기를 원하는데, 굳이 말하지 않아도 알겠지만 아이들은 정말 싫어한다. 그러니 다른 방법을 찾아야 하는데, 필자가 써 본 방법은 시의 주인공이나 시인이 되어 보는 것이다. 그래서 시인의 눈으로 주변을 관찰하며 하루를 보낸 뒤, 그 내용을 일기나 생활문으로 쓰게 하는 것이다. 혹은 시의 주인공과 시인에게 편지를 써볼 수도 있다.

2) 삼행시 쓰기

필자는 삼행시를 무척 좋아한다. 사실 삼행시는 구조만 놓고 보면 시조와 흡사하다. 주어진 단어를 앞머리로 해서 간결하면서도 유기적으로 내용을 연결해야 하니, 꽤 어려운 작업임에 분명하다. 그래서 레크리에이션처럼 아이들과 자주 하는데, 이 활동도 꾸준히 반복하게 되면 문장력은 물론 글을 유기적으로 연결하는 능력도 생긴다.

3) 모방 시 쓰기

어떤 제목만 던져 주고 시를 한 편 쓰라고 하면, 쓱쓱 써 나갈 수 있는 사람은 극히 적을 것이다. 하지만 누군가 쓴 시를 주며 살짝 내용을 고쳐보라고 하면, '까짓, 그 정도야'라는 마음이 들면서 쉽게 해낼 것이다. 모방 시 쓰기는 그런 효과를 얻기 위한 것으로, 비록 순수 창작은 아니지만 시 쓰기를 어려워하는 아이들에게 적용하면 큰 부담을 느끼지 않으면서 참여 시킬 수 있다. 처음부터 글을 잘 쓰는 사람이 어디 있는가? 현재 유명세를 떨치는 작가들도 처음에는 당대의 유명 작가들 작품을 베껴 쓰며 공부를 했다고 하니, 이 방법으로 시작을 해보자. 구체적인 방법을 한 가지 더 제안하자면, 만약 대상이 초등 저학년이면 의성어와 의태어가 많이 들어간 동시를 한 편 고르자. 그런 다음 그 의성어와 의태어만 다른 것으로 바꾸어 보게 해도 된다.

4) 동시

주제별 독서지도안

– 엄마의 런닝구/한국글쓰기연구회/보리 –

주제	마음의 결을 따라	지도대상	저학년
학습목표	* 시와 동시, 시조의 차이에 대해 알 수 있다. * 동시를 쓰는 데 가장 중요한 것이 무언인가에 대해 알 수 있다. * 동시와 관계된 다양한 활동들을 경험해 볼 수 있다.		

단계	학습과정 및 학습내용	교수 – 학습활동
전개	* 시의 세계로 (교사용 자료 1) * 시 맛보기 (모둠별 토론 후 발표) (활동자료 1) * 표현 활동 (활동자료 2)	① '시' 하면 떠오르는 것은 무엇인가요? 　(운율, 짧다, 어렵다, 재미없다 등) ② 시는 형태에 따라 시와 동시, 시조 등으로 　나뉩니다. 그 차이는 무엇일까요?(운율이나 　표현 방법(형식)의 차이 등에 대해 설명) ③ 시를 쓸 때 가장 어렵게 느껴지는 것은 무엇 　이고, 그 이유는? ④ 좋은 시란 어떤 것이라고 생각하나? 　(주제나 형식 혹은 표현 등에 있어서) * 모둠별로 시를 한 편씩 정해주고 　(엄마의 런닝구 가운데서) 그에 대한 토론 후 　다음과 같은 사항을 발표하게 한다. ① 시를 읽은 느낌이 어땠는가? 　(모둠장이 모두의 의견을 발표하도록 한다.) ② 지은이가 말하고자 하는 것은 무엇인가? ③ 이 시에서 가장 마음에 드는 부분과 그 이유는 　무엇인가? ④ 이 시에서 가장 마음에 들지 않는 부분과 그 　이유는 무엇인가? ① 삼행시 짓기 - 자신의 이름이나 짝꿍의 이름, 　선생님 이름 혹은 정해진 단어로 삼행시 　지어 보기 ② 동시 그림책 만나보기 - 나비가 날아간다/ 　김용택/미세기 ③ 동시 노래 들어보기 - 이문구 혹은 백창우 　시인의 동시에 붙인 노래 CD 들어보기

주제별 독서지도안

– 엄마의 런닝구/한국글쓰기연구회/보리 –

주제	마음의 결을 따라	지도대상	고학년

| 학습목표 | · 시와 동시, 시조의 차이에 대해 알 수 있다.
· 동시를 쓰는 데 가장 중요한 것이 무언인가에 대해 알 수 있다.
· 배경 음악과 감정에 맞춰 동시를 낭송할 수 있다. | | |

단계	학습과정 및 학습내용	교수 – 학습활동
전개	·시의 세계로 (교사용 자료 1)	① 일반적인 시의 특징은 무엇인가? 　(운율이 있다, 함축적 의미를 지닌다, 짧다 등) ② 시와 동시, 시조는 서로 어떻게 다른가? 　(운율이나 표현 방법(형식)의 차이 등) ③ 시를 쓸 때 가장 어렵게 느껴지는 것은 　무엇이고, 그 이유는? ④ 좋은 시란 어떤 것이라고 생각하나? (주제나 　형식 혹은 표현 등에 있어서)
	·시 맛보기 (모둠별 토론 후 발표) (활동자료 1)	·모둠별로 시를 한 편씩 정해주고(엄마의 런닝구 가운데서) 그에 대한 토론 후 다음과 같은 사항을 발표하게 한다. ① 시를 읽은 느낌이 어땠는가? 　(모둠장이 모두의 의견을 발표하도록 한다.) ② 지은이가 말하고자 하는 것은 무엇인가? ③ 이 시에서 가장 마음에 드는 부분과 그 이유는 　무엇인가? ④ 이 시에서 가장 마음에 들지 않는 부분과 그 　이유는 무엇인가?
	·표현 활동 (활동자료 2)	① 삼행시 짓기 - 자신의 이름이나 짝꿍의 이름, 　선생님 이름 혹은 정해진 단어로 삼행시 지어 보기 ② 동시 노래 들어보기 - 이문구 혹은 백창우 시인의 　동시에 붙인 노래 CD 들어보기 ③ 동시 낭송 대회 - 자기가 고른 배경 음악과 동시를 　친구들 앞에서 낭송 해보는 기회 갖기

〈교사용자료 1 - 엄마의 런닝구〉

니들이 시 맛을 알어?

1. 시조에 대하여

1) 시조란 어떤 글인가?

  (1) 우리 민족이 만들어 낸 고유하고 독특한 정형시이다.

  (2) 우리 겨레만이 옛날부터 짓고 불러온 고유한 형식의 노래이다.

  (3) 우리 민족의 얼과 생활감정을 가장 잘 표현할 수 있는 문학 형식이다.

2) 시조의 형식

  (1) 시조는 3장으로 이루어져 있다 : 초장, 중장, 종장

  (2) 시조는 각 장마다 네 걸음(음보)을 걷는다.

  (3) 종장의 첫걸음은 반드시 '석 자'이다.

  (4) 종장의 둘째 걸음은 5~7자가 좋다.

2. 동시에 대하여

1) 동시란 어떤 글인가?

2) 동시의 형식

  (1) 짧게 쓴다 - 느낌을 중심으로 요약한다.

  (2) 진실하게 쓴다 - 진실성(reality)

  (3) 사투리를 살린다.

  (4) 글자 수를 맞추려 애쓰지 말 것 - 행과 연을 굳이 나누지 말 것.

  (5) 표현법 중 비유법(직유와 은유)을 많이 활용한다. - 내포(함축) 일상어는 언어 : 사물이 1:1(지시어 - 객관적 언어), 시어는 1:多(함축성 - 주관적 언어)

  (6) 상식 깨뜨리기(deformation : 사고의 전환) - 뛰어난 관찰력이 필요하다.

  (7) 접속어는 쓰지 않는다. 특히 주어!

〈활동자료 1 - 엄마의 런닝구〉
♣ 모둠별 토론 동시 - 저학년용

이슬집

아침에
풀잎에
이슬집이 생겼다.
살짝 건드리면
풀잎을 타고
쪼르르 내려온다
큰 집에 들어간다.
큰 집은 무거워
땅에 뚝
떨어진다.
큰 집은 무너지고
작은 집만
매달려 있다.

〈경북 경산 부림 초등학교 3학년 허병대, 1988. 5.〉

빗방울

창에 빗방울이
맺혀 있다.
어제 비님이 내 방 안을
들여다본 흔적인가 보다.

오늘도 비가 왔으면 좋겠다.
비님에게 웃는 내 모습을
보여 주고 싶다.

〈경북 울진 온정 초등학교 3학년 황두용, 1985. 7.〉

고드름

빨랫줄에 널어놓은
아빠 바지 끝의
아기고드름
쪼르르 타고 내려와
떨어질까 봐
두 손 꼭 쥐고
매달려 있지요.

〈경북 울진 온정 초등학교 3학년 김은정, 1985. 12.〉

소

소의 눈은 참 크다.
두 눈을 보면 참 착하게 보인다.
소는 참 착한가 보다.
소가 사람이 되면 이 세상은
다 착한 사람이 될 거다.

〈경기 광명 삼석 초등학교 2학년 성유리〉

막대기

휴지통에 들어간 막대기가
하룻밤 자니
제자리로 돌아왔네.
우리들이 떠들어서
다시 왔네.
보기 싫은데 왔네.
잘못하면 가만 있지 않아요.
조용조용 해야 해요.

〈경북 울진 온정 초등학교 3학년 권현석, 1985. 10〉

♣ 모둠별 토론 동시 - 고학년용

배추벌레

배추벌레는
초록 색깔.
배추벌레야
배추벌레야
배추
고만 갉아먹어라.
니가 다 먹으면
우리 먹을 것 없단다.
갉아먹어도
잎은 고만 먹고
줄기 좀 먹어라.
또 줄기 먹어도
너무 많이 먹지 마라.
배추벌레야.

〈경북 경산 부림 초등학교 4학년 김태희, 1990. 9.〉

비 오는 날 일하는 소

비가 오는데도
어미소는 일한다.
소가 느리면 주인은
고삐를 들고 때린다.

소는 음무음무거린다.
송아지는 모가 좋은지
물에도 철벙철벙 걸어가고
밭에서 막 뛴다.
말 못 하는 소를 때리는
주인이 밉다.
오늘 같은 날 소가
푹 쉬었으면 좋겠다.

〈경북 울진 온정 초등학교 4학년 김호용〉

개미이사

개미 떼가 이사하면
큰비가 온다더니

학교 길에 개미가 이사하더니
연 5일째 비가 온다.

개울물이 불어나
오늘은 학교를 쉰다.

이젠 해님도 그립고
파란 가을 하늘도 그리워진다.

비 올 걸 어떻게 알까?
그 개미들 우리들보다 낫다.

〈경북 청송 내룡 초등학교 5학년 김경훈, 1985. 9.〉

엄마의 발

우리 엄마는 발이 부르텄다.
꾸덕살이* 떨어진다.
엄마는 논도 썰고
밭도 갈고
밭 매고
소죽도 끓인다.
일하러 갔다가 오면
그대로 누워 잔다.
발 씻어라 하면
싫다 한다.
나는 엄마의 발을 보면
눈물이 날라 한다.

〈경북 울진 온정 초등학교 4학년 엄재희〉

* 꾸덕살이 : 굳은살이, 썰고 : 써레질하고

〈활동자료 2 - 엄마의 런닝구〉

나도 시인!!

1. 선생님의 성함과 여러분의 이름을 활용해 재미있는 3행시를 지어 보세요.

〈선생님 성함으로〉

●

●

●

〈내 이름으로〉

●

●

●

※ 빨리 끝낸 친구들은 짝꿍의 이름을 갖고도 3행시를 지어 보세요. 또 서로 어떻게 지었는지 이야기 해보고 큰 소리로 발표도 해봅니다. 다 같이 운을 띄워주면 더욱 재미있답니다.

5) 동시를 활용한 연극놀이[11)

(1) 몸짓 만들기

기린

손동연

기린은
하루에
한 끼만 먹어도 될 거야

목
이
길
어
서

뱃속까지
가는 데도
하루가 다 걸릴 테니까

---

11) 이 활동은 '사다리연극놀이연구소'에서 실시한 '연극놀이 워크숍'에 참여했을
때 배운 것으로, 설명 글은 워크숍 자료집에서 인용을 했습니다.

신발장에서

문삼석

아빠 신발 위에
작은 내 신발

좁디 좁은
신발장 안에서도

내 신발 업어주는
아빠 큰 신발

(2) 의사소통 및 언어감성을 키우는 말놀이

▶ 활동목표 : 소리의 높낮이, 장단, 크기에 따라서 의미가 다를 수
있음을 안다.

▶ 활동형태 : 동시관련사진, 동시 감상을 먼저 하고 연극놀이로 확장

① 도입 : 왜가리 사진 등을 먼저 보고 함께 동시를 읽는다.

대화 형태로 교사와 아동, 모둠별로 주고받는다.

② 전개

'왝'만으로 의사 전달하기

(예) "하늘에서 눈이 펑펑 내려요."/"우리 같이 놀자."

교사나 어린이 한 명이 문제를 내면 어린이들이 그게 무슨
뜻인지 맞춘다.

③ 마무리

왜가리가 되어서 질문을 받았을 때의 느낌을 나눈다.

대답을 '왝'으로만 할 수밖에 없을 때 기분이 어땠니?

무엇을 느꼈니?' 등

※ 유사한 활동을 할 수 있는 시, 신현득의 〈참새네 말 참새네 글〉

* 확장 활동으로 '벌렁' 나라에서 장보기를 할 수 있다.

('벌렁 나라에서 장보기'는 '벌렁'이라는 말만 쓰는 나라의 시장에 가서 자기가 원하는 물건을 사오는 것으로 한 가지 단어로 의사와 느낌을 전달해 봄으로써 언어에 대한 민감성을 키우는 활동이다.)

왜가리

박경종

왜가리야!
왝!

어디 가니?
왝!

엄마 찾니?
왝!
아빠 찾니?
왝!
왜 말은 않고 대답만 하니?
왝!
왝!

(3) 상상을 통한 변형놀이

▶ 활동목표 : 일상생활에서 흔히 볼 수 있는 물건을 여러 용도로
사용해 보는 활동을 통해 상상력과 융통성을 키운다.

▶ 준비물 : 자

▶ 활동형태 : 활동 후 동시감상, 동시 짓기

① 도입

"이건 뭐지요? 어떨 때 사용하는 물건인가요?"

"이번 시간에는 이 자로 뭘 할 수 있을지 생각해 보기로 해요."

② 전개

(둥글게 앉아) "한 명씩 말하지 말고 그것을 쓰는 모습을 보여
주면 나머지 친구들은 알아맞히기로 해요. 생각이 안 나면 옆에
친구에게 넘겨줘도 좋아요."

③ 마무리

무엇이 가장 재미있었는지 이야기를 나눈다.

♠연계활동

"그런데 이 놀이를 동시로 표현한 게 있어요. 어디 볼까요?"

- 동시를 큰 소리로 읽는다(유아 연령에 맞게 부분적으로 들려
줄 수도 있다.)

"이제 우리가 이어서 동시를 지어볼까요?"

모둠별로(또는 개인별로) 적어보고 하나씩 돌아가며 발표해 본다.
각 모둠의 이름으로 공동작품으로 작성하여 언어 영역에 게시
해 준다.

※ 이 시의 특징은 끝이 열려 있다는 것이다. 동시 쓰기를 두려워하는 유아들에게 기종 동시의 재구성하기는 매우 효과적인 방법이다. 그 중에서도 이처럼 끝이 열려 있는 유형의 동시는 누구든 쉽게 시작할 수 있는 장점이 있다.

– 비슷한 유형의 동시 : 신형건 작품 〈처음 알게 된 일〉 / 〈없는〉
－자를 이용한 활동은 신문을 활용한 막대 변형놀이와는 속성상 차이가 있다. 즉, 신문막대변형은 신문지라는 기본 속성과는 관계없이 질과 크기, 형태면에서 무한한 변형을 하는 것인 반면, 자는 눈에 보이는 물건의 용도를 다양화시켜 보는 것이다. 가령, 유아의 놀이에서 빗자루 하나가 무한한 용도로 쓰이는 것과 같은 맥락이다.

30센티미터 자를 산 까닭
신형건

가려운 등을 긁을 수 있지
손톱에 끼인 때도 파낼 수 있지
발뒤꿈치만 조금 들면
천장에 친 거미줄도 걷어내지
귀찮은 파리를 쫓을 수 있지
피리 부는 흉내도 낼 수 있지
노래하면 손장난을 맞출 수 있지
얏! 얏! 신나는 칼싸움도 할 수 있지
바람에 날리지 않게 시험지를
꾹 눌러 둘 수 있지
장롱 밑에 들어간 것도 꺼낼 수 있지
그래, 힘들었으니 좀 쉬라고
그냥 놔둘 수도 있지

야아, 이 좋은 생각이 이제야 떠오르다니!
얄밉게 구는 네 등짝을 힘껏
후려칠 수도 있잖아!
그리고 또 뭐가 있더라…
분명히 있을텐데… 뭐지?
뭐지… 뭘까?

(4) 시의 형상화 및 이야기 만들기

▶ 활동목표 : 시가 우리에게 전해주고자 하는 바를 알고 그것을 적절한 형태로 형상화 한 뒤 이야기로 풀어낼 수 있다.

▶ 준비물 : 신문

▶ 활동형태 : 동시감상 후 신문으로 만들기, 이야기 만들기

① 도입

"여기 동시 한 편이 있습니다. 우선 그 동시를 읽고 마음속에 어떤 것이 떠오르는지 생각해 봅시다."

동시를 감상하게 한 후 그 느낌이 어떤지 마음속에 담아두도록 한다.

② 전개

(둥글게 앉아) "마음속에 떠오르는 것을 어떤 모양으로 표현해 보면 어떨까요? 앞에 있는 신문으로 그 모양을 만들어 보세요."

떠올린 느낌을 단어화하여 신문으로 그 모양을 형상화 해보도록 한다.

(모두 만든 것을 확인한 후) "자, 그럼 차례로 어떤 것을 떠올렸는지 이야기 해봅시다."

형상화된 것을 여러 사람이 볼 수 있도록 보여주면서 발표해 보도록 한다.

③ 마무리

(모두 자리에서 일어나) "그럼 이번에는 자신이 만든 물건을 순서에 관계없이 내려놓으면서 어떤 이야기를 이어 만들어 봅시다."
반드시 그 이야기가 이어지지 않아도 되며, 아이들이 자신이 만든 물건을 적당한 시기와 분위기에 맞춰 또 다른 이야기를 만들어 볼 수 있도록 한다.

장래 희망

초등학교 5학년 국어교과서

학교에서 돌아오는 길
학교에서 있었던 일을 생각해 본다.

문 짜는 공장 직공인 내 아버지
늘 하시는 말씀
문 짜는 공장 차리는 게 내 소원이다.

직업의 종류를 배우는 사회 시간
아이들이 모두 힘차게 장래 희망을 발표했다.
대통령, 국회의원, 의사, 판사, 간호사, ……

나는 머뭇거리며
문 짜는 기술자라고 얼떨결에 대답했다.
아이들이 모두 웃으며
나를 놀려댔다.

희망어 기껏 그거니?
바보야, 바보야, 바보야.

그래 문 짜는 사람이면 어떠냐.
앞뒤 생각도 없이
높은 사람이 되겠다는 사람보다는
문 짜는 사람이 백 배 천 배 낫다.
선생님 말씀에 아이들은 모두
입을 다물고 고개를 숙였다.

부끄러워한 내가
정말 바보 같다는 생각이 든다.
그 때 왜 나는 당당하지 못했을까?
왜 그랬을까?

집으로 돌아오는 길
어깨를 펴고
아이들의 놀림에 부끄러워한 나를
부끄러워한다.

6) 동요

　다음 장에 넣은 주제별 독서지도안은 동요를 주제로 아이들과
수업을 하기 위해 필자가 만든 것으로, 우리 노래에서부터 동요 그
림책의 형태로 출판된 책을 활용한 것, 나아가 교과서에 실린 동요
를 놀이와 연결시켜 본 것도 있다. 동요 교육에 있어서도 동시와
마찬가지로 좋은 것을 많이 찾아내 먼저 들려주는 것부터 시작했

으면 한다. 그런 다음 그 의미가 왜곡되거나 지나치게 가볍게 생각하지 않는 범위 내에서 마치 놀이처럼, 게임처럼 만나고 받아들일 수 있게, 그러면서 자연스럽게 동요와 동시를 접할 수 있는 기회를 만들어줬으면 하는 바람이다. 구체적인 활동지까지 함께 활용해 보시면 좋겠다.

주제별 독서지도안

– 가자 가자 감나무/편해문/창작과비평사 –

주제	우리 노래를 찾아서	지도대상	유아·저학년
학습 목표		· 옛날 어린이들이 부르던 동요의 의미를 알고 부를 수 있다. · 동요와 가요의 차이에 대해 이야기 해본다. · 동요와 함께 즐거운 놀이를 해볼 수 있다.	
단계	학습과정 및 학습내용		교수 – 학습활동
전개	·내가 아는 노래들	① 우리가 흔히 부르는 노래들에는 어떤 것이 있는지 이야기 해본다. (가요, 찬송가, 동요 등) 그 안에서 동요는 얼마나 자주 부르는지, 많이 알고 있는지, 들을 수 있는 기회가 많은지 이야기 나누어 본다. ② 그 노래들이 갖는 특징에 대해 이야기 해본다. ③ 가요나 동요 등 특정 노래를 좋아하고 자주 부르는 이유는 무엇인지 이야기 해본다. ④ 알고 있는 동요들을 각자 혹은 단체로 불러 보도록 한다.	
	·연상 놀이 (활동자료 1)	① 동요, 가요, 클래식 음악들을 각각 눈을 감고 들어본 다음 생각나는 이미지를 글이나 그림으로 표현해 본다.	
	·표현 활동 (활동자료 2)	① 동요와 우리 놀이가 만나다 - 모둠을 나누어 먼저 말머리 이어가며 부르는 노래를 다 같이 읽어보고 나서 말머리 잇기 게임을 해본다. (몸풀기 - 끝말잇기나 쿵쿵따로 대체해도 좋다.) ② 우리 집에 왜 왔니, 여우야 여우야, 무궁화 꽃이 피었습니다 등의 놀이를 같이 해 본다.	

주제별 독서지도안

- 가자 가자 감나무/편해문/창작과비평사 -

주제	우리 노래를 찾아서	지도대상	고학년
학습 목표			

학습 목표	·옛날 어린이들이 부르던 동요의 의미를 알고 부를 수 있다. ·동요와 가요의 차이에 대해 이야기 해본다. ·동요와 함께 즐거운 놀이를 해볼 수 있다.		

단계	학습과정 및 습내용	교수 - 학습활동
전개	·내가 아는 노래들	① 우리가 흔히 부르는 노래들에는 어떤 것이 있는 지 이야기 해본다. (가요, 찬송가, 동요 등) 그 안에 서 동요는 얼마나 자주 부르는지, 많이 알고 있는지, 들을 수 있는 기회가 많은지 이야기 나누어 본다. ② 그 노래들이 갖는 특징에 대해 이야기 해본다. ③ 가요나 동요 등 특정 노래를 좋아하고 자주 부르 는 이유는 무엇인지 이야기 해본다. ④ 알고 있는 동요들을 각자 혹은 단체로 불러보도 록 한다.
	· 동요를 느껴보자 (활동자료 1)	① 옛날 사람들에게 노래라는 것은 어떤 의미였는지 알아보기 (노동요, 놀이거리 등) ② 동요, 가요, 클래식 음악들을 각각 눈을 감고 들 어본 다음 생각나는 이미지를 글이나 그림으로 표현 해 본다.
	· 표현 활동 (활동자료 2)	① 동요와 우리 놀이가 만나다 - 모둠을 나누어 먼 저 말머리 이어가며 부르는 노래를 다 같이 읽어보 고 나서 말머리 잇기 게임을 해본다. (몸 풀기 - 끝 말잇기나 쿵쿵따로 대체해도 좋다.) ② 우리 집에 왜 왔니, 여우야 여우야, 무궁화 꽃이 피었습니다 등의 놀이를 같이 해 본다.

〈활동자료 1 - 가자가자 감나무〉

도깨비 생각!!

1. 눈을 감고 음악 소리를 잘 들어 보세요. 어떤 장면이 떠오르나요? 그 장면을 글이나 그림으로 표현해 보세요.

〈활동자료 2 - 가자가자 감나무〉

잇자 잇자 말놀이!!

1. 아래에 보이는 노래는 이 책에 나오는 말머리 잇기 노래라는 것입니다. 우리가 알고 있는 끝말잇기 게임과 비슷하면서도 조금 다르지요? 지금부터 이 노래를 큰 소리로 읽어보고 끝말잇기 게임을 모둠별로 해봅시다.

> 아이고 배 - 무슨 배? - 자라배 - 무슨 자라? - 어부 자라 - 무슨 어부? - 질어부 - 무슨 질? - 바느질 - 무슨 바늘? - 청바늘 - 무슨 청? - 대청 - 무슨 대? - 마룻대 - 무슨 마루? - 집마루 - 무슨 집? - 새집 - 무슨 새? - 방울새 - 무슨 방울? - 신방울

2. 우리 집에 왜 왔니, 여우야 여우야, 무궁화 꽃이 피었습니다 등의 놀이는 우리 부모님들이 어렸을 때 한번쯤은 해보셨을 놀이들입니다. 노래를 부르며 놀이를 같이 해보도록 하세요.

> 우리 집에 왜 왔니 왜 왔니 왜 왔니
> 꽃 찾으러 왔단다 왔단다 왔단다
> 무슨 꽃을 찾으러 왔느냐 왔느냐
> ○○꽃을 찾으러 왔단다 왔단다
> 가위 바위 보

여우야 여우야 뭐하니?
잠잔다.
잠꾸러기!
세수한다.
멋쟁이!
밥먹는다.
무슨 반찬?
개구리 반찬!
죽었니 살았니?
살았다!

무궁화 꽃이 피었습니다는 생략합니다.

주제별 독서지도안

– 나팔 불어요/윤석중 외 작사,
홍난파 외 작곡, 최미숙 그림/길벗어린이 –

주제	동요 느끼기	지도대상	고학년
학습 목표	·동요의 아름다움을 느껴볼 수 있다. ·우리 음악을 아끼고 널리 알리는 방법에 대해 이야기 해본다.		

단계	학습과정 및 학습내용	교수 – 학습활동
전개	·들어가기 - 사물놀이 ·독후 활동 - 주제별 노래 자랑, 동요와 함께 하는 게임 노래 가사 바꾸어 보기 (활동자료 1)	·모두가 알고 있는 동요를 한 곡 다같이 불러보고 시작합니다. (아기염소, 하늘나라 동화 등) 동요를 부를 때의 느낌도 나누어 봅니다. ·몇 개의 모둠으로 나눈 뒤 선생님께서 특정 주제를 정해주면 각 팀별로 노래를 정한 뒤 차례대로 부릅니다. 만약 노래를 정하지 못했으면 자동 탈락이 되는 게임입니다. (주제의 예 : 색깔 중 빨강, 가을, 비 등. 각 주제별로 동요 3곡 정도 뽑도록 하고, 각 팀별로 무작위로 시켜봅니다. 팀원 전체가 노래를 함께 불러야 합니다.) ·동요와 함께 할 수 있는 게임을 같이 해 봅니다. ① 동동 동대문을 열어라 ② 여우야 여우야 ③ 우리 집에 왜 왔니 ④ 손 놀이 - 반달, 퐁당퐁당 등 ·노래 가사 바꾸어 보기 : 우리가 잘 알고 있는 동요의 노랫말을 바꾸어 봅시다.

주제별 독서지도안

-초등학교 1학년 1학기 즐거운 생활-

1. 다음 노래를 먼저 배워봅시다.

2. 다같이 〈남생아 놀아라〉 게임을 해봅시다.

〈게임방법〉

1) 모두 잘 보일 수 있도록 둥그렇게 섭니다.

2) 장단에 맞춰 노래를 부릅니다.

3) 노랫말 가운데 '남생아 놀아라'를 참가 어린이의 이름을 돌아가면서 넣어 'ㅇㅇ아 놀아라'로 바꿔 부릅니다. 예) 성관아 놀아라

4) 자기 이름이 불린 사람은 원의 가운데로 나오면서 노랫말 가운데 '촐래촐래'라는 의태어를 다른 의성어와 의태어로 바꾸어 그에 걸맞은 동작과 함께 연출하도록 합니다.

5) 후렴구분에 가서 모든 사람들이 똑같이 따라합니다.

예) 성관아 놀아라, 얼씨구 절씨구 잘논다(성관 노래), 얼씨구 절
씨구 잘논다(전체 노래)

⑥ 모든 사람이 돌아가면서 해볼 수 있도록 합니다. 단, 저학년의
경우 마땅한 의성어나 의태어가 생각나지 않을 수 있습니다. 그
때는 다른 친구들이 한 것을 또 해도 상관없도록 합니다.

★ 이런 책과 함께 할 수 있어요! ★

〈동요그림책〉

· 노래 노래 부르며/이원수 외 작사, 홍난파 외 작곡, 장홍을 그림/길벗어
린이

· 우리 할아버지가 꼭 나만했을 때/주경호 지음/보림

· 나처럼 해봐요, 요렇게!/박남희 지음/보림

· 나팔 불어요/윤석중 외 지음/길벗어린이

· 자장자장 엄마 품에/류재수 지음/한림출판사

〈동요집〉

· (옛 아이들 노래 1) 동무 동무 씨동무/편해문 지음/창작과비평사

· (옛 아이들 노래 2) 가자 가자 감나무/편해문 지음/창작과비평사

· (새로 다듬고 엮은 전래동요) 꼬부랑 할머니/백창우 지음/보림

· 백창우 시를 노래하다 세트(전 2권)/백창우 지음/우리교육

· 백창우 동시에 붙인 노래들/보림 편집부/보림

· 이문구 동시에 붙인 노래들/보림 편집부/보림

· 이원수 시에 붙인 노래들/백창우 지음/보림 외

〈동시그림책〉

· 아기 시 그림책 시리즈/권오순 외 지음/문학동네어린이

· 아이 마음 동시 그림책 시리즈/이지호 외 지음/웅진주니어

- 생태 동시 그림책 시리즈/정지용 외 지음/푸른책들
- 도리도리 짝짜꿍/김세희 지음/보림
- 시 읽는 아이 시리즈(전 5권)/정지용 외 지음/비룡소
- (마주 이야기 1) 침 튀기지 마세요/박문희 엮음/고슴도치
- (마주 이야기 2) 튀겨질 뻔 했어요/박문희 엮음/고슴도치
- 아주 조그만 집/이상교 지음/보림
- 히어와서의 노래/헨리 워즈워스 롱펠로우 시/보림
- 우리시그림책 시리즈(전 12권)/권윤덕 외 지음/창작과비평사
- 개구리네 한솥밥/백석 지음/보림
- 나비가 날아간다/김용택 지음/미세기
- 배꼽/신형건 지음/푸른책들

〈동시집〉
- (김용택 선생님이 엮은 마암분교 어린이 시집) 달팽이는 지가 집이다/서창우, 김다희, 김다솔, 박창희 글, 김용택 엮음/푸른숲
- (1학년 동시집) 꽃이파리가 된 나비/이주영 지음/우리교육
- 거인들이 사는 나라/신형건 지음/푸른책들
- 시 그림책 보물창고 시리즈/줄리 라리오스 지음/보물창고
- 콩, 너는 죽었다/김용택 지음/실천문학사
- 크는 이에게 주는 수수께끼/신형건 지음/베틀북
- 탄광마을 아이들/임길택 지음/실천문학
- 산골 마을 아이들/임길택 지음/창작과비평사
- 산골 아이/임길택 지음/보리
- 할아버지 요강/임길택 지음/보리
- 아버지 월급 콩알만 하네/사북초등학교 64명 어린이 시/보리
- 꼴찌도 상이 많아야 한다/정선봉정분교 23명 어린이 시/보리
- 우리나라 전래 동요·동시/김원석 지음/파랑새어린이

· 마법에 걸린 전화기/에리히 캐스트너 지음, 김서정 옮김/시공주니어
· 정민 선생님이 들려주는 한시 이야기/정민지음/보림
· 말놀이 동시집 1-3/최승호 지음/비룡소 외 다수

제 6 장

독서지도의 실제 4 :
미술 활용

아이의 능력 중 가장 늦은 속도로 발달하는 것이 미술적인 능력이라고 한다. 말을 잘 하고 제법 뚱땅거리며 피아노를 치는 아이가 끼적거리는 그림 밖에 그리지 못하는 것을 보면 알 수 있다. 아이가 계속적으로 미술활동에 관심을 갖기 위해서는 어려서부터 미술활동과 가깝게 해주는 환경을 만들어 주는 것이 필요하다. 아이들은 생후 3개월이 되면 색을 구별하게 된다. 아이의 정서를 풍부하게 하기 위해 음악 을 자주 들려주듯이, 아이의 미적 감각을 풍부하게 만들어주려면 다양한 시각자극을 제공하도록 해야 한다. 컬러 모빌을 달아주거나 기기 시작하는 아이의 눈높이에 맞춰 알록달록한 그림을 붙여 주는 것도 좋다. 9개월이 되면 아이는 점차 손으로 잡는 능력이 생긴다. 이때 그릴 수 있는 도구와 종이를 건네주면 종이 위에 장난을 치게 된다. 아이는 손으로 움직였을 때 무언가 나타났다는 것을 깨달으면서 그림을 그리려는 동기와 흥미를 얻는다. 마구 엉망인 선, 바로 이 난화가 바로 아기의 첫 그림이다. 이 시기에는 엄마가 아이의 손을 잡고서 같이 그려보는 것도 좋고, 아이에게는 계속 그릴 수 있는 기회를 만들어 주어야 한다. 난화로부터 시작되는 아이들의 그림은 3세, 5세, 6세 등 발달 수준에 따라서 그 표현이 점점 달라진다. 이 때 중요한 점은 부모들이 아이가 편하게 미술활동을 할 수 있는 공간과 시간을 자주 만들어 줘야 하고, 적절한 자극을 주는 것이겠다.

결국 미술활동을 하게 되는 동기는 아이 스스로 만들 수밖에 없다. 미술활동을 하기 전에 피아노를 치면서 리듬 운동을 시키고, 데굴데굴 마음껏 구르게 한다든지 소리를 내며 비행기 흉내를 내도록 시켜보자. 이렇듯 아이가 감정을 한껏 발산하게 한 다음 미술

활동을 하도록 하고, 활동이 모두 끝난 이후에는 아이와 같이 이야기를 나누는 과정을 갖는 것이 좋겠다.

요즘 서점에 나가보면 어린이들의 미술활동을 도와주기 위한 책들이 많이 나와 있다. 이 장에서는 전문적인 영역에서의 미술활동 지도가 아닌, 다양한 자료들을 접해보고 그를 응용한 독서지도활동 영역에서의 미술활동에 대해 살펴보고자 한다.

1. 연상화 그리기(미완성 그림 완성하기)

연상화 그리기는 미완성의 모양 등을 활용해 하나의 완성 그림을 그려보는 것으로, 글쓰기 활동 중에는 이야기 이어 쓰기와 같은 개념으로 이해할 수 있다. 연상화 그리기는 특히 어린이들의 창의력을 키워주기 위한 미술활동으로 실시되는데, 접근이 간단하면서도 어린이들로 하여금 다양한 경험을 할 수 있게 하는 장점이 있다. 다른 활동에 앞서 긴장을 풀기 위해 실시하면 좋을 연상화 그리기는, 이미 앞 장의 창의력 기르기에서도 언급한 바 있으므로 여기서는 생략하도록 하겠다.

2. 협동 그림 그리기

아이들이 한 명씩 모두 참가해서 하나의 그림을 완성하는 놀이로, 협동심, 인내심, 창의성, 상상력을 기를 수 있다.

1) 놀이방법

· 한 쪽 벽면에 커다란 흰색 종이를 붙이고 여러 가지 색 사인펜이나 크레파스를 준비한다.
· 주제를 주고 떠오르는 모습을 상상하게 한다.
· 떠오르는 모습 중에 구체적인 형상, 추상적인 선, 도형, 기호 등을 한 명씩 자발적으로 나와서 그려 넣는다.
· 두 번째 아이부터는 주제와 이미 그려진 그림을 고려하며 그린다.
· 한 사람씩 그림을 첨가해서 그릴 때마다 전체적인 그림이 완성되어 간다.
· 그림이 완성된 뒤에 이해가 되지 않는 것은 그린 아이에게 의도를 물어본다.
· 그림 주제를 정하고 감상한 후 느낌을 평가한다.
· 제목으로는 '유원지', '신나는 놀이동산', '즐거운 우리 동네' 등이 나왔다.

2) 유의점

· 칠판을 이용할 때는 여러 색깔의 분필과 높은 곳에 그릴 때를 위해서 의자도 준비한다.
· 주제를 처음부터 주지 않고 떠오르는 그림을 그리게 할 수도 있다.
· 처음에 아이들이 머뭇거리면 교사가 칠판 가운데에 일정한 모양을 그려 넣어서 시작한다.
· 아이들은 추상적이거나 미완성된 그림보다는 주로 사실적이고 완성된 형태를 그리기 때문에 가끔 의도적으로 추상적이거나 미완성된 그림을 그리게 유도한다.
· 모두 한 번씩 기회를 주고 인원이 적거나 그림이 미비할 때는 한 번씩 더 그리게 한다. 그릴 때 다른 아이들에게 무엇을 그렸다고 말하지 않게 한다.

3. 미술 이해지도 – 한국화에 쉽게 접근하기

1) 이해할 내용

·한국화의 표현 재료와 기법에 대해 이해한다.

·먹과 붓, 화선지, 창호지 등의 특징을 이해하고 조형을 탐색할
수 있다.

·한국화의 특성을 살려 자신의 주제를 표현할 수 있다.

▶ 준비물 : 먹, 한국화 붓, 창호지 또는 좋은 화선지, 접시, 사인
펜 등

2) 과정 들어가기

첫 번째 과정 : 옛 그림을 보며 이야기하기

김홍도의 풍속화 중에서 한 작품을 보여주고 재료와 기법에 대
해 이야기하게 한다.

　- 어디에 그린 것인가? : 한지(옛날 우리 종이)

　- 무엇으로 그렸는가? : 붓(우리 고유의 붓, 직접 보여준다.)

　- 물감은 무엇이었는가? : 먹을 벼루에 갈아서 먹물로 그렸다.

두 번째 과정 : 한지와 붓의 성질 익히기

좋은 화선지(문방구에서 흔히 파는 화선지는 쉽게 찢어진다.)나 한지, 창호지 등을 준비하게 하고 먹물을 접시에 약간 던 다음, 여러 가지 조형을 탐색하게 한다. 붓과 한지의 특성을 익히게 하기 위해 여러 가지 선을 긋게 하고 물의 양을 달리하여 그려보게 한다.

- 가는 선긋기, 중간 선 긋기, 굵은 선긋기
- 곡선 긋기, 나선형 긋기, 가로선 긋기, 세로선 긋기
- 가늘었다 굵어지는 선긋기
- 물의 양을 달리 하여 다양한 선긋기
- 물을 묻히고 붓끝에 진한 먹물을 묻혀 그려보기 등

세 번째 과정 : 먹과 붓으로 간단한 것 그리기

동그라미, 세모, 네모 등 도형을 그리게 하고 그 도형에서 연상되는 것을 붓으로 그리게 한다.

(1) 동그라미를 그리고 눈사람이나 안경, 등 떠오르는 것을 그리게 한다.
(2) 세모나 네모를 그리고 오징어, 집 등 떠오르는 것을 간단하게 그리게 한다.

네 번째 과정 : 사인펜과 물로 번지기 효과를 살려 그리기

사인펜이나 붓 펜 등으로 그림을 그리고 나서 큰 붓으로 물을 칠해준다. 그림이 번지는 효과를 내는 것을 통해 한국화에서의 번지기 효과를 이해하게 하고 그것에 대한 두려움을 없애준다. 간단한 그림을 그린 후에 물을 칠하게 하고 그 효과에 대해 이야기하게 한다.

다섯 번째 과정 : 한지에 먹으로 그리고 물감으로 연하게 칠하기

한지나 창호지 등에 먹으로 그림을 그리게 한다. 유아들에게 농담 표현은 어려움이 있으므로 진한 먹으로 그림을 그리게 한다. 그 다음 수채 물감이나 한국화 물감으로 연하게 칠해준다. 물을 많이 해서 먹이 약간 번지는 것도 좋다.

여섯 번째 과정 : 크레파스화와의 차이점 이야기하기

유아들에게 먹으로 그린 그림과 크레파스로 그림 그림의 차이점을 이야기하게 한다. 우리의 조상들이 이런 재료로 그림을 그렸음을 이해하게 한다. 먹으로 그렸을 때의 좋은 점을 이야기하게 한다.

4. 명화카드의 활용

　미술적인 감성을 길러주기 위해서는 모든 자극에 대한 흡수력이
뛰어난 유아기부터 훌륭한 작품을 많이 접하게 해주어야 한다. 많
은 선생님들은 그림이 아이들에게 너무 어렵지 않을까 하는 생각
에 보여주기를 주저하는데, 명화 카드는 이해할 수 있는지의 여부
를 떠나 신생아 때부터 보여주는 것이 효과적이다. 단 그림을 보여
주면서 아이들에게 한 작품을 뚫어지게 쳐다보는 식의 감상을 기
대해서는 안 된다. 아들은 순간적으로 그림의 색채와 모양을 보면
서 감성과 상상력을 키워가기 때문이다. 또 빠르면 생후2개월부터
색깔을 구별하고 색의 감각을 익히는 연습을 한다. 선생님이 보기
에 예쁘고 고운 그림만 골라 보여주는 경우도 있는데, 이는 바른
명화카드 활용법이 아니다. 아이들은 어떤 물체의 현상인지 구별하
기 어려운 피카소 같은 화가의 그림을 보며 상상력을 키우기 때문
이다. 좋은 그림이라면 정물화, 인물화, 추상화를 가리지 말고 다양
하게 보여주는 것이 좋다.

1) 명화카드 감상

(1) 화가들의 작품이 담긴 명화카드를 준비한다.

(2) 화가에 대한 설명은 선생님들이 숙지한 다음 간단하게 소개
해 준다.

(3) 카드는 한 번에 아이들이 골고루 볼 수 있게 한다.

2) 명화카드를 활용한 빙고놀이

(1) 카드를 빙고 판에 부착시키고 위를 가린다.

(2) 어린이들을 적정 크기의 모둠으
로 나누어 각 모둠에서 대표 한
사람씩을 뽑는다.

(3) 대표로 뽑힌 어린이들의 가운데
가위, 바위, 보 등의 방법으로
먼저 시작할 사람을 정한다.

1	2	3
4	5	6
7	8	9

빙고판

(4) 먼저 시작하는 모둠의 어린이들
이 원하는 번호를 지정하면, 대
표로 뽑힌 어린이는 그에 대한 설명을 한다. 단, 정답을 말할
기회는 다른 모둠들도 공평하게 갖도록 한다.

(5) 정답을 맞히면 답을 확인해 보고, 각 모둠의 색깔을 명화에 부
착해 준다.

(6) 가로나 세로, 대각선의 한 줄을 먼저 맞춘 팀이 승리하도록 한다.

3) 주의점

(1) 명화를 활용한 빙고놀이는 해당되는 명화의 개념이 명확하고 쉬워서, 설명을 하는 어린이나, 정답을 맞히는 어린이 모두 활동을 하는데 어려움이 없어야 한다. 그렇기 때문에 처음에는 동물의 그림이나 사진 등을 통해서 실시해보고, 적응단계가 지나면 명화를 활용하는 것이 좋겠다. 빙고놀이 활동을 준비하는 교사들이 쉽게 활용할 수 있는 도서자료로는 물구나무에서 나온 『꼬마 미술관』이 있다. 스캔을 받아 적당한 크기로 준비해 사용을 하거나 컬러 복사를 통해 제시를 하면 비교적 쉬운 방법으로 활동을 해 볼 수 있겠다는 생각이다.

5. 그림 속에 담긴 이야기[12]

1) 도입

교사 : 프랑스는 각 나라의 유명한 미술가들이 활동하던 곳이었죠? 지금도 많은 미술관들에 유명한 미술 작품이 전시되어 있는 곳이기도 하고요. 그래서 이번에는 그림을 가지고 그 안에 있을 것 같은 이야기와 누가 있을 것 같은지 상상해 보기로 할까요?

☆ 샤갈 〈나와 마을〉 그림
−그림 속의 부분을 막대 인형으로 만들어 즉흥적으로 말하기−

2) 그림을 보고 상상하기

전체가 다 보일 수 있는 크기의 그림을 준비하여 함께 보고 그림에 대한 느낌을 이야기한다.

---

12) 이 활동도 '사다리연극놀이연구소'에서 실시한 '연극놀이 워크숍'에 참여했을 때 배운 것으로, 설명 글은 워크숍 자료집에서 인용을 했습니다.

교사 : 이 그림 안에는 어떤 색깔들이 있나요? 사람들 말고 또 무엇이 있나요? 이 그림의 제목을 짓는다면 무엇이라고 할 수 있을 까요?

3) 어떤 이야기들을 할까요?(그림에게 말 걸기)

그림 속에 있는 각각의 인물과 사물에 말풍선 종이를 대주며 할 것 같은 말들을 이야기 해 본다. 이 활동을 통해 충분히 상상하고 이야기하면 후속 활동에서는 자연스럽게 이야기를 만드는 데 도움 이 된다.

교사 : 거꾸로 있는 이 아줌마는 "아저씨 나 좀 세워줘요."라고 이야기하는 것 같아요. 아저씨는 아줌마에게 뭐라고 이야기할까요? 이 염소는 무슨 말을 할까요? 이 집에서는 어떤 소리가 날까요? 이 나무는 어떤 말을 하고 있을까요?

4) 그림 속의 인물과 사물로 인형 만들기

다양한 크기의 그림 속 인물과 사물 조각들을 주고 각자 하나를 선택하여 막대 인형을 만든다. 만든 후 자유롭게 다니며 즉흥적으 로 다른 인형과 만나 이야기를 주고받으며 놀아본다.

5) 인형 만드는 방법

(1) 다양한 크기의 그림 조각들 중 하나를 선택한다.

(2) 그림 조각을 색칠한다.

(3) 마지막으로 빨대를 붙인다. 이 때 붙이는 방향을 위, 아래, 옆 등으로 다양하게 한다.

6) 막대 인형을 이용하여 즉흥적으로 말하기

완성된 인형이 다른 인형을 만나 즉흥적으로 이야기를 주고받는다. 이 때 소극적인 참가자가 있다면 교사는 인형을 가지고 이야기를 건네 보는 등 참여를 유도한다.

6. 우리들의 미술 작품

빈 액자에 각자가 원하는 위치에 인형을 배치하여 작품을 만들고 그림의 제목을 정해본다. 전체적인 활동에 대한 느낌을 이야기한다.

☆ **고흐의 그림들**
 −그림 속 등장인물과 이야기를 상상하여 그림자 인형극 만들기−

1) 그림을 보고 상상하기

고흐 그림인 〈밤의 카페테라스〉를 슬라이드 필름으로 본다. 그림 속의 공간, 등장하는 사람들, 어울리는 음악에 대한 이야기를 나누고 함께 음악을 정한다.

교사 : 이 카페 그림은 어디인가요? 여기는 어떤 사람이 나올까요? 여기서는 어떤 음악이 흘러나올까요? 몇 가지 음악을 들어보고 난 후 정해보세요.

2) 교사 시범 공연

　교사들은 〈밤의 카페테라스〉 그림 속에 등장인물을 등장시켜 그 인물들끼리 벌어지는 짧은 상황을 그림자 인형극으로 짧게 보여준다.

〈예 : 그림자 인형극의 내용〉

　음악이 나온다. 먼저 화가가 우아하게 의자에 앉아 그림을 그리고 있다. 이 때 여자가 우아하게 걸어 나온다. 반대편에서는 신사가 걸어 나온다. 신사는 숙녀에게 정중하게 인사를 하지만 숙녀는 외면한다. 악사가 등장하여 연주를 해준다. 할머니와 손자, 손녀가 지나간다. 웨이터는 신사, 숙녀에게 주문을 받는다. 그 때 강아지와 고양이가 서로 싸우며 달려 나온다. 고양이는 숙녀의 주위를 뱅글뱅글 돌고 강아지는 고양이를 잡으려고 뛰다가 화가의 화판 위로 올라간다. 그 바람에 화가가 넘어지고 숙녀도 넘어져 아수라장이 된다.

3) 모둠별로 그림자 인형극 발표하기

　모둠 별로 고흐 그림인 〈빈센트의 침실〉, 〈별이 빛나는 밤〉, 〈노란 집〉 보고 한 장의 그림을 선택한다. 각자 모둠은 선정한 그림 속의 등장인물과 이야기를 만들어 한 모둠씩 발표한다. 각 모둠별 발표에 대한 느낌을 나눈다.

4) 프랑스 속으로 : 프랑스 거리 풍경

(1) 도입 - 참가자들과 함께 프랑스의 유명한 장소나 건축물을 사진으로 본 다음 샹송 음악을 듣고 느낌을 이야기한다.

(2) 프랑스 거리의 환경 꾸미기 - 앞서 이야기 한 것을 토대로 모둠 별로 구역을 나누고 천과 의자 등을 이용하여 환경을 꾸며본다. 예를 들어 공간의 각 구석에 노상 카페, 에펠탑 주변, 세느강 다리 주변 등으로 꾸며볼 수 있다.

5) 프랑스 사람으로 가장하기

각자 천들과 모자, 다른 소품 등을 이용하여 이 거리에 사는 사람들로 가장한다.

6) 조각상 되기

한 모둠씩 자신들의 공간 안에서 가장한 상태로 각자 조각상을 만든다. 다른 모둠원들은 이것을 보고 어떤 인물인지 상상하여 본 다음 조각상의 정지를 풀고 한 마디씩 소감을 들어본다.

7) 거리의 패션쇼

가장한 상태에서 두 명씩 짝이 되어 서로 마주보고 선다. 서로 가장한 상태여서 서로 같은 캐릭터의 모델이 될 수 있도록 세 가지씩 변화시켜 준다. 꾸며진 환경을 이용하여 즉흥적으로 패션쇼를 한다.

7. 만화

어린이들을 대상으로 '만화가 무엇이냐?'고 묻는다면, 아마 십중 팔구는 '텔레비전에서 하는 거'라고 하면서, '선생님은 그것도 모르나봐'라는 말이 따라올 것만 같다. 그만큼 요즘 어린이들에게 만화는 아주 친숙한 장르임에 분명하다. 하지만 어린이들이 만화를 좋아한다는 점을 악용해 좋지 않은 구성과 내용의 책들이 너무도 많이 쏟아져 나오고 있어, 교사나 학부모님들은 만화에 대한 기본적인 이해를 바탕으로 좋은 책을 골라 주고 그에 적절한 활동을 해 볼 필요가 있다.

1) 만화에 대한 이해

만화라는 용어는 한자조어로서 일본에서 표기한 것이 그 어원이 되고 있으며 18세기에 처음 등장했다고 한다. 우리나라에서는 처음에는 삽화, 이야기그림, 그림이야기 등으로 부르다가, 1923년에 비로소 동아일보에서 '독자만화'라는 말을 처음 사용하면서 만화라고 하는 용어가 정착하였다고 한다.

그러면 만화란 무엇인가? 이 물음에 대한 답은 간단하지가 않은

데, 종합해 보면 표현적 특징으로 어떤 대상을 '과장, 왜곡 생략' 등으로 희화한 그림으로, 내용적 특징으로는 '풍자, 비판, 익살'로 설명하고 있다.

2) 만화의 기원

만화의 효시로 꼽을 수 있는 작품은 견해에 따라 다르게 나타난다. 혹자는 서양의 알타미라 동굴벽화를, 혹자는 기원전 1,000년경 고대 이집트의 파피루스에 그려진 회화를 만화의 기원으로 보고 있다. 어떤 것이든 모두 만화적 상상력과 표현력에 주목한 학설이라고 볼 수 있는데, 이와 같은 견해에 따른다면 만화와 회화는 그 기원을 같이 한다고 볼 수 있다. 즉 회화 속에 부분적인 이미지로 들어있던 만화가 현대로 들어오면서 독자적인 장르로 독립되었다고 보는 것이다.

이것은 우리나라의 경우도 해당된다. 다시 말하면 우리나라도 만화라고 하는 장르가 독자적으로 성립된 것은 최근의 일이고, 고대 회화 속에서 만화적 요소를 찾아볼 수 있는데, 대표적인 것으로 고구려의 고분벽화를 꼽을 수 있다. 특히 만화평론가 손상익은 고구려의 고분인 무용총의 벽화에서 인물의 얼굴 표정이 재미있게 표현되고 있다는 점에 주목하면서 고구려 고분벽화를 지금껏 남아있는 회화가운데 만화적 요소가 깃든 최고의 작품으로 본다. 한편 최열은 10세기 무렵에 제작된 〈보명십우도〉를 만화의 형태를 갖춘 작품의 효시로 보고 있다. 조선시대에는 〈형제급난지도〉에 실린

〈백화산구난도(1652)〉라든가 1745년에 조구상이 엮은 의열도에 실린 〈의우도〉를 만화적 성격이 강한 대표적 작품으로 꼽는다. 특히 의우도는 주인을 위하여 죽은 의로운 소의 이야기로 4칸 만화의 전형을 보여주고 있다. 이외에도 18세기 후반에 활약한 김홍도, 신윤복의 작품도 만화적 요소가 다분히 있다고 한다.

그러나 현대적 의미에서의 만화, 다시 말하면 인쇄술과 매스미디어의 발달로 인하여 도래한 대중사회의 산물로서의 만화가 나타난 것은 서양에서는 18세기경, 우리나라에서는 19세기 말로 파악하고 있다.

3) 만화의 종류

만화의 종류를 구분하기 위한 기준은 여러 가지가 있다. 우선 하나는 형식에 의한 분류이고 다음은 만화독자에 의한 분류이다.

형식에 의한 분류는 만화 컷 수에 의한 분류로서 한 컷 짜리 카툰과 연속된 컷으로 이루어지는 코믹 스트립으로 나눈다. 코믹 스트립은 스토리만화를 일컫는데 단편, 중편, 장편이 있다.

독자에 의한 분류는 만화가 발달한 일본의 경우 성인만화와 아동만화, 청년만화, 성년만화로 분류하고, 아동만화는 다시 연령에 따라 유년만화와 소년소녀만화로 나눈다. 여기에서 성년은 연령에 따른 구분을 말하는 것으로서 아동에서 청년을 거쳐 성년으로 이르는 것을 말한다. 말하자면 성인을 가리키는 개념이므로 성년만화는 우리나라에서의 성인만화에 해당된다고 볼 수 있다. 그리고 성인만화는 우리나라에서의 성인만화와는 다른 개념으로서 풍자, 해학 등을 주된 소재로 다루면서 스토리성이 부족한 만화를 가리킨다고 한다.

서양에서는 만화를 그림이 담고 있는 내용에 따라 캐리커처(Caricature), 카툰(Cartoon), 코믹 스트립(Comic Strips) 등으로 분류한다. 캐리커처는 하나의 컷으로 대상의 본질을 잡아내는 그림을 말하는데 정치만평이나 4칸 시사만화가 이에 해당되며, 카툰은 최대한의 압축된 표현으로 감동을 준다는 점에서는 캐리커처와 비슷하나, 어떤 특정 인물에 대한 희화화보다는 일반적인 사회현상과 모순에 대한 비판을 소재로 삼고 있다는 것이 캐리커처와 카툰의 차이라고 한다. 코믹 스트립은 우리나라에서 흔히 만화라고 생각하는 것으로서, 줄거리가 있고 그 줄거리가 기승전결의 구조에 따라 서술되는 것으로, 작가의 의도에 따라 한 페이지에서 수십 권에 이르기까지 자유롭게 내용을 다룰 수 있다.

5) 만화를 활용한 수업

앞서 이야기했듯이 요즘 어린이 책의 출판이 상당히 많은데, 어린이 책 가운데서도 상당부분을 차지하고 있는 것이 만화로 된 책들이다. 이런 현상은 물론 어린이들이 진지한 내용의 고민을 필요로 하는 동화나 명작들을 읽지 않고, 비교적 쉽고 재미있게 읽어낼 수 있는 만화류에만 관심을 둔다는 이유도 있지만, 그런 심리를 이용해 쉽게 책을 내고, 아울러 많은 판매를 통해 이익도 올리고자 하는 비양심적인 출판사도 상당히 많기 때문이라 생각한다. 물론 근래의 작품 가운데 짱뚱이 시리즈나, 명견 Story, 깨복이, 바다그림판 시리즈 등의 좋은 만화가 어린이들에게 어필한 경우도 있지만, 그런 극소수의 좋은 작품보다는, 텔레비전에서 히트를 한 드라마나 성인을 위한 소설들을 조잡하게 엮어 낸 만화책들에 점점 설 자리를 잃어가고 있는 것 같다. 그렇기 때문에 만화를 활용한 수업에서는 반드시 우리 어린이들이 올바른 잣대를 갖고 만화를 판별해 볼 수 있도록 하는 눈을 키워주고, 아울러 재미있는 활동들을 통해 만화를 새롭게 받아들일 수 있는 기회도 만들어 주면 좋겠다. 실제적인 수업의 예는 다음과 같다.

(1) 만화 토론 - 만화를 어떻게 읽을까?

서점이나 도서관에서 흔히 볼 수 있는 풍경 하나, 아이들 거의 대부분은 만화책을 손에 잡고 있거나 그 근처에서 서성거린다. 풍경 둘, 사거나 빌려야 하는 시점에서 엄마와 아이가 입씨름을 하고 있다. 만화책을 사거나 빌리자는 아이의 입장과, 만화책은 절대로 안 된다는 엄마의 입장. 거의 대부분 엄마가 승리를 하지만 아이들은 쉽게 수긍을 하지 않으면서 이유를 묻는다. 그러나 엄마는 '무조건 안 된다'는 말을 돌려주거나, '아무런 도움이 되지 않는다'는 등의 논리적이지 않은 말과 함께 험상궂은 표정만 지을 뿐이다. 이미 이런 경험이 많은 어린이들과 만화가 정말 나쁜 것인지를 주제로 토론해 보자.

1. 가장 재미있게 읽은 만화에 대한 소개와 자신의 느낌을 이야기 해봅니다.

제목	줄거리	느낌

2. 만화가 어린이들에게 어떤 영향을 미치는 지에 대한 생각을 나누어 봅니다.

좋은 점	나쁜 점

3. 좋은 만화는 어떤 것이고, 좋은 만화를 골라 읽는 방법에는 어떤 것이 있을까요?

(2) 말풍선 채우기

만화는 전달하고자 하는 내용을 그림과 함께 말풍선에 담긴 글자로 표현한다. 따라서 이 활동은 그림만을 남겨 놓고 말풍선에 담긴 글은 모두 지워서 자유롭게 표현해 보게 하는 것으로, 내용과 함께 제목도 지어 보게 한다면 창의적인 활동이 될 것이다.

(3) 만화 캐릭터 그리기

이 활동은 저학년이나 유아들에게 적합한 것으로, 대상 아이들이 즐겨보는 만화의 주인공 및 등장 캐릭터들을 그림으로 그려보게 하는 것이다. 혹은 캐릭터에 색칠만 할 수 있게 준비하면 된다.

6) 기타 이미지를 활용한 수업

앞선 만화자료 이외에도 우리가 활용할 수 있는 이미지들은 너무나 많고, 이미 몇 차례 그 활용 예를 보여주기도 한 것처럼 적용 가능한 영역 또한 무한하다. 따라서 이 장에서는 몇 가지 자료들의 활용 예만 소개하고자 한다.

(1) 무엇으로 보이니?

이 활동에서는 '환각과 착시'를 주제로 한 그림들을 활용한다. 이 그림들은 대부분 보는 방향에 따라서 여러 모양으로 보이거나, 여러 요소들이 하나로 모여 또 하나의 커다란 그림을 만들어 내는 경우가 많다. 그 그림들을 활용해 어떤 것들이 보이는지 이야기 해 본다.

(2) 무슨 생각을 하고 있을까?

이 활동은 신문이나 인터넷 등에서 쉽게 구할 수 있는 사진 및 그림을 활용해, 과연 이것은 어떤 상황인지, 각각의 사람들은 어떤 생각들을 하고 있을지 말풍선을 달아 직접 표현해 보게 하는 것이다. 이미지를 고를 때 유의할 점은, 이야기 거리가 있을 만 한 것, 아이들이 흥미를 가질만한 것을 선택하라는 것이다.

★ 이런 책과 함께 할 수 있어요! ★

〈미술관련〉
· 꼬마 미술관/그레구와르 솔로타레프 외 엮음. 이경혜 엮음/물구나무
· 어린이미술관 시리즈 세트(전 12권)/나무숲
· 어린이 세계 미술관 시리즈(전 5권)/다빈치기프트
· 내가 처음 가본 그림박물관 시리즈 1-5/재미마주 편/길벗어린이
· 내가 처음 만난 예술가 시리즈 1-10/길벗어린이
· 그림으로 만난 세계의 예술가들 시리즈 한국편, 외국편/아이세움
· 작은 책방 고학년 문고 1, 2/이명옥 지음/작은책방
· 미술관 여행 : 케이트가 만난 인상주의 화가들/제임스 메이휴 글, 그림 / 크레용하우스
· 안나와 떠나는 미술관 여행/비외른 소르틀란 지음, 라르스 엘링 그림/주니어김영사
· 입체주의, 인상주의, 초현실주의, 팝아트/린다 볼튼 지음, 고정아 옮김/보림
· (어린이 수묵화 교실 1,2) 우리 그림이 신나요 1, 2/이호신 지음/현암사

〈만화관련〉
· 광수생각 1-3/박광수 만화. 편집부 편/소담출판사

- 짱뚱이 시리즈 1-6/오진희 글. 신영식 그림/파랑새어린이
- 아스테릭스 시리즈 1-33/르네 고시니 지음, 오영주 옮김 / 문학과지성사
- 땡땡의 모험/에르제 글, 그림/솔
- 상상력을 키우는 만화 그림책 시리즈/아이세움
- 만화 삼국지 1-10/이문열 글, 이희재 그림/아이세움
- 산하기획만화 시리즈 1-12/산하
- 가족그림마당 시리즈 1-5/G&S
- 바다어린이만화 시리즈/바다그림판
- 나 어릴 적에 1-3/위기철 글, 이희재 그림/G&S」
- 반쪽이네 딸 학교에 가다/최정현 지음/김영사」
- (알콩달콩 아옹다옹 오순도순 아등바등) 해님이네 집/이희재 지음/글숲그림나무
- 만화 학교에 오다/박경이 지음/우리교육
- 미스터 초밥왕 시리즈/학산문화사

제 7 장

독서지도의 실제 5 :
음악 및 소리 활용

　지금 생각해보면 필자가 자라던 어린 시절에는 생활 주변에서 아주 많은 소리를 들을 수 있었던 것 같다. 가정에서는 아침 일찍 부엌에서 어머니가 만들어내는 도마소리, 논이나 밭에서 어른들이 김맬 때 부르던 노랫가락이나 민요, 그리고 다듬이질을 하면서 내는 소리들에 이르기까지. 또한 자연 속에서는 작은 풀벌레 소리, 여름날 시원하게 울려 퍼지는 매미의 울음소리, 뒷산에서 들려오는 뻐꾸기 소리 등의 여러 동물들이 내는 소리들을 말이다. 이렇듯 옛날 우리 가정과 자연 속에는 아주 좋은 음악이 있었다.

　그러나 요즘은 어떤가? 그런 우리의 전통적인 멜로디나 리듬보다 서양음악이 각종 오디오 시스템을 통해서 압도적으로 우리의 소리 환경을 지배하고 있다. 옛날에는 자연의 소리나 사람의 육성을 직접 들었던 것이, 오늘날은 모두가 기계 소리가 되어버렸다. 옛날에는 모두가 연주자였지만 요즘에는 모두가 감상자에 불과하게 되었다. 전파매체 때문이다. 그리고 옛날에는 소리가 깨끗하게 들렸다. 그러나 지금은 소음 투성이가 되었다. 그래서 사람들은 이러한 소음 속에서 무감각해지고, 무신경해지게 되었다고 할 수 있다. 웬만한 소리에는 귀를 기울이지 않는다. 이러한 환경 속에서 아이들의 음감을 기른다는 것은 퍽 어렵다.

　조용함 속에서는 소리 하나 하나가 정확하게 들리지만 시끄러운 환경 속에서는 소리 하나 하나의 값어치가 제 몫을 못하기 때문에 소리 구별하기가 퍽 어렵다. 아이들의 귀는 기린의 귀나 토끼의 귀처럼 퍽 예민한데, 이와 같이 좋은 귀의 성능을 잘 살펴주어야 한다. 그럼에도 귀가 점점 나빠지고 있기 때문에 아이들에게 음감 교육하기가 점점 어려워지고 있다. 그리고 남의 말에 대해서 귀담아

들으려 하지 않게 되었다.

우리들이 좋은 음감을 길러주기 위해서는 어린아이뿐 아니라 어른들도 소리가 없는 시간을 함께 갖는 것이 필요하다. 가끔 시골에 가서 시골 여관이나 산골 절간에서 하룻밤 자보면 소리라는 것이 얼마나 신기한지를 알게 될 것이다.

독서지도의 실제 5에서는 우리 주변에서 점점 사라져 가는 음악(소리)을 독서 자료와 함께 만나보고, 그에 따른 활동을 몇 가지 해보고자 한다.

1. 눈감고 여행하기

방법 1)

1) 한 줄로 서서 앞사람의 어깨에 양손을 얹고 모두 눈을 감는다.

2) 맨 앞의 사람은 눈을 뜨고, 이끔이의 안내에 따라 움직이는데

3) 맨 뒤의 사람까지 고려하여 천천히 일행을 이끈다.

4) 여행하는 동안 말하지 않고, 눈을 뜨지 않을 것을 모두와 약속한다.

5) 여행하는 길은 다양한 체험을 할 수 있도록 경로를 미리 계획해 두는데, 실내에서보다 야외에서 더 많은 것을 느낄 수 있다. 실내에서 하는 경우에는 몇 가지 장애물과 효과음향을 준비해 둔다.

6) 여행이 끝나고 각자의 체험을 이야기 나눈다.

방법 2)

1) 두 사람씩 짝을 짓는다.

2) 누가 먼저 운전사가 될 것인지 정한다.

3) 운전사로 정해진 사람이 손님의 등 뒤로 가 어깨에 손을 얹고

운전을 한다.

4) 손님은 눈을 감고 몸을 편하게 한 다음 운전사가 이끄는 대로 움직인다.

5) 운전사는 속도를 조절하며 손님을 앞, 뒤, 좌, 우로 이끈다.

6) 여행이 끝나고 각자의 체험을 이야기 나눈다.

2. 장님의 보물

눈을 감고 귀를 이용하여 움직임을 찾아내는 활동이다.

1) 활동방법 1

(1) 의자 밑에 보물(공, 연필 등)을 둔다.

(2) 술래는 눈을 감은 채로 보물을 둔 의자에 앉아 있는다.

(3) 놀이하는 아이들은 원으로 둘러서서 보물을 향해 소리 내지 않고 서서히 다가간다.

(4) 술래는 귀를 기울이고 있다가 움직임을 감지하면 손가락으로 다가서는 아이를 가리킨다.

(5) 술래가 가리킬 때 움직였다면 그 아이는 다시 제 자리로 돌아가 앉아 있거나 밖으로 나온다. 그러나 멈춘 상태였다면 계속 다가가 보물을 찾을 수 있다.

(6) 보물을 가져간 사람이 술래가 되어 다시 시작한다.

2) 활동방법 2

(1) 술래는 눈을 감고 의자에 앉아 있는다.

(2) 원으로 둘러선 아이들 중에 한 아이가 손을 들어 자신이 보물을 향해간다는 것을 다른 아이들에게 알려준다.

(3) 손을 든 아이 한 명만 보물을 향해서 다가간다.

(4) 술래는 다가오는 느낌을 받은 쪽으로 손가락을 가리킨다. 세 번 만에 움직이는 아이를 가리키면 술래가 바뀌고 가리키지 못하면 다시 술래가 된다.

3) 유의점

(1) 아이들이 너무 많으면 술래가 가리킬 때 혼란이 오므로 10명 내외로 한다.

(2) 술래는 장난으로 아무 곳이나 가리키지 말고 소리를 듣거나 느낌을 받았을 때만 그 곳을 가리킨다.

3. 무슨 소리일까?

역시 눈을 감고 귀를 이용하여 어떤 소리인지를 맞혀보는 활동이다.

1) 활동방법

(1) 사전에 아이들에게 집에서 소리 나는 물건 한가지씩을 가져오게 한다. 반드시 악기가 아니어도 된다.

(2) 모두 보일 수 있도록 원을 만든 다음 자리에 앉게 한다.

(3) 한 사람씩 차례로 가져온 물건이나 악기의 소리를 다양한 방법으로 낼 수 있도록 하고, 이외의 사람들은 눈을 감은 상태에서 어떤 물건이나 악기인지 맞혀 본다.

(4) 정답을 맞히면 다음 사람으로 넘어가고 정답을 맞히지 못하면 모두 끝난 다음 공개하기로 하고 넘어간다.

(5) 모든 사람이 활동을 마친 뒤 맞히지 못했던 물건 혹은 악기의 소리를 다시 한 번 들어보고 그 느낌이 어땠는지 나누어 본다.

4. 소리를 듣고 몸으로 표현하기

1) 두 사람은 앞으로 나오고, 나머지 사람들은 귀를 막는다.

2) 이끔이가 틀어주는 음향을 듣고,

3) 각자 소리의 주인공이 되어 즉흥적으로 표현한다.

4) 나머지 사람들은 어떤 소리인지 알아맞히고,

5) 두 사람의 같거나 다른 재미있는 표현에 대해 이야기 나눈다.

※ 참고 : 단순하고 쉽게 표현하는 것도 좋고, 참가자들에 따라 더 구체적인 표현을 주문할 수 있다. 예를 들어 '재채기 소리'라면, 소리주인공의 나이나 성별, 상태도 상상해보고 표현할 수 있도록 한다. 소리와 연관된 간단한 상황 보여주기, 소리를 듣고 떠오르는 이미지를 몸으로 표현하기 등을 후속활동으로 진행할 수 있다.

5. 소리가 나는 장소와
풍경을 상상하여 표현하기

1) 4, 5명을 한 조로 하여 모둠을 나눈다.

2) 교사는 장소와 관련된 효과음향 CD를 들려준다.

3) 그 소리가 나는 장소나 풍경을 상상하여 짧은 장면 만들기를 한다.

4) 효과 음향과 함께 장면을 발표한다.

6. 소리가 들어가는 이야기 만들기

1) 교사는 참가자들에게 단순한 음향 세 가지를 들려준다.
2) 모둠은 위의 세 가지 소리가 들어가는 이야기를 만들어 장면
으로 보여준다.
3) 장면 발표를 보고, 세 가지 소리 외에 어떤 소리들이 더 들어
있는지 찾아본다.

앞서 살펴본 눈감고 여행하기, 장님의 보물, 무슨 소리일까는 눈
을 감거나 가린 채 소리만으로 상황에 대한 인식을 해보는 활동이
고, 4~6번의 소리를 몸으로 표현하기나 장소와 풍경을 상상하여 표
현하기, 이야기 만들기 등은 소리를 통해 인지된 상황을 조금 더
구체화 시키는 단계이다. 나아가 이어 살펴볼 말 전하기 및 일방통
행 쌍방통행은 우리가 가장 많이 사용하기도 하고, 들을 수 있는
소리인 '말'을 활용한 활동으로, 소리를 통해 표출되는 말의 중요성
을 느낄 수 있는 시간이 될 것이다.

7. 말 전하기

말 전하기는 말하는 사람과 듣는 사람 간에 많은 오해가 생기는 경험을 통하여 정확한 의사 표현, 경험, 확인의 필요성을 깨닫게 해주는 활동이다. '말' 역시 일종의 소리이기 때문에 이 장에서 함께 해 볼 수 있도록 한다. 다음의 수업 안에 따른 활동 뒤 이어지는 설명글의 활동들도 함께 하면 좋겠다.

1) 발표가 모두 끝난 후, 교사는 그림을 공개한다.
2) 느낀 점을 차례로 발표하게 한다.
   (1) 말을 전할 때와 들을 때에 느낀 점
   (2) 말의 내용이 전달되는 과정에서 처음이 끝이 달라지는 차이점
   (3) 같은 그림을 보는 관점이 각각 다른 점

3) 말이 전달되는 과정에서 내용이 변하는 경험을 통하여 소문만 듣고 확인 없이 남의 말을 쉽게 전하는 것은 경솔한 일임을 알게 한다.
   (1) 인간의 의사소통 과정에서 생기는 오해와 오류가 생기는 경험을 한다.
   (2) 남의 말을 경청하는 태도와 타인의 말을 항상 확인할 필요를 깨닫는다.

목적	말하는 사람과 듣는 사람 간에 많은 오해가 생기는 경험을 통하여 정확한 의사표현, 경험, 확인의 필요성을 깨닫는다.	영역	의사소통
준비물	① 그림 1매 ② 32절지(집단별 1매) ③ 필기도구	대상	초중고
지도상 유의점	① 잘 알려졌거나, 복잡·단순한 그림은 피한다. ② 그림의 내용설명, 화가의 이름 등은 가린다. ③ 게임이 아니므로 경쟁적이거나, 엿듣지 않도록 한다. ④ 언어장애가 있는지 살피고, 특별한 배려를 한다.	집단구성	소↔중
		소요시간	40분

진행	활동내용	참고
준비 프로그램 설명 및 활동 별칭소개 느낌발표 정리 기대효과	·8-10명의 소집단을 구성하고, 종(從)대열로 배열. ·집단의 대표자를 뽑은 후, 집단 앞에 앉게 한다. ·지도자는 각 집단의 대표를 앞으로 나오게 한 후 30초 동안 그림을 관찰하게 하고, 종이 한 장씩을 나누어준다. ·대표자는 그림에 대하여 30-40자 정도의 글을 쓴 후, 다음 사람에게 귓속말로 정확하게 전달. ·전하는 말을 잘 듣고, 들은 그대로 다음 사람에게 차례로 전하게 한다. 말 이외에 표정이나 일체의 몸동작은 금한다. ·말 전하기가 먼저 끝나더라도 다른 집단이 모두 끝날 때까지 조용히 기다리게 한다. ·각 집단의 끝 사람이 전달받은 말 그대로를 전체 집단 앞에서 발표하도록 한다. ·한 집단의 발표가 끝나면 바로 그 집단의 대표에게 처음에 전했던 내용을 발표하게 한다.	·집단별 인원수를 같게 한다. ·잘 알려졌거나 너무 복잡 단순한 그림을 피하고, 집단 수준에 맞는 그림(풍경화, 사진, 인물화, 포스터)을 준비한다.

8. 일방통행 쌍방통행

목적	일방적 쌍방적 의사소통의 체험을 통하여 의사전달 방법의 중요성을 이해한다.	영역	의사소통
준비물	①도형 유인물 2매 ②16절지 2매씩 ③필기구	대상	초중고
지도상 유의점	①지도자는 언어만 사용하고 손짓이나 언어 외 다른 수단을 사용하지 않아야 한다. ②의사전달을 정확하게 할 것과, 잘 듣는 훈련에 유의하도록 한다.	집단구성	소↔중
		소요시간	40분
진행	활동내용	참고	
준비 프로그램 설명 및 활동 일방통행 쌍방통행	·16절지 1인 2매씩 나누어준다. ·설명할 사람을 1사람씩 뽑는다. ·일방통행은 설명자의 설명만 듣고 도형을 그리 되, 질문은 받지 않는 것이라는 설명을 한다. ·설명자에게 도형그림을 주고 어떻게 전하면 좋은 가를 생각하게 한다. (약 2분간) ·설명자는 직접 서로 얼굴 표정을 볼 수 없도록 등을 돌리고 서게 하고, 구성원들이 도형을 보지 못하도록 주의하게 한다. ·설명자는 구성원들이 도형을 그릴 수 있도록 두 번씩 설명해 주도록 한다. ·다른 종이에 설명자의 설명을 듣고 도형을 그리게 한다. -설명자는 집단을 향하여 서서 설명하게 한다. -쌍방통행이므로 구성원은 질문을 할 수 있다. -질문이 있을 때에는 각자가 하던 일을 멈추고 전원이 질문과 답변을 듣게 하여 동일 질문이 중복되지 않도록 한다.	·지도자가 설명해도 무방하다. ·일방통행과 쌍방통행 시설명자를 바꾸어도 된다. ·서로 의논하거나 옆 사람 것을 넘겨다보지 않도록 한다.	
느낌 발표 정리 기대 효과	·도형을 공개하여 일방통행 쌍방통행 그림을 비교해 보게 한다. ·일방통행 쌍방통행시의 느낌을 돌아가며 발표하게 한다. -설명자의 입장에서 느낀 점 -도형을 그리는 자의 입장에서 느낀 점 -도형과 자기 도형과의 차이점을 보고 느낀 점 ①일방통행에서의 답답함과 쌍방통행에서의 의사소통이 됨으로써 서로를 이해할 수 있음을 확인하게 한다.	② 보고 말하는 언어습관의 다른 점과 표현력, 이해력에 각자 차이가 있음을 알게 한다. ③ 표현과 이해의 차이를 줄이려면 어떤 노력이 필요하며, 말하기와 듣기의 중간 확인, 되묻기, 요약 등의 중요성을 알게 한다.	

9. 우리 음악

주제별 독서지도안
– 사물놀이/조혜란 그림, 김동원 구음·감수/길벗어린이 –

주제	우리나라의 음악	지도대상	저학년
학습 목표	* 우리나라 음악인 사물놀이에 대해 알 수 있다. * 사물놀이에 필요한 악기와 각각의 의미를 알 수 있다. * 우리 음악을 아끼고 널리 알리는 방법에 대해 이야기 해본다.		
단계	학습과정 및 학습내용	교수 – 학습활동	
전개	* 들어가기 - 사물놀이	* 사물놀이 하는 것을 본 적이 있거나 직접 해본 적이 있나요? 그 때의 느낌을 이야기해 봅시다. * 사물놀이에 사용하는 네 가지 악기는 각각 상징하는 것이 있다고 합니다. 눈을 감고 각각의 소리를 들어보고 과연 무엇을 상징하는지 맞춰 봅시다. (꽹과리 - 천둥, 장고 - 비, 북 - 구름, 징 - 바람)	
	* 우리 것이 좋은 것이여!	* 요즘 어린이나 청소년들은 우리나라의 전통음악보다는 대중가요나 외국의 음악에 더 열광하는 것 같습니다. 하지만 우리의 전통 음악도 소중히 지켜나가야 하는데, 먼저 우리나라 음악을 좋아하지 않는 이유를 말해보고, 아울러 우리나라 음악을 아끼고 널리 알리는 방법에는 어떤 것이 있을까 발표해 봅시다.	
	* 독후 활동 - 퓨전 노래방	* 사물놀이는 네 가지 악기가 서로 어우러져 멋진 장단을 만들어 내기 때문에 쉽게 배울 수는 없습니다. 그래서 어린이들이 잘 알고 있는 동요나 유행가 곡조에 맞춰 사물놀이 장단을 쳐보도록 합니다. 노래와 함께 발표하여 모둠별로 시상을 합니다.	

10. 소리로 찾아 떠나는 몽골여행

교사는 몽골의 초원 그림을 보여주고, 참가자들은 그 초원그림에서 연상되는 것들에 대해서 이야기를 나눈다. 이곳에는 누가 살고 있을지, 날씨와 사람들의 생활, 문화, 자연환경 등에 대하여 생각해 볼 수 있도록 교사는 질문을 통해 유도한다.

1) 수호의 하얀 말

(1) 도입 - 몽골의 전통악기 마두금 연주음악을 듣고 음악의 느낌과 악기의 분위기에 대해서 이야기 나눈다.

음악 감상이 끝나면 그림과 함께 마두금에 얽힌 몽고의 옛이야기를 들려준다. 이야기를 소개하기에 앞서 준비한 그림들을 순서 없이 늘어놓고, 참가자들이 순서를 정해서 이야기를 추측해 볼 수 있다.

> **(몽골 초원의 그림)**
> 옛날 몽골의 평야에 수호라는 아이가 살고 있었어요. 이 소년은 양을 돌보는 일을 했어요. 하루는 버려져 있는 하얀 말을 데리고 왔어요.

(수호와 하얀 말)

수호는 하얀 말을 아주 소중히 돌봤어요. 그리고 하얀 말도 수호를 무척 좋아했어요. 그러던 어느 날 그 마을의 원님이 말타기 대회를 연다고 해서, 수호와 하얀 말도 참가하기로 했어요. 그 대회에서 수호와 하얀 말은 1등을 했지요. 그런데 원님은 상을 주기는커녕 하얀 말을 두고 가라고 했어요. 수호는 가장 사랑하는 말을 두고 갈 수 없어서 그것은 안 된다고 했어요.

(이별)

하지만 결국 수호는 하얀 말과 헤어지고 말았어요. 수호는 하얀 말이 너무도 보고 싶었고, 하얀 말도 수호가 너무도 보고 싶었어요. 하지만 만날 수가 없었답니다.

(화살을 맞고 달려온 하얀 말)

수없이 많은 화살들이 날아 왔어요. 하얀 말은 이렇게 많은 화살을 맞고도 수호에게 돌아왔어요. 수호는 하얀 말의 상처를 열심히 치료해 주었어요. 하지만, 하얀 말은 죽고 말았어요. 수호는 너무나 슬펐어요. 꿈속에 하얀 말이 나타나 '나를 영원히 기억하기 위해 나로 악기를 만들어'라고 말해주었어요.

(마두금)

그래서 수호는 말의 살과 **뼈**로 악기를 만들고 말의 머리 모양을 새겨 간직했대요. 이 악기는 '마두금'이라고 부르며 오래도록 몽골의 평야에서 연주되고 있대요.

(2) 라디오 드라마 만들기

① 모둠별 연습 : 네 개의 모둠을 나누고 마두금 그림을 제외한 네 장의 그림을 한 모둠에 한 장씩 나누어준다. 모둠은 각 장면의 이야기를 정리하고 장면 속의 음향과 대사를 찾아서 대본을 정리한다. 정리된 대본에 맞게 악기와 자신의 몸을 이용해서 소리를 만들고, 해설과 등장인물, 효과 등의 역할을 나누어서 부분별 장면을 완성시킨다. 모둠별 연습이 끝나면 전체가 모여서 이어진 장면을 완성시켜 본다.

② 녹음 : 이야기 순서에 맞게 녹음을 하고 녹음된 것을 다함께 들어보면서 이야기를 다시 한 번 감상한다.

③ 마무리 - 소리로 찾아간 몽골여행에 대한 느낌을 나눈다.[13]

★ 이런 책과 함께 할 수 있어요! ★

·수호의 하얀 말/오츠카 유우조 재화, 아카바 수에키치 그림, 이영준 옮김 / 한림출판사
·(내가 처음 가 본 그림 박물관 4) 이 소리 들리니?/목수현 기획, 정하섭 글, 문승연 꾸밈/길벗어린이
·곰 사냥을 떠나자/헬린 옥슨버리 그림, 마이클 로젠 글, 공경희 옮김/시공주니어
·모기는 왜 귓가에서 앵앵거릴까?/버나 알디마 지음, 김서정 옮김/보림
·누가 내 머리에 똥 쌌어?/베르너 홀츠바르트 글, 볼프 에블브루흐 그림/ 사계절
·탁탁 톡톡 음매 젖소가 편지를 쓴대요/도린 크로닌 지음, 이상희 옮김/중앙M&B
·의성어 동화·의태어 동화/우리기획 지음/계림

---

13) 이 활동도 '사다리연극놀이연구소'에서 주최한 '연극놀이 워크숍'에 참여했을 때 배운 것이고, 그 자료집에서 인용한 것임을 밝힙니다.

제 8 장

독서지도의 실제 6 :
연극놀이 활용

1. 연극의 이해

    연극은 음악·무용과 같이 공연(公演)의 형태를 취하기 때문에 공연예술 또는 무대예술이라고 한다. 연극을 구성하는 본질적 요소로는 흔히 배우·무대·관객, 그리고 희곡의 4가지를 든다. 배우는 연기자로서 연극의 핵심이고 연극이 '살아 있는 예술'임을 밝히는 가장 중요한 표시가 된다. 그러나 배우를 대신해서 인형(꼭두각시)이 등장하는 경우가 있고 가면(탈)을 씀으로써 인물을 가장하기도 한다. 무대는 연희하는 장소로서 옥외(屋外)의 놀이판, 굿판에서 현대식 극장무대에 이르기까지 각양각색이나 연희하는 장소로서의 개념은 연극에서 빼놓을 수 없다. 관객은 단순한 구경꾼에서 연극에 창조적으로 참여하는 경우에 이르기까지 다양한 역할을 하며 무대와 객석의 호흡은 공연의 성과를 언제나 좌우한다. 희곡 또한 즉흥적, 유동적 성격의 단순한 줄거리 정도에서부터 고도의 문학적 표현을 담은 극문학(劇文學)에 이르기까지 성격이 다양하나, '드라마'에는 사람(등장인물)을 중심에 두고서, 그들 사이의 관계(대립·갈등)가 꾸며내는 일정한 '이야기'를 필요로 하기 때문에 희곡 또는 극본(劇本)은 매우 중요한 구실을 한다.

    이상 연극의 4가지 기본요소 이외에도 연극에는 많은 부수적 구성요인이 따르는데, 무대장치(미술)·조명·음향효과·춤이 따를 경우의 안무, 음악 등 연극은 인접하는 미술·무용·음악 등 여러 예술의 참여를 필요로 한다. 그렇기 때문에 연극을 종합예술이라고 말한다.

연극의 특징은 배우의 예술이기 때문에 일회성(一回性)을 지닌다는 것이다. 따라서 연극의 생명은 언제나 새롭다는 데 있고, 공연이 몇 차례 되풀이된다 해도 같은 것이 있을 수 없다는 데 그 묘미가 있다. 또한 연극은 무대와 객석 사이의 상호작용에 바탕을 두는 것이 특색이다.

더구나 연극은 그 오랜 역사의 흐름 속에서 위대한 극작가에 의한 뛰어난 비극·희극 등의 작품을 얻어낼 수 있었기 때문에, 다른 공연예술과는 달리 지적(知的)·사상적·사회적 내용을 담을 수 있었고, 인간을 변하지 않는 근원적 모습에서뿐만 아니라 변전(變轉)하는 역사의 양상(樣相)도 담아낸다.

2. 교육연극의 이해

최근 들어 연극과 교육의 융합(fusion)이 본격적으로 시도됨으로써 그 시너지 효과가 가속화되고 있는데, 연극을 교육에 도입하려는 움직임은 20세기 초에 들어서면서부터 구체적인 하나의 교육방법으로 자리 잡기 시작하였다.

1917년 H. Caldwell Cook은 〈교육방법에 대한 소고(An Essay in Method)〉에서 드라마틱한 행위는 놀이이며, 놀이 속에서 아이들은 가장 배운다는 가설에서 놀이와 관련한 학습 방법의 모델을 찾을 수 있다고 언급한 이래, 1920년대 이후 John Dewey의 진보적 교육사상의 영향 하에 영국, 미국을 중심으로 새롭게 부각되었고, 1960년대 이후에는 Jean Piaget의 인지 발달 이론과 영·미 상호간의 교류로 전 세계에 널리 확산되고 있다. 교육연극이 본격적으로 교과교육과 융합(Fusion)하면서 교과교육에 활용하기 위해 도입된 것은 1960년대 중반 영국에서였다. 이것은 각 교과 교육 영역에서 연극학의 이론, 방법과 그 창의적인 잠재력을 활용하는 하나의 학제 간 통합교과 교육학으로써 현재는 영국, 프랑스, 독일, 미국, 캐나다, 남미, 스칸디나비아 반도 그리고 동부 유럽, 오세아니아, 아프리카, 아시아 등지에서 아동, 청소년 교육에 적극적으로 활용하여 교육적 효과를 얻고 있다.

이들 나라에서는 유치원과 초·중·고교에서 교육연극을 정식 학과목으로, 대학에서는 전공과목으로 개설하고 석·박사 과정을 두어 현재 많은 교육연극 전문가들을 배출하고 있다. 나라마다 교육연극에 대한 명칭들이 다르나 일반적으로 Drama in Education(D·I·E)[14], Theatre in Education(T·I·E), Educational Drama, Creative Drama 등으로 나타낸다.

교육연극을 학습 이론적 관점에서 볼 때, Dewey의 경험주의적 교육관은 연극매체를 통한 다양한 환경적 경험을, Piaget의 인지 발달 이론은 학습 참여자의 능동적인 참여 행위를, Vygosky의 발달 근접 지대 이론은 연극 참여자들의 의미협상 과정을 이론적으로 뒷받침하고 있으며, 동일한 개념의 다양성에 대한 이해를 위한 현실적 맥락에서의 경험을 강조하는 구성주의 교육의 실천적 학습

---

14) D.I.E(Drama in Education); 이것은 학교에서, 때때로 연극적 성향을 가지고 가르치는 드라마로서 공개적인 상연을 위한 연극의 준비 및 연극의 양식과 기술에 대한 학습 모두 또는 둘 중 하나를 포함한다.

D.I.E는 다른 여섯 가지와는 달리 극장에서 공연을 하지 않는 것으로, 교실 안에서 교사와 학생간에 이루어지는 드라마 워크(Drama Work)를 말한다. 즉 간단한 워밍업(Warming up)으로부터 시작하며 드라마틱 게임, 타블로(Tableau, still picture : 정지된 화면)만들기, 즉흥(improvisation), role play(가상적인 역할 놀이), 이야기 꾸미기, movement 등의 방법을 통해 자기표현(self expression), 상상(imagination), 집중(concentration) 등을 훈련함으로써 개성(personality)발달을 도와주며, 사회적인 기술(social skills)을 습득하게 하는 일을 뜻한다.

D.I.E가 T.I.E와 다른 점은 주로 D.I.E와 다른 점은 주로 D.I.E가 어린이들을 정규적으로 만나고 그들의 개별적인 요구를 알고 있는 교사들에 의존하고 있다는 점과, 제공되는 경험의 열린 종결(Open-endless)과 관계있다는 점, 그리고 T.I.E에서 사용될 수 있는 풍부한 연극적 자원(등장인물, 의상, 무대장치)등이 없다는 점이다.

위의 여러 종류의 교육 연극 가운데 실제 학교 수업에 손쉽게 적용 가능한 것은 D.I.E라고 할 수 있다. 이것은 공연을 위한 여러 가지 준비물이 필요 없이 교실 현장에서 연극적 아이디어로 실제 수업에 적용할 수 있다.

방법으로 각광을 받고 있다.

　우리나라에서도 기존의 '극화학습'이나 '역할극'과 같은 기법들을 학습 방법의 하나로 활용해 왔었다. 그러나 이것들은 수많은 교육 연극의 기법들 중 하나일 뿐이다. 따라서 우리나라에서는 아직 학제 간 통합교과교육학적 체계를 바탕으로 한 이론이나 방법론과 유기적인 관계를 갖지 못하고 있는 실정이나, 최근에 많은 연구자들이 이 분야에 관심을 갖기 시작하고 있다.

　교육연극의 특징은 학습에 있어 학습자들이 지니고 있는 본성을 극대화한다는 점이다. 예컨대, 학습자들의 모방성, 활동성, 유희성, 통합성 등은 연극의 본질인 동시에 인간의 본능과 상동성을 이루고 있어, 자연스럽게 학습자들을 주체자로서 교육에 활용하기 쉽도록 되어 있다는 점이다. 외국의 경우는 '수학을 위한 교육연극', '과학을 위한 교육연극' 등 전통적으로 연극과는 거리가 멀다고 생각해 왔던 학문까지도 연극과의 융합을 성공적으로 이루고 있으며, 제3세계 국가에서의 빈부 격차의 사회 문제를 '토론 연극'을 통해 문제를 확인하고 그 해결점을 교육적으로 해결하기도 한다. 뿐만 아니라 비판적 사고, 추론적 사고, 논리적 사고, 창의적 사고 등 사고력 교육에 있어 학습자들이 구체적 상황 속에서 나의 문제로 인식하고 쉽게 접근하도록 하고 있다.

3. 연극놀이의 이해

맥카슬린에 의하면 연극놀이란, '유아기의 아이들이 그들이 경험하는 세계 속에서 주위 사람들의 성격적 특징과 행위를 모방하면서 자신들의 세계를 표출하는 아주 자연스러운 행동'(Neillie McCaslin, Creative Drama in the Classroom)이라고 한다.

놀이가 교육적으로 활용될 때, 연극놀이는 단순한 놀이와는 다른 개념으로 받아들여진다. 다시 말해 연극놀이를 사용하는 교사나 지도자는, 그 놀이가 참가자들에게 어떤 문제에 대한 이해와 기술의 폭을 넓혀주는 데 결정적으로 도움을 줄 것이라는 판단이 선 후에 사용해야 한다는 것이다.

4. 역할놀이의 이해

　역할연기의 목적은 개인적인 이해와 통찰, 그리고 집단 내의 활발한 토론과 집단훈련을 위해 현실과 가까운 상황을 제공하는 것이다.

　역할 연기 과정은 크게 준비단계(warm up phase), 연기단계(action phase), 마무리 단계(closure)의 세 가지 단계로 나누어진다.

5. 연극의 효과

1) 창작 과정상의 가치

연극은 종합 예술로서의 특징이 다른 예술과의 변별성을 갖는다. 즉 문학이나 음악, 미술이 개인 중심의 예술이라면 연극은 혼자서는 해낼 수 없는 집단 예술이다.

공연에 참가하는 모든 사람들이 자신의 만들려는 공통된 목표를 이해하고, 그 공통된 오직 하나의 목표를 향하여 행동하는 것이 중요하다. 그러기 위해서는 연습의 과정에서 무엇 때문에 그 극을 공연하느냐 하는 것, 또는 극본의 내용, 역할의 해석, 연기하는 요청에 대해서도 연출자와 배우 사이에 또는 배우들 사이에 전혀 다른 의견이 나오는 일도 드물지 않다.

이 같은 개개인 사이에 있는 의견의 상이를 납득이 갈 때까지 이야기하여 해석하고, 집단의 행동력을 보다 통일된 충실한 것으로 성장시켜 나가는 데 있어서, 연극은 다른 예술에서 볼 수 없는 사회적 교육적인 의미가 있다. 그러자면 자신의 생각과 타인과의 의견 상의 상이점을 발견하게 될 때 취할 수 있는 방법이 토의와 토론이다. 토론과 토의의 과정에서 개인과 전체의 관계를 파악하고 상대방을 이해할 수 있는 기회를 갖게 되는 것이다.

2) 표현교육으로서의 가치

연극에 있어 표현의 수단으로 가장 중요한 것은 언어와 몸짓이다. 연극에서는 이 두 가지 요소를 무엇보다 중요시하고 배우 훈련에 있어서도 철저하게 훈련을 시키고 있는 분야이다.

특히 Speech 훈련은 국어과목에 있어 말하기에 해당하는 것으로 단순히 글 읽기에 국한되는 것이 아니라 내용에 따른 적절한 발성과 음조, 리듬 템포 등을 고려하여 자신이 지니고 있는 감정이나 의사를 상대방에게 정확하게 전달하여야 하는 것이다.

언어 외에 몸짓은 문자언어나 음성언어로 표현할 수 없는 부분을 나타내 주는 표현교육에 속한다. 일반적으로 몸짓은 언어 이전에 표현단계로 본능적인 요소가 강하다. 연기는 단순한 몸짓이 아니라 상상력을 바탕으로 하고 있다. 상상력은 일상생활에서의 관찰을 통하여 이루어진다.

3) 정서 교육으로서의 가치

연극은 잠자는 아동들의 상상력을 자극하여 미지의 세계를 꿈꾸게 한다.

(1) 카타르시스(Catharsis) 효과
(2) 감정이입을 통한 역할 바꾸기-상대방을 이해하는데 가장 빠른 방법은 상대방의 입장이 되어 보는 것이다.

4) 지식 교육으로서의 가치

연극에서 사용하는 대본의 소재는 신화, 전설, 역사, 문학, 음악, 도덕, 윤리, 풍속, 종교 등 다양하다.

셰익스피어의 희곡들이 대부분 영국의 역사를 소재로 영국민의 위대함을 주제로 삼은 것은 유명하거니와, 그밖에 그리스의 희곡은 그들의 신화를 바탕으로 하고 있음은 주제의 사실이다.

위에 열거된 여러 효과들을 정리해 보면 다음과 같이 열거할 수 있겠다.

① 개성화(Individualization) : 자신만의 독특한 방법으로 생각과 감정을 표현함으로써 개성을 발달시킬 수 있다.

② 협동(Cooperation) : 놀이에 참여하는 과정은 교사들이 아동들에게 경쟁보다는 협동을 가르쳐 줄 수 있는 기회를 제공한다.

③ 동기(動機 : Motivation) : 연극적 방법은 흥미로운 것이기 때문에 아동들에게 학습의 동기를 부여하고 그 깊이를 더할 수 있다.

④ 통합(Integration) : 드라마는 언어와 사고, 행동들이 함축된 상호작용과 의사소통의 형태이다. 아동들은 이를 통해 인지, 정서, 사고 등 환경과 정신적 영역을 통합하여 이해한다.

⑤ 감정이입(Through Empathy) : 감정이입을 통해 아동들은 일체감을 갖게 되며 상대에 대한 이해의 폭을 넓고 깊게 한다.

⑥ 이해와 감상(Appreciation) : 극적 행위에 참여하는 아동들은 예술 형식의 감상과 이해를 촉진시킨다.

⑦ 극중 인물을 통한 자기 확인(Role Identification) : 극은 실제 행

동을 위한 연습이다. 그것은 아동들에게 직접적인 경험을 개발
할 수 있게 하는 동시에 극을 만드는 과정은 삶을 반영하는 기
회를 제공한다.

⑧ 상징적 행동(Symbolic Action) : 극은 실제보다 더 생생한 허구
를 갖고 행동의 형식을 창조한다. 모든 행위는 상징이 될 수 있
고, 행위자와 비 행위자는 상징과 은유를 표현하고, 해석하고,
직관할 수 있는 능력을 신장시킨다.

이상과 같은 연극적 기법의 효과는 각 부분에 걸쳐 그 특성에
따라 적절히 발휘될 수 있으며 서로 통합되기도 한다.

6. 교육연극(연극놀이)의 실제

1) 연극놀이에서는 몸이 재료

미술의 재료는 붓, 물감, 혹은 크레파스와 연필 등이며, 음악의 재료는 피아노, 우리의 목소리, 피리, 북 등의 악기라고 할 수 있다. 그렇다면 연극놀이의 재료는 무엇일까? 바로 우리의 '몸'이라고 할 수 있다. 우리의 몸과 목소리는 연극놀이에서 주요한 표현의 도구가 된다. 잘 조율된 피아노, 섬세한 표현이 가능한 붓 등 표현의 도구들은 잘 갈고 닦아질 필요가 있다. 연극놀이에서도 마찬가지다. 우리 개개인이 가지고 있는 내적·외적 자원들에 대해 인식하고, 나아가 그 자원들을 개발하는 과정이 바로 피아노를 조율하고, 표현에 적합한 좋은 재료를 고르는 것과 같다. 그 출발점으로서, 자유로운 몸짓표현을 이끌어 보자.

(1) 몸 풀기 1 : 안녕, 반가워!

▶ 활동목표 : 익숙하지 않은 관계들과의 첫 만남 속에서 놀이의 형식을 빌어 자연스러운 접촉을 통한 인사로 서로에 대한 호감 및 친밀도 형성하기

▶ 놀이방법

① 서로 얼굴이 보일 수 있도록 둥그렇게 선다.

② 마음에 드는 사람 앞으로 걸어가 자유로운 형태로 인사를 한다. 그럼 인사를 받은 사람은 인사를 한 사람의 동작을 잘 보아 두었다가 그대로 따라 인사해준다.

③ 인사를 건넨 사람이 인사를 받은 사람의 자리로 들어가고, 인사를 받은 사람은 다시 다른 사람에게 다가가 다른 방법으로 인사를 한다.

④ 모든 사람이 돌아갈 때까지 반복한다.

(2) 몸 풀기 2 : 우리 집에 왜 왔니?

▶활동목표 : 놀이의 형식 속에서, 동물·사물·직업 등 다양한 범주를 구체적인 몸짓으로 표현하기

▶놀이방법

① 전래놀이인 〈우리 집에 왜 왔니?〉와 같이, 두 줄로 마주보는 형태로 선다.

> 자, 이렇게 서니까 어떤 놀이가 생각나나요? 오늘은 우리가 알고 있는 〈우리 집에 왜 왔니?〉를 조금 바꿔서 해볼 거예요.

② 제자리에서 바꾼 가사를 연습해 본다.

③ '무엇'에 해당하는 범주를 알려주고, 각 모둠별로 하나를 의논하여 정할 시간을 준다.

> 우리는 이번에 '동물'을 보여줄 거예요. 어떤 동물을 보여줄 건지 모둠끼리 한 동물을 정해 보세요. 그런데 다른 모둠에는 들리지 않게 낮은 목소리로 이야기해야 해요. 몸으로 보여주면 알아 맞혀야 하니

까요. 그리고 보여줄 때는, 내가 그 동물이 되어서 뛰거나 먹거나 자는 모습을 보여주어도 되고 또 내가 그 동물을 안고 있는 모습으로 보여줄 수도 있어요. 자, 모두들 생각해보았지요?

④ 다시 두 줄로 모이게 한 후, 보여주는 부분에서의 규칙을 설명한다. 그런 다음, 바꾼 노래 가사에 맞추어 놀이를 진행한다.

가 모둠 : 우리 집에 왜 왔니, 왜 왔니, 왜 왔니?
나 모둠 : 보여주러 왔단다, 왔단다, 왔단다.

가 모둠 : 무엇을 보여주러 왔느냐, 왔느냐?
나 모둠 : 이 동물(직업·음식 등)을 보여주러 왔단다, 왔단다.

가 모둠 : 하나, 둘, 셋! 보여 주세요!
나 모둠 : (모둠이 미리 정한 동물을 일시에 몸짓표현으로 보여준다.)

가 모둠 : (나 모둠이 표현하는 것을 보고 무슨 동물인지 알게 되면 소리내어 정답을 말한다.)
나 모둠 : (가 모둠이 정답을 말하면, 자기 팀 쪽 벽으로 달려가 손을 댄다. 벽에 닿기 전에 상대 모둠에게 잡히면 그 쪽 모둠원이 된다. 만약 정답이 아니라면 멈추지 않고 몸짓표현을 계속한다.)

(3) 몸 풀기 3 : 나, 너, 우리, 가족, 마을, 나라

▶ 놀이방법
① 혼자서 팔짱을 끼고 다른 사람과 부딪치지 않도록 자유롭게 걸어 다니다가 다음과 같은 명령에 따라 적합한 인원수를 찾아 모인다.

나 : 1인, 너 : 2인, 우리 : 3인, 가족 : 4인,

마을 : 5인 이상, 나라 : 모두 다

② 너, 우리, 가족, 마을 등의 구호에 따라 모이면 잠시 쉬어 가는 의미에서 적절한 활동을 제안할 수 있다. 예를 들어 3인이 모인 우리의 경우, 세 사람의 공통점을 찾아 3가지 말하기, 4인이 모인 가족의 경우 밤 9시 집 안의 풍경 정지 동작으로 연출하기 등으로 말이다.

③ 모든 헤어짐은 교사의 신호(종소리 등)에 의해 이루어진다는 것을 미리 상기시킨다.

(4) 몸 풀기 4 : 당신의 이웃을 사랑하십니까?

▶ 놀이방법

① 모두 보일 수 있도록 동그랗게 선다. 한 명이 술래가 되어 원 가운데에 서서 마음에 드는 사람 앞으로 걸어가 다음과 같은 대화를 나눈다.

술래 : 안녕하세요?
인사 받은 사람 : 안녕하세요.
술래 : 당신의 이웃을 사랑하십니까?
인사 받은 사람 : 네, 혹은 아니오.

② 만약 인사를 받은 사람이 '네'라는 대답을 하면 인사 받은 사람의 양 옆 사람이 자리를 바꾸어야 하고, 만약 '아니오'라는 대답을 한다면, 술래가 다시 한번 '그럼 어떤 이웃을 사랑하

십니까?'라고 묻고, 그에 대한 대답으로 '안경 낀 이웃을 사랑합니다'라고 말한다면, 참가자 중 안경을 낀 사람 모두가 자기 자리가 아닌 다른 자리로 바꾸어야 한다.

③ 동작이 늦어 그 자리를 술래에게 빼앗기게 되면 다음 술래가 된다.

(5) 몸 풀기 5 : 진 치기

▶ 놀이방법

① 먼저 참가자들을 반으로 나누어 적당한 팀 이름을 지어준다.

② 의자 등의 물건으로 각자 팀이 지켜야 할 성으로 정한다.

③ 성을 먼저 빼앗거나 일정 시간동안 상대팀을 많이 생포하면 이기도록 한다.

④ 의자에 손을 대고 있으면 잡아갈 수 없고 돌격을 하거나 후퇴를 할 때에는 반드시 의자에 손을 부딪쳐야 한다.

⑤ 나중에 출발한 사람만이 생포할 수 있는 권한이 있다.

(6) 몸 풀기 6 : 선장놀이, 얼음땡, 누가 먼저 시작했나, 저격수 놀이 등

(7) 몸으로 말해요 1 - 사진처럼

▶ 활동목표 : 정지동작을 통해 자기의 몸에 대한 통제력을 기르고, 몸의 언어로 소통해 보기 [개인의 자원 개발]

▶ 놀이방법

① 교사가 먼저 지원자와 함께 시범을 보인다. 지원자와 교사는 악수를 한 동작에서 '얼음'을 한다. 교사가 먼저 얼음이 풀려 그 동작에서 **빠져** 나와, 지원자의 동작을 보고 거기에 어울리는 자세로 정지한다. 이번엔 지원자가 얼음에서 풀려 같은 식으로 정지 동작을 취한다. 시범을 통해 활동의 방법을 이해하게 되고 또한 활동에 대한 흥미가 생겨나면, 시범을 멈추고 간략하게 방법을 정리해 준다.

> 시범 : 우리가 친구들을 만나면 '안녕!' 이라고 인사를 하는 것처럼, 어떤 어른들은 이렇게 손을 잡고 악수로 인사를 하기도 해요. 그런데 이 악수를 한 상태에서 '얼음' 이 되어볼까요? 잠시 후, 한 사람이 먼저 얼음이 풀려 빠져 나와 다른 사람을 보는 거예요. 새로운 동작이 생겨나면, 그대로 얼음을 합니다. 이렇게 번갈아 가면서 동작을 주고받는 거예요.

② 둘씩 짝이 되어 마주 보고 선다. 누가 먼저 어름에서 풀릴 것인지를 서로 정하게 한다. 다함께 악수를 한 다음, 활동이 시작된다.

(8) 몸으로 말해요 2 – 거울놀이

▶ 활동목표 : 몸을 활용한 다양한 표현을 해볼 수 있는 기회 제공과 표현의 차이를 느껴 보기

▶ 놀이방법

① 두 사람씩 짝을 짓는다. 그 가운데 한 사람이 먼저 거울이 되고 나머지 한 사람은 연기자가 된다. 두 사람의 역할이 정해지면 먼저 거울을 맡은 사람은 눈을 감고 있고, 연기자가 몸

전체를 활용해 표현하고 싶은 모양을 만든다.(조각상을 생각하면 쉽다) 표현이 끝나면 거울은 여전히 눈을 감은 채로 손으로만 연기자의 몸을 더듬어 인식한 뒤 그대로 모양을 재현해 본다. 모두 끝났다고 이야기하면 눈을 뜨고 서로의 모양을 비교해 본다.

② 한 번의 활동이 끝나면 역할을 바꾸어 실시해 보고 모두 끝난 뒤 서로의 느낌을 나눈다.

(9) 몸으로 말해요 3 - 동물농장

▶ 놀이방법

① '동물농장' 노래를 부르면서 나오는 동물 흉내를 몸으로 나타낸다. (예: 닭장 속에는 암탉이, 연못 속에는 자라가…. 소리는 생략)

② 둘이서 또는 여럿이 해야 실감이 나는 동물들은 짝이나 그룹을 지어 표현하게 한다.

③ 만약 하루 동안 동물이 될 수 있다면 어떤 동물이 되고 싶은지 정한다.

④ 독서지도사는 다양한 동물에 관한 짧은 이야기를 들려준다.

⑤ 들려준 이야기를 바탕으로 자신이 고른 동물들을 창의적인 몸짓으로 표현해보게 한다.

(10) 즉흥 1 - 기절놀이

▶ 활동목표 : 같은 상황 제시를 통한 서로 다른 표현과 느낌 나누어 보기

▶ 놀이방법

① 참여자 모두가 잘 볼 수 있도록 둥글게 선 다음 번호표를 하나씩 뽑는다. 번호표는 교사가 뽑는 것과 참여자가 뽑는 것으로 구분을 해 둔다. 뽑은 번호는 자기만 알고 있도록 한 다음, 모두 뽑았으면 교사가 번호 한 장을 뽑아 큰 소리로 부른다. 해당 번호에 해당되는 참여자는 그 자리에서 바로 기절을 한다.

② 몇 차례 반복하고 번호가 불렸을 때의 느낌을 서로 나눈다.

(11) 즉흥 2 - 우리 모두 ○○에 가자!

어린 시절을 지나온 어른들은 누구나 이런 생각을 한다. '아, 내가 다시 그 때로 돌아간다면 뭐든지 정말 열심히 할 텐데…' 하지만 아무리 후회해도 소용없다. 인생은 연습도 없이 흘러가는 것이니. 그저 '내가 여기에 존재한다는 것!' 그것만이 확실할 뿐 어떤 것도 기대할 수 없다.

이런 인생의 속성과 닮은 것이 있다. 그것이 바로 '즉흥(Improvisation)'이다. 즉흥은 어떤 준비나 연습 없이 순간에 자신을 드러내는 것이다. 마치 인생을 살아가는 것처럼, 즉흥에서 중요한 것은 '내가 지금 여기에서 무엇을 하는 것'이다.

즉, 내가 어디(where)에 있는지, 내가 누구(who)인지, 내가 무엇(what)을 하는지 말이다.

평소에 당신이 어디에 있는지 어떻게 알 수 있었나? 만약, 부엌에 있다면? 아마도 주위 도구, 환경, 냄새, 느낌, 촉각 그리고 그곳에서 사람들이 하는 행동으로 알 수 있을 것이다. 그렇다면 당신이 누구인지는 어떻게 아는가? 그것은 무엇을 하고 있는지를 보면 알 수 있다. 내가 만들어 가는 즉흥에 뛰어들어서 작은 인생의 순간을 살아보자.

▶ 활동목표
- 다른 사람이 만든 가상의 세계를 긍정하고, 함께 만들어 갈 수 있다.
- 가상의 인물이 되고, 행동을 하고, 장소로 이동하여, 그 상황에서 가능한 다양한 행동을 즉흥적으로 할 수 있다.
▶ 준비물 : 신문지 봉
▶ 놀이방법
① 독서지도사가 '연극놀이에서는 누구든지 될 수 있고, 어디든 갈 수 있다'고 알려준다.
② 마술 봉을 든 사람이 주문을 외우면, 모두 함께 '그래, 좋아'라고 외치고 우리가 주문 그대로 변할 것이라고 설명한다.
③ 주문 연습을 한다.

마술 봉을 든 사람 : 우리 모두 ○○에 가자! (혹은 되자!)
모두 함께 : 그래, 좋아!

④ 리더가 시범을 보인다.
- '우리 모두 ○○가 되자!'라고 주문을 외우면. 모두 다같이 '그래, 좋아!'라고 외치고 모두 ○○가 된다. (예 : 강아지, 토끼…)
- 더 나아가서 '우리 모두 ○○을 하자!'라고 주문을 외우면, 모두 다같이 '그래, 좋아!'라고 외치고 모두 ○○를 한다. (예 : 축구하기, 목욕하기…)

- '○○이 되는 것'과 '○○을 하는 것'에 익숙해지면, 이것을 모두 포함하는 개념인 '우리 모두 ○○에 가자!'를 외친다. 모두 다 같이 '그래, 좋아!'라고 외치고, ○○로 간다. (예 : 바다 속, 놀이동산…)

⑤ 아이들 중에서 지원자를 받아서 해본다.

(12) 즉흥 3 - 그게 뭐야?

① 여기에 무엇이든지 다 들어 있는 커다란 상자가 있다고 상상해 보라. 상자의 높이는 이만큼, 길이와 폭은 여기서부터 여기까지. (손으로 마루 위의 허공에 상자의 크기를 표시해 주었다.)

② 이 상자 속에는 무엇이든지 자기가 좋아하는 물건, 잊을 수 없는 물건, 혹은 아주 소중한 물건이 들어 있다. 한 가지 집어 낸 후에 둘러서 잇는 다른 사람들에 보여주고(show),

③ 그들에게 그것에 대해 무엇이든지 말해 보아라(tell)-여기서 tell은 단순히 말로 설명하기 보다는 감정이 담긴 몸짓과 말로 표현한다는 뜻으로 해석해야 할 것이다. [show and tell]은 상상마임연기, 화술훈련, 그리고 대중 앞에서 수치심(부끄러움) 없애기 훈련을 위한 것임을 쉽게 알 수 있다.

2) 역할극

(1) 시를 통한

이 활동은 시를 읽고, 그림, 글, 만화, 노래가사, 몸 등으로 시 감상 활동이 이루어지도록 내용 구성을 한 것으로, 여러 활동 중에서 몸으로 나타내는 활동에 주안점을 두었다.

① 마음열기 - 내 안의 모든 것

여섯 명이 한 조가 되어 같은 느낌을 갖고 지시대로 신체표현을 해 보는 '내 안에 모든 것'이라는 활동을 하였다. 이 활동은 병의 일생이라는 이야기를 교사가 꾸며서 들려주면 그 이야기에 맞게 모두가 같이 몸으로 표현해 보는 것이다. 예를 들면 '우리는 병입니다. 유리로 만들어져 단단하면서 잘 깨지기도 합니다. 빈 병인 우리 몸엔 바람이 머물러 가기도 하고 잔디밭에 내던져지기도 합니다. 또 사람들이 발길질하여 산산조각이 나기도 합니다….' 한 문장씩 들려주면 조원들이 그대로 표현해 보았다.

② 시 텍스트 이해

시 '바람과 빈 병'을 낭독해 보고, 내용을 파악해 보았다. 시를 이해할 수 있도록 충분히 낭독할 수 있게 남·여 전체, 부분 교사, 학생 등으로 낭독하였다. 그리고 시를 읽고 어떤 장면이 떠오르는가, 재미있게 표현된 부분은 어디인가, 바람의 마음씨는 어떠한가 등을 말해보며 표현 내용을 이해하도록 하였다.

바람과 빈 병

바람이
숲 속에 버려진 빈 병을 보았습니다.

'쓸쓸할 거야'

바람은 함께 놀아 주려고
빈 병 속으로 들어갔습니다.

병은 기분이 좋았습니다.

"보오 보오."

맑은 소리로
휘파람을 불었습니다.

〈4학년 국어 둘째 마당 1. 우리들의 시에서 인용〉

③ 역할극 하기

시를 읽고 떠오른 느낌을 역할극으로 표현해 보기 위하여 먼저, 조별로 조원들끼리 자신의 느낌을 서로 말해보고, 느낌이 잘 나타나도록 극본을 써 보게 하였다. 극본은 시 내용보다는 감상 활동에 초점을 두어 빈 병, 바람이 되어 시 속에서 주고받을 수 있는 내용으로 쓰도록 하였다. 다 쓴 후 역할극으로 해보는 활동에서는 빈 병으로 '보오 보오' 진동소리를 내 주고, 바람의 음향 효과를 넣어 주었다. 자신의 느낌이 솔직히 전달되도록 감정을 살려서 말해 보게 하였는데, 시를 깊게 이해하는 데에도 도움이 되었다. (학생들의 극본 자료 활용)

④ 자신의 경험과 관련짓기

바람의 마음씨는 어떠하나 생각해보며 시의 주제를 파악해 보고, 자신도 바람처럼 다른 사람들의 입장을 헤아려 준 경험, 그렇지 못한 경험 등을 말해 보았다.

(2) 그림책을 통한

① 역할극 하기 1 - 일곱 마리 눈 먼 생쥐

※ 역할극을 하기 전에 역할극(연극)을 위한 대본(희곡)을 직접 써보는 것도 좋다. 특히 배역의 숫자와 역할이 명확한 그림책의 경우 큰 부담 없이 대본 작업을 할 수 있다. 제목, 등장인물, 배경, 필요한 소품, 지문 등의 기본적인 구성요소를 교사가 알려주고, 그 이외 내용 및 효과 등은 적절히 생각해 보도록 한다.

② 역할극 하기 - 팥죽할멈과 호랑이

팥죽할멈과 호랑이

〈제1막〉

옛날 옛날, 깊은 산 속에 꼬부랑 할머니가 살았대요. 할머니는 밭을 매어서 팥 농사를 지으신대요. 왜 팥 농사를 지으시냐고요? 그거야 맛있는 팥죽도 쑤어먹고, 팥떡도 해먹고, 어린이 여러분과 우리 부모님 생신 때 팥밥을 지어먹으려고 그러지요.

따뜻한 봄날, 할머니는 열심히 팥 밭을 매셨어요. 팥 밭 한 고랑을 매고는

할머니 : 애고, 힘들어.
팥 밭 두 고랑을 매고는
할머니 : 애고, 애고, 힘들어.
팥 밭 세 고랑을 매고는
할머니 : 애고, 애고, 애고, 힘들어.

그 때 갑자기 '어흥' 하는 소리가 들려 뒤를 돌아다보았지요. 그랬더니 무엇이 있었는지 아세요? 글쎄 황소만한 호랑이가 할머니를 쳐다보고 있지 않겠어요.

호랑이 : 어흥
할머니 : 아이쿠! 사람 살려!

할머니는 깜짝 놀라서 꼼짝도 못했어요. 그런데 호랑이가 입을 떠~억 벌리고 말했어요.

호랑이 : 어흥 배가 고프니 할멈을 잡아먹어야겠다!
할머니 : 호랑아! 제발 살려다오. 흑 흑 흑.
호랑이 : 할멈, 살고 싶으면 나랑 밭매기 내기하자. 할멈이 이기면
　　　　　내가 이 밭을 다 매 주고, 내가 이기면 할멈을 잡아먹고.
　　　　　흐흐흐!

할머니는 할 수 없이 호랑이와 밭매기 내기를 했어요.

호랑이 : (멀리서 부른다) 할멈! 팥 밭 한 고랑 다 맸다.
할머니 : 애고, 이제 겨우 풀 한 포기 뽑았는데
호랑이 : (멀리서 부른다) 할멈 팥 밭 두 고랑 다 맸다.
할머니 : 애고, 애고, 이제 겨우 풀 두 포기 뽑았는데.
호랑이 : (의기양양하게) 할멈 난 팥 밭 다(아)맸다. 이제 내가 이
　　　　　겼지(강조)? 어흥, 이제 잡아먹어야겠다. (다가오면서)
할머니 : (벌벌 떨며) 호랑아, 호랑아, 제발 살려줘! (뒤로 넘어진다)

호랑이 : (위협적으로 어슬렁어슬렁 다가오면서) 뭐, 살려 달려고?
　　　　 난 지금 배가 무지무지 고파서 안 돼!
할머니 : (애절하게) 호랑아! 그럼 동짓날 팥죽 한 그릇만 쑤어 먹
　　　　 으면 소원이 없겠어.
호랑이 : 뭐 팥죽 한 그릇 먹는 게 소원이라고? 그럼 좋아 그때 가
　　　　 서 잡아먹지.

호랑이는 산 속을 어슬렁어슬렁 사라졌어요.

〈제2막〉
호랑이를 만난 날부터 할머니는 죽을 날만 기다리면서 농사를 지
었어요. 어느새 가을이 와서 팥을 뽑아 잘 떨어서 광 안에 가득 재어
놓았어요.

(노래마당 알밤 등이 모여 놀고 있는 모습)

(모두들 알밤을 가리키며) : 당신은 누구십니까? (알밤) : 나는 알
밤입니다.
　모두 : 그 이름 맛있겠군요. 당신은 누구십니까? (자라) : 나는 자
　　　　 라입니다.
　모두 : 그 이름 멋있군요. 당신은 누구십니까? (쇠똥) : 나는 쇠똥
　　　　 입니다.
　모두 : 그 이름 냄새 나는군요. 당신은 누구십니까? (송곳) : 나는
　　　　 뾰쪽 송곳.
　모두 : 그 이름 뾰쪽하군요. 당신은 누구십니까? (맷돌) : 나는 맷
　　　　 돌입니다.
　모두 : 그 이름 묵직하군요. 당신은 누구십니까? (멍석) : 나는 멍
　　　　 석입니다.

모두 : 그 이름 멋있군요. 당신은 누구십니까? (지게) : 나는 지게
    입니다.
모두 : 그 이름 멋있군요.

그 때 어디선가 할머니가 훌쩍훌쩍 우는소리가 들려오자 (크게) 알
밤이 떼굴떼굴 굴러 왔어요.

알밤 : 할머니, 할머니! 왜 우세요?
할머니 : 오늘 저녁에 호랑이가 날 잡아 먹으러 온다고 해서 운다.
알밤 : 팥죽 한 그릇 주시면 못 잡아먹게 도와 드릴게요.

할머니는 알밤에게 팥죽을 한 그릇 주었어요. 알밤은 팥죽을 먹고
나서 아궁이 속에 숨었어요.

할머니가 또 엉엉 우는데, 자라가 엉금엉금 기어왔어요.

자라 : 할머니, 할머니! 왜 우세요?
할머니 : 오늘 호랑이한테 죽게 돼서 운다.
자라 : 팥죽 한 그릇 주시면 못 잡아먹게 도와 드릴게요.

할머니는 자라에게 팥죽을 듬뿍 주었어요. 자라는 팥죽을 뚝딱 먹
어치우더니 부엌 물 항아리 속에 숨었어요. 다음에는 송곳이 콩콩콩
콩 튀어 왔어요. 쇠똥은 어기적어기적 기어 왔지요.

송곳, 쇠똥 : 할머니, 할머니! 왜 우세요?
할머니 : 오늘 저녁에 호랑이가 날 잡아먹으러 온다고 해서 운다.
쇠똥, 송곳 : 팥죽 한 그릇 주시면 못 잡아먹게 도와 드릴게요.

할머니는 팥죽을 송곳과 쇠똥에게 주었어요. 송곳은 팥죽을 먹고
나서 부엌 바닥에 꼿꼿이 섰어요. 쇠똥은 팥죽을 먹고 나서 부엌 바
닥에 엎드렸지요.

할머니가 또 엉엉 우는데 맷돌이 콩덕콩덕 뛰어 왔어요. 멍석은 털석털석 다가왔지요. 지게도 어정어정 걸어 왔어요.

맷돌, 멍석, 지게 : 할머니, 할머니, 왜 우세요?
할머니 : 오늘 저녁에 호랑이가 날 잡아 먹으러 온다고 해서 운다.
맷돌, 멍석, 지게 : 팥죽 한 그릇 주시면 못 잡아먹게 도와 드릴게요.

할머니는 팥죽을 듬뿍 주었어요. 맷돌은 팥죽을 먹고 나서 부엌 문 위로 올라갔어요. 멍석은 팥죽을 먹고 나서 앞마당에 누웠지요. 지게도 팥죽을 먹고 나서 마당 한구석에 섰어요.

알밤 : 할머니가 호랑이에게 잡혀 먹히는 건 너무 슬퍼.
자라 : 우리가 할머니를 살릴 방법은 없을까?
쇠똥 : 호랑이를 없애 버리면 되잖아?
송곳 : 어떻게 호랑이를 없앨 수 있니?
맷돌 : 우리가 도와 드리면 되지.
멍석 : 그렇지만 호랑이 보다 덩치도 작고 힘도 없는 우리가 어떻게 호랑이와 맞서 싸우겠니? 난 무서워.
지게 : 아니야, 좋은 수가 있을 거야. 자, 다 같이 모여 봐.
알밤 : 그래, 우리의 작은 힘이지만 서로 뭉친다면 할머니를 구할 수 있을 거야.
다같이 : 그래, 그래. 우리 한 번 해보는 거야. 하나, 둘, 셋, 파이팅!!!

〈제3막〉
드디어 호랑이가 할머니를 잡아먹으려고 나타났어요. 그런데, 날씨가 어찌나 춥던지 밖은 눈이 내리고 바람이 세차게 불었어요. (효과 - 바람소리)

호랑이 : 아이고 추워, 아이고 추워!

할머니 : 추우면 아궁이에 가서 불을 쬐렴.

할머니가 일러 주는 대로 호랑이는 부엌으로 갔어요. 호랑이가 아궁이에 쪼그리고 앉았는데,

알밤 : 호랑이 너, 뜨거운 알밤 맛 좀 봐라. ("딱!" 호랑이 눈을 때린다)

호랑이 : 아이고 아야, 아이고 아야. (눈을 비비며)

호랑이는 눈에 재가 들어가서 따가 왔어요. 눈을 씻으려고 물 항아리 속에 손을 집어넣었어요. 그러자

자라 : 여기는 자라가 있다. 에잇!

자라는 호랑이 손을 꽉 물어 버렸지요.

호랑이 : 아이고 아야, 아이구 내 손.

호랑이는 너무 아파서 펄쩍펄쩍 뛰다가 부엌바닥에 있던 쇠똥을 밟았어요.

호랑이 : 어어, 아이고 미끄러워!

송곳 : 요놈 뾰족한 송곳 맛도 좀 봐라. (크게) 똥침!

호랑이 : 앗, 따가워!

호랑이는 깜짝 놀라 소리를 지르며 밖으로 뛰어나갔어요. 그런데 부엌문을 나서자마자,

맷돌 : 나도 여기 숨어있었지. 에잇! ("쿵!"하고 호랑이 머리를 내리친다)

호랑이는 앞마당에 펼쳐진 멍석 위에 털썩 쓰러졌어요.

멍석 : 옳지, 호랑이 이 녀석 혼 좀 나봐라. 내가 너를 둘둘 말아
　　　 꼼짝 못하게 할 거야.

지게 : 멍석아, 수고했어! 이제 호랑이를 내 어깨에 올려다오.

(모두를 부르며) : 얘들아, 호랑이를 강가에 빠뜨리러 가자. (우우)

다같이 : 노래(고기잡이 - 개사)

고기를 잡으려 바다로 갈까요? 고기를 잡으려 강으로 갈까요.

아니야 아니야 호랑이 버리러 우리 모두 힘을 합쳐 간다네.

하나~ 두울~ 세엣 (강물에 호랑이를 '풍덩')

(알밤, 자라, 송곳, 쇠똥, 맷돌, 멍석, 지게) : 야호 만세! 만세! 우리
가 호랑이를 물리쳤다!!!

알밤이랑, 자라랑, 쇠똥이랑, 송곳이랑, 맷돌이랑, 멍석이랑, 지게가
호랑이를 잡았다는 재미있는 옛날 이야기였어요. 팥죽 한 그릇씩 먹
고 할머니를 살려 준 지금, 할머니는 어떻게 됐을까요? 아직도 산 너
머에 팥 밭을 일구며 살고 계신대요.

③ 손가락 인형극

다섯 손가락

흰 면장갑에 직접그린 식구들 얼굴을 준비한다. 크기를 맞추어
오려 코팅지(문방구에 가면 쉽게 구입 기능)로 간단하게 코팅하여
면장갑에 본드로 붙이면 된다. 그 다음 손에 끼고 각각의 인물에
맞게 목소리로 구연해보자. 엄마가 시범을 보이면 아이들도 따라서
장갑을 끼고 해보려고 할 것이다

간단한 준비물 : 면장갑 1짝, 다섯 식구 얼굴, 본드, 가위, 매직(볼펜), 코팅지

다섯 손가락이 오손 도손 사이좋게 살고 있었어요. 어느 날 아빠 손가락이 말했어요.

아빠 : "난 이 세상에서 최고야 최고! 최고라고 할 때도 이렇게 하잖아."

엄마 : "어머, 당신은 무슨 말씀을 그렇게 하세요? 저기 달님 좀 봐, 저기 비행기가 날아가네 하고 가리킬 때도 바로 이 손가락으로 가리키잖아요, 그러니까 내가 최고예요." 하고 엄마 손가락이 말했어요. 그때였어요.

아들 : "무슨 말씀하시는 거예요. 모두 한번 일어서 보세요, 어서요!" (화난 듯한 목소리로)

"그것 보세요. 제 키가 제일 크잖아요, 그러니까 내가 최고란 말이에요."

이번에는 가운데에 우뚝 선 큰아들 손가락이 말했지요.

그러자 옆에 있던 언니 손가락이 말했어요.

누나 : "아니야, 오빠. 반짝 반짝 빛나는 반지가 어느 손가락에 끼워져 있는지 보라고. 바로 내 손가락이잖아. 그러니까 내가 최고란 말이야!"

이번에는 아기 손가락이 말했어요.

아기 : "으응? 코가 간지러울 때, 귀가 간지러울 때 내가 없으면 어떻게 해? 그러니까 내가 최고야!"

그때였어요.

손바닥 : "아니 이 녀석들아! 너희들이 아무리 잘 났다고 해도 이 손바닥인 내가 없으면 어떻게 서 있을 수 있느냔 말이다." (콜록콜록) 하고 손바닥 할아버지가 호통을 치셨어요.

손가락들은 모두 부끄러워 고개를 푹 숙였어요. 그 후로 손가락들은 앞으로만 구부러지고 뒤로는 구부러지지 않는답니다.

★ 이런 책과 함께 할 수 있어요! ★

·선생님, 우리 연극해요 : 교실에서 연극 만들기/김용심/보리

·(아이들과 함께 하는) 교육연극/소꿉놀이/우리교육

·얘들아, 무대에 서면 신이 난단다/최자영 글, 이연수 그림/산하

·연극으로 놀며 배우며/나무를 심는 사람들/나라말

·춤추는 눈사람/김병규/문원

·연극이 희희낙락/명로진/김영사

·오필리아의 그림자 극장/미하엘 엔데 글, 프리드리히 헤헬만 그림, 문성 원 옮김/베틀북

·꼬마 부엉이는 무엇이 되었을까?/로버트 크라우스, 조은수 옮김/웅진닷컴

·로미오와 줄리엣/로이스 버넷, 윤미연 옮김/하얀풍차

제 9 장

독서지도의 실제 6 :
책 만들기 및 북 아트 활용

　최근 독서지도 분야는 물론 심리치료에서도 책 만들기 및 북 아트를 활용하는 사례가 늘고 있다. 독서지도 분야에서는 독후활동의 일환으로 책을 만들어 글을 쓰거나 그림을 그리는 등, 해당 수업 목표에 맞는 책으로 연결을 짓고 있는데, 가장 큰 장점이라면 역시 전시 효과가 있다는 점이다. 아이들이 만든 작품들은 기관이나 집에서도 전시를 할 수 있고, 학교 과제물로도 제출을 할 수도 있으니 말이다.

　또한 심리치료 분야는 미술치료에서 활용도가 높은데, 책을 만드는 과정 자체에도 의미를 둘뿐만 아니라 만들어진 작품에 또 다른 작업을 하면서도 심리치료를 기한다.

　아무튼 몇 년 전부터 관심을 받기 시작해 이제는 보편화가 된 책 만들기 및 북 아트에 대해 간단히 살펴보자. 이 분야에 대해서는 필자의 지식이 얕아 영국의 폴 존슨 교수가 주도했던 '북 아트 프로젝트'를 바탕으로 어린이 북 아트 교육을 위해 우리나라 최초로 설립된 '책 만들며 크는 학교' 홈페이지(http://www.makingbook.net)에서 대부분의 내용을 인용했음도 밝힌다.

1. 책 만들기 활동이란?

1) 책을 통해 배운 것을 책으로 표현하는 활동입니다

이제껏 책은 언제나 누군가가 만들어주는 것이었을 뿐, 내 손으로 직접 만들어볼 수 있는 것은 아니었습니다. 책에서 얻은 수많은 지식과 찡한 감동과 상상은 책이 아닌 다른 것으로 표현되었지요. 글은 종이 위의 문자로, 그림은 스케치북 위의 모양으로, 아이디어는 줄친 공책 위의 과제물로 각각 흩어졌습니다. 글과 그림과 아이디어가 한데 어우러져 있는 책을 통해 배워놓고도 왜 책을 통해 하나로 표현하려고 하지 않았을까요?

책 만들기 활동은 주어진 책을 읽고 정보를 습득하여 새로운 지식 체계를 세우는 데에서 한 걸음 더 나아가, 기존의 지식을 바탕으로 자신이 직접 책을 만들어봄으로써 좀 더 적극적으로 책을 즐길 수 있게 해줍니다(reading+writing+making).

2) 아이디어 기획부터 작품 완성까지 스스로 해내는 통합 활동입니다.

책은 하나의 주제를 가지고 다양한 각도에서 접근하되, 그 주제를 일관성 있게 보여 주어야 합니다. 따라서 한 권의 책을 만들려면 차원 높은 지적 작업이 요구됩니다. (1) 계획하고 → (2) 자료를 수집하고 정리하며 → (3) 글과 그림의 자리를 적절히 배치하고 → (4) 그곳에 직접 글과 그림으로 표현하여 → (5) 완성된 책의 형태로 만들어 내야 합니다.

이러한 통합적인 작업 과정은 단순히 책 만들기에만 적용되는 것이 아닙니다. 우리 생활의 모든 부분에 적용할 수 있으며, 이다음에 아이들이 성장했을 때에도 아주 중요한 생활 도구가 될 것입니다.

3) 다양한 역할 체험을 해볼 수 있는 활동입니다.

한 권의 책을 만들기 위해서는 작가, 화가, 디자이너, 편집자, 제작자, 인쇄사, 제본사 등 여러 사람의 손을 거쳐야 합니다. 책 만들기 활동을 하면서 아이들은 여러 분야의 작업을 두루 경험하게 됩니다. 작가가 되어 글을 쓰고 화가가 되어 그림을 그립니다. 또 편집자와 디자이너가 되어 책을 구성합니다.

처음부터 끝까지 혼자 작업할 때에는 모든 과정을 도맡아 처리해야 하지만, 두세 명씩 모둠을 지어 작업할 때에는 각자 자신 있는 분야의 담당자가 되어 서로 협의하기도 합니다. 그러면서 다양한 역할 체험을 하는 것입니다.

4) 책 방식(Book Way)으로 사고하고, 책 방식으로 표현하는 활동입니다.

책 만들기 활동은, 우선 종이를 자르고 접고 오려 기본적인 책의 형태를 만든 다음 자신의 생각을 잘 정리하여 그 안에 표현하는 작업입니다. 지정된 책의 공간에 맞도록 글을 쓰고 그림을 그리는 훈련이지요. 책을 구성하는 활동은 단순히 종이 위에 글자를 배열하는 것과는 다릅니다. 체계적으로 구성하는 능력이 필요하지요. 하지만 재미있고 신나게 책을 만드는 동안 아이들은 자연스럽게 한 차원 높은 사고 체계를 세워 나가게 됩니다.

2. 교육프로그램으로의 책 만들기 활동

영미권과 유럽권에서는 19세기 이래로 북 아트(Book Art)라는 장르가 정착되었고, 오늘날에도 그 전통이 전해 내려오고 있습니다. 북 아트란 '수공예 책을 만드는 예술 분야로, 책을 제작하는 초기 작업(종이 만들기)부터 책의 내용을 구성하고 완성하는 마무리 작업까지 책의 전 과정을 전부 인간의 손으로 해내는 것입니다. 이러한 전통을 아동교육에 접목시킨 것이 바로 '북 아트 프로젝트(the Book Art Project)'로서, 책 만드는 과정을 교육 프로그램으로 체계화한 것입니다.

현재 영국에서는 책 만들기 활동을 NC(National Curriculum : 국가 교육 과정)의 하나로 채택하여 일선 교육 현장에서 활발히 시행하고 있습니다. 미국에서도 유치원과 초등학교의 정규 교과 활동에 포함되어 있고, 박물관의 문화 프로그램으로 활용하고 있습니다.

3. 교육 효과

1) 글쓰기가 즐거워져요!

서너 장에 불과한 책을 만들더라도 기본적인 이야기가 없으면 책은 만들어질 수 없습니다. 특히 스스로 작가가 되어 글을 쓰게 되므로 흥겹고 즐거운 기분으로 글을 씁니다.

2) 집중력과 창의력이 길러져요!

그림과 글을 적절히 배치하고 자신이 나타내고자 하는 것을 가장 잘 표현할 수 있는 수단을 찾아나가면서 집중력과, 창의력, 사고력이 길러집니다.

3) 책이 주는 새로운 기쁨을 맛볼 수 있어요!

책읽기와는 달리 자신의 손으로 책을 만드는 능동적인 작업이기 때문에 창조의 기쁨을 맛보게 됩니다. 책의 제작 과정을 직접 체험해 봄으로써 책을 더욱 소중히 여기고 훨씬 친밀하게 받아들입니다.

4) 책임감과 협동심을 배울 수 있어요!

모둠 작업을 통해 아이들 스스로 역할을 나누고 서로 협조하여 한 권의 책을 완성하는 동안 저절로 책임감과 협동심이 싹틉니다.

5) 성취감과 자신감을 가질 수 있어요!

혼자 힘으로 한 권의 책을 완성해 냈다는 성취감은 아주 대단합니다. 그 성취감은 곧 자신감으로 이어져 무슨 일이든 도전해 보고자 하는 자세를 갖게 됩니다.

6) 오래 기억할 수 있어 학습 효과도 좋아요!

'자신의 지식과 경험을 바탕으로 해서 자신의 손으로 직접 만든 내 책'은 아이들이 그 내용을 오랫동안 기억하기 때문에 학습 효과가 아주 뛰어납니다. 또한 다른 친구들에게 자신의 책을 소개하고, 다른 친구들의 작품 설명을 들으면서 말하기·듣기 능력도 길러집니다.

4. 책 만들기 및 북 아트 활동을 다룬 책들

· 메이킹 북 : 한 장의 종이로 만드는 팝업 북 31가지/폴 존슨 지음/
  김현숙 옮김/아이북
· 나의 가족과 친구들/폴 존슨 지음, 김진 옮김/아이북
· 나의 동물원 이야기/폴 존슨 지음, 나유진 옮김/아이북
· 페스티벌/폴 존슨 지음, 김명옥 옮김/아이북
· 세계의 옛이야기/폴 존슨 지음, 나유진 옮김/아이북
· 세계의 신화와 전설 1·2/폴 존슨 지음, 성양환 옮김/아이북
· 역사 여행/폴 존슨 지음, 성양환 옮김/아이북
· 북 아트를 통한 글쓰기/폴 존슨 지음, 김현아 옮김/아이북
· 스스로 만드는 책/돈나 쿠트르 외 지음, 김현우 옮김/아이북
· 메이킹 북 프로젝트/폴 존슨 지음, 나유진 옮김/아이북
· 나만의 책 글 그림 완성하기/폴 존슨 지음, 김현아 옮김/아이북
· 어린이 북 아트 1·2급/김나래 지음/종이나라
· 어린이 북 아트/김현경 지음/한국교육출판
· 알파벳 북 아트/황우정 지음/함께가는길
· 사회 북 아트 글쓰기/곽계현 지음/문화숲속예술샘
· 김나래의 어린이 북 아트/김나래 지음/마루벌

5. 북 아트를 활용한 독서지도 수업 계획안

　다음 계획안은 우리 연구소 독서교육 분야 강사인 홍경심 선생님께서 포천 일동 도서관 프로그램을 위해 필자와 함께 만든 것으로, 책을 읽고 난 느낌을 다양한 형태의 북 아트에 표현하는 방법을 취한 것이다. 이 활동을 위해 필요한 기본 도구는 가위, 자, 송곳, 칼판(고무판), 딱 풀, 칼, 폴더, 색연필 또는 사인펜 등이다.

초등 저학년을 위한 북 아트

- 책이랑 놀자! -

순서	주제	선정 자료	내용	재료
1	북 아트의 개념 및 사례소개	프린트	강의 내용 소개, 다양한 기본 접기 책 만들기	A4용지
2	두루마리 북	동시 : 가끔 / 푸른책들	나만의 두루마리 - 동시책 만들기	수수깡, 색도화지
3	POP-UP 북	친구가 된 악어와 두꺼비/사계절	친구 소개하기 - 얼굴 팝업 책 만들기	4절 도화지
4	계단 북	열두 띠 이야기 / 보림	우리 가족 띠 이야기 - 계단 책 만들기	4절 도화지
5	V폴드 POP-UP카드	우리 엄마·아빠 /웅진주니어	부모님께 드릴 감사카드 - 하트카드 만들기	4절 도화지
6	하우스 북	만희네 집 / 길벗어린이	우리 집 이야기 - 하우스 책 만들기	4절 도화지
7	휠 북	그림 그리는 고릴라/사계절	장래희망 - 휠 책 만들기	똑딱단추, 4절 도화지
8	샤프 북	나무는 좋다 / 시공주니어	환경의 소중함 - 나무 책 만들기	4절 도화지
9	스타 북	별자리를 만들어줄게/뜨인돌	나만의 별자리 - 스타 책 만들기	표지 종이, 별 스티커 등
10	V폴드 북	마법에 걸린 병 /재미마주	상상력이 담긴 마법에 걸린 병 - V폴드 책 만들기	8절 도화지
11	코덱스 북	손가락 아저씨 / 한솔수북	손도장으로 그리는 이야기 세상 - 코덱스 북 만들기	실, 바늘, 4절 도화지
12	폴드 매직 북	재활용 아저씨 고마워요/풀빛	폴드 매직 북을 활용한 분리수거	4절 도화지

6. 북 아트 작품 예시

　여기에 소개된 작품들은 '신나는 NIE 논술 교육원'에서 함께 활동하는 최선화 연구원과, 필자가 운영하는 '휴독서치료연구소'의 독서교육부문 전문 강사이신 홍경심 선생님께서 흔쾌히 제공해 주신 것들이다. 두 선생님께 감사의 말씀 드린다.

1) 기본 책을 활용한 자기소개

2) 두루마리 책을 활용한 동시 쓰기

3) 얼굴 책을 활용한 친구 소개

4) 하트 책을 활용한 감사 카드

5) 하우스 북을 활용한 우리 집 소개

6) 샤프 북을 활용한 나의 소원

7) 스타 북을 활용한 별자리 여행

8) 휠 북을 활용한 장래 희망

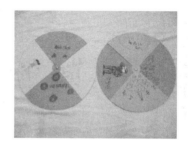

9) 터널 북

10) 아코디언 북을 활용한 독서록

11) 플래그 북을 활용한 고구려 역사와 독도

※ 이 외에도 많은 작품 사진들이 있으나 지면 관계상 생략합니다. 구체적인 만들기 및 활용 방법은 해당 사이트나 관련 자료를 참고하십시오.

제 10 장

독서지도의 실제 8 :

신문 활용 교육(NIE)

1. 신문의 정의

1) 신문이란?

특정한 개인이나 조직이 뉴스를 수집 처리하여 신문지라는 대중 매체를 통하여 독자들에게 제공함으로써, 그들의 정신적 욕구를 만족시켜주고 그 대가로 이윤을 추구하는 커뮤니케이션 행위라도 할 수 있다.

2) Emery의 정의

신문은 최소한 일주일에 한번 발행돼야 하고, 기계적인 인쇄를 거쳐야 한다. 구독료를 지불해야 하고 원하면 누구에게나 제공되어야 한다. 또한 내용에 있어 모든 분야를 다 다루어야 하고, 내용이 모든 사람이 다 이해할 수 있는 문체와 내용이어야 한다. 나아가 지속성과 시사성이 있어야 한다.

3) 신문의 기능

신문은 커뮤니케이션의 한 형태이다. 따라서 신문 기능도 커뮤니케이션의 일반적인 기능과 대동소이하다. 신문도 보도기능, 지도기능, 오락기능 등을 가지고 있다. 이밖에 광고기능을 가지고 있다. 따라서 신문은 네 개의 큰 기능을 가지고 있다고 볼 수 있다.

보도기능은 독자들에게 사회에서 일어나는 사건들에 대한 정보를 객관적으로 제공해 주는 것을 말하는 것으로써 신문의 가장 중요한 기능이다. 여기서 정보란 실제로 사회에서 발생하는 모든 것 즉 정부나 정치, 기후, 사고, 전쟁, 노동, 교육 등에 대한 국내외의 소식이 포함된다. 그러나 스포츠, 취미, 연예 등 오락에 관계된 것은 제외되며, 사건에 대한 의견 등도 여기에서 제외된다.

둘째, 지도기능이란 독자를 설득하고 계도해서 어떠한 태도나 행동을 취하도록 하는 신문의 구실을 말한다. 즉 지도기능이란 신문사 또는 특정 언론인이나 독자가 의견을 제시하는 것으로써 여기에는 사설, 논설, 시사만평, 독자의 편지 등이 포함된다. 그러나 간접적으로 독자들에게 영향을 미치게 되더라도 그러한 뉴스 보도기사는 물론 광고도 제외된다.

셋째, 오락기능이란 독자들에게 즐거움을 주기 위한 목적을 말한다. 예컨대 만화 소설 및 스포츠 연예 취미관계 등의 기사가 이러한 오락적 목적으로 사용된다. 신문의 오락기능은 다른 기능에 못지않게 중요하다. 왜냐하면 오락적 기사의 내용은 간접적으로 지도기능을 담당하고 있으며, 또한 정보제공의 구실도 하기 때문이다.

넷째, 광고기능이란 독자들에게 상품 및 시장에 대한 정보를 제 공해 주고 또한 실업인들로 하여금 그들의 상품이나 경제활동을 대중에게 알려 주도록 돕는 것을 말한다. 물론 신문사가 직접 광고 를 제작하는 것은 아니더라도, 광고주들에게 지면을 제공함으로써 신문사는 광고의 기능을 담당하고 있는 것이다.

이상과 같이 신문은 커다란 네 가지의 기능을 가지고 있다고 하 겠는데, 에드워즈(Edwards)가 미국의 중요 신문의 지면을 대상으로 각 기능의 비중을 조사한 것에 의하면, 보도기능이 20%, 지도기능 이 4%, 오락기능이 16%, 그리고 광고기능이 60%를 각각 차지하고 있었다고 한다. 우리나라 경우에는 이에 대한 정확한 조사가 없어 서 잘 모르겠지만, 대체로 일간신문의 경우 보도기능이 35%, 지도 기능이 4%, 오락기능이 21%, 그리고 광고기능이 40% 정도를 각각 차지하고 있지 않나 생각된다.

4) 신문의 정기능과 역기능

라이트(C. Wright)는 매스 커뮤니케이션의 기능에 대하여 개인과 사회에 통합적인 역할을 하느냐 혹은 그렇지 않느냐에 따라 정기 능과 역기능으로 나누었다. 여기서는 앞에서 제시한 신문의 네 가 지 주요 기능을 정기능과 역기능의 관점에서 논의하고자 한다.

보도기능을 보면, 개인의 입장에서 개인이 사회 생활하는데 정보 를 제공하여 주며, 사회 규범을 강화시켜 준다. 또한 사회적 입장에서 보면 보도기능은 위험에 대한 경고를 함으로써 사회제도가 안정적으로 발전할 수 있도록 도와주는 기능을 한다(정기능). 한편 보도기능을 통한 지나친 정보의 제공은 개인들이 정보에 대한 무관심을 보일 수 있으며 나아가서 사회에 대한 무관심으로 나타날 수 있다. 또한 해설 없는 보도기능은 자칫 개인과 사회에 대한 공포 분위기를 조성할 수 있는 위험 요소를 갖고 있다(역기능).

둘째, 지도기능은 사회의 일탈을 방지하고 사회 통합을 이룰 수 있다는 정기능이 있다. 반면, 지도기능은 사회변화를 저해하고 획일화를 조장할 수 있다. 또한 신문의 지도기능은 개인의 비판능력을 저해할 수 있다는 역기능을 갖고 있다. 특히 신문이 특정 정치집단이나 집권당과 유착관계가 있을 때 신문의 지도기능이 역기능으로 나타날 수 있다. 신문의 지도기능을 갖고 있는 사설과 만평에서 지나치게 편향적인 정치적인 입장을 나타낼 때 왜곡된 정치문화를 만들어 낼 수 있는 것이다.

셋째, 오락기능은 여가를 선용하고 긴장감을 해소하며 문화발전을 촉진하는 정기능을 수행 할 수 있다. 하지만, 오락기능이 대중의 취향을 하향 저속화할 수 있으며, 지나치게 자극적이고 상업적인 오락을 추구하는 경향으로 나아갈 수 있는 역기능도 있다.

넷째, 신문의 광고기능은 신문이 광고를 게재함으로써 생산자와 소비자를 연결해 줌으로써 산업발전에 기여할 수 있다. 또한 신문사 입장에서 보면 광고료 수입을 통해 재원을 마련할 수 있으므로 신문 발간을 안정적으로 지속할 수 있으며, 신문 발간이 기업의 경제적 이윤 창출을 만들어 낼 수 있다. 하지만, 신문이 광고에 크게 의존하게 됨에 따라 광고주에 눈치를 보게 되는 상황이 벌어지게 되었다. 신문의 큰 광고주는 대기업들인데, 신문이 광고주인 대기업의 비리문제를 쉽게 다룰 수 없게 된 것이다. 이것은 신문의 광고기능의 측면에서 역기능으로 볼 수 있다.

4) 신문의 종류

신문의 유형 혹은 종류는 그 분류기준에 따라 여러 가지다. 첫째 신문사의 규모 및 배포범위에 따라 소위 전국지라고 불리어지는 대도시 신문(metropolitan newspaper)과 지방 신문(local newspaper)으로 나누어 볼 수 있다. 그러나 일반적으로 신문은 그 발행횟수에 따라 일간지(daily newspaper), 주간지(weekly newspaper), 일요지(sunday newspaper), 기타 주간지(semi-weekly newspaper) 및 격 주간지(biweekly newspaper) 등으로 나누고 있다. 그리고 일간지는 다시 조간(morning newspaper)과 석간(afternoon newspaper)으로 나누어진다. 이 밖에도 신문은 상업지와 특수신문(special newspaper) 및 학교신문으로 나누어 볼 수 있다.

그러나 대부분의 신문은 신문이라는 상품을 팔아 영리를 취하고자 하는 상업지이다. 이들 상업지는 그 내용과 독자에 따라 다시 일반 종합신문과 경제신문, 스포츠신문 등의 전문지로 나눌 수 있다.

그 다음 순수 신문이란 일반 사회나 기관, 단체 등에서 종업원 등을 위하여 정보 제공이나 PR을 위하여 비상업적인 목적으로 발행되는 것을 말한다. 그리고 학교신문이란 문자 그대로 학교에서 학생들이 내는 신문을 말한다.

　이상의 분류는 신문의 외형적인 특성을 기준으로 분류한 것이다. 하지만 신문의 내면적인 특성을 통해 신문의 유형을 분류해 보면 '일반 신문' 혹은 '대중지'와 '엘리트 신문' 혹은 '권위지'로 나누어 볼 수 있다. 엘리트 신문은 여론을 리드하고 지식인과 정치, 경제 지도자들에게 영향을 미치는 신문을 말한다. 엘리트 신문은 세계 모든 나라의 대학과 도서관에 비치되어 지성인들이 읽을 만한 가치가 있는 신문을 말한다. 즉 엘리트 신문은 자기 나라에서뿐만 아니라 다른 나라에서도 존경을 받으며 영향력을 행사하는 신문이다.

　엘리트 신문은 단순한 사건보다는 아이디어나 이슈에 치중하며, 세계 어느 곳에서 어떤 언어로 발행되든지 간에 솔직하고 비판정신이 강하다. 엘리트 신문은 단순한 보도보다는 해설에 치중한다. 엘리트 신문은 부수, 크기, 경제적인 안정과 직접적인 관계가 없다. 이는 어느 신문이 부수가 많고, 규모가 크며, 경제적으로 안정이 되어 있다고 해서 반드시 엘리트 신문이 아니라는 것을 의미한다.

　일반적으로 세계적인 엘리트 신문은 대중지보다 부수가 적고, 규모도 적으며 경제적으로도 그다지 큰 이윤을 남기지 않는다. 엘리트 신문은 막강한 영향력을 행사한다. 라디오나 텔레비전은 여론을 추종하지만 엘리트 신문은 여론을 리드한다. 일례로 미국 국무성 관리들은 하루 일과 중 제일 먼저 뉴욕 타임스를 읽지 않으면 숨가쁘게 움직이는 국제적인 동향과 흐름을 제대로 파악할 수 없다는 것이다. 그리고 워싱턴 포스트 같은 엘리트 신문은 대통령도 권좌에서 물러낼 정도로 막강한 영향력을 가지고 있다. 미국의 닉슨 대통령은 부도덕한 정치적 행위(워터게이트 사건)를 보도한 워싱턴 포스트에 의해서 마침내 대통령직을 사임하였다.[15]

5) 신문의 특성

현실 해석권을 가지므로 신문은 막강하다. 현실 해석권은 보는 시각을 형성하기 때문이다. 신문을 통해 보도되는 내용은 기자나 편집자에 의해 재편집된 것이기 때문에 무조건 사실이라고 믿기는 어렵다.

6) 20세기 이후

TV나 라디오 때문에 신문의 구독률이 하락 공동화 현상으로 지역신문이 발달되었고, 신문가격이 상승되었다. 그래서 전자신문(인터넷)으로 인해 대체되거나 지역신문의 발달, 신문가격 상승보다 다양하고 종합적인 영역으로 대처된 경향이 있다.

---

15) 이 내용은 네이버 블로그 '사카스키?'
    (http://blog.naver.com/harusand?Redirect=Log&logNo=20001816791)에서 재인용한 것입니다.

2. 신문이 만들어지는 과정16)

취재 → 제작회의 및 편집 → 입력교열 및 조판 → 화상 및 전송 → 인쇄 → 발송 및 배달 신문이 만들어져 독자의 손에 전달되기까지는 등 다양한 과정을 거쳐야 한다. 기사 원고를 보고 일일이 활자를 찾아서 짜 맞추며 신문을 제작하던 작업은 옛날 방식이다. 첨단 컴퓨터 제작 시스템(CTS)으로 바뀐 지 이미 오래다.

1) 열기가 배어나는 취재 현장

하루가 다르게 변화하는 지구촌, 넘쳐나는 뉴스와 정보, 신문의 제작은 바로 정확한 뉴스와 정보를 취재하는 작업으로부터 시작된다. 기자들은 뉴스와 정보를 찾아 밤낮없이 현장을 누빈다. 보다 빠르게 보다 정확하게 독자들에게 전달하기 위해서다. 취재가 끝나면 현장에서 노트북 컴퓨터로 기사를 작성하고 전화선을 이용해 편집국으로 보내게 된다. 종전처럼 편집국으로 뛰어 들어와 원고지에 작성하거나 현장에서 전화로 기사를 불러주는 불편에서는 벗어

---

16) 이 내용은 네이버 블로그
'My Life'(http://blog.naver.com/kidsleader?Redirect=Log&logNo=60003669617)에서 인용한 것입니다.

난 셈이다. 사진기자 역시 디지털카메라를 사용하므로 현장에서 사
진취재가 끝나면 즉시 통신망을 통해 편집국으로 전송할 수 있다.
컴퓨터 시스템으로 전체 과정이 처리되므로 종전처럼 필름을 현상
하고 인화과정을 거쳐 사진을 직접 만드는 작업은 필요 없어졌다.
해외에 파견돼 지구촌 소식을 전하는 특파원들도 기사 및 사진취
재를 마치면 같은 방식으로 편집국에 보내게 된다. 통신사나 외부
필자의 원고 역시 마찬가지다.

2) 그날 제작할 신문의 내용과 방향 결정

　그날 제작할 신문의 방향은 편집국장이 주재하고 편집국 책임자
들이 참석하는 제작회의에서 결정된다. 뉴스와 정보가 급박하게 들
어오기 때문에 제작회의는 하루에도 몇 차례씩 열린다. 제작회의에
서는 어떤 기사를 어느 지면에 얼마만큼의 비중으로 다룰 것인지
등을 결정한다. 제작회의를 거쳐 그날의 지면계획이 정해지면 각
취재부서는 완성된 기사와 사진을 담당지면 편집 기자에게 넘겨준
다. 이어 지면설계가 시작된다. 편집기자들은 넘겨받은 기사와 사
진에 제목을 달고 내용에 따라 위치를 정하는 등 신문으로 인쇄돼
나올 지면을 설계한다. 이는 독자들이 쉽게 신문을 읽고 내용을 파
악할 수 있도록 하기 위해서다.

3) 편집기자는 기사와 사진이 넘어오면 제목을 달고 지면에 배치한다. 다음은 화상편집기를 이용한 조판

입력은 지면을 구성하는 재료, 즉 기사 사진설명 제목 등을 저장하는 과정으로 컴퓨터 제작 시스템이 도입됨으로써 1분에 평균 80자 이상의 기사를 입력할 수 있게 됐다. 취재기자들이 노트북을 이용해 전송한 기사는 별도의 입력과정을 거치지 않고 곧바로 작업을 할 수 있다. 입력과정이 끝난 기사는 교정쇄로 출력돼 어문연구팀으로 넘겨져 글자나 문장의 교열을 거친다. 조판은 편집기자가 설계한 지면을 화상편집기 전문 오퍼레이터의 작업을 거쳐 하나의 지면으로 완성하는 과정. 화상편집기는 신문편집을 위한 전문 컴퓨터로, 이를 통해 기사 사진 그림 도표 광고 등이 지면마다 제자리를 잡게 된다.

4) 사진이나 그림이 신문에 게재될 수 있도록 하는 정밀 작업

화상 작업은 사진이나 그림을 신문에 게재할 수 있도록 처리하는 과정이다. 역시 정확성 신속성을 자랑하는 전문 오퍼레이터의 손을 거쳐야 하는 정밀한 작업이다. 흑백사진은 작업이 비교적 간단한 편이다. 한 장의필름만 있으면 되기 때문이다. 하지만 컬러사진은 흑(黑), 적(赤), 청(靑), 황(黃)을 각각 처리하는 4장의 필름이 요구된다. 이 네 가지 색의 초점이 정확하게 맞아야 선명도가 높아지기 때문에 한 점의 오차도 없는 정확한 손끝을 요구한다.

5) 인쇄판을 윤전기에 걸면 한 세트에
시간당 15만 부가 쏟아져 나온다

화상과정을 거쳐 각 지면의 필름이 완성되면 다음은 인쇄과정. 인쇄과정은 크게 쇄판과 인쇄의 두 과정으로 나뉘어 진행된다. 이 과정은 전국에 흩어져 있는 각 인쇄공장에서 동시에 이뤄진다. 쇄판은 지면의 수만큼 제작된 필름을 스캐닝 펀칭 시트장착 등의 작업을 거쳐 신문을 찍어낼 수 있는 알루미늄판(PS판)으로 만드는 과정이다.

인쇄는 쇄판 과정을 거쳐 완성된 알루미늄판(PS판)을 윤전기에 걸어 신문을 찍어내는 과정이다. 신문사마다 차이가 있지만 동아일보사가 보유하고 있는 최첨단 윤전기는 한 세트에서 매시간 15만 부 이상의 신문이 쏟아져 나온다. 동아일보는 이 같은 초고속윤전기를 60대 이상 갖추고 있다. 신문용지 역시 인쇄에 요구되는 전체 과정이 컴퓨터에 의해 자동으로 조절된다.

6) 컴퓨터 시스템에 의해 자동으로 분류
포장돼 정해진 트럭에 실리게 된다.

제작이 끝난 신문은 독자들이 가장 빨리 받아볼 수 있도록 지역별로 분류돼 차량 편으로 운송되는 발송과정에 들어간다. 배달을 담당하는 전국의 지국들이 매일 필요한 부수를 본사 판매국으로 요청하면 모든 과정이 컴퓨터 시스템으로 자동 처리된다.

먼저 전달지국과 요청부수를 OCR문자 및 바코드로 입력하면 컴퓨터 시스템에 의해 행선지별로 요청수량만큼 세어 자동으로 포장하고 묶여진다. 이어 컨베이어 벨트를 따라 차량이 대기 중인 게이트로 옮겨지는데, 이때 바코드가 자동 판독되므로 자동 분류되어 해당노선의 차량에 실리게 된다. 특히 11개의 컨베이어 벨트가 설치된 오금동 인쇄공장 및 13개의 3단 컨베이어 벨트가 설치된 안산 인쇄공장은 고속도로와 가까이 자리 잡고 있기 때문에 다른 신문에 앞서 어둠이 깔린 새벽길을 달리며 새 소식을 전할 수 있다. 차량 편을 이용해 거미줄처럼 깔려 있는 전국의 지국마다 전달된 신문은 배달사원들의 손을 거쳐 독자의 손에 배달된다.

3. 신문의 역사[17)

신문의 이해를 돕기 위해 신문 정착과정을 짤막하게 정리하고자
한다.

1) 신문의 등장 배경

국가 간 무역활동이 발달함으로써 정보교환의 수단으로, 정치인
들의 업무수행을 알리기 위해, 종교인들이나 철학가들이 자신들의
주장을 표현하는 수단으로 삼기 위해 신문이 만들어졌고, 이후 다
양한 목적들이 추가 되었다.

2) 서양 신문의 역사

사회적인 정보전달을 목적으로 한 신문 유사품 가운데 가장 오
래된 것으로는 BC 5세기 무렵 로마에서 지방근무자에게 뉴스를 보

---

17) 이 내용은 네이버 지식iN에 올라온 질문에 대한 답변 글을 인용한 것으로, 정
   확한 출처를 찾지 못했습니다.

내기 위하여 손으로 직접 쓴 뉴스레터가 있었다고 전한다. 또 BC 60년 로마 집정관 J. 카이사르는 정부발표사항을 일보형식으로 게시하는 '악타 디우르나'를 로마 광장에 설치했다. 이를 신문의 기원으로 보는 경향도 있다. 15~16세기 무렵 중세 유럽사회의 유동화과정에서 상업정보를 중심으로 한 새로운 정보수요와 정보유통의 확대현상이 나타나는데, 그중에서 유명했던 것으로는 아우크스부르크의 상인 푸거 일가가 유럽 각 지역에서 보내온 뉴스를 수집하여 만든 푸거 차이퉁겐을 들 수 있다.

15세기 중반 구텐베르크에 의한 활판인쇄술의 발명은 정보전달기술에 혁명을 가져와 15세기 말에는 인쇄물에 의한 뉴스전달이 가능하게 되었다. 이 시기에 나온 독일의 플루크블라트는 최초의 인쇄신문으로 그림이 삽입된 한 장으로 된 신문이었다. 이처럼 부정기적으로 직접 쓴 뉴스레터와 인쇄물인 플루크블라트는 17세기에 들어와 주간의 정기뉴스인쇄물의 형태를 갖추어 근대 신문으로 발전되어 갔다.

중국에서도 신문의 역사는 오래되었는데 당나라 현종 때 중앙정부의 포고, 법령, 인사 등을 지방제후 관료에게 전하는 저보(邸報)가 있었으며 송나라에는 조보(朝報), 청나라에는 경보(京報)라는 신문과 비슷한 매체가 있었다.

정기적으로 인쇄 간행된 최초의 주간신문은 아비소(Aviso)로 1609년 독일 스트라스부르크에서 창간되었다. 1618년 네덜란드의 티딩에이트 페르세이데네 콰티에렌(Tydingheuyt Verscheydene Quartieren),

1622년 영국의 위클리 뉴스, 1963년 프랑스의 가제트가 잇따라 창간되었다.

일간지 최초는 주간지가 창간된 지 51년 이후인 1660년 독일의 라이프치거 차이퉁이다. 이어서 1702년 영국의 데일리 쿠랜트가 창간되었다. 프랑스에서는 1777년 창간된 주르날 드 파리가 최초이다. 1694년 영국을 선두로 유럽의 신문은 많은 변화를 겪으며 19세기 후반에 이르기까지 발행허가제와 검열제도에서 벗어나 신문의 자유를 획득하는데 노력했다.

이어 새로운 신문들이 등장하는데 1785년 창간된 영국의 데일리 유니버셜 레지스터는 1788년에 타임스(The Times)로 제호가 바뀌었으며, 1789년 프랑스에서는 주르날 데 데바가 생겨났다. 19세기 중엽부터 유럽각국에서 염가신문이 등장하였는데 대표적인 예로 1848년 창간된 오스트리아 디 프레세, 1855년 영국의 데일리 텔레그래프 1863년 프랑스의 프티 주르날 등이 있다.

이어 1896년 영국에서 A. 함즈워스가 최초의 본격적인 대중지인 데일리 메일을 창간하여 대중지 시대의 막을 열었다. 그 뒤 유럽의 신문은 고급지와 대중지가 공존하는 구조가 자리 잡게 되었다. 20세기에 들어와서는 신문의 급속한 보급 발전이 있었지만 제1차 세계대전, 히틀러와 나치와 파시즘 독재, 그리고 2차 세계대전으로 이어져 신문의 수난기가 계속되기도 하였다. 제2차 세계대전 뒤 독일에서는 나치체제하의 신문이 점령군에 의해서 사라지고 프랑스에서도 대전 중의 대독일 협력지는 자취를 감추었다.

미국 최초의 신문은 1690년 영국 식민지 시대에 보스턴에서 창간된 퍼블릭 어커런스이다. 그러나 이것은 단 한 번 나온 뒤 발행 금지되었다. 18세기 들어오면서 영국본국과 식민지 간의 이해관계가 첨예화 되는 가운데 1734년 뉴욕 위클리 저널(1733)의 발행자 J. P. 젱어가 총독에 대하여 비판하는 기사를 작성하여 치안방해 비훼 죄로 고발되는 필화사건이 발생하기도 하였다.

미국 독립 뒤에는 미국 수정헌법 제1조를 통하여 언론 출판의 자유를 보장함으로써 미국에서는 신문의 자유를 확대 발전시켜 나갈 수 있었다. 19세기에 들어와 1833년 1부에 1센트의 염가신문 뉴욕선이 창간되어 대중지시대가 열렸으며 51년에는 현재의 뉴욕타임스가 등장 하였다. 1890년대 후반부터 1900년대에 걸쳐 뉴욕의 J. 퓰리처의 월드와 W. J. 허스트의 저널의 치열한 경쟁은 옐로저널리즘이라는 과장되고 자극적인 언론을 만들어 냈다.

20세기에 들어와 본격적인 대중지시대가 전개되어 1919년에는 사진을 중시한 최초의 타블로이드 대중지 뉴욕 데일리 뉴스가 창간되어 발행부수가 백만 부를 넘기도 하였다. 40년 뉴욕에서는 지나친 상업주의에 대항하여 광고주의 영향으로부터 벗어나 공정한 신문을 만들기 위하여 광고가 없는 타블로이드일간지 피엠이 창간되었으나 오래 지속되지는 못하였다. 제2차 세계대전 뒤의 미국 신문계는 제작비의 앙등과 텔레비전의 보급으로 경영사정이 악화되었고, 62년 말 뉴욕의 신문사에서 인쇄공 등의 임금인상교섭 실패로 스트라이크가 일어나자 뉴욕의 모든 신문이 114일간 정간되는 사태가 발생하기도 하였다.

이런 가운데서도 71년 6월 뉴욕타임스가 국방부의 베트남 비밀보고서를 폭로하여 국민들에게 베트남전쟁의 허상을 폭로하였고, 72년 6월부터 73년 5월까지 워싱턴 포스터(1877)가 워터게이트사건을 폭로하여 닉슨 대통령을 사임케 하였다. 이 두 사건은 신문역사에 길이 남을 위대한 업적으로 기록되고 있다.

일본 일본의 신문들의 비교적 역사가 짧으면서도 괄목할만한 성장을 하였다. 초기의 신문으로는 번역신문, 복각신문, 외국어신문 등이 있는데, 최초의 것으로는 1862년 발간된 네덜란드어 신문바쉐쿠란트의 일본어 번역판인 바타비아신문이 있다. 베이지시대에 들어와 소신문과 대신문이 등장했는데, 소신문은 대중적인 취향이었고 대신문은 주로 정치문제를 다루는 신문이었다. 19세기 일본신문 대부분은 대신문이었으며 초기 신문들은 모두 기성체제를 옹호하는 것이었다. 초기의 양대 정치 신문으로 발전하기 시작한 아사히(朝日, 1879)와 마이니치(毎日, 1888), 그리고 관동대지진 후 성장한 요미우리(讀賣, 1874)가 현재까지 이어져 일본의 3대신문으로 꼽힌다.

3) 우리나라 신문의 역사

우리나라 최초의 전달수단으로는 조보(朝報)를 들 수 있다. 이는 삼국시대부터 존재하던 기별제도가 발달, 고려 왕조를 거쳐 조선 왕조에 이르러 본격화된 것이다. 태조원년(1392년 9월 14일) 예문춘추관을 두어 사관으로 하여금 조정의 결재사항과 견문록을 기록하여 돌렸다. 이것이 조보의 시초이다. 그 후 선조 11년(1578년)에 이르러 인쇄하여 발행하게 되었다. 그동안 조보는 승정원의 기록원을 두어 내용을 베끼도록 하였는데 이들을 기별서리라고 불렀다. 이들의 필법은 일종의 독특한 문체를 이루어 보통사람은 판독하기 어려웠다고 한다.

① 최초의 근대신문 한성순보(1883. 10. 31 - 1884. 10. 17)

1883년 최초의 근대적인 신문 한성순보(漢城旬報)가 등장했는데 그 체제는 국판책자형이었다. 일본에 다녀온 박영효가 국민계몽을 위해 창간하였다. 매달 1일, 11일, 21일자로 발행했으며 순한문을 사용했고 주요내용은 외국사정과 개화사상에 관한 것이었다. 84년 12월 갑신정변 때 박문국을 습격한 수구파들이 신문제작에 필요한 인쇄시설이 파괴, 13개월 만에 폐간되었다.

② 한성주보(1886. 1. 25 - 1888. 6. 6) - 첫 한글사용, 사설게재

한성순보가 주간으로 복간된 것으로 국한문 혼용했다. 신문에 첫 한글이 쓰였다는 점에서 의의가 있다. 오늘날의 사설에 해당하는 사의란(私議欄)을 신설했고 처음으로 광고를 게재했다. 88년 7월 경영난으로 폐간되었다.

③ 독립신문(1896. 4. 7 - 1899. 12. 4) - 민간발행 첫 신문 순 한글사용

서재필박사에 의해 창간된 첫 민간신문이다. 순 한글만 사용했고 띄어쓰기를 시도했다. 주3회(화·목·토)발행, 타블로이드판에 가까운 크기로 1면이 3단 1행 20자 1단 35행으로 이루어졌다. 1단에 새김

형태로 들어간 제호가 우측에서 좌측으로 읽도록 된 가로쓰기였다
는데 의미가 있다. 독닙신문으로 시작, 제 12호(1896. 5. 2)에 이르
러 닙자를 립으로 고치는 한편 제호 중간에 태극기를 넣기 시작하
고 제 76호(1898. 7. 1)부터는 일간으로 발행했다. 1899년 12월 정부
가 이 신문을 매수하여 발행을 중지시켰으나 독립신문의 계몽, 자
주 정신은 이후 한국 신문 전통의 근간이 되었다. 이 신문은 여러
가지로 우리나라 신문사상 획기적인 위치를 차지할 뿐만 아니라 19
세기말의 한국사회의 발전과 민중의 계몽을 위하여 지대한 역할을
수행한 한 시대의 기념비적인 신문으로 평가받고 있다. 독립신문은
창간사에서 전국 인민을 위하여 무슨 일이든지 대변자가 되고 정
부가 하는 일을 백성에게 전하고 백성의 정세를 정부에 알릴 것이
며 부정부패 탐관오리 등을 고발할 것을 천명하였다. 1957년부터
언론계는 독립신문의 창간일인 4월 7일을 신문의 날로 정하였다.

④ **협성회보** → 매일신문(1898. 1. 1 - 1899. 4. 3)

배재학당 학생회인 협성회에서 순 한글만을 사용하여 주간(매주
토요일)으로 발행했다. 독립신문과 마찬가지로 3단제에 가로쓰기
제호였으며 1행 23자 1단 27행으로 이루어졌다. 학생은 물론 일반
민중까지 대상으로 만든 신문으로 학생회보보다는 일반 민간신문
성격이 강했다. 협성회보가 제 14호(1898. 4. 2)를 끝으로 주간을 마
감하고 4월 9일부터 제호를 매일신문으로 변경 일간신문으로 재출
발했다. 이로써 독립신문의 일간화보다 3개월여 앞선 명실상부한
국내 첫 일간신문으로 기록되고 있다. 1899년 4월 14일 경영난 및
정세변화로 폐간한 뒤 상무회사에 경영권을 넘겨 격일간 상무총보

로 바뀌었다.

⑤ 제국신문(1898. 8. 10 - 1910. 8. 2)

순 한글을 사용하고 2단제(1행 21자 1단 27행)였고 이듬해 2월부
터는 3단제로 바꿨다. 1903년 7월 7일부터는 제호를 한자 帝國新聞
으로 변경함과 동시에 지면을 대폭 확대 첫 대판신문(1면 6단제)를
선보였다. 이때부터 기자라는 용어가 사용되기 시작했다.

⑥ 경성신문 → 황성신문(1898. 3. 2 - 1910. 8. 28)

최초의 상업신문으로 순 한글만 사용 주 2회(수·토요일)발행했
다. 10호까지 계속 발행하다가 대한황성신문으로 제호를 바꿨고 다
시 5개월만인 1898년 9월 5일 일간 황성신문으로 변경 재출발했다.
황성신문은 독립신문 이래 순 한글만을 사용하던 신문의 주류를
깨고 국한문을 혼용했다. 첫 합자회사형태로 출발했으며 창간 당시
는 3단제이었으나 뒤에 5단제로 바꿨다. 특히 사설을 중시했는데
1905년 을사보호조약이 체결되자 이에 분개해 11월 2일(제2101호)
자에 실은 시일야방성대곡이 유명하다. 한일 합방이 되자 1910년 8
월 29일자로 처음 호외를 발행하기도 했다.

⑦ 대한매일신보(1904. 7. 18 - 1910. 8. 28)

러일전쟁을 취재하기 위해 한국에 왔던 영국인기자 E. T.베델(한
국명 배설)과 양기탁이 주도해 창간했다. 민족궐기를 촉구하는 한
편 일본 제국주의를 맹렬히 비판했다. 창간당시는 1면 6단제로 한
글 2면과 영문 4면의 2개 국어 신문이었으나 이듬해 2개 국어 판을

분리 별개의 신문으로 제작했다. 한글판과 영문판으로 분리되기 전 잠시 한글 면을 세로쓰기이면서 가로짜기 형태로 조판한 특이한 편집양식을 보이고 있다. 이 무렵부터 일본의 언론탄압이 시작되어 일본군의 검열로 대동신문, 제국신문에는 정간명령이 내려졌다. 또 1905년 을사조약으로 일본은 한국 언론에 대한 간섭과 제재를 노골화하여 1907년 신문지법과 1909년 출판법을 공표하여 언론탄압의 제도적 장치를 마련하였다. 이 상황에서 발행인이 외국인이었던 대한매일신보만이 치외 법권의 도움으로 검열, 압수를 보면 하면서 강경한 항일논조를 유지해 나갈 수 있었다.

⑧ 만세보(1906. 6. 17 ∼ 1907. 6. 30) - 최초의 신문소설 혈의누 연재

국한문 혼용, 대판 7단제로 출범했으며 뒤에 10단으로 단을 키워 근대 대판신문의 기본을 이뤘다. 한자 옆에 한글 토를 달아준 것이 특색이다. 23호(7월 22일)부터 50여회에 걸쳐 9단 중반에 연재된 이인직의 신소설 혈의누는 최초의 신문소설이다.

⑨ 대한민보(1909. 6. 2 ∼ 1910. 8. 31) - 시사만화, 날씨 게재

6단제 대판신문으로 매일발행. 창간부터 제호 오른쪽에 일기예보란을 두었으며, 1면에 사회를 풍자하는 시사만화를 실어 오늘 난 신문에 날씨와 만화가 게재되는 길을 열어 놓았다.

⑩ 조선일보(1920. 3. 5 ∼ 현재) - 다단제목(큰제목) 처음 사용

3.1운동이후 문화정치를 표방한 일제는 한민족의 회유책일환으로 민간신문의 발행을 허가한 뒤 조선일보가 한일합방으로 인한 언론

암흑기에서 벗어나 첫 순수 민간신문으로 탄생했다. 석간 대판 12단체제로 발행된 창간호를 시작으로 이때부터 신문에 다단제목(2단 이상 큰제목)이 등장, 오늘날 신문 포맷의 근간이 되었다.

⑪ 동아일보(1920. 4. 1 – 현재)

조선일보에 이어 민족지의 기치를 내걸고 시사 신문과 함께 발행되었다. 석간대판 12단으로 창간호는 제호를 가로로 배치시키고 천사가 비상하는 듯한 그림으로 꾸민 것이 특이하다. 창간사 주지(主旨)를 선명(宣明)하노라는 장덕수가 이른바 3대 주지를 집필한 것으로 유명하다. 역시 1-2단 제목을 사용했다. 1936년 베를린 올림픽 마라톤 우승자 손기정선수의 사진 가슴에 있는 일장기 말소사건으로 무기정간을 당했다가 9개월 만에 복간되었다.

4. NIE(Newspaper in Education)의 정의

NIE는 말 그대로 신문을 교육에 활용한다는 의미로, 매일 다양한 분야의 최신 기를 담고 있는 살아 있는 교과서인 신문을 교육 장면에 적용해 활용한다는 뜻이다. 그러려면 앞서 언급했듯이 먼저 신문을 알아야 하고, 적정 방법을 통해 활용을 해야 할 것이다. NIE는 아이들을 신문과 친숙하게 만들고, 교육적 효과를 높일 수 있으며, 지역 사회와 국가, 나아가 외국에 대한 관심도 키울 수 있는 좋은 방법이다.

5. 신문을 교육 자료로 활용하는 이유

1) 신문은 사회를 그대로 반영하는 최신 정보원 역할을 한다. 섹션화 되어 있는 지면은 주제별로 쉽게 접근할 수 있는 장점도 갖고 있다.

2) 신문의 기사들은 정확한 문법구사와 문장구성(6하 원칙, 기승전결)에 의해 쓰였다. 때문에 정확한 문법을 익힐 수 있는 매체가 되기도 한다.

3) 신문에는 글자 이외에도 다양한 숫자, 가지각색의 그래프, 사진 및 그림 자료들이 포함되어 있다. 이 모든 것들 역시 교육 자료로 활용 가능하다.

4) 신문에 실린 다양한 분야의 여러 기사들은 독자에게 무궁무진한 아이디어를 제공해 준다. 따라서 읽는 것 자체만으로도 많은 것을 얻을 수 있다. 특히 매일 바뀌는 수많은 정보들은 신문을 살아있는 교재로서 더욱 가치 있게 하는 부분이다.

5) 신문은 사설을 비롯해, 다양한 분야에서 활동한 전문가들에 의한 칼럼, 논단 등, 전문적 지식 정보를 제공해준다.

6) 더불어 소시민들의 삶도 포함하고 있는 등, 다양하고 유능한 인재들의 직·간접적 체험을 만날 수 있다.

6. 신문 활용 교육(NIE)의 필요성

미래사회를 살아갈 학생들에게 어릴 때부터 합리적으로 사고하고 자율적으로 학습할 수 있는 힘을 길러 주는 것은 미래 정보화 사회에 능동적으로 대처할 수 있는 능력을 배양해 주는 일이라고 할 수 있겠다. 급변하는 사회일수록 정보가 중요한 에너지요 자산이기 때문에 사회의 거울이며 정보의 보고이자 살아있는 교과서인 신문을 활용하여 토의학습, 탐구학습, 경험학습, 창조적 교육방식을 통해 학생 스스로가 학습의 중심자적 역할을 하도록 해야 하며, 이를 위해 신문이 산교육의 자료로 최대한 활용되어야 할 것이다.

신문 활용 교육은 열린교육사회 평생학습사회의 건설을 위해 우리가 지금 시도하고 있는 교육개혁 차원에서 그 중요성을 더욱 절감하면서 NIE의 필요성을 논의해 보고자 한다.

첫째, 상상력에 의해 무한히 활용되는 교육 자료인 신문과 친해지기 위해서 NIE는 필요하다.

둘째, 다양한 시사 정보를 활용하기 위해 NIE는 필요하다.

셋째, 신문 자료를 활용하여 인성, 도덕 학습을 실천하는데 NIE가 필요하다.

넷째, 세계시민으로서의 자질을 함양케 하기 위하여 국제이해교육, 평화교육을 전개하는데 NIE는 필요하다.

다섯째, 독서를 통한 사고력 신장은 물론 비판력과 통찰력 등 제반 고등정신 기능을 신장시키는데 NIE는 필요하다.

여섯째, 효율적인 논술 지도를 통하여 고등정신 기능을 향상시키고 풍부한 지성과 바람직한 인격을 형성하는데 NIE는 필요하다.

일곱째, 미래사회를 살아갈 학생들에게 자기 주도적 학습 능력을 향상시키기 위해 NIE는 필요하다.

여덟째, 다양성을 추구하는 열린교육에서 학습을 개별화, 개성화하고 자율화를 지향하며, 사고력과 창의력을 기르는 학습자 중심의 인간교육을 위해 NIE는 필요하다.

아홉째, 다양한 교과학습 자료로써 NIE는 필요하다.

열째, 누구나, 언제, 어디서나 원하는 교육을 받을 수 있는 길이 활짝 열려진 '열린교육 사회, 평생학습 사회' 건설을 위한 인간교육 차원에서 NIE는 필요하다.

7. 신문 학습의 접근 방법

1) 지면별 접근 : 종합, 정치, 경제, 사회, 문화, 스포츠 등 신문의 지면별로 접근하는 방법
2) 내용요소별 접근 : 사진, 광고, 숫자, 만화, 일기예보, 주식 등으로 접근하는 방법
3) 교과별 접근 : 교육과정의 과목별로 재구성을 통한 접근 방법 (예 : 도덕, 국어, 사회, 수학, 자연, 예체능, 특활, 영어 등)
4) 주제별 접근 : 생활경험 중심의 주제학습(가정, 사회, 학교 등)
5) 문제 중심의 접근 방법

8. NIE의 교육적 활용

1) 교실 안에서 현실의 세상과 교류

전통적 수업에서는 지식을 얻는 방편으로 교과서, 학습 참고서, 백과사전과 같은 일방적이고 획일화 된 매체를 통하여 가능했다. 그러나 신문을 통하여 우리가 살고 있는 사회의 현실과 지구촌에서 벌어지고 있는 세계 여러 나라들의 기사, 사진, 광고를 통하여 전 세계에 펼쳐진 문제에 대해 교실 안에서 친구들과 질문에 묻고 답할 수 있는 상호작용을 할 수 있게 되었다. 학생들은 교실이라는 울타리에서 제한된 사람들과의 만남에서 시간과 장소에 구애 없이 지구촌 곳곳으로 나갈 수 있는 세계관을 갖게 된 것이다.

2) 다양한 수업자료 및 결과물의 저장

신문은 여러 자료가 통합된 멀티미디어를 지원한다. 학생들은 각자 수집한 자료를 가지고 다양한 방법으로 가공을 한다. 광고를 활용하여 생동감 있는 기사를 발표 할 수도 있고 좋은 기사(인권, 미담, 인성 등)를 직접 활용하여 제시할 수도 있다. 신문의 색지를 이용해서 기존의 색종이와 다른 색의 세상도 경험 할 수 있다. 학생이 제시한 수업자료에서 우수한 자료는 교사가 다시 웹에 올림으로써 다른 교사 및 학생들과 공유할 수도 있다.

3) 새로운 학습 경험의 제공

신문은 기사나 광고 등에 국한된 신문 읽기 수업만이 아닌, 다양한 분야와의 접목이 얼마든지 가능한 매체이다. 이는 교과서나 신문에만 한정되었을 경우 다룰 수 있는 주제나 매체의 한계를 훌쩍 뛰어 넘어 새로운 학습의 경험을 제공할 수 있다.

4) 새로운 학습 패러다임으로의 전환

NIE는 교사와 학생들에게 교육과정에 관련된 다양한 정보를 제공할 수 있다. 가장 최신의 자료와 다양한 분야의 생동감 있는 자료를 얻을 수 있는 보물창고인 것이다. 학생들에게 질문이 제시되면 스스로 자료를 수집하고 평가함으로서 해결 방안의 타당성을 논하게 되고 "자원 중심 학습(Resource-Based Learning)"으로의 능력도 저절로 길러진다.

9. NIE의 교육적 장애요소[18)

1) 교사의 신문 활용 기능 부족

NIE가 아무리 많은 장점을 갖고 있다 하더라도 교실 안의 교사가 무관심과 냉담한 반응을 보이게 된다면 모든 노력들이 수포로 돌아갈 것이다. 교사가 신문을 막상 수업에 사용하려 해도 많은 걸림돌이 있다. 7차, 8차 교육과정을 차근차근 읽으면서 어떻게 하면 신문으로 가르칠 수 있을까 생각해 보는 것도 좋은 방법이다. 교과서는 없고 신문만 있는 특별한 곳에서 아이들을 가르친다고 상상해 보라. 어떻게 해서든지 신문으로 가르칠 수 있는 방법들을 떠올려야 한다고 자신을 압박하면 좋은 아이디어들이 떠오를 것이다. 교사 자신이 NIE 코디네이터가 되어야 한다.

---

18) 이 내용은 2005년 9월 10일 서울 여성 플라자 2층 NGO 활동실에서 열린 신나는 NIE 연구회와 한국 씨니어 연합이 공동주최한 '신문활용교육의 활성화 및 활용방안' 자료집에서 김영미 선생님(당시 한국씨니어연합 NIE 담당강사)의 글을 인용한 것입니다.

2) 학생의 신문 활용 기능 부족

신문은 구입만 하면 누구든지 거의 모든 자료를 읽어낼 수 있는 상당히 매력적인 매체이다. 그렇기에 자료 제공자는 그 내용이 과연 학생에게 적합한지 면밀한 검토를 해야 한다. 또한 학생들도 자료를 찾는 과정에서 스스로의 가치판단을 통해 적합한 자료를 찾을 수 있어야 한다. 물론 학생들이 여러 신문을 다 보고 원하는 자료를 찾는다는 것은 많은 시간과 노력이 필요하다. 실제로 수업을 하다보면 학생들은 대부분의 시간을 자료 찾기에 소비하고 있으며, 주어진 주제에 필요한 자료를 찾기 위한 자기 주도적, 소 주제어를 정하는 문제에 있어서도 상당한 오류를 범하고 있다. 그렇기에 주어진 시간 안에 자료를 찾아내는 대상이 얼마 되지 않아 수업의 종결단계에서는 항상 시간에 쫓긴다는 사실이 수업 결과 분석에서 자주 논의되었다.

따라서 학생들의 신문 읽기가 매일매일 스스로 하도록 하는 선행 학습에 힘써야 하며 수준에 따라서는 교사가 집적 소주제를 제시해주거나 자료를 제공해주는 과정도 필요하리라 본다.

3) 신문의 효과적 활용 지식 및 연구시간의 부족

신문은 단순한 교육 참고서와는 차원이 다르다. 신문은 정적인 것도 아니고 한정된 것도 아니다. 그 안에서 우리는 모든 것을 접할 수 있다. 하지만 신문을 맹신하는 것은 바람직하지 않으며, 자칫하면 교육의 실패를 가져올 수도 있다. 신문을 교육에 효과적으로 활용하기 위해서는 먼저 교육과정분석을 통한 교육의 목표를 설정하는 것이 우선이고, 그에 따른 교사와 누구도 할 수 없는 NIE 지도자 고유의 전문성이 필요하다. 따라서 신문에 교과과정을 잘 접속하고 이를 잘 운영하기 위한 활용상의 수업 모델과 7차, 8차 교육과정과 잘 통합시킬 수 있는 교과 학습서의 프로그램이 필요하다. 이를 위해서 우리는 NIE 지도자, 연구교사들에게 시간적 여유를 충분히 주어야한다.

4) 비교육적 자료의 노출

NIE의 장애로 떠오르는 심각한 문제 중의 하나는 학생들이 적합하지 않는 비교육적인 자료들에 쉽게 접할 수 있다는 것이다. 폭력, 성과 관련된 낱말만 넣어주는 것으로 학생들은 손쉽게 이를 이용할 수 있고 올려서는 안 될 공격적인 내용, 음란물 또한 너무 쉽게 접하게 된다. 결국 근본적인 대처방안은 피하는 것보다는 폭력, 성 등을 주제로 삼아 인성, 윤리교육에 교사가 더 강화하여 학생들이 올바로 판단하도록 유도해야 할 것이다.

5) 학습자료 공유의 한계

신문의 장점은 여러 사람이 공유 할 수 있다는 데 있다. 그런데 NIE 교육 자료의 공유는 잘 이루어지지 않고 있다. NIE 지도자들이 학교가 아닌 사교육이나 민간단체에서 단기간 교육과정의 프로그램을 하고 있기 때문이다. 그래서 지속성이 떨어지고, NIE 지도자들도 더 이상 연구하지 않는데서 문제가 된다. 그러다 보니 이 곳 저 곳 문화센터나 복지관 강의들이 다 똑같거나 비슷하다. 더 이상 NIE가 활성화되지 않는다. 좋은 학습 자료가 있으면 서로 공유할 수 있도록 NIE 학회나, NIE 사이트, NIE 소모임을 통해 활성화시키는 것이 중요하다. 그리고 브레인스토밍에 의해 자꾸자꾸 새로운 교육 자료들이 많이 쏟아져 나와야 한다. 아울러 전시회를 통한 학습자료 공유도 NIE를 활성화시키는 데 큰 몫을 한다.

10. NIE 수업에 필요한 지도교사의 준비[19)

1) 신문을 읽자!

어느 교육이 그렇듯이 NIE도 교사의 사전 준비를 필요로 한다. 가끔 수강생들에게 무엇이 필요할까를 질문하면, '스크랩'이라는 대답이 먼저 나온다. 물론 스크랩도 중요하다. 하지만 더 중요한 것은 신문을 구독하여 부지런히 읽는 것이다. 이 때 한 가지 신문만 읽어도 상관없지만 지도자라면 시각을 달리하는 두 가지 이상의 신문을 함께 읽는 것이 좋다. 신문에 속지 않고 제대로 읽기 위한 노력이 필요한 것이다. 또 신문마다 특집 면들이 특정 요일에 실리는 경우가 있음으로 구독하지 않는 신문의 경우 요일을 정해 따로 구입하는 것도 좋은 방법이다. 예를 들면 월요일에는 한겨레신문(교육면)을, 화요일에는 중앙일보(NIE면)를, 목요일에는 경향신문(NIE면)을, 토요일에는 조선일보(만화 빨간 자전거)를 구입해 읽으면 도움이 된다.

그렇다면 누군가 인터넷 신문을 읽어도 되는데 왜 굳이 사서 읽어야 하냐고 물어볼 수 있다. 맞는 말이다. 그러나 컬러로 출력을

---

19) 이 내용은 신나는 NIE 연구회(現 신나는 NIE 논술 교육원)에서 운영한 'NIE 지도자 과정 자료집'에서 박점희 선생님께서 쓰신 자료를 인용한 것입니다.

하는 비용보다 신문을 사서 활용하는 비용이 더 적게 들어가며, 또한 그런 기회를 통해 다양한 신문을 맛볼 수 있게 된다. 이렇게 구입한 신문을 읽으며 활용하면 좋겠다 싶은 자료가 나올 때마다 가위로 오려서 잘 보관해 두는 습관을 가져야 한다. 활용하면 좋을만한 자료가 처음부터 한 눈에 들어오는 것은 아니다. 그래서 대부분의 분들이 어렵고 머리 아프다고 말한다. 그러나 꾸준히 반복하다 보면 자신도 모르는 사이에 눈에 띄게 된다. 물론 신문만 본다고 해결되는 것은 아니며 NIE 기본 이론이나 교육 방법 등을 많이 습득한 후에 신문을 보면 훨씬 쉽게 필요한 부분을 찾아낼 수 있다. 또한 자료를 스크랩했다면 그 자료를 어떻게 이용할까를 먼저 생각하고 떠오른 아이디어를 간단하게 메모하는 자세가 필요하다. 그런데 대부분은 신문을 제대로 읽을 시간이 없다는 이유로 제목만 읽고 스크랩한다. 그렇게 하면 모인 자료는 많지만 내용을 제대로 몰라 적절히 사용할 수 없게 된다. '풍요 속의 빈곤'이라고나 할까!

신문을 활용하는 학습이니 만큼 신문을 소홀히 다루어서는 안 된다. 신문을 그 때 그 때 바로 버리기보다는 최소한 일주일가량은 저장하였다가 버리는 습관을 들인다면 혹 필요한 자료가 있을 때 찾아 쓸 수 있어 편리할 것이다. 집안은 좀 지저분해지겠지만 말이다.

2) 재미있게 지도하자!

어떤 교육이든 우선은 재미있어야 한다. NIE의 핵심은 스스로 정보를 찾고 가공하며 자기 것 화 시키는 것으로, NIE가 공부가 아니라 생활이라고 느낄 수 있도록 한다. 그러기 위해서는 크고 딱딱해 보이는 신문을 친근하게 느끼도록, 공부라는 느낌을 완전히 배제하는 것이 최선이다. 가뜩이나 공부할 것 많고 배워야 할 것 많은 요즘, NIE가 어린이에게 또 하나의 스트레스가 되지 않도록 주의해야 한다.

3) '워크북'을 바르게 사용하자!

워크북은 일간·주간·월간으로 발행되는 것이 있고, 책으로 인쇄되어 판매하는 것의 두 가지로 분류할 수 있다. 전자의 경우 시기나 시사에 맞추어 활동자료가 제시되지만 책자의 경우 그렇지 못한 경우가 대부분이다. 수련장이나 학습지와 크게 다를 바 없이 구성된 경우도 있고 무조건 오려 붙이도록 제시하는 경우도 많아, 이렇게 학습하다보면 처음엔 재미있어 하던 아이들도 곧 흥미를 잃고 부담을 느끼게 된다. 왜일까? 학습서는 대부분 학기를 기준으로 구성하게 되는데 학습자는 10월에 구입하고, 맨 앞장부터 해 나간다면 그 때에 원하는 자료를 신문에서 오려낼 수 없기 때문이다.

워크북은 다만 지도자나 학부모님께 좋은 샘플이 될 수는 있다. 지도하기 막막할 때 하나씩 아이디어를 빌리는 도구로 사용한다면 좋은 효과를 얻을 수 있을 것이다.

4) '쓰기'와 '말하기'를 골고루 지도하자!

간혹 학습 결과물 때문에 쓰기만을 강요하는 경우가 있다. 그러나 이것은 가시적 교육일 뿐 제대로 된 효과를 기대하기 힘들다. 특히 저학년의 경우 쓰기에 익숙하지 못한데 자주 시키게 되면 곧 흥미를 잃게 된다. 앞에서도 언급했듯이 재미도 있어야 보다 쉽게 풀어갈 수 있다. 기사에서 답을 찾아야 할 경우 쓰기보다는 밑줄 긋기를 시키거나, 생각을 나타내야 할 경우 쓰기보다는 말하기를 중심으로 지도할 수도 있다. 물론 말을 할 때에는 논리적으로 말을 할 수 있도록 지도해야 한다. 구술이 강조되는 요즘은 특히 제대로 말하기가 그 어느 때보다 중요하다. 우선 생각을 메모하게 한 뒤, 그것을 보지 않고 발표할 수 있도록 하는 방법은, 쓰기가 생각을 정리하는 단계로 활용되고, 보지 않고 발표하는 작업을 통해 자연스레 말하기를 익힐 수 있도록 하는 것이다. 그러나 쓰기를 무시해서는 안 되며, 쓰기와 말하기가 골고루 이루어지는 교육이 최상의 교육이라는 점을 잊지 않았으면 한다.

5) 칭찬을 아끼지 말자!

사람을 가장 기분 좋게 하는 것이 뭘까? 바로 칭찬이다. 인간은 누구나 칭찬을 받고 싶어 한다. 칭찬을 받고 싶어 한다는 것을 다시 말하면 그만큼 칭찬 받기가 쉽지 않다는 것이 된다. 칭찬에 인색한 사회가 바로 한국사회이고, 칭찬을 받고 싶어 하는 만큼 타인을 칭찬하지 않는 것도 한국사회이다.

칭찬에도 요령이 있다고 한다. 심리학자들이 정의해 놓은 칭찬의 기술을 살펴보면,

첫째, 즉시 칭찬하라. 칭찬거리가 있을 때는 미루지 말고 바로 해야 한다. 모아서 하는 것보다 즉시, 자주 해야 효과적이다.

둘째, 구체적으로 칭찬하라. 두루뭉술하게 칭찬하지 말고 구체적인 부분을 찾아 칭찬하는 것이 효과적이다.

셋째, 공개적으로 칭찬하라. 여러 사람이 있을 때는 아무 말이 없다가 나중에 혼자 있을 때 조용히 칭찬하면 칭찬의 효과는 감소하게 된다. 그러므로 가급적 많은 사람 앞에서 공개적으로 또 공식적으로 칭찬하는 것이 좋다.

넷째, 화끈하게 칭찬하라. 이번에는 잘 했지만 너무 자만하지 말라거나 옥에 티가 있었다거나 하지 말고 화끈하게 칭찬하는 것이 더 효과가 있다. 그래야 칭찬을 받는 사람의 감동도 높아진다. 입에 거품을 물어라!

다섯째, 보상과 함께 칭찬하라. 말로만 하는 칭찬도 좋지만 작은 선물을 제공하면 더 큰 효과를 볼 수 있다. 이상 다섯 가지 칭찬의 기술을 몸에 익히면 자주 칭찬하는 사람이 될 수 있다.

칭찬과 함께 또 잘 해야 하는 것이 꾸중이다. 꾸짖음부터 하면 상대방의 마음을 상하게 할 수 있으므로 일단 칭찬부터 하고 뒤에 꾸짖으라는 것이다. 7번 칭찬하고 3번 꾸짖는, 이른바 7:3 이론이 그것이다. 이 경우 내가 상대를 칭찬하는 과정을 통해 나를 제어할 수 있게 되고, 상대도 꾸짖음을 들더라도 앞서 들은 칭찬으로 인해 마음의 상처를 덜 받을 뿐만 아니라 뒤의 꾸짖음도 수긍하게 된다.

칭찬을 자주 하면 그 칭찬을 받는 타인에게만 좋은 것이 아니라 본인의 대인관계도 좋아지는 것이다. 그리고 무엇보다 스트레스가 해소되고, 자기 자신도 칭찬을 더 많이 받을 수 있다.

6) NIE 공책이나 스케치북을 준비하자!

NIE 활동을 아무 곳에나 하는 것보다 공책이나 스케치북을 마련하여 한 곳에 학습한 내용을 모아 또 하나의 스크랩으로 정리할 수 있도록 하는 것이 좋다. NIE는 창의력 활동을 많이 하므로 좁은 것 보다 공간 활용이 비교적 넉넉한 스케치북의 사용이 권장된다. 또한 글을 써야 하는 경우가 있다면 공책이나 종합장을 함께 이용해도 좋다. 이 때 제공되는 지면을 모두 채우도록 강요하지 말아야 하며, 어린이들에게도 모두 채워야 하는 것은 아니라는 것을 주지시킨다.

7) 신문만을 강조하지 말자!

신문 활용 교육이니 만큼 당연히 신문을 강조해야 한다고 생각하겠지만 그렇지가 않다. NIE이기 전에 MIE(Mass-media In Education, 다매체교육)였고, 신문만으로는 내용 전달이 충분치 못한 경우가 있으니 신문 이외의 다른 매체를 활용하는 것도 좋은 방법이 될 것이다. 환경교육을 시키고 싶은데 어린이들은 실제로 환경에 대해

그리 크게 문제 삼지 않는 자세일 경우 재활용센터를 방문하는 것
과 환경에 관한 노래 등을 신문 활용 교육과 병행하면 더욱 큰 효
과를 가져 올 수 있을 것이다.

8) 교과서의 내용을 이해하자!

어린이에게 신문 활용 교육을 할 때 수준과 상관없이 이것저것
할 수는 없다. 그 대상의 학년과 지적 수준을 맞추어 교육할 때 큰
효과를 거둘 수 있다. 배우고자 하는 어린이가 1학년인데 3학년 수
준에 해당하는 문제를 낸다면 과연 해낼 수 있을까? 분명 거부감을
느낄 것이고 당연히 어려워서 흥미를 잃게 될 것이다. 그러므로 학
습자의 수준을 고려하기 위해서는 지도자가 교과서의 내용을 충분
히 이해하고 있는 것이 좋다. 그렇다고 해서 학습적인 면에 치중하
여 교과와 관련된 내용만을 학습하지는 말자.

11. 신문 바로 읽기 – 신문을 어떻게 볼 것인가?[20]

1) 신문을 본다? 읽는다?

누구는 신문을 본다고 말하고 누구는 신문을 읽는다고 한다. 표현을 달라도 아마도 그것은 신문의 기사를 읽는다는 것으로 해석을 할 것이다. 역전에서 만나자고 하면 누구나 알듯이 말이다. 사람들은 이처럼 신문을 보기도 하고 읽기도 한다. 그런데 신문은 새로운(新) 것을 듣는(聞) 것으로 표기 한다.

좀 더 자세히 풀어 보면 이 세상의 여러 곳에서 사는 다양한 사람들의 새로운 이야기를 듣는 것이다. 누구에 의해서 듣는가? 신문사에 의해서 듣는다. 그렇다면 신문사는 여러 사람들의 새로운 이야기를 모아서 모든 사람들에게 전달하는 역할을 하는 것이다. 아주 중요한 일이다. 그런 일을 하는 신문사나 기자들, 그리고 신문을 만들고 있는 사람들의 중요성과 아울러 신문으로 교육을 하자고 하는 주장들을 우리는 어떻게 보고 있는가? 좀 더 자세하게 이야기 하면 우리는 그들을 어떻게 관찰하고 있는가? 이런 시각으로

---

20) 이 내용은 2005년 9월 10일 서울 여성 플라자 2층 NGO 활동실에서 열린 신나는 NIE 연구회와 한국 씨니어 연합이 공동주최한 '신문 활용 교육의 활성화 및 활용방안 자료집에서 이정균 선생님(당시 한국 신문 활용 학회 회장)의 글을 인용한 것입니다.

보면 신문이 다르게 보인다.

좀 더 깊숙하게 이야기 해보자. 보는 것이라면 그 의미가 여러 가지다. 본다는 뜻의 한자를 살펴보자.

그저 눈이 있어서 건성으로 보는 것도 보는 것이다. 그것을 看이라고 한다. 주마간산을 생각해 보라(看). 그다음에는 배우면서 보는 것이 있다. 견학이다(見). 그 다음으로는 좀 더 자세히 보는 것(視). 그렇다, 시찰한다고 할 때 쓰는 말이다. 우리가 학교에서도 사용하고 주의 깊게 관찰한다고 하는 것은 오감을 동원해서 보는 것이다. 그런 것을 찰이라고 한다(察). 여러 가지를 늘어놓고, 비교하고 견주어서 보는 것. 박람회 같은 것인데 그것을 覽이라고 한다. 이렇게 보는 것에도 종류와 급수가 다르다.

그렇다면 신문을 어떻게 볼 것인가? 아니 초점을 좁혀서 나는 신문을 어떻게 보고 있는가? 위의 것 중에서 어디에 해당하는가? 더구나 신문으로 아이들을 가르친다고 하는 사람들은 신문을 어떻게 보아야 할 것인가? 바로 이 문제가 오늘의 초점이다. 그저 看하는 수준인가? 視하는 수준? 察하는 수준? 覽하는 수준? 이제 답이 보인다. 학생들에게 신문을 주면서 어떻게 보라고 해야 할까? 하나씩 살피면서 범위를 좁혀 가보자.

먼저 看은 아니다. 그저 지나가는 간판 보듯이 신문을 보기가 그렇다. 최소한 신문 활용 교육을 한다면 말이다.

그렇다면 視수준인가? 시찰하듯이 신문을 본다면 마치 검열관 같은 기분으로 보는 것일 텐데 이것 역시 좀 그렇다. 신문을 관리·감독하는 입장이라면 이렇게 볼 것이다. 그러나 학생들에게는 아니다. 교육을 시찰한다면 가르치는 사람은 분명히 아니다.

다음은 察수준인데 관찰하듯이 보는 것이다. 즉 과학시간에 우리가 가진 오감을 통해서 관찰하듯이 그렇게 보는 관점이다. 이 문제는 잠시 후에 본격적으로 다루어 본다.

覽의 수준인데 도서실에서 신문을 열람하듯이 신문을 본다면 그것도 신문 활용 교육이라는 관점에서는 좀 먼듯하다. 좀 더 고급스러운 관점으로 해석한다면 신문의 기사 내용을 서로 다른 신문과 비교하면서 보는 것인데 우리나라의 형편상 그런 기사와 내용을 찾기란 그리 쉬운 일은 아니다. 특히 국제 문제의 기사에서는 거의 통일하다. 그래서인지 우리의 국제적인 기사 감각은 상상을 초월하고 있다는 것이 개인적인 생각이다.

그렇다면 관찰하듯이, 우리의 오감을 이용해서 본다는 것은 무엇일까? 이제 그 이야기를 시작해 본다.

2) 왜? 오감이 필요한가?

인간의 오감은 늘 살아서 움직인다. 지금 이 순간에도 눈이 움직이고, 촉감을 살아 있고 청각과 후각이 동시에 움직이고 있다. 감각이란 예민함이 생명이다. 무딘 것을 우리는 감각이라고 하지 않는다. 예민해야 하고 살아 있어야 한다. 그래야 감각으로서의 기능과 역할을 다하는 것이다. 신문을 이렇게 볼 수 있을까? 이제 그 방법을 생각해 보자. 이 방법이 가능하다면 새로운 신문 읽기의 대안으로 자리 잡을 것이다.

(1) 청각으로 읽는다

같은 날의 기사를 뉴스와 비교 하면서 읽는 방법이 있다. 문자로 된 기사와 라디오나 텔레비전으로 방송되는 기사 내용을 보면 차이가 있다. 하나는 문자로 전달하고 있고 하나는 화면으로 전달하고 있다. 아이들은 영상세대임에 틀림없다. 아이들에게 신문 기사를 주고 소리 내어 읽어보라고 해 보자. 그리고 나서 그 느낌을 말하게 해 보자. 광고도 좋고, 사설도 좋고, 칼럼도 좋다. 분명 아이들이 이렇게 이야기 할 것이다. 광고는 편안하다. 무슨 말인지 알기 때문이다. 사설은 읽기가 어렵다. 왜냐하면 무슨 말인지 모르겠다. 칼럼은 일반 기사와 다른데 읽으면서 무슨 뜻인지 이해하기가 어렵다.

청각의 역할을 생각해 보자. 우리의 귀를 통해서 들어온 소리가 무슨 뜻인지 모르면 그것은 소음이다. 소리란 내가 알아 듣고 의식할 수 있고 판단 할 수 있어야 소리다. 그러나 내가 소리 내어서 내 귀로 들여보내는 것조차도 내가 알지 못하는데, 남은 이해할 수 있을까? 자신이 소리 내어 읽어서 이해하지 못하는 기사가 얼마나 많은가를 먼저 살펴보게 하자. 신문이 다르게 보일 것이다. 이것은 가르치는 교사나 지도자도 마찬가지다.

(2) 후각으로 읽는다?

후각은 냄새를 담당하는 기관이다. 신문의 사진을 보자. 땀 냄새가 나는가? 의혹의 냄새가 나는가? 부정의 냄새가 나는가? 광고의 향수 냄새가 나는가? 이렇듯이 사진속의 실제 모습을 상상하면서 신문을 읽어야 한다. 마치 내가 그 현장에 있는 듯한 상상을 놓쳐서는 안 된다. 후각은 또 다른 상상력을 자극한다. 그 상상력은 글 읽기의 핵심이다, 글을 읽어가면서 추론하는 과정이 필요한데, 우리가 향수 냄새를 맡으면서 상상하는 것과 같은 이치일 것이다. 후각으로 읽을 만한 기사 많이 있다. 광고에서, 사진에서, 스포츠 면에서 그리고 사설의 내용이나 국제 기사를 추론하는 과정에서 우리는 상상력의 후감을 이용할 수 있다.

(3) 시각, 촉각, 미각

우리가 가장 많이 사용하는 감각기관이다. 시각은 더 이상의 논의를 거부한다. 그러나 여기서 이야기 하는 시각은 당연히 관찰하는 시각이다.

촉각! 아침에 받아보는 신문의 감촉을 아는가? 거기서 풍기는 지면의 냄새. 최고의 고수는 신문의 기사를 읽으면서 감촉만으로도 내용을 인지할 것이다. 이 단계 정도 가면 그야말로 고수다.

신문을 사랑해야 할 것이다.그것은 활자 문화의 사랑과 연결된다. 지금의 NIE가 오히려 독서 교육과 더 깊은 관계를 가지고 있는 것은 매우 고무적인 일이다. 태동의 역사를 같이 한다는 뜻에서 그 의미가 남다르기 때문이다. 다만 그 본질과 의미를 바르게 알고 가르치고 배우는 것이 문제이지만 말이다.

3) 나오면서

간단하게 정리하고자 한다.

(1) 신문을 보는 것은 읽는 것인데 그것은 우리의 오감을 사용해
    야 한다.

(2) 그래야 상상력을 갖춘 읽기가 가능해 진다.

(3) 읽는 행위가 멈추면 상상력도 멈춘다.

(4) 신문을 단순히 보는 것에서 오감을 사용해서 보고 읽는 훈련
    을 하자

(5) 신문이 단순히 좋다는 것보다는 왜 좋은지에 대한 각자의 확
    고한 주장과 이론적 배경을 가지고 설명하자.

12. 신문 활용 교육(NIE)의 실제[21]

1) 신문아 놀자

　신문은 사회적으로 보도, 논평, 교육, 오락 등의 면에서 영향력을 갖는 매체이다. 이러한 기능가운데 보도적 기능만으로 본다면 신문은 분명 성인들의 전유물이다. 그래서 신문을 갖고 학생에게, 특히 초등저학년과 유아를 대상으로 학습하는 것에 대대 우려의 목소리가 높다. 그러나 신문의 기능 가운데 교육적 기능 또한 포함되어 있음을 인지하고 활용한다면 새로운 교육 재료를 갈구하는 교사들에게는 더없이 좋은 재료가 될 것이다.

　하지만 신문이라는 매체를 처음 접하는 학생들은 신문이 매우 낯설고 부담스러운 것일 수밖에 없다. 빼곡히 쓰여 있는 글자가 그렇고, 두 팔로 다 펼칠 수 없는 크기도 그렇다. 이는 학생들을 신문으로부터 한발 뒤로 물러서게 만드는 요소이다. 그렇다면 어떻게 해야 학생들에게 부담스럽지 않은 교육 재료로 활용할 수 있을까 고민하는 것이 지도자의 가장 큰 과제이다. 어떤 교육이든 학습자가 지루해 하거나 스트레스로 생각한다면 역효과가 날 수밖에 없다.

---

21) 이 항목에 포함된 대부분의 내용들은 신나는 NIE 논술 교육원의 박점희 선생님께서 정리하신 것을 허락 하에 실은 것입니다.

신문은 평생 읽어야 할 보도적 기능을 우선하는 매체이므로 신문에 대한 부담을 더는 과정이 없다면 NIE를 잘못 경험하여 다시는 신문을 가까이 하지 않을 것이다. 사회를 배우고 자아를 키워가는 좋은 교육 재료가 될 수 있도록 노력하는 것이 NIE를 교육하는 지도자의 몫이다.

(1) 신문도 종이

① 신문 넘기기
② 신문 접기
③ 신문의 감촉 느끼기
④ 신문 구기기
⑤ 신문 찢기
⑥ 신문 공 만들기

(2) 접자 접어

① 이야기로 만드는 모자, 배, 옷
② 딱지

(3) 신문으로 하자

신문은 어떻게 이용할 수 있을까? 신문의 다양한 활용도를 생각해 보는 활동이다.

예) 삼겹살 구워 먹을 때 바닥에 깔면 기름이 튀지 않아요.
학교에서 찰흙 만들기 할 때 책상 위에 깔아요.

종이배와 종이비행기 접기에 좋아요. (광고지를 활용하면 더 좋다)

구두 속에 구겨 넣거나 긴 부츠에 둘둘 말아 넣어 두면 신발 모양이 그대로 있어요.

학교에 폐품으로 가져가요.

손·발톱 깎을 때도 꼭 깔아야 해요.

창문을 닦을 때 쓰면 정말 잘 닦여요.

냉장실의 채소들을 싸놓기도 해요. 그럼 신선도가 오래 유지 된답니다.

2) 신문을 활용한 프로그램

(1) 이름표 만들기

이름은 나를 가장 손쉽게 표현할 수 있는 수단이다. 자기 PR 시대이니 만큼 이름표는 자신을 적절히 드러낼 수 있는 방안이므로 글, 사진, 그림 등이 많은 신문으로 멋진 이름표를 만들어 보도록 하자. 사진이나 이름 글자 정도면 오려 내도록 하고 나머지는 직접 꾸미도록 하는 것이 좋은데, 이름 글자가 어려운 친구들이 있다면 시간 절약을 위해서라도 독서지도사가 미리 찾아가면 좋겠다. 구체적인 수업 안은 다음과 같다.

제목	이름표 만들기
교육목표	신문에서 원하는 것을 찾아내는 능력을 기른다.
준비물	신문, 도화지, 풀, 가위
교육방법	1. 신문에서 자신과 닮은 또는 자신으로 표현하고 싶은 사람을 오려 낸다. 이 때 자신과 같은 성(性)을 고르도록 한다. 사진을 오릴 때에는 이름표의 크기를 고려하도록 한다. 2. 신문의 활자를 이용하여 자신의 이름을 찾는다. 이 때 활자가 너무 적으면 눈에 띄지 않으므로 주의해야 한다. 그 외에 간단한 소개나 별명 또는 애칭을 만들어 넣는다. 오리면서 붙여 나가는 것보다 다 오려낸 후에 붙이는 방법이 좋다. 글자의 크기나 사진의 크기를 정확하게 가늠할 수 없으므로 모두 오린 뒤에 자리를 잡아 붙이도록 한다. 또 별명이나 다른 사항들은 꼭 신문을 이용하지 않고 직접 쓰거나 그려 넣어도 상관없도록 한다. 특히 저학년의 경우 신문에서 글자 찾기의 경험이 많지 않으므로 빨리 진행되지 않을 수도 있다. 또한 이름 글자가 어려워 쉽게 찾을 수 없는 어린이들도 있으므로 교사가 미리 준비해 가는 것이 좋다.

(2) 명함 만들기

명함은 어른들이 주고받는 일종의 자기소개 도구인데 이를 활용해 어린이들에게 명함의 기능과 목적, 구성요소 등을 지도할 수 있다. 우선 사전에서 '명함'의 뜻을 찾아 본 다음, 교사가 준비해 온 여러 종류의 명함들을 직접 보면서 자신만의 명함을 디자인 해보고 적정 자료를 신문에서 찾아내어 나만의 명함을 만들어 보는 것이다. 구체적인 수업 안은 다음과 같다.

적용대상	전체
교육목표	신문에서 원하는 것을 찾아내는 능력을 기른다.
준비물	신문, 명함지(마분지), 사인펜, 샘플 명함, 풀, 가위
교육방법	1. 교사가 미리 각종 명함을 준비한다. 사진이 있는, 한자로 된, 영문으로 된, 로고가 있는, 단순한 명함 등을 준비한다. 이 명함들을 확대 복사한다면 뒤에서도 쉽게 볼 수 있다. 참고로 근처 명함집에서 종류별로 몇 가지씩 얻어 어린이들이 비교할 수 있도록 한데 모아 코하는 방법도 있다. 그렇게 몇 개 정도를 만들어 조별로 나누어준 뒤, 각각의 명함이 갖고 있는 장·단점을 생각하고 가장 마음에 드는 것을 고르게 한다. 2. 선택한 명함을 기본형으로 하여 자신의 명함을 꾸민다. 이 때 전체 내용을 모두 신문에서 오리면 힘들고 지루하므로 사진이나 로고, 자신의 이름 정도만 오리도록 한다. 그 외의 것들은 사인펜이나 연필을 이용하여 깨끗하게 적도록 한다. 대상이 저학년이라면 명함에 표시 되어 있는 HP, FAX 등의 용어에 대한 설명도 해줄 필요가 있다. 이 때 노란색이나 형광색으로 글씨를 쓰면 잘 보이지 않으므로 가능한 다른 색을 사용할 수 있도록 지도한다. 3. 다른 사람의 명함을 보고 장·단점을 발표하고 그 가운데 가장 마음에 드는 작품을 뽑는다. 물론 이유도 설명할 수 있도록 한다. 4. 학습자의 난이도에 따라 나를 알리는 글쓰기로 연결할 수 있다. 고학년의 경우 자기소개에 들어가야 할 내용들을 이야기하게 하거나 다양한 예를 제시한 뒤 글을 쓰게 하면 신문과 가까워지면서 세련된 자기소개 글을 쓸 수 있다. 물론 중고등학생의 경우는 굳이 예를 보이지 않아도 다양한 아이디어로 멋진 명함과 자기소개 글을 쓸 것이다.

(3) 신문 퍼즐

요즘에는 워낙 다양한 것들과 접목된 퍼즐이 많이 나와 있지만 내가 직접 만드는 퍼즐만큼 애착이 갈 것 같지는 않다. 신문과 간단한 재료 몇 가지만으로 멋진 퍼즐을 만들어 낼 수 있다. 구체적인 수업 안은 다음과 같다.

적용대상	전체
교육목표	신문도 놀이교구가 될 수 있음을 인식시킨다.
준비물	신문, 마분지, 시트지, 풀, 가위, 벨크로 찍찍이
교육방법	1. 사진은 숲이나 물만 있는 정적인 것보다 어린이들이 더 친숙하게 느낄 수 있는 움직임이 보이는 동적인 것으로 선택한다. 물론 흑백 사진보다는 컬러가 더욱 좋겠다. 특히 어린이 신문을 이용하거나 광고면을 활용하면 더욱 재미있는 그림들을 찾을 수 있다. 또, 사진의 크기가 너무 작으면 조각을 많이 낼 수 없으므로 될 수 있으면 최소한 B5의 절반정도(가로 15, 세로 10) 보다 큰 것이 좋다. 2. 신문은 얇아서 찢어지기 쉽다. 그래서 스케치북에 신문을 붙인다. 이 때 풀을 골고루 발라야 조각내어 잘랐을 때 떨어지지 않고 잘 붙어 있게 된다. 또한 사용하는 풀에 따라 완성한 모양이 달라 보이게 되는데 딱 풀의 경우 종이가 울지 않아 스케치북에 붙이기는 쉽지만 사용하는 양이 적으면 조각내어 잘랐을 때 신문과 스케치북이 떨어지기 쉽다. 물풀의 경우는 신문이 울어서 붙이기 어려운 반면 조각내어 잘랐을 때 떨어질 염려가 없는 장점이 있다. 그러나 완성했을 때 딱 풀을 바른 것보다 조각이 많이 뒤틀리는 단점도 있다. 3. 퍼즐의 조각을 낼 차례다. 퍼즐의 조각도 연령에 따라 다른데 우선 유아가 대상이라면 퍼즐을 들고 절반씩 잘라 나가는 방법을 택한다. 저학년일 경우에는 8~12개, 고학년일 경우 12~20개 정도가 적당하다. 초등생의 경우 도안을 그려서 오려낼 수 있는데 교사가 미리 샘플을 제시하는 것이 좋다. 도안까지 모두 그렸다면 이제 조각을 오려내면 되는데, 오리기 전에 교사가 완성선을 그려 주는 것이 좋다. 조각나지 않아야 할 부분에 조각이 있다거나 자르기 힘들도록 도안을 한 경우 완성선을 그려주어야 제대로 된 퍼즐을 가질 수가 있기 때문이다. 4. 만약 시트지를 붙이고 싶다면 도안이 완성된 후 자르기 전에 붙이면 된다. 또한 퍼즐 조각을 잃어버리지 않고 잘 보관하고 싶다면 암수가 한데 붙은 찍찍이를 조각마다 붙여주면 된다. 이후 어린이가 퍼즐을 맞추어 보게 한다.

(4) 신문 모자이크

신문만큼 다양한 색깔을 얻을 수 있는 매체가 또 있을까? 그 다양한 색깔을 조합해 멋진 모자이크 작품을 만들 수 있다.

스케치북 뒷면의 그림을 이용해도 좋고 색칠공부를 위해 제작된 책을 이용하면 조금 더 쉽게 할 수 있으며, 직접 그림을 그려도 좋다.(예시작품 : 신나는 NIE 연구회 주최, 신나는 방학 과제전, 사직어린이도서관에서 촬영)

(5) 신문지 공예

신문지 공예는 신문지를 이용해 생활용품이나 장식품을 만드는 것으로, 신문이라는 풍부한 재료에다 부자재 값도 많이 들지 않아 친환경적, 경제적 공예로 훌륭하다는 평을 받고 있다. 휴지걸이, 꽃병, 발, 여치 집, 연필꽂이 등 다양한 것들을 직접 만들어 보도록 하자. 이런 작업이 어려울 경우 신문을 구기거나 오려내어 풍선이나 철사 등을 이용해 만들기를 해봐도 좋다.

(6) 기자놀이

▶ 활동목표 : 신문의 기사를 완성하는 기자들의 역할 체험을 통해 신문기자들의 업무를 이해하고, 기사의 취재와 작성, 전달의 중요성을 배운다.

▶ 놀이방법

① 참가자들에게 A4용지 $\frac{1}{4}$크기의 종이 3장을 나누어주고 각 장 왼쪽 위 모서리에 번호를 쓰게 한다.

② 각 번호가 적힌 종이에 각각의 주제에 따른 자신의 생각을

다른 사람에게 보여 주지 않은 상태에서 간단하게 적게 한다.

③ 교사가 지정해 놓은 장소에 1, 2, 3번의 기사를 뒤집어 차례로 놓도록 한다.

④ 모아진 기사들을 다시 차례대로 가져가도록 한다. 단, 자신이 쓴 기사인 경우는 다른 것으로 가져가게 한다.

⑤ 3장의 기사를 모두 가졌으면 이제 기자로 변신해 각각의 내용을 쓴 사람을 인터뷰를 통해 찾아내고, 찾아냈다면 그 종이에 직접 사인을 받는다.

⑥ 3장의 기사에 대한 출처를 가장 빨리 찾은 사람을 선발하고, 그 방법에 대해 물어보는 등 서로의 느낌을 나눈다.

(7) 무슨 사건입니까?

▶ 활동목표 : 매일 신문을 장식하는 여러 사건, 사고 등을 몇 개의 종류로 묶어 서로 관계된 사람들끼리 모여 그에 대한 생각을 나누어 볼 수 있다.

▶ 놀이방법

① 한 곳에 모아진 그림 자료들 가운데 자기도 모르고, 상대방도 모르게 하나씩 고른다.

② 그림 자료를 자기만 본 다음 어떤 내용의 기사(혹은 사건)인지 알고 있다.

③ 깡총 발로 뛰어가 상대방의 기사를 확인한 다음 자신과 같은 내용의 것일 경우 서로 팀을 지어 또 다른 사람을 찾아간다.
안녕하세요, 반갑습니다. 비슷합니까? 비슷합니다. 천만의 말씀!

④ 모둠이 모두 정해지면 각각의 기사를 다른 팀들이 맞힐 수

있도록 사진의 한 장면으로 구성을 해본다.

※ 기사의 내용으로 하기 전에 색깔로 먼저 해볼 수도 있다. 색 깔별로 모둠이 만들어지면 그 색깔에 맞는 노래를 3가지 정도 선정한 뒤 팀별로 불러보게 한다.

(8) 모자게임

▶ 활동목표 : '나'밖에 모르기 십상인 요즘 어린이들에게 자신의 다양한 역할을 생각해 볼 수 있도록 하는 활동으로, 자신의 역할을 돌아봄은 물론 서로 돕고 나누며 살아가야 할 대상들 이 많다는 사실을 깨닫도록 도와준다.

▶ 놀이방법

① 각자 신문으로 모자를 5개씩 접는다.

② 신문으로 만든 모자에다 자신이 해야 할 역할을 한 가지씩 크게 적는다. 예컨대 아들, 아빠, 학생, 친구, 손자, 아내, 어 머니, 고모 등

③ 한 가지 모자를 쓴 다음 자유롭게 움직이면서 그 모자에 적 힌 역할을 과연 잘하고 있는지 생각한다.

④ 다른 모자들을 차례로 바꾸어 쓰며 ③과 같은 일을 되풀이한다.

⑤ 내 역할 중 가장 부족한 것은 어떤 것인지 따져본다.

⑥ 다 함께 이야기 나누기 : 착한 딸이지만 동생에게는 무섭기만 한 누나는 아닌지, 성실한 학생이지만 귀찮은 집안일은 형한 테 미루는 동생은 아닌지 등

⑦ 신문에 실린 인물들은 어떤 모자를 특히 잘 썼거나 잘 못 썼 기 때문에 실린 것으로 볼 수 있다. 눈에 띄는 기사를 골라

그 기사에 나타난 인물들은 각각 어떤 모자 때문에 주목받게
됐는지 알아본다.

(9) 가족신문 - 선물 신문 만들기

가족에게 필요한 신문을 만들어 드리자. 우리 가족들의 꿈을 알
아내서 그 꿈을 이루는데 도움이 되는 신문 기사를 스크랩하면 훌
륭한 선물 신문이 됩니다.

> 예) 온천 여행을 계획 중인 할아버지, 할머니께 '여행 신문', 부업을
> 준비 중인 어머니께 '부업 정보 신문', 주식투자에 관심이 많은
> 아버지께 '주식 신문' 등)

(10) 모둠신문 - 우리 몸의 구조와 질병

모둠별로 주제를 정해 신문을 만들어 보자. NIE 활동의 경우 특
정 주제를 정하고 그에 대한 표현을 개인이 스케치북 등에 해 보
는 활동이 많은데, 천편일률적인 형식의 활동보다는 조금 색다른
활동을 꾀해보고자 할 때, 커다란 전지를 이용해 모둠 구성원 전체
가 참여하는 모둠신문을 만들어 보자. 우리가 같이 만들어볼 모둠
신문의 주제는 '우리 몸의 구조와 질병'으로 정했다.

▶ 활동목표 : 우리 몸의 각 기관의 명칭과 그 하는 역할을 다양
한 표현을 통해 알 수 있다.
▶ 만드는 방법
① 각 모둠에 전지를 나누어준다.
② 모둠에서 모델을 한 사람 뽑은 뒤, 뽑힌 모델을 전지 위에 눕

히고 신체모형을 그린다.

③ 모형이 그려진 전지에 신문에서 각 기관에 해당하는 단어 및 역할에 대한 부분을 찾아오려 붙인다.

④ 모두 완성되면 모둠별로 발표를 해본다.

※ 그려진 신체모형에 대한 전지를 2장으로 오려내 스테이플러로 고정시킨 다음 입체적인 모형을 만들어 볼 수도 있다. 이때는 머리카락(털실을 사용해)이나 단추 등의 세부적인 표현까지 직접 붙여볼 수 있다.

(11) 기타 상시 프로그램

① 신문 스크랩 : 학생 자신이 관심 있는 분야(예: 스포츠, 만화, 광고, 사회, 문화 등)의 기사를 스크랩하도록 과제를 준다. 매일 계속되도록 지도하고 좀 익숙해진 후에는 스크랩한 기사 옆에 자신의 감정이나 의견을 적어 넣도록 하고 신문명, 발행일을 적는 습관을 들이도록 지도한다. 관심 있는 분야에 대한 기사를 지속적으로 접하게 됨으로 기사를 읽고 생각하는 능력 향상을 기대할 수 있다.

② 신문 코너 : 학습에 모조지 전지 크기의 신문 코너를 설치하여 학생들이 관심 있는 기사 내용을 구조화하여 다양하게 붙이고 의견을 적을 수 있게 한다. 주별, 혹은 월별로 하나의 주제를 정하여 운영해도 좋고 주제별로 색색의 스티커를 이용하여 붙여도 좋다. 친구가 붙인 기사에도 의견을 적도록 하여 의견 교환을 하는 훈련을 할 수 있다.

③ 발표 유도 : 학생들에게 신문을 읽고 마음에 드는 기사를 찾아 아침자습시간이나 한자리 모임 시간에 발표하도록 한다. 발표 시간은 2-3분 정도로 하여 하루에 3-4명씩 발표하도록 하면 발표력도 기르고 학급 전체로 보면 매일 매일의 기사를 접하게 되어 신문에 친근감을 갖고 지속적으로 접할 수 있는 습관이 길러진다.

④ 시사만화 말 잇기 : 신문에 매일 게재되는 시사만화는 상당히 함축적인 내용을 담고 있다. 이를 오려서 맨 마지막 칸의 말이나 그림 전체를 지워 학생들에게 나누어 준 뒤 빈칸에 맞는 그림이나 글씨를 채우게 하여 원작과 비교해 보고 학생 자신이 그렇게 생각한 이유를 말하게 하여 시사문제에 대한 호기심도 일깨워 줄 수 있다.

3) 신문 꼼꼼하게 살펴보기

앞에서 다루어진 내용들은 주로 '신문' 자체를 활용해 놀이를 하거나, 다른 면으로 확장을 한 정도이다. 물론 이 역시도 신문 활용 교육의 범주에 포함을 시킬 수 있으나, 보다 심도 있는 신문 활용 교육이 되려면 '신문의 구성'을 아는 것으로부터 시작해, 신문이 담고 있는 기사 및 광고, 다양한 그래프 및 도표, 그림·사진, 일기도, 만화, 운세 등의 자료들을 목표에 맞게 사용해야 한다. '신문 꼼꼼하게 살펴보기'에서는 그런 내용을 다루려 한다.

(1) 신문의 구성

① 우리가 즐겨보는 신문은 어떻게 구성되어 있을까요?

신문을 발행한 날짜가 있어요.

신문의 이름을 제호라고 하지요.

발행일

제호

표제(제목글)

기사의 내용을 쉽게 이해할 수 있도록 도표로 나타내기도 해요.

신문을 읽을 때, 무엇을 읽을지 선별하는 기준이 되지요.

도표

기사 내용을 요약한 작은 제목 덕분에 선별이 더욱 쉬워요.

작은 제목

사진 설명글

신문에 사진이나 그림이 없다면 어떨까요? 신문에 실리는 사진이나 그림은 기사를 보충하기도 하지만, 신문이 지루하지 않도록 하는 역할도 하지요.

기사

사건이나 전하고자 하는 내용을 정리한 것을 기사라고 해요. 기사는 기자가 발로 뛰어 취재하거나, 정보망을 통해 얻은 것을 싣습니다.

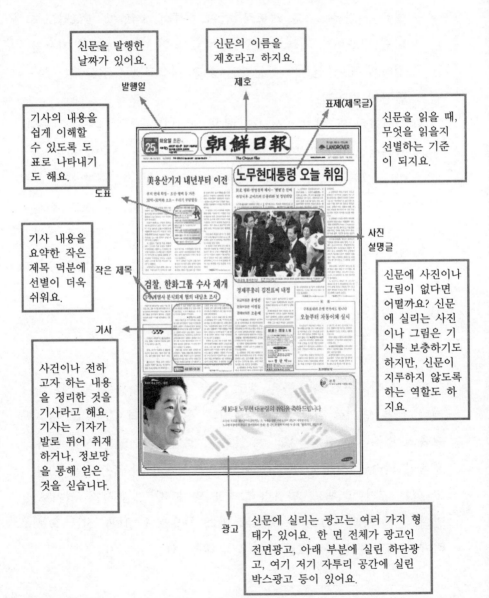

광고

신문에 실리는 광고는 여러 가지 형태가 있어요. 한 면 전체가 광고인 전면광고, 아래 부분에 실린 하단광고, 여기 저기 자투리 공간에 실린 박스광고 등이 있어요.

② 신문 1면에는 어떤 소식이 실릴까요?

신문의 1면은 사람들이 가장 먼저 보는 지면입니다. 신문을 펼치기만 하면 바로 보이는 곳이니까요. 따라서 신문사들은 1면에 오늘의 뉴스 가운데 가장 중요한 것들을 담아 사람들이 쉽게 읽을 수 있도록 한답니다. 그래서 신문의 얼굴이라 불리기도 하지요. 이런 1면은 사회, 국제, 정치, 경제, 스포츠, 문화 등 국내외 여러 가지 소식이 한데 실려 있기 때문에 '종합면'이라고 부르면 된답니다. 자, 그럼 어떤 요소들이 있는지 종합면을 한 번 살펴볼까요?

③ 신문에 실린 기사는 모두 진실일까요?

④ 신문을 제대로 본다는 것은 어떻게 보는 것을 말하나요?

(2) 신문으로 독서하기 1 - 오늘의 인물(사건)과 만나요!

신문 읽기도 엄연히 하나의 독서이다. 그렇기 때문에 하루 동안의 소식과 사건들을 매일 전해 주는 신문을 읽는 것만으로도 독서의 효과를 누릴 수 있다. 하지만 역시 어린이들에게는 신문 활용에 대한 적절한 교육이 전제되어야 함은 물론이다. 마침 어린이들을 위한 좋은 신문도 발간이 되고 있어 그것을 활용해도 좋겠고, 일반 신문들을 활용해 보다 세상과 가까워지는 기회를 제공해 주는 것도 좋겠다. 세상을 비추고 있는 지면의 창을 통해 또 다른 교육적 효과를 꾀하는 셈인 것이다. 그 구체적인 활동지는 다음과 같은데, 활동지를 구성할 때 너무 많은 발문은 삼가는 것이 좋다. 학습지와 같은 느낌으로 받아들일 수 있기 때문이다. 가장 간단한 신문 읽기 단계에서부터 논술로까지 이어지는 구성을 적절히 활용하면 좋겠다.

제목 :

〈스스로 학습법 길잡이〉

1. 위 글상자 안에 제목을 정해 쓴다.
2. 오늘 신문에 실린 사람(중요한 사건)의 사진을 오려 붙인다.
3. 이 사람이(또는 사건이) 오늘 신문에 실린 이유를 적어 본다.
4. 이 사람에게 묻고 싶은 이야기(또는 이 사건에 자기 자신의 느낌과 생각)를 써본다.

사진과 기사 오려 붙이는 곳

① 이 사람이(또는 사건이) 오늘 신문에 실린 이유를 적어 보세요.

② 이 사람에게 묻고 싶은 이야기(또는 이 사건에 자기 자신의 느낌과 생각)를 써보세요.

③ 이 사람에게 하고 싶은 이야기(또는 이 사건을 보고 바라는 말)를 써보세요.

(3) 신문으로 독서하기 2 - 나도 기자다!

오늘의 기사
200 년   월   일   요일 (   )에서 찾아 독서하였습니다.
    제목 :

(4) 벤다이어그램으로 신문 읽기

☆ 내가 읽은 두 기사의 공통점과 차이점을 찾아보자.		
1. 기사 제목		
2. 기자		
3. 찾은 신문		
차이점	공통점	시사점
나의 생각		

(5) 신문으로 단어 유창성 키우기

제목	단어 연결하기	창의(기사)
활동목표	연상하여 유창성과 정교성, 융통성의 계발	
활동대상	전학년	
활동방법	1. 기사의 제목이나 광고 문구 중 마음에 드는 낱말을 10개 정도 골라 오려 봅시다. 2. 오려낸 낱말들을 각각 2개씩 짝지어 아래의 빈칸에 붙여 보세요. 3. 짝지어진 두 낱말을 보고 떠오르는 연상을 이용하여 두 낱말을 연결시키는 단어를 적어 봅시다. 4. 어떻게 관련지어지는지 그 이유를 말해 봅시다.	
활동내용	- ( ) - ( ) - - ( ) - ( ) - - ( ) - ( ) - - ( ) - ( ) -	

(6) 신문 기사에서 찾은 6하 원칙

먼저 신문에서 마음에 드는 기사를 하나 스크랩 해 아래에 붙인 뒤, 기사 내용을 6하 원칙에 따라 정리해 봅시다.

누가 (Who)	
언제 (When)	
어디서 (Where)	
무엇을 (What)	
어떻게 (How)	
왜 (Why)	

★ 이런 책과 함께 할 수 있어요! ★

· 털북숭이 신문이 나왔어요/로렌 리디 지음/미래아이
· 신문은 어떻게 나올까?/마우리 쿠나스 지음/한마당
· 유아를 위한 NIE 신문으로 놀자/홍은경 외 지음/다음세대
· NiE 새롭고 재미있는 창의력 학습/김영미 지음/하우
· NIE 이해와 활용/최상희 지음/커뮤니케이션북스
· 신문 읽기의 혁명/손석춘 지음/개마고원
· 신문으로 사회 따라잡기/정종희 지음/이다미디어
· 생각이 크는 광고이야기, 머리가 크는 광고이야기/권현선 지음/자음과모음
· 신문활용교육이란 무엇인가?/허병두 지음/중앙M&B
· 신문 활용 교육과 논술/정영주 지음/태일사
· 생각 가득 : 어린이를 위한 NIE 활용집/조은미 지음/처음교육
· 논술진법 NIE/주장환 외 지음/일진사
· (가족들의 사랑을 키워 주는) 가족신문 만들기/유지은 외 지음/청솔
· 신문이 보이고 뉴스가 들리는 재마있는 이야기 시리즈 세트(전5권)/조항
  록외 지음/가나출판사
· 신문 정보그림의 이해와 활용/김정한 지음/커뮤니케이션북스
· 바로 적용하는 신문활용교육/영남일보교사NIE연구회 엮음/대일
· 초등학생을 위한 방과후 신문활용교육/김두임 외/양서원
· 유아의 신문 활용 교육/변종임 외 지음/정민사
· 유아 NIE의 이론과 실제/조해숙/양서원
· NIE 지도전략/오주석 외 지음/대일

제 11 장

독서지도의 실제 9 :

다매체교육(MIE)

현 세대를 지칭하는 용어는 여러 가지가 있지만, 그 가운데서 근래 가장 많이 들을 수 있는 용어 가운데 하나가 바로 '미디어 세대'가 아닐까 싶다. 그만큼 우리 사회가 발달하면서 미디어 역시 발달을 했다는 증거고, 우리 생활 속에 깊숙이 자리한 미디어의 활용도가 높아 졌기 때문에 그로부터 받는 영향 역시 상당하다는 뜻을 반영한 단어라는 생각이다. 이렇듯 현 세대의 트렌드를 좌우할 만큼 강력한 매체로 자리한 미디어는 다른 모든 분야가 그렇듯 긍정적인 기능을 담당하는 면과 부정적인 면 또한 갖고 있기 때문에, 미디어를 교육의 기재로 사용하기 위해서는 적절하고도 유용한 미디어를 정확한 판단으로 구분해 낼 필요가 있고, 보다 효율적으로 교육에 접목시키고자 많은 연구가 이루어져야 하는 것도 사실이다. 그렇다면 과연 '미디어'가 무엇인지 그 개념부터 살펴본 다음, 다양한 미디어를 독서지도에서 적절히 활용할 수 있는 방안들을 생각해 보자.

1. 미디어의 개념과 갈래22)

1) 미디어의 종류

(1) 영상매체 - 영화, 비디오, 텔레비전

(2) 그림 매체 - 엽서, 포스터

(3) 소리 매체 - 라디오, 카세트테이프, CD-ROM

(4) 글자 매체 - 신문, 잡지, 만화

(5) 복합 매체(멀티미디어/뉴미디어) - 컴퓨터

맥루한의 구분

(1) HOT 미디어 - 정보의 정밀도가 높고 수신자의 낮은 참가도를 요구하는 미디어(영화, 라디오)

(2) COOL 미디어 - 정보의 정밀도가 낮아서 수신자의 높은 참가도를 요구하는 미디어(텔레비전, 만화, 전화)

또한 박연식은 '미디어와 워크북 활용을 통한 독서교육'이라는 글에서 미디어를 아래와 같이 분류하고 있다.

---

22) 이 내용은 송재희·김슬옹 선생님께서 1999년 세종서적에서 내신 책 『대중 매체 읽고 쓰고 생각하기』의 교사용 해설서에서 인용한 것입니다.

(1) 직접 표현하는 매체 - 목소리, 얼굴 표정, 몸짓 등과 같이 서로 마주 대하며 의미를 직접 소통하는 것, 일회적

(2) 기호나 영상으로 간접 전달하는 매체 - 서적, 편지, 그림, 사진, 문자나 영상으로 만들어 소통하는 것으로 저장이 가능하므로 거리와 시간에 관계없이 대량 소통이 가능함

(3) 기계가 전자 힘을 이용한 매체 - 전화, 라디오, 텔레비전, 컴퓨터 등 기술적 요소가 필요하고 장치 조작 능력을 요구함. 특별히 컴퓨터는 다수 간에 동시 다발적으로 양방향의 의사소통이 가능함

2) 미디어의 개념[23]

미디어(media)란, 매체(媒體), 수단, 특히 전달의 수단이 되는 문자나 영상 따위를 이르는 것으로, 맥루한은 '미디어는 메시지다'라고 정의하기도 했다.

---

23) 이 내용 또한 앞의 송재희·김슬옹 선생님의 자료에서 인용한 것으로, 이해를 돕고자 필자가 내용을 첨가한 부분이 있음을 알려 드립니다.

2. 미디어 교육이란?

1) 미디어를 활용하게 하는 교육
2) 미디어를 비판적으로 수용하는 방법을 가르쳐 주는 교육
3) 미디어를 제대로 즐기게 하는 교육
4) 미디어의 속성을 제대로 알게 하는 교육
5) 미디어 생산에 적극적으로 참여할 수 있는 전략을 가르쳐 주
   는 교육

3. 미디어 교육의 주요 전략

1) 미디어를 제대로 읽어 내기

엉뚱한 생각일지 모르지만, 인간이 환경에 맞게 진화를 한다는 측면을 고려한다면, 머지않아 눈과 귀의 숫자가 두 배로 불어나지 않을까 싶다. 왜냐하면 보고 들어서 취해야 할 정보가 너무나 많기 때문이다. 정보가 곧 힘이자 돈이라고 하니, 현대를 살아가는 사람들은 좋은 정보를 하나라도 더 얻으려 하는데, 그럴 때 간과하지 말아야 할 점은 미디어를 제대로 읽어야 한다는 것이다. 미디어가 거짓을 말하지는 않지만(때로는 거짓말도 한다!), 보여주고 싶은 면만 보여준다는 특성을 알고 말이다.

2) 미디어의 사회적 맥락을 짚어내기

미디어는 사회의 얼굴이다. 왜냐하면 사회에서 벌어지는 일들을 비추어 주기 때문이다. 그러므로 우리는 미디어가 담아내고 있는 사회적 맥락을 짚어낼 수 있어야 한다. 특히 오늘날처럼 다양한 미디어가 왜곡되거나 과장될 수 있는 현실에서는, 사회적 맥락을 정확하게 짚어낼 수 있는 힘이 필요하다.

3) 미디어를 나와 우리 삶의 의미로 설정하기

필자는 인간을 둘러싸고 벌어지는 모든 일들이 나와 우리 삶에 직접적인 관련이 없으면, 즉 의미가 없다면 소용이 없다고 생각한다. 누군가에게 의미가 된다는 것, 무엇인가로부터 의미를 찾을 수 있다는 것, 바로 그것이 우리 삶을 더욱 풍요롭고 가치 있게 하는 일이다. 그러니 날로 발전해 가는 미디어도 우리 삶 속에 의미 있게 자리 잡을 수 있도록 설정해야 한다.

4. 미디어 교육의 의의

1) 수용자 중심의 열린교육의 디딤돌
2) 학교 안과 밖의 거리 극복이 쉬움
3) 매체의 권력성에 대한 비판
4) 매체의 통합적 이해
5) 활자 매체의 한계성 극복
6) 현대 사회의 적극적 주체 구성

5. 미디어에 대한 오해

1) 싸구려 문화?

과거 연예인을 '딴따라'라고 부르며 얕잡아 부른 것처럼, 미디어가 싸구려 문화를 양산한다는 지적이 있다. 물론 이 지적에서 자유로울 수 없지만, 꽤 유익한 프로그램들이 만들어져, 대중문화 발전 및 시청자들의 교양 향상에 기여하는 바도 있으므로, 미디어 전체를 싸구려 문화라 매도하는 것은 바람직하지 못하다.

2) 지배 이데올로기?

우리나라는 언론의 자유가 보장된 자유민주주의 국가이다. 하지만 한 때 언론의 자유가 보장받지 못하면서, 오히려 언론을 지배 이데올로기로 삼았던 정권도 있었다. 이처럼 언론을 통해 노출된 지배 문화는 일반인들이 따라하며 또 다른 지배 이데올로기로 재생산되기도 했으나, 인터넷의 발달 등 쌍방향 미디어들로 인해 오히려 언론(미디어)들은 어느 한 쪽만의 지배 이데올로기를 반영하기보다는, 소통의 창구로 활용되는 면도 있다.

3) 책과의 적대 관계?

집에서는 텔레비전이나 인터넷이, 이동하는 중에는 DMB 및 MP3
가 책의 독자들을 빠르게 빼앗아 가고 있다. 따라서 날로 발전하는
미디어들은 사람들이 책을 읽지 않게 만드는, 결국 책과 사람 사이
의 관계를 멀어지게 만드는데 기여를 한 면이 있다. 하지만 PDA
및 Voice Book 등 미디어의 발달에 발맞추어 더 편리한 방법으로
독서를 할 수 있게 되었고, 텔레비전이나 인터넷을 통해 책 관련
소식을 빠르고 편리하게 전할 수 있는 장점도 있다. 따라서 미디어
와 책을 적대 관계로 보는 것보다는 상보적인 관계로 보는 것이
더 합리적일 것이다.

4) 시청각 교육?

현재는 '멀티미디어 실' 등으로 용어가 바뀌었지만, 불과 얼마 전
까지만 해도 학교에는 대부분 '시청각 실'이라는 곳이 있었다. 시청
각. 말 그대로 보고 듣는다는 뜻인데, 앞서 언급한 것처럼 미디어
는 오감을 총 동원한 교육이 필요하지 시청각에만 의존할 수 없다.
따라서 이 부분에 대한 오해도 개선될 필요가 있다.

6. 미디어별 특징과 대표 참고정보

1) 텔레비전

현재로서는 가장 막강한 영향력을 갖고 있는 매체이다. 이것을 과연 어떻게 활용할 것인가? 참고로 각 방송국에는 방송되었던 모든 프로그램에 대한 자료가 정리되어 있다. 최근에는 VOD 시스템의 구축으로 인터넷 사이트 내에서 재방송도 볼 수 있게 되어 있다. (무료, 유료)

2) 인터넷

사실 청소년이나 어린이들에게는 텔레비전보다 더 많은 영향을 미치고 있는 매체일런지도 모른다. 인터넷은 이제 단순히 어느 한 가지의 기능이 아닌 복합적인 가상의 정보 창고가 되었다. 그림, 사진, 음악, 영화, 신문, 전화, 텔레비전 기능 등 거의 모든 것들을 담고 있기 때문이다. 역시 가장 큰 과제라면 이것을 어떻게 적절히 활용할 것인가에 대한 부분일 것이다.

3) 신문

인터넷의 사용 등 영상 매체의 강세로 그 영향력은 많이 떨어진 것이 사실이지만 그래도 아직은 많은 정보와 영향력을 미치는 매체임에는 틀림없다. 신문은 우선 그 다양성 때문만이라도 좋은 자료가 될 수 있는데, 특히 앞서 살펴본 NIE의 경우는 아주 적절한 활용 방안 가운데 하나라고 할 수 있다.

4) 음악

요즘 학생들은 MP3로 인해 보다 많은 음악들을 쉽게 들을 수 있는 환경에 놓여 있다. 이토록 다양하고도 풍부한 음악자료도 훌륭한 매체 가운데 하나이다.

5) 비디오

비디오 자료 역시 집 근처의 대형 대여점 등이 성업하고 있어 너무도 쉽게 구할 수 있는 매체 자료 가운데 하나가 됐다. 앞서 살펴본 방법뿐만 아니라 비디오 매체만으로도 훌륭한 수업을 꾸려 나갈 수 있을 것이다.

6) 기타

살펴본 매체 이외에도 너무나 많은 매체가 있다. 그 세부적인 내용들은 수업을 구상하시는 선생님들의 몫으로 남기고자 한다.

7. 미디어의 독서지도 수업 시 적용 방안

1) 매체 비교

앞서 살펴본 것처럼 다매체 교육은 미디어의 여러 영역을 고루 접목시켜 교육 목적에 맞는, 보다 효율성을 기할 수 있는 것으로의 통합을 꾀하는데 그 목적이 있다고 할 수 있다. 하지만 역시 그 시작은 독서지도를 받는 어린이나 학생들 스스로 매체를 올바로 이해하는 것에서부터여야 할 것이다. 매체 비교는 그런 관점에서 쉽게 접근을 할 수 있는 프로그램인데, 같은 내용의 다른 매체 비교, 같은 주제의 다른 매체 비교 등으로 그 영역을 확장해 볼 수 있다.

(1) 같은 내용의 다른 매체 비교

예를 들어 우리나라 어린이들이 거의 읽었을법한 동화인 『강아지 똥』을 생각해 보자. 『강아지 똥』은 이미 그림책으로 먼저 출판되어 많은 이들의 사랑을 받았는데, 그 작품이 어느 날 애니메이션으로 다시 태어나 국제 대회에서 수상을 하기도 했다. 하지만 책에서 보던 느낌과는 또 다른 무엇인가가 있었는데, 그런 부분들의 비교부터 시작해 보는 것도 하나의 방법이겠다.

〈강아지 똥 VS 강아지 똥〉

우리는 이제 동화책으로 표현된 『강아지 똥』과 애니메이션으로 표현된 〈강아지 똥〉을 살펴 볼 것입니다. 비록 서로 표현하고 있는 매체와 방법은 다르지만, 그 내용과 주제는 같답니다. 그럼 지금부터 두 강아지 똥을 보고 서로 어떤 차이가 있었는지 그 차이점을 발견해 보도록 합시다.

동화 강아지 똥	애니메이션 강아지 똥

이렇듯 매체 비교는 아주 간단한 활동이지만 피교육자인 학생들이 스스로 생각하여, 찾아내며, 토론이나 구술이라는 방법으로 직접 표현해 볼 수 있다는 점에서 그 효과를 인정받을 수 있겠다. 그 방법적인 면은 앞서 제시한 동화(책)와 영상(비디오 혹은 DVD)뿐만 아니라, 시와 노래, 음악과 춤 등에서도 얼마든지 적절한 대상을 찾을 수 있겠다.

(2) 같은 주제의 다른 매체 비교

예전에는 아이들이 보는 책의 주제가 너무나 편협하게 한정되어 있었는데, 최근 들어 다루고 있는 주제 영역도 너무나 다양화되어 무척 다행스럽게 생각된다. 그 많은 주제들 가운데 하나를 선택해 서로 다른 매체에서 다루고 있는 내용을 찾아, 그 주제를 이해하는 데 두 가지 방법 가운데 어떤 방법이 더 좋은지 서로 비교해 보는 등의 활동을 해보는 것도 재미있겠다. 예를 들어 '환경'이라는 주제를 정했다면, 자연 친화와 도시화의 과정을 잘 보여주는 버지니아 리 버튼의 『작은 집 이야기』와 일본의 애니메이션 〈원령공주〉를 선택해 볼 수 있겠다. 또는 '소원', '소망'이라는 주제로 하이디 홀더의 『까마귀의 소원』과 자우림의 노래 〈오렌지마말레이드〉 또는 〈마법의 융단〉을 선택해 볼 수 있겠다. 그 이외 정해진 주제에 따라 관련 자료들을 찾아보면 되겠다. (결국 많은 매체를 알고 있는 교사가 수업을 구성하는데 유리할 수밖에 없겠으나, 교사 혼자서 준비하는 것이 어렵다면 그 전 시간에 미리 다룰 주제에 대한 고지를 해주고 적당한 내용들을 찾아보는 과제를 내주는 것도 하나의 방법이겠다)

2) 매체별 접근 방안

이제 각각의 매체별로 접근할 수 있는 방안을 살펴보고자 한다. 그런데 교사들의 목적은 결국 독서지도를 받는 학생들에게 보다 유용한 방법으로 최고의 효과를 내고자 하는데 있기 때문에, 아울러 학생들 스스로 매체를 정확히 보고 역시 적절히 활용할 수 있는 방안을 지도하는데 있기 때문에, 학생들 스스로 사용하고 있는 매체를 비평해 보는 것부터 시도해 보는 것도 큰 의미가 있겠다.

(1) 매체 비평

앞서 살펴본 미디어별 특징에 소개된 미디어들을 중심으로 각각의 미디어를 언제 어떻게 활용하는지, 그것들이 미치는 영향력은 어느 부분에서 어느 정도인지, 각각의 장단점은 무엇인지 등을 살펴본다. 모둠을 나누어 각각의 미디어를 비평해 보는 것도 좋고 한 종류의 미디어를 동시에 시도해 보는 것도 좋다.

(2) 매체 만들기

이미 만들어져 제공되고 있는 매체를 잘 활용하는 것도 좋지만 때로는 구미에 딱 맞는 매체를 찾기 어려울 때가 있다. 특히 많은 학생들과의 수업 시 독후활동을 하기 전에 그림책 등의 자료를 다 같이 보고자 한다면 작은 책으로는 그 부족함을 여실히 느낄 것이다. 그럴 때는 직접 매체를 활용해 자료를 만들 수 있는데 그 대표적인 것이 파워포인트라고 할 수 있다.

(3) 기타 각 매체와의 접근 방법 모색

3) 똑똑한 미디어 활용 습관 만들기

여러분들의 텔레비전 시청 습관을 점검해 봅시다. 먼저 아래 표에 일주일동안 여러분들이 즐겨보는 텔레비전 프로그램의 제목을 쓰고, 그 프로그램이 나에게 어느 정도나 유익한지 10점 만점으로 채점해 봅시다.

프로그램 제목	방송 요일 및 시간	유익한 정도

점검을 해본 결과가 어떤가요? 혹시 나에게 유익하지 않은 프로그램이 많았나요? 그렇다면 그 이유가 무엇이라 생각하나요? 나아가 유익한 프로그램을 선택해 효과적으로 텔레비전을 시청할 수 있는 방법도 함께 적어 봅시다.

자주 이용하는 사이트	내용 및 목적	유익한 정도

그밖에 여러분이 자주 사용하는 인터넷도 어떤 목적으로 사용하는지, 그것이 내게 꼭 필요한 내용인지 점검을 해봅시다.

4) 책에서 발견한 미디어 관련 내용

아주 이상한 상자

　이상한 나라가 있습니다. 아주 이상한 나라입니다. 이 나라에 처음 가 본 사람은 맨 처음에는 이상한 나라로 생각하지 않습니다. 그렇지만 조금만 지내보면 아주 이상한 나라라는 것을 금방 알게 됩니다. 길을 몰라서 물어 보기라도 하는 날에는 더 빨리 이상한 나라라는 것을 알게 되지요. 만약에 "아주머니, 지하철 타는 곳이 어디예요?" 하고 묻는다면 갑자기 큰 일이 벌어집니다. 둘레 사람들이 눈을 둥그렇게 뜨고 신기한 동물이라도 보듯이 몰려들어 길을 물은 사람을 구경합니다. 왜 그러냐고요? 이 나라 사람들은 입이 있어도 말을 하지 않는답니다. 하나같이 벙어리입니다. 말을 못해서 벙어리가 된 게 아니라 말을 하기 싫어서 입을 다물고 있는 게지요. 그런데 입을 벌려 길을 물었으니 구경거리가 될 수밖에요. 그런 나라가 어디 있느냐고요? 그러니 이상한 나라지요.

　이 나라에도 처음에는 우리처럼 말을 하고 살았답니다. 노래를 부르기도 하고 먼 곳에 있는 사람을 부를 때는 손나팔을 만들어 큰 소리로 부르기도 하였지요. 그런데 왜 이렇듯 벙어리가 되었는지 궁금하지요? 그건 바로 이상한 상자 때문입니다. 다음 이야기를 한 번 들어 보세요. 이 이상한 나라가 조금도 이상하지 않을 때입니다.

　어느 마을에 아버지, 어머니, 딸, 아들 이렇게 네 식구가 오순도순 행복하게 살아가는 집이 있었습니다. 식구들은 낮에는 뿔뿔이 흩어져서 모두가 자기 일을 하느라 바빴습니다. 아버지는 회사에 나가 일을 하느라 바빴고, 어머니는 집안일을 하느라 늘 바빴습니다. 초등학생인 아들 영준이는 학교 가서 공부하려, 동무들과 골목에서 뛰어놀랴 바쁩니다. 영준이 동생 영미 역시 또래들과 소꿉놀이를 하고, 오빠 따라 그림도 그리고, 어머니 따라 시장도 가고 하느라 분주합니다.

모두들 이렇듯 흩어져서 자기 일에 바쁘지만 저녁이 되면 한 사람 한 사람 모여듭니다. 영준이와 영미가 가장 일찍 집에 들어오고 아버지가 가장 늦게 돌아옵니다. 저녁상에 둘러앉은 식구들은 밥을 먹으면서 이야기꽃을 피웁니다. 이야기 마당은 잠자리에 들 때까지 이어집니다. 영준이는 학교에서 있었던 이야기를 마구 쏟아 놓습니다. 선생님에게 칭찬을 들은 이야기며 동무들과 놀았던 이야기도 합니다. 영미도 할 말이 참 많습니다. 길식이네 개와 미지네 개가 싸운 이야기도 하고, 옆집 영아가 안고 다니면서 자랑하는 곰돌이 인형이 갖고 싶다면 사 내라고 떼를 쓰기도 합니다. 어머니 아버지는 주로 일을 하면서 겪은 이야기를 많이 합니다. 집안 걱정도 하고 때로는 남의 집 걱정도 함께 합니다. 아버지 어머니의 이야기가 길어지면 곁에서 칭얼대던 영미는 어머니 무릎을 베고 잠이 들곤 합니다. 식구들은 따로따로 낮 시간을 보내지만 누가 어떤 일을 하였는지 서로가 훤하게 압니다. 누가 얼마나 힘이 들었는지도 압니다.

어느 날이었습니다. 아버지가 시내에 가서 이상한 상자를 하나 사 왔습니다. 아주 예쁜 상자입니다. 그 상자에는 사람들이 나와서 이야기도 하고, 노래도 부르고, 춤도 추고, 별것 별것을 다 했습니다. 그 상자에 나오는 사람들은 하나같이 얼굴이 잘 생겼습니다. 그리고 모두들 얼마나 사람들을 잘 웃기고 울리는지 아무리 봐도 지루하지 않았습니다. 식구들은 신이 났습니다. 가장 신나는 것은 역시 영준이입니다. 영준이는 학교를 마치고 집에 오기가 바쁘게 상자의 스위치를 "똑" 하고 켭니다. 그러면 선생님보다도 더 잘생기고 더 똑똑한 사람이 나와서 별별 것을 다 가르쳐줍니다. 영준이가 가장 좋아하는 것은 만화 영화입니다. "영준아, 가게에 가서 콩나물 좀 사 오너라." 저녁밥을 짓던 어머니가 영준이에게 심부름을 시킵니다. "에이 참, 지금 만화 영화 한단 말이에요." 영준이는 이렇게 혼잣말처럼 중얼거리기만 할 뿐 들은 척도 않습니다. "영준아! 너 엄마 말 못 들었어!" 잡아

먹듯이 소리를 질러야만 영준이는 마지못해 슬그머니 일어섭니다. 부모님 말 잘 듣기도 소문이 났던 영준이도 만화 영화 앞에서는 이렇듯 어머니 속을 썩입니다. 처음에는 일이 바쁘다면서 곁눈으로만 슬쩍슬쩍 보던 어머니도 요즘은 그 상자 앞에서 정신없이 앉아 있다가 깜빡하고 밥을 태운 일이 한두 번이 아닙니다. 그러니 그 상자가 얼마나 재미있는 상자인지 짐작이 가겠지요?

상자는 이 집에서 대장이 되었습니다. 식구들은 상자에 나오는 사람이 웃으면 같이 웃고, 울면 같이 울고, 괴로워하면 마치 내 일처럼 괴로워하게 되었습니다.

저녁밥을 먹을 시간이 되었습니다. 식구들이 밥상을 가운데 두고 마루에 둘러앉았습니다. 그러나 어머니는 밥을 차려 놓고는 상자 앞에 앉았습니다. "여보, 오늘 우리 공장에서 말이야……" 아버지가 낮에 있었던 이야기를 꺼내려고 어머니를 돌아보면서 크게 말을 했습니다. "잠깐만요. 지금 연속극 나올 시간이거든요." 어머니가 손을 내저으며 아버지의 말을 막았습니다. 이야기를 하려고 하던 아버지는 그만 입을 다물고 말았습니다. 그러고는 아무 말 없이 저녁밥을 먹었습니다. 마치 어머니와 싸운 뒤 같았습니다. 분위기가 서먹해졌습니다. 밥맛이 없었습니다. "엄마, 오늘 교장선생님이……" 저녁을 다 먹은 영준이가 정신없이 상자를 바라보고 있는 어머니 곁에 가서 학교 이야기를 꺼내려고 했습니다. "시끄러워! 저리 가. 밥 다 먹었으면 네 방에 가서 공부나 해!" 어머니는 상자에서 눈을 떼지 않은 채 영준이를 떠밀었습니다.

"땡." 9시 뉴스가 시작되었습니다. 이번에는 아버지가 상자 앞에 자리를 잡았습니다. 어머니는 그제야 다 식어 버린 국을 다시 데워 혼자서 저녁을 먹었습니다. "아빠, 길식이가 자기 아빠 손이 아빠 손보다 더 크다고 그랬어. 아니지?" 영미가 아버지를 빤히 바라보면서 입을 열었습니다. "그래, 영미야, 시끄럽다." 아버지는 상자에서 눈을 떼지 않은 채 영미를 살짝 밀었습니다. 영미는 입이 삐죽 나왔습니다. 할 수 없이 영미도 아버지 곁에 앉아서 상자를 바라봅니다. 영준이도 영미 곁에 앉아서 상자를 바라봅니다. 급히 설거지를 끝낸 어머니도 상자 앞에 앉았습니다. 식구들의 눈은 모두 상자 가운데로 모였습니다. 입은 굳게 닫힌 채입니다. 눈으로 보고 귀로만 들으면 되니까 입을 열 필요가 없습니다. "여보 내일 아침에는 신발장을 좀 고쳐야 하는데 시간 있어요?" 함께 뉴스를 보던 어머니가 갑자기 생각난 듯이 아버지를 보면서 이렇게 물었습니다. "어허, 좀 조용해 봐요." 아버지가 짜증을 내면서 말을 했습니다. "다음은 날씨입니다……."

9시 뉴스가 끝나자 영준이가 가장 먼저 일어나서 제 방으로 들어가 버렸습니다. 영미는 벌써 그 자리에 꼬꾸라져 자고 있습니다. "아이고, 오늘은 아주 피곤한데 일찍 자야지." 아버지도 자리에서 일어나셨습니다. 어머니는 오늘 꼭 봐야 할 프로그램이 있다면서 늦게까지 상자 앞을 지켰습니다. 아버지가 오늘따라 더 피곤한 까닭을 아는 사람은 식구들 가운데 아무도 없습니다. 영준이는 오늘 학교에서 교장 선생님에게 크게 칭찬 받은 일을 결국 자랑도 못하고 잠이 들고 말았습니다.

이렇게 하루 이틀 지나면서 영준이네 식구들은 말을 하지 않기 시작했습니다. 말을 할 필요가 없었습니다. 식구들은 말하지 않지만 말은 방 안에 가득했지요. 그 상자에서 나오는 말입니다. 우스운 이야기가 나오면 귀로 듣고 눈으로 보면서 하하 웃으면 됩니다. 슬픈 이야기가 나오면 마치 나에게 슬픈 일이 일어난 것처럼 눈물을 흘립니다.

영준이네 집에 있는 것과 같은 이상한 상자가 집집마다 안방에 들어앉아 대장 노릇을 하게 된 것은 그로부터 얼마 되지 않아서였습니다. 이 나라 사람 모두가 벙어리가 된 것도 그때부터랍니다.

『이상한 학교/윤태규 글, 김종도 그림/한겨레아이들』

(1) 우리는 텔레비전을 두고 '바보상자'라는 말을 합니다. 그 이유는 무엇일까요?

(2) 위 동화와 같은 현상이 발생한 이유는 결국 무엇 때문이라 생각되나요?

(3) 미디어의 발달은 사람들 사이의 대화를 없애거나 소통을 원활하게 할 수 없게 만들기도 합니다. 특히 인터넷에서 사용하는 외계어 등의 독특한 문화는 그 문화를 아는 사람들만 사용할 수 있는 등, 세대 간의 공감대를 빼앗아 결국 대화를 하지 않게 만드는 것 같습니다. 이런 현상이 바람직하다고 생각하나요? 그렇게 생각하는 이유와 함께 적어 봅시다.

(4) '부럽다 리모콘'이라는 동시는, 퇴근을 해 집에 오시면 놀아주거나 숙제를 도와주는 대신, 습관처럼 텔레비전만 보시는 아빠의 모습을 리모컨 보다 관심 받지 못하는 것처럼 느끼는 아이의 마음을 표현한 것입니다. 여러분들도 혹시 그런 경험이 있나요? 그렇다면 그 마음을 솔직히 적어 봅시다.

부럽다 리모콘

박혜선

퇴근하신 아빠
소파에 앉아
리모콘을 찾는다

도돌도돌 튀어나온 숫자들
아빠가 엄지손가락으로
누를 때마다
-네 네 네 네.
화면을 착, 착, 바꿔주며

말도 잘 듣는다.

숙제를 하다 말고
아빠를 쳐다본다.

- 니네 아빠 손
얼마나 따뜻한지 모르지?

- 너, 아빠 품에서
잠든 적 있어?

으 으 으~
손바닥만한 게
아빠 옆에 짝, 달라붙어
날 놀린다.

『붕어빵 아저씨 결석하다/초록손가락 지음, 권현진 그림/푸른책들』

(5) 앞서 살펴본 것처럼 미디어는 정보 등을 효과적으로 전달하기 위한 하나의 수단입니다. 따라서 올바르게 활용할 필요가 있는데, 어린이들에게 미디어 사용의 중요성을 알리기 위한 표어를 만들어 봅시다.

5) 애니메이션이란?[24]

애니메이션의 원래 어원은 animated film으로, 보통 우리가 생각하는 만화영화와는 조금 다릅니다. 엄밀히 말하면 독자적인 영화예술의 한 자리를 차지하는 형식적인 장르로서, 다양한 기법에 의한 자유로운 메시지의 표현이 가능하다는 것을 장점으로 지니고 있습니다. 일반적으로 실사영화가 1초에 24프레임을 찍어내는 연속촬영에 의한 것이라면, 애니메이션은 각 프레임을 하나씩 정지하여 촬영한 뒤 이어 붙이는 것으로서, 찍어야 할 대상의 질료가 무엇이든 크게 문제 삼지 않는 특성을 갖습니다.

애니메이션에 쓰이는 다양한 기법들로는,

(1) 셀 애니메이션(cell animation) - 우리가 가장 쉽게 접할 수 있는 애니메이션 기법입니다. 쉽게 말하면 셀룰로이드 판에 그림을 그리고 색을 칠한 후 그 그림을 수만 장 그려 움직임을 만들어내는 것이지요. 이러한 셀 기법은 대량 생산과 분업 체제를 통한 상업용 애니메이션에 가장 많이 활용됩니다. 따라서 극장이나 TV에

---

24) 이 내용은 연세대학교 평생교육원 독서지도사 기본과정을 강의하시는 김경분 선생님의 자료 중, '미디어 교육 워크북'에서 인용한 것입니다.

서 볼 수 있는 애니메이션들은 대부분 이 셀 기법으로 만들어진 것입니다. 그러나 정말 애니메이션의 참맛을 원한다면 훨씬 더 창조적이고 독특한 기법으로 제작된 애니메이션을 다양하게 감상해 보는 것이 좋을 것입니다.

(2) 종이 애니메이션(animation on paper) - 배경과 중심인물을 따로 분리하지 않고 한 장의 종이에 한꺼번에 그려서 촬영하는 기법으로 가장 초보적인 방식이라 할 수 있습니다. 그림이 그려진 원화 자체를 직접 촬영하기 때문에 소재의 질감을 풍부하게 느낄 수 있으며, 풍부한 예술성과 개성을 표현할 수 있습니다. 따라서 그림을 움직임으로써 자아내는 효과보다는 그림 자체를 더 중시하게 되어 움직이는 미술작품을 보는 것 같은 효과를 주기도 합니다.

(3) 글래스 애니메이션(animation on glass & canvas) - 유리판 위에 잉크나 물감 등으로 그림을 그린 뒤 촬영을 마치면, 다시 그림 가운데 새로 그려야 할 부분을 지워내고 고쳐 그려 다시 촬영하는 기법을 말합니다. 계속해서 손가락으로 지워내고 다시 그리는 과정을 통해 부드럽고 몽환적인 그림의 효과를 거둘 수 있습니다. 이러한 기법으로 만들어진 작품 가운데 대표작으로는 캐롤라인 리프(caroline leaf)의 〈거리의 소년(The street)〉을 들 수 있습니다. 무엇보다도 부드럽고 따뜻한 작가의 손맛과 체온을 직접 느껴볼 수 있다는 게 장점입니다.

(4) 인형 애니메이션(puppet animation) - 인형을 조금씩 움직여 가며 한 장면씩 촬영하는 스톱모션 애니메이션 기법입니다. 스톱모션 애니메이션이란 2차원의 평면 위에 그림을 통해 공간감을 만들어내는 셀 애니메이션과는 달리 3차원의 세트 배경 속에서 실재 모형을 만들어 24번의 개별적인 움직임을 한 프레임씩 찍어서 만드는 것입니다. 이 때 실재모형의 질료가 무엇이냐에 따라 기법의 종류가 다시 나뉘는 것이지요. 인형 애니메이션은 말 그대로 인형을 고정시켜 놓고 약간씩의 변화를 주어가며 그 움직임의 순간을 찍어야 하므로, 무엇보다 촬영 작업 자체가 중요시됩니다. 동작을 고정시키는 데 약간이라도 문제가 생기면 연속성이 무너져 그 화면 자체를 못 쓰게 되기 때문입니다. 우리가 볼 때는 그저 인형이 자유롭게 움직이는 듯한 느낌을 받을 뿐이지만, 그렇게 자연스런 움직임을 만들어내기까지 창작자의 인내와 기다림은 실로 엄청나다 할 수 있겠죠.

(5) 절지 애니메이션(cut-out animation) - 등장할 캐릭터의 그림을 그려 오려낸 다음, 조금씩 움직여가며 촬영하는 기법입니다. 헝겊이나 신문, 잡지 등을 이용할 수도 있고 사진을 그대로 사용할 수도 있습니다. 보통 어린이를 대상으로 하는 구연동화에 자주 쓰이는 기법이기도 하지요. 〈하늘의 제왕〉이 이 기법으로 제작된 작품입니다. 바탕 그림이나 컷 아웃으로 만들어진 등장인물이 모두 아름답게 어울려 동화적이면서도 웅장한 느낌을 자아내게 됩니다.

(6) 오브제 애니메이션(object animation or mobile materials & multimedia) - 철사, 털실, 헝겊, 돌 과일 등의 다양한 재료를 이용하여 움직임을 만들어내는 기법입니다. 역시 소재로 쓰인 물건들을 조금씩 움직이거나 변형해 가며 찍는 스톱모션 애니메이션입니다. 대개 여러 가지 소재들을 의인화시켜 이야기를 꾸며나갑니다. 〈맛있게 드세요〉가 이 기법을 활용하고 있는 작품으로 음식과 그릇들이 저마다 생명을 가지고 움직이는 듯한 놀라운 효과를 만들어 냅니다.

(7) 핀 스크린 애니메이션(pin screen animation) - 하얀 판 위에 수천 개의 핀들을 꽂아 놓고, 옆에서 비추는 조명과 핀의 움직임에 의해 생기는 그림자를 가지고 영상으로 표현하는 기법을 일컫습니다. 애니메이션의 새 지평을 연 것으로 평가되고 있지요. 이 핀 스크린 방식은 일단 작업이 시작된 다음에는 중간에 수정이 불가능하므로 처음부터 치밀한 계획과 준비과정을 요구합니다. 그만큼 작가들의 엄청난 끈기와 인내를 필요로 하는 방법입니다. 우리에게는 〈어렸던 아이(Ex-Child)〉라는 작품으로 알려진 자끄 드루앵(Jacques Drouin)이 이 기법의 대가로 알려져 있습니다.

(8) 픽실레이션 애니메이션(animation on pixilation) - 손으로 그림을 그리는 게 아니라 실제 사람들이 정지동작을 연기하여 한 장면씩 찍어나가는 기법입니다. 사람들의 연기에 의해 만들어지지

만 한 컷씩 이어 붙여진 움직임의 효과로 실사영화와는 다른, 코믹하고 과장된 느낌을 줍니다.

(9) 클레이 애니메이션(clay animation) - 점토로 캐릭터를 만들어 세트를 배경으로 한 장면씩 찍어나가는 스톱모션 기법입니다. 우리에게는 〈월레스와 그로밋〉이나 〈아기펭귄 핑구〉라는 작품으로 널리 알려지기 시작했습니다. 줄여서 클레이메이션이라고 부르기도 합니다. 〈우리가 다시 그려요〉의 '너만 먹니?'가 이 점토 애니메이션 기법으로 만들어진 작품입니다.

(10) 스크래치 애니메이션(scratch animation) - 송곳 같은 날카로운 도구로 필름 위에 직접 그림을 긁어 영사하는 기법입니다. 긁혀진 그림 위에 때에 따라 색을 입히기도 합니다. 필름에 그림을 그리기 때문에 다이렉트 애니메이션이라 부르기도 합니다.

6) 영상, 세밀하게 읽기

이 활동은 먼저 주제에 따라 선정된 영상을 본 뒤에 할 수 있다.

자, 여러분들은 이 영상을 어떻게 봤나요? 그 느낌을 아래 칸에 채워 봅시다.

(1) 먼저 이 영상에 담긴 주제를 한 문장으로 적어 봅시다.

　　영상 1)

　　영상 2)

(2) 이 영상을 본 소감은 어떤가요?

　　영상 1)

　　영상 2)

(3) 그렇다면 이 영상에 담긴 문제를 해결하기 위한 방법을 생각
　　해 적어 봅시다.

　　영상 1)

　　영상 2)

(4) 마지막으로 관련 주제로 간단한 글을 적어 봅시다.

7) 미디어 비평가 되기[25]

(1) 1단계 : 마음 열기, 생각 트기

[활동 1] 여러분에게 미디어는 무엇입니까?

내게 미디어는 ＿＿＿＿＿＿＿＿＿＿＿＿＿＿ 이다.

　(사례) 미디어는 맛사지다 - 맥루한

---

25) 이 내용은 김슬옹 교수님의 글 'TV 속의 TV? TV 바깥의 TV : 나는 아마추어
　　미디어 비평가'에서 인용했습니다.

[활동 2] 그렇다면 이 활동 공책의 이름을 지어 주세요.

[활동 1]은 은유적 정의 내리기 활동이다. 은유는 흔히 '가을은 호수다'와 같은 문학적 은유로만 기억하는 사람들이 많다. 그러나 언어는 근본적으로 은유다. 낱말과 낱말의 결합, 의미와 의미의 결합이 특정한 맥락이나 의도에 의해 연결되거나 결합되어 새로운 의미를 발생시킨다. 어떤 은유에 의해 어떤 의미나 효과를 보여주느냐에 따라 우리는 다양한 언어의 스펙트럼을 만끽한다. 가을을 호수에 연결함으로써 우리는 가을의 새로운 이미지나 의미를 발견하고 주목하게 된다. 맥루한은 미디어를 맛사지(메시지)라고 함으로써 미디어가 단순한 도구나 매체가 아니라 그 자체가 꿈틀거리는 하나의 의미작용임을 드러내었다. 아이들은 다음과 같은 은유를 보여주었다.

① 천국 - 왕준호, 과학 - 주상우, 초콜렛 - 우혜지, 블랙홀&즐거움 - 김보미, 장난감 - 최인화, 장미꽃 - 송유나
② 시간과의 투쟁 - 백승훈, 즐기기 위함 - 이혜미, 세상을 보여주는 사람들 - 최은경, 간접적 문화활동 - 유연미, 생활의 일부분 - 김보희, 별다른 의미가 없는 것 - 왕주연, 시간을 때우기 위한 기계 - 박현아

위 낱말들만 보아도 왜 그렇게 설정했는지를 알 수 있기 때문에 이유 설명은 생략한다. 다만 이런 낱말을 통해 학생들이 미디어에 대한 생각이나 관점 아니면 강렬한 첫 인상을 확인 할 수 있다. 이 활동에서는 (2)와 같은 풀이식 방식은 지양하도록 지도해야 한다. 이 활동은 단지 미디어 의미를 묻는 것이 아니라 특정 낱말을 통

해 자신의 생각을 드러내게 하는 전략도 포함하기 때문이다. 공책 이름은 아마도 이런 은유 활동에 기반 하여 짓는다. 2단계에서는 다음과 같이 비평 준비 활동을 한다.

(2) 2단계 : 비평 예비단계

[활동 3] 가장 좋아하는 프로와 그 이유를 써 주세요.

프로 : _____

이유 : _____

[이유를 다시 분석해 봅시다]

개인 취향 요소 : _____

프로 자체 좋은 점 : _____

* 그 프로의 문제점은 없을까요?

① 문제 : _____

원인 : _____

대책 : _____

* 비슷한 다른 프로와 차이는 무엇입니까?

내가 좋아하는 프로	비슷한 다른 프로

[활동 4] 가장 싫어하는 프로와 그 이유를 써 주세요.

프로 : _____

이유 : _____

[이유를 다시 분석해 봅시다]

개인 취향 요소 : _____

프로 자체 좋은 점 : _____

* 그 프로의 좋은 점은 없을까요?

① 좋은 점 : _____

  이유 : _____

* 비슷한 다른 프로와의 차이는 무엇입니까?

내가 싫어하는 프로	비슷한 다른 프로

    이 단계에서는 좋아하는 프로와 싫어하는 프로에 대한 자연스런
분석을 통해 문제를 발견하게 하는 단계이다. 좋아하고 싫어하는
양쪽 단계를 모두 설정한 것은 프로를 좀 더 객관적이고 냉철하게

바라보게 하는 전략이다. 활동 4에서 개인 취향요소와 프로 자체 좋은 점을 나눠보라고 한 것은 좋아하는 이유가 개인 취향 때문인지 아니면 프로 자체에 그런 점이 있는지 아니면 두 요인 모두 때문인지를 좀 더 분석적으로 따져보게 하는 위해서이다. 활동 5는 좋아하는 프로일수록 문제를 찾게 함으로써 비판적 안목을 키워주는 효과를 거둘 수 있다. 특히 문제를 찾아서 원인을 분석하고 대안을 제시하는 것은 그 자체가 비평 활동이다. 이를테면 학생들은 아래와 같이 문제를 찾아내고 대안을 제시한다.

* 왕건에 대하여
문제 : 잘못된 역사관을 줄 수 있다
원인 : 역사소설이 바탕임에도 미디어의 힘에 의해 실사라고 믿기 쉽다
대책 : 책임 있는 역사의식과 철저한 고증이 필요하고 프로그램 시작에 실사가 아니라 역사소설에 바탕을 둔 것임을 밝혀야 한다 - 백승훈

(3) 3단계 : 비교 분석 확장 단계
이 단계에서는 아래와 같은 활동이 필요하다.

[활동 5] 자 그럼, 좋아하는 프로, 싫어하는 프로를 가르는 기준은 무엇입니까?

[활동 6] 자신이 본 프로그램 중 여러분이 생각하기에 청소년에게 좋은 영향을 주는 것이 있나요? 한 번 찾아서 적어 보세요.

유익한 프로그램		유익하다고 생각하는 이유
제목	프로그램 유형	

또한 여러분이 생각하기에 청소년에게 좋지 않은 영향을 줄 만한 프로그램을 찾아보세요.

유해한 프로그램		유해하다고 생각하는 이유
제목	프로그램 유형	

활동 5는 좋아하는 프로 싫어하는 프로 각각을 제대로 인식하는 단계를 넘어 비교하는 기준을 찾게 함으로써 좀 더 객관적이고도 치밀한 비평훈련을 유도하는 것이다. 활동 6은 개인 취향을 넘어 사회적 공익 차원에서 접근하게 해서 미디어가 사회에 끼치는 영향이나 가치를 스스로 점검해 보게 하는 활동이다.

(4) 4단계 : 인식확장 단계

이 단계에서는 다음과 같은 활동을 설정하였다.

[활동 7] 드라마와 뉴스의 차이는 무엇입니까?

[활동 8] 다음과 같은 의견 차이에 대해 어떻게 생각하십니까?

[베스트 극장 : 사랑은 보이지 않는다]
갑돌 : 이 프로는 감동적인 내용과 뛰어난 연기를 보여주어 매우
좋은 프로였다.
갑순 : 이 프로는 찰리 채플린의 영화를 모방했다. 특정 장면은
표절에 가깝다. 결코 좋은 프로가 아니다.

[활동 7]은 텔레비전 프로에 대한 실체를 정확하게 인식하게 하고
잘못된 인식을 바로잡게 하는 활동이다. 보통 드라마는 픽션, 뉴스
는 논픽션이라고 생각하지만 드라마라고 해서 모든 요소가 픽션인
것도 아니고 뉴스라고 해서 다 논픽션은 아니다. 뉴스도 연출에 의
해 가공하고 꾸미는 요소가 포함되어 있다. 어차피 사건의 선택과
배열 배치 자체가 엄청난 연출이다. 활동 8은 한 드라마가 보는 관
점에 따라 평가가 정반대로 나올 수 있다는 것을 통해 다양한 비
평의 눈을 뜨게 하는 전략이다.

(5) 5단계 : 비평 감상과 직접 비평하기 단계

이 단계에서는 다음과 같은 활동을 설정하였다.
[활동 9] 다음과 같은 비평문에 대해 어떻게 생각하시나요.

[활동 10] 다음 글을 참고로 TV 속의 청소년 모습이란 제목으로 글을 써
보세요.

[활동 11] 각 방송의 옴부즈맨 프로를 구체적으로 비교 비평해 봅시다.

[활동 12] 모니터 비평의 주요 기준이나 요소는 무엇입니까?

[활동 13] 이제 앞에서 분석한 프로에 대한 비평문을 써 보세요. 형식은
자유입니다.

[활동 9]는 남이 쓴 비평문을 통해 비평을 맛보는 것이고, [활동
10]은 남 비평문을 보고 응용하는 단계이고, [활동 11], [활동 12]는
본격적 비평을 위해 연습하면서 엄격한 비평을 위한 기본사항을
점검하는 단계이다. 그런 과정을 거쳐 [활동 13]에서 비로소 자신이
분석한 프로 가운데 하나를 골라 직접 써보는 것이다. 이런 과정을
통해 탄생한 비평가의 모습은 다음과 같다.

〈진실게임에 대하여〉

매주 금요일 PM. 7:00-8:00에, SBS에서 하는 진실게임은 예전에 하
던 진짜들 속에서 가짜를 찾는 방식에서 최근 가짜들 속에서 진짜를
찾아내는 방식으로 바뀌었다. 이 프로그램의 좋은 장점은 어떻게 보
면 냉엄한 현대 사회에서의 진실과 거짓을 오락과 결합시켜 진실과
거짓의 냉담한 성격을 오락을 통한 유쾌함으로 바꿔주는 점이 좋은
장점이다. 이 프로그램이 최근 더욱더 시청률이 높아진 이유는 바뀐
방식(가짜들 속에서 진짜를 찾는 방법), 그러니까 가짜들 속에서 진짜
를 찾는 게 그만큼 어렵기 때문에 시청자들의 흥미를 끄는 것이다.
진실게임의 이런 정점 속에는 또 단점이 숨어 있다. 진실게임은 지나
친 시청률을 의식하고 프로그램을 재미있게 만들려고 진짜 같은 아
니 정말로 진짜보다 더 진짜 같은 가짜를 방송에 내보낸다. 이 점은

초기 진실게임에서의 진실 속의 거짓을 찾아내는 점과는 달리 수많은 거짓들 속에 진실 같지 않는 진실을 나타냄으로서 현대 사회의 진실과 거짓을 너무 쉽게 다룬다. 출연하는 가짜들은 정말 진짜처럼 연기하며 출현하는 연예인들에게 헷갈리게 만들지만 마지막에 결과가 나오고 진짜가 밝혀지면 결국 그 가짜는 수많은 거짓을 말한 것이다. (이 프로그램에서는 어떻게 보면 냉엄하게 다뤄야 할 진실과 거짓을 너무 쉽게 비추고 있다.) 진실게임의 이러한 문제점을 고치기 위해서는 초기처럼 진짜들 속에서 가짜를 찾는 방식이 나은 것 같다.

- 왕주연(서울 중화중학교 1학년 5반, blackeyes02@hanmail.net)

8) 마무리

이제 바야흐로 비평의 시대다. 특정 언론만이 비평을 독점하는 시대는 지났다. 인터넷이 희망이라면 그것은 수많은 비평가들이 인터넷의 흐름을 주도할 때이다. 굳이 인터넷이 아니더라도 우리의 비평 글이 실릴 곳은 많다. 너도나도 비평가가 되어 미디어의 물결을 차분하게 흐르게 할 필요가 있다.

비평이 없는 미디어는 공룡이 될 것이다. 스스로 멸종하는 공룡. 미디어는 우리 몸의 일부이니 공룡 멸종은 곧 우리 몸의 소멸이다. 비평으로 우리 몸을 살릴 일이다.

★ 이런 책과 함께 할 수 있어요! ★

·다매체 시대의 국어교육과 문화교육/정현선 지음/역락
·삐딱하게 보고 뒤집어 생각해 보라/김슬옹 지음/미래M&B

- 웹 2.0 시대의 미디어 경영학/김택환 지음/중앙북스
- 미디어 빅뱅 : 한국이 바뀐다/김택환 지음/박영률출판사
- 미디어와 문화교육/김영순 지음/한국문화사
- 미디어 교육의 이론과 실제/설진아 지음/에피스테메
- 희한한 수업 : 미디어 교육을 위한 대안교과서/깨끗한미디어를 위한교사운동 지음/좋은교사
- 학교로 간 미디어/한국언론학회 미디어교육위원회 지음/다알미디어
- 다매체 시대의 글쓰기/교재편찬위원회/세종출판사

제 12 장

독서지도의 실제 10 :
토론 지도

1. 토론이란 무엇인가?[26)]

　우리는 어떤 문제에 대하여 생각이나 의견 또는 입장이 다른 사람들과 이야기를 하게 되는 경우가 있다. 이런 경우에는 대개 자신이 옳고 상대방이 그르다는 식의 주장을 하기 쉬운데, 이렇게 되면 더 이상의 진전된 대화를 나눌 수 없게 된다. 이런 문제를 해결하기 위해 토론의 원리와 방법에 대해 알아두는 것이 필요하다.

　토론을 넓은 의미에서 보면 토의의 일종이라고 할 수 있는데, 의견의 일치를 구하는 면에서는 토의와 같지만, 토론은 의견의 대립을 전면에 나타나게 한다는 점에서 다르다.

　토론이란, 하나의 문제에 관련되는 의견이나 제안에 대하여 찬반의 입장이 분명한 사람들이 모여, 그것에 대한 의사 결정을 위해 함께 논의하는 방식이다. 즉, 어떤 제안이나 의견에 대해 찬성과 반대의 의견이 뚜렷한 사람들이 논리적으로 상대방을 설득하는 논의 형태이다. 찬성자와 반대자는 각각 논거를 밝히고, 상대방의 주장을 논박하며, 주장의 정당성과 합리성이 상대방에게 인정될 수 있도록 자기의 주장을 펴 나간다.

---

26) 이 내용은 전라북도 무주교육청 장학사 신운섭님께서 제11회 전국교육용소프트웨어공모전 응모작 'ICT-교수 학습을 위한 초등학생 토론 홈페이지'에서 인용한 것입니다.

토론에서 자기주장이 옳다는 것을 상대방이 인정하도록 하려면, 상대방이 내세우는 논거의 모순을 지적하고, 자기 논거의 정당성과 합리성을 보임으로써 상대로 하여금 반론 제기나 논박의 여지를 가지지 못하게 해야 한다.

이러한 토론의 궁극적인 목적은 자신의 의견이나 주장을 관철시키는데 있는 것이 아니라 의견의 일치를 구하는데 있으며, 참석자들의 대립적인 주장을 통하여 바람직한 결론에 도달하는데 있다. 이와 같은 토론의 필요성은 사상이나 입장이 다른 이들 사이에 각기 주장하는 바가 대립되고 모순이 생겼을 때, 찬반 양 주장의 옳고 그름을 판정하여 집단의 의사를 결정하고자 하는데 있다.

2. 토론의 특징

1) 토론자들은 토론 주제에 대하여 의견이 서로 대립되는 관계에 있다.
2) 주장의 근거를 제시해서 주장의 정당성을 상대방에게 알린다.
3) 상대방의 주장이 타당하지 않음을 논리적으로 증명한다.
4) 의견의 일치나 결정은 하지 않는다.
5) 토론의 결과는 판정인들이 스스로 결정한다.

3. 토론의 규칙과 절차

1) 토론의 규칙

(1) 발언시간(자신의 주장을 말하는 시간)을 제한한다.

(2) 발언 순서를 정한다.

(3) 찬성하는 쪽과 반대하는 쪽의 발언 시간을 같게 한다.

(4) 토론이 끝나면 판정인을 통해 판정한다.

2) 토론의 절차

(1) 토론의 주제 결정

(2) 사회자 및 판정인, 찬성, 반대 의견자 나누기

(3) 찬성과 반대의 의견(주장) 내세우기

(4) 정당한 이유 이야기하기 - 상대방의 주장에 질문

(5) 판정인의 의논

(6) 토론 정리 및 판정 결과 발표

토론의 절차는 토론의 목적과 논제에 따라 다소 차이가 있으나 대체로 다음과 같다.

(1) 토론 의제의 진술 단계 - 공통의 화제 속에서 논쟁점들을 찾아내어, 찬성과 반대로써 대립이 뚜렷한 주제를 토론거리로 삼는다. 토론 의제 진술을 위해 문제의 기원과 역사, 용어의 정의, 토론해야 할 논쟁점의 선정 등의 준비 과정이 필요하다.

(2) 찬성 측과 반대 측의 논리의 공방 - 여기서는 각자 자기의 주장을 분명하게 제시한다. 우선, 토론자들은 중요한 추론 방향 및 증거와 관련 있는 영역들을 확실하게 연구해야 한다. 또, 증거와 추론은 정보 자원에 대한 조사를 거쳐 명확하게 다룬다.

(3) 상대방의 주장의 근거가 되는 사실과 논거를 일단 인정하고, 되도록 상대방의 표현대로 반복 인용하여 상대방에게 확인시킨다. 자기주장의 근거가 되는 사실과 논거가 한층 신뢰성 있고 가치 있는 것임을 간결하게 말한다. 상대방 주장의 근거를 여러 각도에서 살피고, 그 취약점을 주의 깊게 고찰한 다음 이유를 들어 문제점을 지적한다.

(4) 자기주장의 요점을 반복해서 말한다. 필요에 따라 상대방을 납득시켜 자기 주장 동조하게 하고 특정 행동을 일으키게 한다.

(5) 토론의 진행 중에는 '첫째, 우선, 먼저 생각할 것은, 둘째로, 다음에 바꾸어 말해서 그것과 별도로 단호히 두말 할 것 없이, 무엇보다도 먼저, 끝으로 요컨대, 결국, 어떻든 간에' 등과 같은 표현을 적절하게 구사하면 자기가 주장하는 바를 명료하게 드러낼 수 있다.

4. 토론 주제의 요건

1) 토론 주제는 '-는 -이어야 한다.' 혹은 '-는 -인가?'와 같은 형식으로 명확하게 제시하여야 한다.

2) 토론 주제는 찬성(긍정)과 반대(부정)의 주장이 대립될 수 있는 것이어야 한다.

3) 주제의 내용이 명확하여야 한다.

4) 주장은 하나여야 한다. 주제가 둘 이상의 주장을 할 수 있는 경우에는 혼란을 가져올 수 있다.

더불어 토론의 논제는 다음과 같은 요건을 갖추어야 한다.[27]

1) 쟁점의 시의성

2) 쟁점의 공공성

3) 쟁점의 대립성

4) 하나의 과제 제시

5) 긍정문의 형태

6) 중립적인 언어 표현

7) 구체성, 명확성

---

27) 이 내용은 숙명여자대학교 의사소통능력개발센터에 계시는 이은자 선생님께서 쓰신 글 '논술 지도를 위한 토론의 실제'에서 인용한 것입니다.

이어서 논제의 유형은 다음과 같다.

1) 사실 논제 - 예) "담배는 인체에 해롭다"

2) 가치 논제 - 예) "외모도 경쟁력이다"

3) 정책 논제 - 예) "우리 학교 자동판매기, 늘려야 한다"

마지막으로 토론식 수업에서 논제를 정할 때 고려해야 할 점은 다음과 같다.

1) 학생들이 말하고 싶은 흥미로운 논제인가?

2) 학생들 수준에 맞는가?

3) 학생들 정서나 문화에 맞는 내용이 되는가?

4) 사회적으로 올바른 가치관을 심어줄 결과가 예상되는가?

5) 근거가 되는 자료를 조사, 수집할 수 있는가?

6) 논술에 적합한 논제인가?

5. 사회자의 조건과 임무

1) 사회자의 조건

(1) 어떤 주장에 대하여 편견을 가지고 있지 않은 사람이어야 한다.
(2) 자연스런 어조로 말하고, 남을 위축시키지 않는 사람이어야
한다.
(3) 토론에 적극적인 태도로 참가하는 사람이어야 한다.
(4) 지식이 풍부하고, 합리적인 사고를 하는 사람이어야 한다.
(5) 포용력이 있는 사람이어야 한다.

2) 사회자의 임무

(1) 토론의 장소와 참가자의 좌석을 지정한다.
(2) 토론의 내용을 알린다. 토론이 본래의 주제를 벗어나지 않도
록 한다.
(3) 문제가 혼란해지거나 의견이 대립될 경우에는 논점을 정리해
서 참가자 전원에게 다시 한 번 생각하게 한다.
(4) 어떤 사람이 말한 내용이 다른 사람에게 잘 알려지지 않았을

경우에는 그 말을 알아듣도록 다시 말해 준다.

(5) 부적합한 때에 중요한 의견이 나오면 메모해 두었다가 다음
에 문제로 삼는다.

(6) 판정 결과를 종합하여 발표하고, 토론을 종결한다.

6. 토의와 토론의 비교

구분	토론	토의
유 사 점	· 논의의 여지가 있는 특정한 문제를 해결하는 방법 · 최선의 해결안을 모색하여 해결하는 방법 · 둘 이상의 참가자	
개 념	대립된 의견을 가진 사람들이 이론적으로 상대방을 설득하는 논의 형태	둘 이상이 모여 집단사고의 과정을 거쳐 해결안을 모색하는 논의 형태
목 적	의견의 대립, 모순으로 인한 갈등해소	문제 해결을 위한 최선의 해결안 선택
문제해결의 방법	자기주장의 논거, 증거 제시 - 자기주장의 정당성 입증, 상대방 주장의 모순 입증 - 상대방 주장의 논파	둘 이상이 모여 집단사고의 과정을 거쳐 해결안을 모색하는 논의 형태
참가자의 성격	찬성(긍정), 반대(부정)의 입장에서 의견을 가진 대립자	특정문제를 해결하기 위해 협력하고자 하는 공동 인식의 이해자
참가자의 목적	상대방의 반대 주장의 논파 - 자기주장의 옳음을 상대방이 인지하도록 설득하고자 함	가능한 참가자 전원의 모든 제안 검토, 최선의 문제 해결안 모색 및 성안
참가자의 태도	상대방 주장과 근거의 불확실성이나 모순 취약점 등을 지적하는 비판적인 태도	다른 사람의 제안이나 의견을 모두 수용하고자 하는 협력적인 태도

7. 토론의 유형

1) 일제토론

학생들은 교사가 일제히 바라보는 상태에서 교사가 전체 학급을 상대로 진행하는 방식이다. 단순히 교사가 질문하고 학생이 답을 하면 이어서 교사가 평가를 해주는 문답식 수업과는 구별할 필요가 있다. 강의식 수업과 구별되는 일제 문답식 수업도 토론(토의)식 수업에 포함시키는 사람이 있으나, 문답식 수업은 교과내용을 이해하고 있는가를 교사가 확인하는 과정이며, 엄밀한 의미의 토론은 아니라고 보는 사람이 많다. 엄밀한 의미에서의 토론은 공동의 문제나 의문 사항을 상호작용을 통해 해결하는 과정으로 보기 때문이다.

2) 조별토론(모둠토론)

한 학급을 여러 소집단(5~7명)으로 나눈 다음 서로 마주 본 상태에서 조별로 문제를 해결하도록 하는 토론 형식이다. 조장과 서기를 선정하도록 하고, 조장의 주도하에 토론을 진행하고 서기는 합

의된 내용을 기록하도록 한다. 조별토론을 끝낸 다음 나중에 조별
로 토론한 내용을 종합하는 토론을 갖도록 한다. 전체 종합토론은
교사(또는 학생 대표)가 진행하며 조별로 합의된 내용을 서기로 하
여금 발표하도록 하여 다른 조의 반응을 듣는 형식으로 진행한다.

조별토론은 일제토론에 비해서 학생들이 의견을 비교적 활발하
게 제시한다는 장점이 있다. 그러나 40~50분 수업에서 모둠별 토론
을 하고 다시 종합토론을 하기에는 시간이 부족하다는 문제점이
있다. 2시간 연속 수업으로 조별토론(후의 종합토론)을 하면 문제
를 깊이 있게 다룰 수 있는 장점이 있다. 조별토론에서도 일제토론
에서처럼 일정한 프로그램에 따라 진행하면 효율적으로 토론을 진
행할 수 있다.

3) 패널토론(배심토론)

특히 어떤 주제가 찬반으로 갈리는 경우에 진행하기 좋은 형식
이다. 학급을 대표하는 각각 3~4명으로 구성된 찬반 토론자를 앞좌
석에서 서로 마주 보고 앉도록 좌석을 재배치하고, 나머지 학생들
은 원래 배치된 상태로 앉도록 한다. 나머지 학생들은 찬반으로 갈
라서 앉을 필요는 없다. 사회자는 찬반 토론자의 중간에 서서 토론
을 진행하고, 토론이 끝날 무렵에 나머지 학생들에게도 찬반 토론
자에게 질문 기회를 주면서 토론에 참여시킨다. 찬성 반대 등 서로
의 의견이 교환되면 사회자가 결론을 요약해 말한다.

4) 원탁토론

5~10명이 원탁을 사이에 두고 서로 마주 보면서 자유롭게 토론하는 형식이다. 학교 안에서의 동아리 활동이나 기업체 등 조직에서 어떤 문제를 가지고 의사결정을 할 때 자주 쓰이는 유형이다. 보통 사회자가 없으나, 의장을 따로 `정할 수도 있는 방법이다.

5) 세미나

참가자 모두가 토론 주제 분야에 권위 있는 전문가나 연구가들로 구성된 집단 형태이다. 대개 한 사람이 어떤 주제에 대하여 발표하고 다른 참여자들은 자유롭게 질의하고 토론하는 형식을 지닌다. 특히 대학원 수업이나 소규모 학회의 논문 발표에서 자주 활용하는 방식이다.

6) 공개토론(포럼)

독서 내용이나 시사 문제, 사회 문제 등 정해진 주제에 대해 참가자 1~3인 정도의 전문가나 지원자가 간단한 주제 발표를 하고 나서 다른 참가자가 질문을 하거나 의견을 말하는 것으로, 사회자가 그 문답을 적절히 조절한다.

7) 단상토론(심포지엄)

토론 주제에 대하여 권위 있는 2~5명의 전문가가 각기 자신의 의견을 발표한 후 이를 중심으로 사회자가 토론을 진행한다. 이때 대개의 경우 각 발표자에게는 지정 토론자가 따른다. 지정 토론자가 토론을 끝내면 발표자는 응답하는 형식으로 진행한다. 청중도 발표자에게 질문을 하면서 토론에 참여할 수 있다. 특히 규모가 큰 학술대회에서 활용하는 방법이다.

8) 브레인스토밍

브레인스토밍은 토론법의 일종으로 제기된 문제와 관계되는 아이디어라면 무엇이든지 생각나는 대로 자유분방하게 발표하는 토론법을 말한다.

브레인스토밍의 특징으로는 첫째, 집단구성원들 사이의 상호자극과 창조적 신장을 위한 최대한의 기회를 제공한다. 둘째, 집단사고의 유창성을 이루는 기법이다. 셋째, 비판을 보류하므로 토론자의 심리적 안정과 해방감을 공유하게 한다. 넷째, 개성을 존중하고, 다양성을 인정하는 민주주의 이념을 실현하는 기법이다. 다섯째, 완전히 비형식적이다. 여섯째, 집단 구성으로 하여금 그들의 능력 범위 안에 있는 것 뿐 아니라 대안들에 대해서도 생각할 수 있는 기회를 제공한다.

브레인스토밍 토론기법의 이용은 (1) 창의성과 집단구성원 상호

자극을 최대한으로 허용하고자 할 경우나, (2) 종래의 인습적인 목표, 방법, 활동 등에서 탈피하여 새로운 가능성을 탐색하고자 할 경우, (3) 모든 행동의 과정, 결과에 대한 고찰·예측을 가능하게 하고자 할 경우, (4) 현존하는 집단의 주요 방침, 정책 등을 전환하고자 할 경우, (5) 다양한 아이디어를 역동적으로 찾고자 할 경우 등에 이용된다.

브레인스토밍 운영/진행 방법을 위해서는 다음과 같은 조건 하에서 그 효과가 증대될 수 있다.

(1) 집단 구성원 간에 서로 잘 알고 있을 것

(2) 완전한 의사발표의 자유가 보장될 것

(3) 개인의 지위나 배경이 중요시되지 않는 분위기 일 것

(4) 참여자가 15명 내외일 때 가장 효과적임

(5) 당장에 실천해야 하는 문제보다 여유 있게 토론할 수 있는 문제에 적합

(6) 1주제 대한 토론 시간은 40~60분 정도가 좋다

(7) 타인의 아이디어에 대해서는 전혀 비판하지 않는다.

(8) 자유분방하고 거친 아이디어도 나올 수 있도록 편안한 분위기여야 한다.

(9) 소수가 발언을 독점하거나 침묵을 지키는 사람이 없도록 한다.

(10) 한 번 발언에 한 아이디어만 제시하도록 한다.

(11) 적극적으로 흥미를 갖고 참여하여 발언하고 경청하되, 흥분하지 않도록 한다.

(12) 회의주제가 명확해야 한다.

8. 독서토의와 토론이란?

독서 토의·토론은 읽은 책에 대한 각자의 느낌과 생각을 주고받으면서 독서 내용을 내면화시키는 중요한 독후활동이다. 또 그 책의 내용에서 문제점을 찾기도 하고, 주제에 대한 토론을 하면서 좀더 분명하고 정확하게 주제에 접근하는 독자 비평 활동이다. 곧 독자를 지식의 소비자나 수요자로만 머물게 하지 않고, 지식의 생산자나 창조자로 자리 매김 하도록 이끌어주는 중요한 과정이다. 이런 과정은 어린이나 어른이나 독서력을 높이는 데 큰 힘이 된다. 따라서 필자는 논술 수업 시 반드시 토론을 전제로 한다. 왜냐하면 토론은 내 생각을 확장시킬 수 있는 기회를 제공해 주기 때문이다.

한 사회의 의식문화가 발전하려면 독후활동으로 독서 토의·토론을 갖는 기회(모임)가 많아야 한다. 이런 기회(모임)가 많아야 그 사회의 독서 문화를 올바르게 이끌어갈 수 있기 때문이다. 이러한 독서 토의·토론 문화를 우리 사회의 생활 문화로 뿌리내리려면 어릴 때부터 독서 토의·토론 활동을 경험하게 하는 일이 필요하다. 곧 가정에서부터 독서 토의·토론 활동이 생활 속에 자리 잡게 해야 한다. 말 그대로 가정에서 모든 식구들이 신문이나 책을 읽고 토의·토론을 할 수 있는 가족 독서 문화를 발전시켜야 한다. 나아가 학교와 사회 환경에서도 토론 문화를 정착시켜야 하는데, 안타깝게도 아직 우리나라는 그런 문화를 갖고 있지 못하다. 그래서 많은 사람들은 토론을 어렵고 지루한 것이라고만 여긴다.

9. 지도의 필요성

　독서지도 현장에서 아이들을 만나보면, 정말 토론을 제대로 할 줄 아는 아이가 한 명도 없다. 그래서 도대체 이게 어떻게 된 일일까를 생각해 보면, 역시 배우지 못했기 때문이라는 결론으로밖에 귀결되지 않는다. 지금까지의 입시 위주의 지식 교육으로 인해 우리의 어린이, 청소년들은 옳고 그름에 대한 판단 능력과 도덕적 품성을 기를 수 있는 여유를 갖지 못했다. 그러나 앞으로 사회는 타율적인 인간보다는 자율적이며 창의적인 인간을, 이기적인 인간보다는 남을 배려하고 사회를 생각할 줄 아는 인간을 요구하고 있으며, 이에 발맞춰 우리의 교육도 창의성과 인성을 기르는 전인 교육으로 바뀌어 가고 있다. 이제 사회의 각 부문에서는 창의적이면서도 도덕적인 사람이 능력 있는 사람으로 인정받고 있다.

　미국 케네디 대통령의 어머니는 매일 독서와 신문의 생생한 기사와 윤리적 문제들을 놓고 자녀들과 함께 토론을 벌임으로써, 자신의 아이들이 장차 건전한 인간으로 성장하여 사회 지도자로서의 자질을 갖추게 만들었다고 한다.

　이런 여러 상황들을 통해서라도 우리는 인성 교육과 아울러 앞으로의 교육에서 절실히 요구되는 독서 토론과 논술 지도를 효과적으로 할 수 있도록 더욱 관심을 가져야 할 것이다.

　마침 제7차 교육과정에서는 각 반의 인원을 줄이고 책상을 모둠 형식으로 배치하면서 토론이 가능하고, 토론을 활성화 하는 교육 형태를 취하고 있다. 하지만 실제 수업에서는 토론이 활발하게 이루어지지는 않는 모습이다. 또 하나의 노력으로 초등학교에서는 토론실을 둔 곳도 있는데, 이 역시 자주 활용되지 못하고 방치되어 있는 양상이다. 이유는 여러 가지가 있겠으나, 하드웨어를 채워줄 수 있는 소프트웨어의 문제가 아닐까 싶다.

10. 독서토론의 실제

1) 가정에서의 독서토론

이러한 토의·토론은 처음 책을 살 때부터 시작할 수 있다. 부모님과 함께 서점에 간 어린이와 학부모님들은 책을 구입하는 데 있어서 서로의 개인차이 때문에 싸우는 경우가 많을 것이다. 특히 어린이들은 괴기·공포물이나 유행어로 가득 찬 자극이 강한 책, 혹은 만화만을 고집하는 경향이 많다. 그렇지만 그런다고 억지로 못 사게 하거나 할 필요는 없다고 생각한다. 한 달에 한 두 번씩 꾸준하게 서점에 나가서 한 시간 정도 시간을 주고 책을 살펴본 다음에 꼭 사고 싶은 책을 한두 권만 고르게 한다. 부모도 한두 권, 어린이도 한두 권만 살 수 있게 하는 것이다. 책을 골랐으면 그 책을 왜 사고 싶은지 까닭을 이야기한다. 어린이만 말하는 것이 아니라 어른이 먼저 자신이 고른 책을 사고 싶은 까닭을 이야기하고, 어린이 의견을 말하도록 해본다. 그리고 어린이가 고른 책을 들고 왜 사고 싶은지를 말하게 한다. 그에 대한 부모의 의견도 말해준다. 단 '나는 네가 이 책을 사고 싶어 하는 까닭에 대해 이렇게 생각한다.'고, 그 까닭에 대해서만 의견을 말해야지 이 책이 나쁘니까 사지 말라고 해서는 안 된다. 곧 선택권을 제약해서는 안 된다는 말이다.

집에 와서 각자 선택한 책을 먼저 읽고, 그 책에 대한 소개를 한다. 소개하는 방법은 독서 게시판이나 책 나무 같은 것을 만들어 소개하는 글귀를 짧게 써 붙여도 좋고, 식사시간에 각자 읽은 책에 대한 소개하기를 해도 좋으며, 편지를 써서 주고받아도 좋겠다. 그 다음에 바꿔서 읽고 같은 방법으로 그 책에 대한 각자 의견을 표현한다. 하루 저녁 가족 독서 토의 시간을 마련해서 식구들이 돌아가면서 다 읽고 독서게시판에 써 붙인 글을 다시 한 번 읽은 다음, 각자 의견을 주고받는다. 이런 과정을 여러 차례 거치면서 자기가 고른 책에 대한 다른 식구들의 반응을 보기 때문에 차츰 책을 선택하는 기준이 높아지게 된다. 자연스럽게 좋은 책에 대한 안목도 길러지게 된다.

그렇다고 해서 읽는 책마다 이렇게 가족 독서 토의거리로 할 필요는 없다. 한 달에 한 권 정도만 해도 충분하다. 어려서부터 한 달에 한 권씩 꾸준하게 가족 독서 토의를 하다보면 책 내용이나 등장인물의 행동에 대한 찬반 의견이 뚜렷하게 갈라지는 경우가 있다. 이런 책을 선택해서 1년에 한두 번 가족 독서 토론을 할 수 있을 것이다. 명절이나 방학 휴가처럼 이웃이나 친지들이 모이는 자리가 친지들이 방청객으로 참여할 수 있으니 더욱 좋다. 이런 가족 독서 문화가 생소한 것처럼 보일 수 있지만 이미 실천하는 가족이 있고, 점점 늘어나고 있다고 한다. 언젠가는 이런 문화가 우리 사회의 새로운 가정 문화로 자리 잡을 수 있지 않을까 생각된다.

2) 학년 수준별 독서 토론

아동들을 독서 활동에 유인하여 독서의욕을 높이고 흥미를 유발하며, 계획적으로 독서하는 태도를 기르기 위해서, 내용을 바르게 이해하고 감상하고 비판하는 능력을 발달시키며, 발표하는 기술을 신장시키고 글 속의 주인공의 행동과 나의 행동을 비교하여 주인공의 바람직한 행동성향을 본받아 행동을 수정하기 위하여, 학년 수준에 맞는 독서 토론을 전개할 수 있다.

(1) 저학년의 독서 토론

책을 읽고 느낀 점, 본받을 점, 주인공의 행동과 비교하여 자기 자신의 반성 등을 친구들 앞에서 발표하게 한다. 저학년들은 독서력 및 발표력에 있어 개인차가 심하기 때문에 그룹으로 진행하는 경우, 각 참여 어린이들에게 무리가 가지 않는 선에서 진행을 하는 것이 중요하다.

(2) 중학년의 독서 토론

중학년들은 저학년에 비해 독서력이나 발표력이 더 높을 가능성이 크다. 따라서 간단하게 줄거리를 요약하고 자신의 생각도 덧붙일 수 있도록 지도하자.

(3) 고학년의 독서 토론

5명 정도씩 그룹을 편성하여 동일한 책을 가지고 능력에 따라 쪽수를 분담하여 독서를 한 다음, 분담한 분량 내의 줄거리를 가지고 토론회에 참석하여 자기의 소신을 발표하는 형식으로 지도한다. 혹은 사회자와 토론자를 나누어 하나의 주제를 놓고 토론을 해보도록 하자.

3) 독서토론을 위한 활동 자료

아래의 자료는 우리가 잘 알고 있는 고전 『심청전』과 세계 명작 『인어공주』를 바탕으로 토의와 토론을 할 수 있도록 돕기 위한 만든 활동지이다.

(1) 심청전

심청전을 읽고 다음 문제들에 대해 생각하고 자유롭게 적어 봅시다.

1. 심청이는 아버지의 눈을 뜨게 하기 위해 공양미 300석에 팔려 갑니다. 그렇다면 그 결정으로 인해 심청이가 잃은 것과 얻은 것은 무엇일까요?

   ▶ 얻은 것 :

   ▶ 잃은 것 :

2. 그렇다면 심청이가 공양미 300석에 자신의 몸을 팔아버린 행동 자체에 대해서는 어떻게 생각하나요? 그 이유는 무엇인가요?

3. 다음의 상황에 비추어 심청이의 아버지 심학규의 행동에서 비판할 수 있는 점은 무엇인가요?

　▶ 공양미 300석의 시주를 약속한 점 :

　▶ 팔려 가는 심청이를 끝내 말리지 못한 점 :

　▶ 뺑덕어미를 만나 재물을 탕진한 점 :

4. 뺑덕어미의 행동에 대해서는 어떻다고 생각하나요?

〈창의적 사고 성향을 키우기 위한 발문〉

5. 민감성 : 혹시 다른 누군가가 나를 위해 목숨을 잃게 되는 일이 발생한다면 어떤 생각이 들 것 같나요? 혹은 반대 상황의 생각도 해봅시다.

　▶ 다른 사람이 :

　▶ 내가 :

6. 자발성 : 만약 내가 심청이의 입장이었다면 자신의 몸을 팔아 아버지의 눈을 뜰 수 있게 하는 것, 혹은 그대로 평생 모시고 사는 것 가운데 어떤 것을 선택했을지, 그 이유가 무엇인지 적어봅시다.

7. 독자성 : 심청이는 인당수로 떠나면서 장님인 아버지를 혼자 남겨두고 갑니다. 이 행동에 대해서는 어떻게 생각하나요? 만약 아버지가 끝내 눈을 뜨지 못했다면 어떻게 됐을까요?

8. 근면성 : 심청이가 공양미 300석을 마련할 수 있는 방법은 전혀 없었을까요? 어떤 대처방안이 있는지 생각해 봅시다.

9. 변화에 대한 개방성 : 내가 생각하는 진정한 효도란 과연 무엇인지 이야기 해봅시다.

※ 위에서 토의한 것을 바탕으로 자신이 변호사가 되었다고 상상하고 다음의 내용이 들어가도록 심청이의 혹은 심학규, 뺑덕어미의 행동을 변호하는 글을 써봅시다. 단, 감정에 치우치지 말고 논리적으로 배심원들을 설득할 수 있게 써야 합니다.
① 선택한 사람의 행동에 대한 나의 생각과 판결
② 위의 판결을 내린 이유

(2) 인어공주

인어공주를 읽고 다음 문제들에 대해 생각하고 자유롭게 적어 봅시다.

1. 인어공주는 왕자와의 사랑을 이루기 위해 마녀에게 찾아갑니다. 그렇다면 마녀에게 찾아 간 것으로 인해 인어공주가 잃은 것과 얻은 것은 무엇일까요?
  ▶ 얻은 것 :
  ▶ 잃은 것 :

2. 그렇다면 인어공주가 마녀를 찾아간 행동 자체에 대해서는 어떻게 생각하나요? 그 이유는 무엇인가요?

3. 왕자와 해변 가에서 왕자를 발견해 사람들에게 알려 결혼까지 하게 된 아가씨의 행동에서 비판할 수 있는 점은 무엇인가요?

　▶ 왕자 :

　▶ 아가씨 :

4. 마녀의 행동에 대해서는 어떻다고 생각하나요?

〈창의적 사고 성향을 키우기 위한 발문〉

5. 민감성 : 혹시 어떤 일에 대한 공로를 다른 사람에게 뺏긴 적은 없나요? 또한 남을 위해 희생했던 적은 없는지 구체적으로 이야기해 봅시다.

　▶ 공로를 뺏긴 적 :

　▶ 남을 위해 희생했던 적 :

6. 자발성 : 만약 내가 인어공주의 입장이었다면 왕자를 죽여서 자신이 사는 것, 혹은 자신이 죽어 왕자를 살리는 것 가운데 어떤 것을 선택했을지, 그 이유가 무엇인지 적어봅시다.

7. 독자성 : 인어공주는 아가씨가 왕자를 구한 사람으로 인정받을 때나 결혼을 할 때 아무런 행동도 취하지 않았는데, 여러분 자신이 인어공주라면 어떻게 했을까요?

8. 근면성 : 인어공주는 자신의 사랑을 이루기 위해 가장 큰 목숨을 희생하면서까지 최선을 다했습니다. 여러분은 과연 어떤 일에 목숨까지 걸 수 있을 것 같나요?

9. 지적 호기심 : 인어공주는 왕자와의 사랑을 이루기 위해 마녀를 찾아갔습니다. 그렇다면 마녀를 찾아가는 것 말고 왕자와의 사랑을 이루는 방법에는 무엇이 있을까요?

10. 변화에 대한 개방성 : 인어공주 이야기를 통해 무엇을 깨달았나요? 이야기 해봅시다.

※ 또 다른 관점에서 쓰인 '인어공주'도 읽어보고, 위에서 토의한 것을 바탕으로 자신이 변호사가 되었다고 상상하고 다음의 내용이 들어가도록 인어공주의 행동을 변호하는 글을 써봅시다. 단, 감정에 치우치지 말고 논리적으로 배심원들을 설득할 수 있게 써야 합니다.

① 인어공주의 선택과 행동에 대한 나의 생각과 판결
② 위의 판결을 내린 이유

4) 고등학생을 위한 독서토론 및 논술 수업계획의 예

순서	주제	내용
1	논술의 기초	오리엔테이션, 2006학년도 1학기 대입 수시 전형 살펴보기 논술의 개념과 특징·절차에 대한 학습 활동 - 자기 소개서 쓰기
2	토론과 논술 1	토론 주제 : 우리 사회의 불평등 자료 제시형 논술에 대한 학습 및 첨삭
3	토론과 논술 2	토론 주제 : 교복 자율화 필요한가? 단독 과제형 논술에 대한 학습 및 첨삭
4	토론과 논술 3	토론 주제 : 웰빙(참살이) 열풍이 남긴 것 요약형 논술에 대한 학습 및 첨삭
5	영화 토론	박찬욱 감독의 『친절한 금자씨』
6	고전 논술 1	인간사의 보편적인 문제를 다루는 고전논술 학습
7	고전 논술 2	독서토론 및 첨삭 : 연암 박지원의 『허생전』
8	시사 논술 1	최근의 시사적인 문제를 다루는 시사 논술 학습
9	시사 논술 2	시사토론 및 첨삭 : 추적 60분 『탈북자 남한 정착』
10	구술 및 면접 1	구술 및 면접에 대한 이해와 방법
11	구술 및 면접 2	구술 및 면접의 실제 - 2분 스피치, 면접의 실제
12	종합	좋은 논술을 쓰기 위한 제 요건, 종합 토론

★ 이런 책과 함께 할 수 있어요! ★

· (쇼펜하우어의) 토론의 법칙/쇼펜하우어 지음, 최성욱 옮김/원앤원북스
· 생각의 힘을 키워주는 토론 수업 : 교사를 위한 교과토론 길라잡이/강병재 지음/교보문고
· 토론하는 교실 : 여희숙 선생님의 토론 지도 길라잡이/여희숙 지음/노브16
· 독서 토론 논술 1-6학년/이봉 외 지음/계림
· 토론 : 비판적 사고를 활용한 토론 분석과 응용/한상철 지음/커뮤니케이션북스
· 꼴통들과 뚜껑 안 열리고 토론 하는 법/후베르트 슐라이허르트 지음/뿌리와이파리
· 토론을 잘 하는 법/전영우 지음/거름
· 신나는 토론 즐거운 논술 상·하/정선심 지음/미래아이
· 토론이 된다 논술이 된다 1·2/조성민 외 지음/사계절
· 대화를 잘하는 아이 대화를 못하는 아이/데일 카네기 지음/청솔

제 13 장

독서지도의 실제 11 :
사고력 논술

1. 사고력이란 무엇인가?

사고력이란 말 그대로 사고하는 능력, 즉 생각하는 능력을 말한다. '사람은 생각하는 갈대이다'라고 말한 파스칼의 철학이나, 사람을 만물의 영장이라 칭하는 기저에 '생각할 수 있는 능력'이 있음을 감안해 본다면, 결국 모든 사람은 이미 생각을 하고 있다. 하지만 현 세대에서 우리가 말하는 사고력은 단지 생각할 줄 아는 능력에 그치는 것 같지만은 않다. 이는 창의력이란 말과 비교되어 자주 언급되는 면에서 생각해볼 수 있겠는데, 뭔가 다른 시각에서 보다 논리적인 방법에 따라 이루어져야 할 것만 같다. 그래서 '사고력' 하면 굉장히 어려운 것으로 인식하는데, 결과 중심 사고의 문제점을 짚어 보고 획일적 사고에 대한 반성을 겸하며, 우리 생활에서 흔히 빠지기 쉬운 오류인 '이분법'부터 깨는 것으로 그 시작을 해보면 어떨까 싶다. 네이버 국어사전에 의하면 이분법은 '논리적 구분의 방법. 그 범위에 있어서 서로 배척되는 두 개의 구분지(區分肢)로 나누는 경우이다. 예를 들어 만물을 생물과 무생물로 나누는 것이나 동물을 척추동물과 무척추동물로 나누는 것 따위이다.'라고 정의되어 있다. 권용립 외 여러 분들이 함께 집필하신 책 『우리 안의 이분법』에서는 이분법에 대해 이렇게 말하고 있다. 우리의 사유체계와 일상 속에서 너무나도 자연스럽게 자리 잡고 있는 '양극단'의 대립구도, 그리고 한국 사회에 뿌리박힌 '진영론'. 《당대비평》은 이 이분법적 구도 속에서 파괴되어 가는 우리의 삶과 사유를 복원하고자 한다. 민족과 반민족, 친미와 반미, 친일과 반일, 통일과 반통일, 공익과 사익, 여성과 남성 등. 이분법적 인식의 구도에 갇혀 우리가 사고하지 못하는 것들, 또는 그 속에서 배제되는 것들은 무엇인가.28)

---

28) 『우리 안의 이분법. 권용립 외 지음. 생각의 나무, 2004』에서 인용한 내용입니다.

2. 이분법의 틀을 깨는 사고력 논술의 실제

다음에 소개될 자료들은 필자가 또물또통합교육연구소의 김슬옹 교수님 아래에서 공부할 때 작성했던 것으로, 사고력 논술 수업 장면에서 활용하기 위해 몇 차례의 수정을 거친 것이다. 대상은 주로 초등 고학년과 중학생을 염두에 둔 것으로, 실제 원고에는 그림 등도 사용했는데 저작권의 문제가 발생할 듯싶어 모두 뺀 상태임을 알려드리고, 혹 어떤 주제로 수업을 진행하면 좋을까 고민하실지도 모를 분들을 스무 가지의 주제도 알려 드린다. 더불어 실제 수업안도 몇 편 제시하니 참고하시기 바란다.

1) 가상과 현실 2) 강자와 약자 3) 남자와 여자 4) 문명과 야만 5) 비관주의와 낙관주의 6) 선과 악 7) 수단과 목적 8) 양과 질 9) 영혼과 육체 10) 인간과 자연 11) 우연과 필연 12) 운명과 선택 13) 원인과 결과 14) 이기주의와 이타주의 15) 이론과 실천 16) 이성과 감성 17) 일등과 꼴찌 18) 중앙과 지방 19) 진짜와 가짜 20) 희극과 비극

1) 양과 질

☆ 1단계 - 관심트기 ☆

만약 100만원 상당의 인라인 스케이트를 선물로 받을 수 있다면, 최신 기능을 모두 갖춘 100만 원짜리 하나를 갖고 싶은지, 아니면 기능은 부족하지만 10만 원짜리 10개를 갖고 싶은지, 즉 양을 선택할 것인지 질을 선택할 것인지 이야기 해보고, 그 이유는 무엇인지 대답해 보세요.

양을 선택하는 경우 -

질을 선택하는 경우 -

☆ 2단계 - 이해트기 ☆

다음 글을 읽고 물음에 답하세요.

"아버지 친구와 아들 친구"

옛날, 어느 마을에 한 청년이 친구와 어울려 술을 마시고 남의 집 과일을 따먹거나 닭을 몰래 잡아먹자, 청년의 아버지는 아들의 못된 버릇을 고쳐 주려고 매일 타일렀다.

"얘야. 밤낮으로 나쁜 친구들과 어울려 다니면 쓰겠느냐? 이제 제발 그런 친구들하고는 어울리지 않도록 해라."

"제 친구들이 어때서요? 아주 좋은 친구들이에요."

"못 된 짓이나 하는 친구가 어찌 좋은 친구란 말이냐? 정말 좋은 친구는 친구의 괴로움이나 어려움을 같이 나누는 친구란다."

"제 친구들은 모두 그래요. 얼마나 좋은 친구들인데요."

아들은 큰소리로 자신 있게 대답했다.

"그래? 그럼 아버지의 친구가 진짜 친구인지, 네 친구가 진짜 친구인지 한 번 알아보자."
"그러세요. 제 친구가 진짜 친구란 걸 아실 거예요."

아버지는 아들의 잘못된 생각을 고쳐 줄 좋은 기회라고 생각했다. 그래서 아버지는 돼지 한 마리를 잡고 술도 한 독 준비했다. 아버지는 아들에게 삶은 돼지를 가마니에 싸서 지게에 짊어지게 하고 자기는 술독을 졌다. 그런 뒤에 아들을 앞장세우고 아들의 가장 친한 친구 집을 찾아가자고 했다.

"네 친구가 정말로 친한 친구인지 알아 볼 테니 너는 아무 말 말고 잠자코 있어야 한다."

이윽고 두 사람은 아들과 가장 친한 친구 집 앞에 도착했다. 아들은 큰소리로 친구를 불렀다. 아들의 친구가 나오자 아버지는 아들의 친구에게 이렇게 말하였다.

"얘야. 간밤에 우리 집에 도둑이 들었단다. 그런데 도둑을 쫓으려다 잘못하여 그만 도둑을 죽이게 되었구나. 여기가마니에 싼 도둑놈의 시체를 잠시 너희 집에 숨겨 다오, 어떻게 해야 할지 잠시 생각해 볼 동안에 송장을 맡아 줄 수 없겠니?"
"아, 아저씨는 무슨 말씀이십니까? 그리고 애, 어쩌자고 죽은 송장을 이리로 메고 왔니? 일은 네가 저지르고 왜 친구까지 괴롭히려 그래?"

아들의 친구는 한마디로 거절했다. 아버지와 아들은 할 수 없이 그곳을 떠났다. 아버지는 아버지 친구분 댁으로 가면서 아들에게 말했다.

"얘야, 이제 그 애가 어떤 친구인지 알겠지? 이번에는 아버지 친구 집으로 가보자."

두 사람은 아버지 친구 댁으로 갔다. 아버지께서 친구를 부르자 친구분께서 나오셨다. 아버지는 조금 전에 아들의 친구에게 한 것과 똑같은 이야기를 했다. 그러자, 아버지의 친구분께서는 아버지 손을 덥석 잡고는

"아니, 어쩌다 그런 일을 당했나? 아무 염려 말고 어서 들어오게. 어서 들어가서 나하고 의논해 보세."

이리하여 두 사람은 아버지 친구 댁으로 들어갔다. 방안으로 들어가 앉자, 아버지는 아들에게 지고 온 가마니를 펴라고 했다.

"아니, 이 사람! 이게 어찌 된 일인가? 도둑의 송장이라더니 이건 돼지가 아닌가?"

아버지 친구분이 놀라서 말했다. 그 때 청년의 아버지가 아들을 보고 말하였다.

"너 이놈, 이제 알겠니? 진짜 친구가 어떤 친구인지. 이 친구처럼 기쁠 때나 슬플 때나 같이 하는 그런 친구가 진짜 친구인 것이다." 라고 타이르고는 친구에게는 이렇게 말하였다.

"자, 여보게, 우리 이 돼지고기를 안주로 하여 마음껏 술을 마시세. 내 못난 아들놈에게 좋은 친구의 본보기가 되 주었으니 한 턱 내는 거야."

아버지는 즐거운 마음으로 친구와 술잔을 나누었다.

〈초등학교 5학년 2학기 국어 말하기듣기쓰기 14. 전해오는 이야기들 pp.112-116〉에서

• 아버지가 아들의 버릇을 고치고자 한 이유는 무엇입니까?

• 아들과 아버지의 친구 가운데 진정한 친구를 알아보기 위해 아버지가 사용한 방법은 무엇입니까?

• 결국 아들의 친구와 아버지의 친구 가운데 진정한 친구로 판가름 난 것은 누구의 친구입니까?

☆ 3단계 - 생각트기 ☆

위 글 「아버지 친구와 아들 친구」의 내용과, 아래의 글 「친구의 양과 질」을 잘 읽어본 후 질문에 대답해 보세요.

친구의 양과 질

인간관계가 넓다는 말은 양(量)의 문제가 아니다. 친구가 많고 적음보다 친구와 얼마나 '깊이 사귀는가'하는 질(質)이 문제이다. 돈과 권력이 있을 때는 많은 사람들이 모여들어 파벌을 만들던 정치가도 일단 문제가 생겨 모든 것을 잃고 나면 아무도 찾아오지 않는다. 이처럼 자기가 절박한 상황에 처했을 때 비로소 인간관계의 질이 드러난다. 그러므로 친구가 많이 없다고 해서 고민할 필요는 없다. 겉으로 보기에는 아무리 친구가 많은 것처럼 보여도 속마음을 털어놓고 이야기할 친구는 한 명도 없는 사람도 있기 때문이다.

『바보들은 항상 같은 생각만 한다/스가노 타이조 지음/알음』 중에서

· '아버지 친구와 아들 친구'에 담긴 이분법을 찾아 논리적으로 반박해 봅시다.

· 결국 위의 두 글에서 이야기하는 진정한 친구, 즉 질적인 친구는 어떤 친구를 말하나요?

☆ 4단계 – 내삶트기 ☆

· 이제 여러분 주위의 친구들을 생각해 봅시다. 과연 내 주변의 친구들은 양적인 친구라고 생각하나요, 아니면 질적인 친구라고 생각하나요? 아울러 나 역시 그 친구들에게 어떤 친구로 받아들여질 것이라 생각하는지 대답해 보세요.

· 세상을 살아가다 보면 물론 질적인 측면이 더욱 가치를 인정받는 것은 사실이지만 양적인 면이 중요하게 느껴질 때도 있습니다. 자신에게 있어 양적인 측면이 더욱 중요한 부분과, 질적인 측면이 중요한 부분은 무엇이 있는지 대답해 보세요.

양적인 면이 중요한 부분 -

질적인 면이 중요한 부분 -

2) 비관주의와 낙관주의

☆ 1단계 - 관심트기 ☆

·비관론자들은 불행한 사태가 일어났을 때 "늘 그래왔어. 어쩔 수 없는 일이야, 앞으로도 결국 그럴 거야." 이런 식으로 반응하기 쉽고, 낙관론자들은 "이번에 내가 실수를 했군. 다음엔 잘할 수 있겠지." 이런 식으로 불운을 일시적 현상으로 보고 극복의 의지를 키운다고 합니다. 그렇듯 비관적인 사람은 부정적인 표현에 숙달되어 있고, 낙관적인 사람은 긍정적인 언어를 사용한다는 것인데요, 그럼 다음에 제시되는 비관적인 말들을 낙관적인 표현으로 바꾸어 봅시다.

▶ 난 게임엔 정말 소질이 없어. ⇔

▶ 난 타고난 음치인가 봐. ⇔

·대부분의 사람들은 낙관주의와 비관주의가 적당히 섞여 있지만, 어느 한 쪽으로 치우쳐 있는 경향이 있습니다. 그것은 대개 어린 시절 받아온 교육과 주변 환경의 영향에 따른 것이라 볼 수 있는데, 그렇다면 내 주변의 사람들 가운데 비관주의자와 낙관주의자에 대해 예를 들어 설명해 봅시다.

☆ **2단계 − 이해트기** ☆

·다음의 글을 읽고 질문에 대답하세요.

비관적 사고가 고령자의 우울증 방지

미국 펜실베니아 대학의 대학원생 Derek Isaacowitz氏는 펜실베니아에서 개최된 미국심리학회(APA)의 연차집회에서 "비관적인 고령자가 낙관적인 사고를 가진 고령자보다 불행한 일을 당하였을 때 보다 잘 대처한다"고 발표하여 전문가들을 놀라게 하였다. 심리학자들은 지난 20년 이상 동안 비관주의를 우울증의 원인으로 생각하여왔다. 하지만 이 가설을 뒷받침하는 연구는 대부분 젊은 사람을 대상으로 실시된 것들이었다. Isaacowitz氏는 "고령자의 경우 실은 비관주의가 우울증을 방지하는 것으로 보인다"고 말하였다. Isaacowitz氏들은 64~94세의 피험자 71명을 1년 동안 조사하였다. 생활 속에서 일어나는 일에 대해 낙관적인지 비관적인지를 조사하기 위해 심리학적 시험을 실시하였다. 1년 후 71명 가운데 45명이 시험기간 중 친구나 가족의 죽음 등 실제로 일어난 불행한 일에 대해 어떻게 반응하였는지를 조사하는 앙케트에 응답하였다.

그 결과 6개월 및 1년 후의 follow-up에 있어서 불행한 일을 경험한 낙관주의자가 가장 높은 수준의 우울 증상을 호소하였고 불행한 일을 겪지 않고 지낸 낙관주의자가 우울 수준이 가장 낮았다. 한편, 시험개시 때 실시한 인터뷰에서 비관주의자로 판정된 불행한 일을 경험한 피험자의 우울 수준은 중간 정도였다. 웨이크포레스트 대학 심리학의 Mark Leary교수는 "이번 결과는 비관주의 및 낙관주의에 대해 우리가 알고 있었던 사실과 모순되는 결과이다. 하지만 여기서 저자들이 비관주의로 보고하고 있는 것은 사실 현실주의일 수도 있다"고 말하고 있다. 또 다른 공저자인 미국 심리학회의 Martin Seligman

회장은 "이번 결과는 고령자에 대한 우울증 예방 프로그램을 작성하는데 있어서 매우 중요하다. 현재 새로운 피험자를 모집하여 보다 큰 집단에서 재현성을 얻을 수 있는지에 대한 검토를 준비중이다"라고 말하였다.

Isaacowitz氏는 "이번 연구의 목적은 고령자의 우울증을 예방하는 것이다. 이를 위해서 고령자에게 낙관주의를 논하는 것은 매우 부적절하다고 할 수 있다. 각각의 인생 상황을 현실적으로 평가하도록 권하고 인생에서는 몇 가지 불행한 일이 반드시 일어나며 그 원인 및 결과는 영원히 지울 수 없다는 사실을 인지하도록 설득하는 것이 보다 적절할 것"이라고 말하였다.

이번 발표에서는 과거에 대학생을 대상으로 실시한 낙관주의 및 비관주의에 관한 연구에 대해서도 언급하였는데 그 내용은 시험 성적이 나빴음에도 불구하고 낙관적인 학생은 비관적인 학생보다 우울 수준이 낮았다는 것이었다. 그러나 Isaacowitz氏는 "시험은 다시 볼 수도 있지만 예를 들어 주변의 누군가가 죽는다면 그 사실은 남은 사람의 인생에서 영원히 바꿀 수 없는 현실이 된다"고 지적하면서 "고령자의 낙관주의는 이러한 변화에 대한 대처를 어렵게 만든다. 반면 고령자의 비관주의자는 이러한 일들에 대해 잘 대처하고 그 결과 우울 상태에 잘 빠지지 않게 되는 것 같다"고 말하였다. - (smoh)

〈http://www.medical-tribune.co.jp : 1998년 12월 31일〉에서

[건강] 낙관적인 사람이 더 오래 산다

인생을 긍정적으로 생각하는 낙관적인 사람이 비관적인 사람보다 오래 산다는 일반적인 인식이 연구결과 근거가 있는 것으로 밝혀졌다.

미국 미네소타주 메이요 종합병원 연구진들은 낙관적인 사람들이 평균적으로 비관적인 사람들에 비해 오래 산다는 사실을 확인했다고 영국의 BBC 방송이 8일 보도했다. 메이요 연구진들은 지난 62~65년 1,100명 이상의 환자들을 상대로 각자의 인생에서 일어난 사건에 대한 시각을 근거로 낙관주의 지수를 부여한 뒤 30년 뒤에 관찰한 결과 낙관주의자로 분류된 사람들이 생존해 있을 확률이 비관주의자들보다 19%높은 사실을 발견했다. 메이요 종합병원 정신과 전문의인 마루타 도시히코 박사는 "연구 결과는 우리들의 상식을 확인해 주었다. 연구 결과는 몸과 마음이 연결돼 있으며 인생에 대한 태도는 결과적으로 죽음에 어떤 영향을 미친다는 사실을 말해주고 있다"고 논평했다.

연구진들은 이러한 결과가 나온 원인에 대해 낙관적인 사람들이 면역체계가 더 강력하기 때문은 아니며 낙관적인 사람들이 병에 걸렸을 때 주저하지 않고 의료진에게 도움을 청하기 때문일 것이라고 추정했다. 또 연구진들은 낙관주의자들은 우울증, 무력감으로 고통당하거나 자신의 건강문제에 대해 숙명론에 빠질 가능성이 적을 수 있기 때문에 이러한 결과가 나온 것으로 보고 있다.

이 연구결과에 대해 런던 패딩턴 소재 세인트 메리 병원의 성인 심리학과장인 필립 테이터는 일반적으로 노인들이 좋지 않은 일이 생겼을 때 희망을 포기할 경우 삶이 단축되는 일반적인 현상도 같은 맥락에서 해석할 수 있을 것이라고 분석했다.

〈브뤼셀=연합뉴스 이종원특파원〉

〈http://home.cein.or.kr/%7Ex3nwysng/geonkang/geonkang5.htm〉에서 인용

· 연구결과를 통해 봤을 때 비관론자와 낙관론자 가운데 더 오래 사는 것은 어느 쪽입니까?

· 그렇다면 낙관론자가 더 오래 산다는 결과가 나온 이유는 무엇이라 추정했습니까?

· 그런데 고령자의 우울증을 방지하는 데에는 어느 쪽이 더 좋다고 했습니까?
· 그 이유는 무엇입니까?

☆ 3단계 – 생각트기 ☆
· 낙관주의가 '성공'에 유리하다는 말에 대해 자신의 생각을 발전시켜 보세요.

☆ 4단계 – 내삶트기 ☆
· 앞으로 펼쳐질 여러분들의 길은 낙관적인가요, 아니면 비관적인가요? 각각의 측면에 대해 살펴보고, 자신의 관점에 비추어 각각의 면들이 갖고 있는 단점에 대해 이야기해 보세요.

· 지금까지의 이야기들을 바탕으로 비관주의와 낙관주의에 대한 생각들을 글로 써 보세요.

3. 논술이란 무엇인가?

논술(論述)【명사】- 자기의 의견을 조리 있게 나타내거나 서술하는 것, 또는 그 말이나 글.

　[예문] 원효는 학승으로 자기 사상의 논술에만 집착하지는 않았다./올 대학 입시는 논술이 당락을 좌우하리라고 한다.

〈연세 한국어 사전〉

논술 論述 - [명사][하다형 자동사·하다형 타동사][되다형 자동사] 의견을 논하여 말함, 또는 그 서술.

　[예문] 자기의 견해를 논술하다.

〈Daum 백과사전〉

4. 논술이 나온 배경

우리나라의 교육제도에 대해 이야기하면서 그 문제점을 지적하지 않는 사람이 없을 정도로, 우리나라의 교육제도는 높은 교육열 때문인지 많은 문제점을 안고 있다. 그 가운데서도 역시 가장 큰 문제점이라고 한다면 모든 교육이 '대학입시'를 위해 존재하는 양상을 띤다는 것이고, 그 중심에 '논술'이 놓여있다는 것이다. 그렇기 때문에 우리는 초등학교 고학년만 되어도 '논술'에 대한 이야기를 할 뿐만 아니라, 중·고등학교에 가면 실제로 여러 학원들을 통해 고액의 수업을 받고 있기도 하다. 그렇다면 도대체 이런 '논술'은 어디서부터 나오게 되었을까?

우리나라의 서구화, 즉 근대화가 시작된 시기는 1962년이다. 이때는 공업위주의 정책이었기 때문에 교육제도의 중심 역시 공업 한국, 기술 한국, 기능 올림픽, 공업고등학교, 공업전문대학 등이었다. 때문에 사람들은 창의성의 발현보다는 시키는 대로 기계처럼 순종하며 성실성, 책임감, 명령에 복종하는 규율에 맞는 자질을 키울 수밖에 없었다. 하지만 시대가 바뀌어 현대사회가 펼쳐지면서 더 이상 공장 굴뚝 산업의 발전과 유지가 아닌 문화 산업 시대로의 이행이 이루어진다. 이렇듯 시대가 바뀌면서 사회에서 요구하는 인간상 역시 세계화 정책에 이바지할 수 있는 창의성을 갖춘 사람으로 바뀌었다. 때문에 새로운 교육제도가 다시금 출현하게 되었는데, 창의성과 아이디어를 개발하는 교육의 한 측면으로 바로 '논술'이 도입되게 된 것이다.

5. 논술의 특성

1) 완결된 글 - 논술은 하나의 주제나 주어진 문제에 대해 쓴다. 따라서 주어진 주제를 논술 자체에서 완결 짓거나 문제의 해결 방안을 완결 지어 제시해야 한다.

2) 설득적인 글 - 논술은 글쓴이의 생각이나 의견을 제시하게 된다. 생각이나 의견을 제시할 때는 읽는 이로 하여금 글쓴이의 의견에 찬동하거나 타당하다는 생각이 들게끔 해야 하므로, 주장이나 의견에 대한 근거를 충분히 제시해야 한다.

3) 일정한 체계 - 논술도 일종의 글쓰기이므로 일정한 체계가 있다. 일반적으로 3단이나 4단으로 구성되는데, 3단인 경우에는 서론에서 쓰고자 하는 문제나 제시된 과제를 명백히 밝히고 본론에서 그 문제에 대한 자신의 입장이나 의견을 근거를 들어 내세운 후, 결론에서 자신의 의견을 요약하고 마무리하게 된다. 또 4단인 경우, '기' 부분에서 문제를 제기하고, '승'에서는 그 문제를 발전시키고, '전'에서는 이야기를 전환 또는 발전시키며, '결'에서는 '승'과 '전'에 나타난 내용을 하나로 완결시켜 마무리하게 된다.

4) 논리적인 글 - 논술은 자신의 의견이나 생각을 이치에 맞게 전개시키는 글이다. 이를 위해서는 문장과 문장의 연결은 물론, 문단의 전개과정이 짜임새 있고 밀접하게 관련되어야 한다. 아울러 주장과 그에 대한 예시나 근거가 타당해야 하며 사실을 바탕으로 해야 한다.

5) 결론이 정해지지 않은 글 - 논술은 자기주장과 그 주장의 전개 과정에 초점을 맞춘 글쓰기이므로 어떤 특정한 결론이 정해진 글이 아니다.

6) 꾸준한 연습 - 일반 글쓰기와 마찬가지로 논술도 단시일 내에 이루어질 수 없다. 따라서 다양한 주제에 대해 자주 글을 써 보는 것이 논술에 적응하는 지름길이 된다. 연습할 때에는 반드시 원고지를 이용하고 그 분량을 한정하는 것이 필요하다.

6. 논술 시험의 출제 유형과 채점

1) 논술 시험의 일반적 경향

(1) 일상적 논제보다는 범교과적, 탈교과적 논제가, 개인적 소신을 묻는 논술보다는 사회적 대안, 가치관을 묻는 문제가 출제된다.

(2) 논술을 해 나가는 데 있어 다양한 제약 조건이 부과된다. 이는 채점과 직결되는 요구 사항이므로 반드시 지켜야 한다.

(3) 독해 능력까지도 요구하는 복합적 성격의 논술이 많다. 즉 자료를 단순히 참고하는 논술이 아니라 논거로 삼아 반드시 활용해야 하는 논술이 많다.

(4) 단순 논문의 형식을 요구하는 논술에서 올바른 논지 설정 능력 및 논리적 전개력 등을 묻는, 글자 그대로 고차원적 사고를 요구하는 논술이 많다.

(5) 가장 어려운 유형으로 복수 자료가 주어지는 논쟁형의 논술을 들 수 있는데 이에 대비하기 위해서는 무엇보다도 평소의 다양한 독서와 토론 경험이 무엇보다도 요구된다.

2) 논술 설문의 유형

논술은 논지 파악 능력 혹은 논지 설정 능력이나, 논리적 전개 능력을 묻는 것이다. 그러나 대립적 견해에 대한 반박을 요구, 논제를 포함하는 자료의 제시 등 조건의 유무, 논술문의 소주제 지정 유무에 따라 설문의 유형은 다소 복잡해진다. 여기에서는 비논쟁형과 논쟁형으로 나누어 살펴본다.

(1) 비논쟁형 논술

① 단독과제형 - 논제를 설문 속에 제시하고 그에 따라 논술하는 유형이다. 논제를 발견하는 과정이 생략되므로 비교적 수월하게 느껴지는 유형이다. 논제란 '무엇'에 관해서 쓰는가에서의 '무엇'에 해당하는 것으로 글의 제재라 할 수 있을 것이다. 그러나 논제가 주어졌다고 해도 논지 즉, 자신의 견해, 주장은 스스로 설정해야 한다.

　　예) 일에는 사회수단으로서의 측면과 목적으로서의 측면이 있다. 이 두 측면과 오늘의 사회상을 염두에 두고 '현대인과 일의 보람'이라는 제목으로 자신의 견해를 밝히는 글을 쓰라.

② 자료 제시형 - 독해해야 할 지문, 해석해야 할 도표 등이 주어지고 그 속에서 논제, 즉 무엇에 관해 쓸 것인지를 발견하게 하는 문제 유형이다. 여기서 자료의 역할은, 논제 제시는 물론이고 가능한 한 답안의 범위를 최대한 좁혀서 채점의 객관성을 높이는 것이다. 단순한 유형의 것으로는 '다음 글을 읽고 ~에 대한 자신의 의견을 논술하시오.', '다음 자료 ①②③을 활용하여 ~에 대하여

논술하시오.'와 같은 설문이 있다. 그러나 논술의 비중이 높아진 이후의 설문 유형은 자료 속에서 논술의 실마리, 논거 등을 찾아 쓰도록 요구하는 자료 근거형이 많아졌다. 단순한 자료의 확대 설명이 아닌 분명한 논지를 갖춘 논설문을 요구하는 논술이다.

> 예) 아래 두 자료를 참고하여(자료생략) 1) 우리 사회에서 왜 노인 문제가 심각해져 가고 있는가 진단하고 (400자) 2) 문제 해결을 위한 합리적 방안들을 제시하라. (500자) 3) 또한 여러 방안들 중 본인 생각에 가장 현실적이고도 합당하다고 생각되는 것을 한 가지 골라 그 이유를 설명하라. (300자)

③ 완성형 - 완결되지 않은 내용의 지문이 제시되어 수험생에게 마저 완성시킬 것을 요구하는 유형의 논술이다. 주어진 지문의 독해가 전제되어야 하며, 그 외에도 글 전체의 통일성, 일관성을 지켜야 한다는 제약이 따른다.

> 예) 다음 글 (가)와 (나) 사이에 들어갈 내용을 400자 이내로 채우라. (자료생략)

(2) 논쟁형 논술

① 단일 자료형 - 단일한 내용의 지문에 대해 반박하는 논술을 요구하는 유형이다.

> 예) 다음 서술에 대해 반박하는 입장에 서서 논지를 전개시키되, 아래의 지침에 맞게 답안을 작성하라. (자료생략, 답안 지침 생략)

② 복수 자료형 - 대립되는 두 견해를 소개한 뒤 어느 한 견해를 택하거나 제 삼의 견해를 제시하고 적절한 논거를 마련하는 유형이다.

> 예) 다음 두 글 (가)와 (나)는 문화를 보는 서로 다른 견해를 담고 있다. 그 중 한 견해를 택하여 그것의 정당성을 논하고 다른 한 견해를 비판하거나, 또는 제삼의 견해를 제시하라. (자료생략)

3) 논술 시험의 평가

(1) 평가 항목
① 논제 및 관련 자료를 이해하고 타당한 결론을 도출하는 능력
② 주제를 설정하고, 논거를 선택하여 체계적인 글로 구성하는 능력
③ 어법에 맞는 문장과 정확한 표현으로 자신의 생각을 기술하는 능력
④ 객관성을 갖추어 설득하는 능력
⑤ 창의적으로 이해하고 전달하는 능력

(2) 평가 기준
① 주제의 명료성
② 제재 및 논거의 적절성
③ 논리적 구성과 전개
④ 사고의 치밀성
⑤ 표현의 정확성

7. 논술의 준비 및 실제

1) 책읽기(독서)와 논술

논술은 주어진 논제를 풀어 가는 논리적이고 독창적인 생각하기를 바탕으로 하는 글쓰기이다. 자신이 갖고 있는 온갖 지식과 생각을 모두 끄집어내어 자신의 뜻이 잘 드러나도록 해야 하는 것이다. 많은 이들이 논설문과 논술이 같은 것이라고 하는데, 논설문은 어떤 대상에 대해 자신이 주장하고자 하는 것을 논리적으로 설득하는데 초점을 맞춘 글이라면, 논술은 이미 주어진 과제를 논리적으로 해결하는 모든 과정을 말한다. 따라서 논술은 현대 사회와 미래 사회, 그리고 역사, 철학, 종교, 문학, 과학, 환경, 교육, 노동, 노인, 청소년, 여성 등 수많은 영역과 과제를 자기 스스로 분석하고 정리하며 해명할 수 있어야 한다.

그렇기 때문에 논술을 공부하기 위해서는 세상에서 일어나는 여러 문제에 대해 관심을 갖고 있어야 한다. 또한 문제를 해결하기 위해 관련된 책을 열심히 읽는 것도 꼭 필요하다. 닥치는 대로 책을 읽는 학생은 다양하고 풍부한 경험을 가진 학생이다. 그런 경험을 바탕으로 생각하기를 전개할 수 있고, 생각하기를 통해 논리적이고 설득력 있는 글을 쓸 수 있을 것이다.

※ 고전논술에서는 삶의 근본적인 문제들을 성찰하는 고전의 일부를 제시문으로 주기 때문에, 고전작품을 전부 읽어서 내용을 미리 알아야 한다거나, 원전의 사상 체계를 사전에 이해하고 있어야 한다는 고정관념이 있는데, 꼭 그렇지만은 않다! 물론, 인용된 고전의 전체 내용이나 그 사상적 배경을 이미 알고 있다면 문제를 해결하는 데 유용한 배경 지식으로 활용할 수 있겠으나, 그렇다고 해도 그것만으로는 논제를 해결하는데 크게 도움이 안 된다. 논술은 배경 지식의 양을 측정하는 것이 아니라, 문제의 해결 과정을 통해 드러나는 체계적이고 비판적인 사고력과 논리적인 표현력을 평가하고자 하는 시험이기 때문이다. 따라서 더욱 중요한 것은 고전의 내용을 문제가 요구하는 바에 따라서, 즉 논제의 맥락에서 독해하고 분석할 수 있는 힘을 갖는 것이다.

2) 신문 읽기와 논술

논술은 크게 고전논술과 시사논술로 나뉘는데, 특히 시사논술의 측면에서 신문은 살아있는 자료 그 자체이다. 따라서 신문을 통해 우리나라는 물론 국제 정세를 파악할 필요가 있는데, 그 방법적인 면을 나누어 보면 다음과 같다.

(1) 신문은 여러 개를 비교하면서 보는 것이 좋다.

(2) 사설도 좋지만, 칼럼, 논단, 기고 등 각 분야의 전문가가 쓴 내용들은 물론, 연예 기사에 이르기까지 꼼꼼하게 볼 필요가 있다.

(3) 도표나, 사진, 광고 등에도 많은 뜻이 담겨 있으니 그냥 지나치지 않는 것이 좋다.

3) 토론의 생활화

우리는 어떤 문제에 대하여 생각이나 의견 또는 입장이 다른 사람들과 이야기를 하게 되는 경우가 있다. 이런 경우에는 대개 자신이 옳고 상대방이 그르다는 식의 주장을 하기 쉬운데, 이렇게 되면 더 이상의 진전된 대화를 나눌 수 없게 된다. 이런 문제를 해결하기 위해 토론의 원리와 방법에 대해 알아두는 것이 필요하다.

토론을 넓은 의미에서 보면 토의의 일종이라고 할 수 있는데, 의견의 일치를 구하는 면에서는 토의와 같지만, 토론은 의견의 대립을 전면에 나타나게 한다는 점에서 다르다.

토론이란, 하나의 문제에 관련되는 의견이나 제안에 대하여 찬반의 입장이 분명한 사람들이 모여, 그것에 대한 의사 결정을 위해 함께 논의하는 방식이다. 즉, 어떤 제안이나 의견에 대해 찬성과 반대의 의견이 뚜렷한 사람들이 논리적으로 상대방을 설득하는 논의 형태이다. 찬성자와 반대자는 각각 논거를 밝히고, 상대방의 주장을 논박하며, 주장의 정당성과 합리성이 상대방에게 인정될 수 있도록 자기의 주장을 펴 나간다.

토론에서 자기주장이 옳다는 것을 상대방이 인정하도록 하려면, 상대방이 내세우는 논거의 모순을 지적하고, 자기 논거의 정당성과 합리성을 보임으로써 상대로 하여금 반론 제기나 논박의 여지를 가지지 못하게 해야 한다.

이러한 토론의 궁극적인 목적은 자신의 의견이나 주장을 관철시키는데 있는 것이 아니라 의견의 일치를 구하는데 있으며, 참석자들의 대립적인 주장을 통하여 바람직한 결론에 도달하는 데 있다. 이와 같은 토론의 필요성은 사상이나 입장이 다른 이들 사이에 각기 주장하는 바가 대립되고 모순이 생겼을 때, 찬·반 양 주장의 옳고 그름을 판정하여 집단의 의사를 결정하고자 하는데 있다는 것이다.

사실 우리는 토론 문화 속에서 살고 있지 못하다. 교육과정의 변화로 점차 나아지고는 있으나, 아직 많이 부족한 것이 사실이다. 하지만 토론만큼 쉽게 할 수 있는 것도 없으니, 어떤 사안이 발생하면 적극적으로 토론을 하도록 하자. 만약 토론을 열심히 할 수 있는 장이 펼쳐진다면, 한 사건이나 현상에 대해 다각도로 볼 수 있는 눈이 절로 길러질 것이다. 그렇다면 이런 능력이 논술로도 이어질 것이다.

4) 기타

(1) 단어 – 문장 – 문단 – 개요 짜기 학습

〈개요 짜기〉

1) 서론 : 전체 분량의 5분의 1
  (1) 문제제기 : 이 부분에서는 현재 내가 쓰려는 주제가 우리 사회에 어떤 영향을 미치고 있는가에 대해 흥미를 끌 수 있으면서도 간결하게 시작합니다.

(2) 나의 주장 : 그래서 나의 주장은 어느 쪽이라는 것을 확실히 밝힙니다.

(3) 방향 : 나의 주장을 어떻게 증명해 나갈 것인지에 대해 암시해 주는 것입니다.

(4) 범위 : 때로 주제가 너무 넓은 경우 써야 할 글의 분량은 한정되어 있기 때문에 범위를 정할 필요가 있습니다. 예를 들어 환경이라는 주제일 때는 범위를 정하는 것이 좋겠지요.

2) 본론 : 전체 분량의 5분의 3, 본론은 서론에서 정해주었던 방향에 따라 주장에 대한 입증만 하면 됩니다. 여기서 중요한 것은 주장한 쪽, 방향, 범위를 벗어나지 않아야 한다는 점입니다. 적어도 3가지 정도는 논리적인 근거를 들어주면 좋습니다.

3) 결론 : 전체 분량의 5분의 1

(1) 요약 : 서론과 본론에서 중요했던 내용을 다시 한 번 요약 정리해 주는 것입니다. 중요한 점은 그대로 쓰는 대신 다른 말로 바꾸어 주어야 한다는 것입니다.

(2) 제언 : 주장을 실천할 수 있는 구체적인 방법을 알려주면 더 좋겠지요?

(3) 전망 : 만약 내 제언을 실천한다면 이런 면에서 좋아질 것이라는 희망적인 메시지를 주는 곳입니다. 보통 미래형으로 씁니다.

(4) 평가 : 내 글이 이런 면에서 기여를 할 것이다라고 말하는 것입니다.

(2) 독해 학습

(3) 원고지 정서법, 맞춤법·띄어쓰기, 깨끗한 글씨 등

(4) 첨삭 지도

★ 이런 책과 함께 할 수 있어요! ★

· 똑똑한 아이가 되는 7가지 사고력 저학년·고학년용/고정아 지음/두산동아

· 갈매기에게 나는 법을 가르쳐준 고양이/루이스 세풀베다 지음/바다출판사

· 철학이야기 시리즈/미국어린이철학개발원 지음/한국철학교육아카데미출판부

· 사고력 오디세이 : 통합논술능력을 키워주는 33가지 비결/차오름 지음/청년사

· 나는 어떻게 생각을 할 수 있을까?/차오름 지음/산하

· 글쓰기 선생님을 위한 사고력 훈련 수업/차오름 지음/미래아이

· 명화 속에 숨겨진 사고력을 찾아라/주득선 지음/주니어김영사

· 엄마가 키워주는 굿모닝 초등 사고력/차오름 지음/주니어김영사

· 논리는 나의 힘/최훈 지음/세종서적

· 퍼즐과 함께하는 즐거운 논리/레이먼드 M. 스멀리언 지음/문예출판사

· 논리의 미궁을 탈출하라/좌백 지음/마리북스

· 오류를 알면 논리가 보인다/탁석산 지음/책세상

· 국어시간에 논리읽기 시리즈/전국국어교사모임/나라말

· 반갑다 논리야 시리즈/위기철/사계절

· 논리의 기술/바바라 민토 지음/더난출판사

· 생각을 디자인 하라 : 새로운 논술 교과서/이동산 지음/두리미디어

제 14 장

독서지도의 실제 12 :
글쓰기 지도

　어른들도 그렇지만 아이들은 더 글쓰기를 싫어하는 것 같다. 책을 읽으면 반드시 독후감을 써야 한다는 어른들이 만들어 놓은 도식에 맞추다 보니 그런 경향이 생긴 것인지, 아니면 아직 글쓰기의 즐거움을 느껴보지 못했기 때문인지는 모르겠지만(이 역시 어른들의 잘못이 크겠지만), 앞서 살펴본 논술 등의 영향으로 우리나라에서는 글쓰기를 피해갈 수 없고, 피해가서도 안 되는 실정이다. 그렇다면 아이들에게 어떻게 글쓰기 지도를 할까? 이미 우리는 많은 자료와 방법들을 통해 아이들과 만나는 방법들에 대해 이야기 나누어 봤는데, 그 활동들 이후 간단한 느낌을 적어보는 것도 하나의 방법이겠다. 그에 덧붙여 '학교'라는 공간 안에서 아이들이 접해볼 수 있는 다양한 글의 종류들에 대한 쓰기를 점차적으로 실시해 나간다면 이후 논술로의 글쓰기로 자연스럽게 이어질 것이란 생각이다. 따라서 이 장에서는 초등학교 단계에서 아이들이 만날 수 있는 글의 장르들에 대해 간단하게나마 그 개념을 살펴보고 지도하는 방법에 대해 생각해 보고자 한다.

1. 글쓰기에 대한 고려

1) 표현

지금까지 우리의 글쓰기 교육은 정해진 틀에 맞추느라 아이들로 하여금 마음대로 표현하지 못하게 하는 면이 많았다. 근래에는 살아 있는 글쓰기를 주장하는 여러 선생님들의 노력으로 이런 면들이 많이 개선되고 있지만, 여전히 아이들의 글은 그 자체로 인정받기 보다는, 정해진 틀에 의해 평가받는 경향이 짙다. 그러니 때로는 톡톡 튀고, 때로는 투박한 아이들의 숨결이 담긴 표현들을 억압하지 말고 거침없이 쏟아내게 하자.

2) 아이들 글을 보는 눈

이오덕 선생님은 '좋은 글과 좋지 않은 글'을 이렇게 말씀하셨다. "어떤 글이 좋은 글인가? 좋은 글이 되려면 세 가지 조건을 갖추어야 합니다. 그 세 가지 조건 중 첫 번째는, 읽으면 곧 알 수 있도록 쓴 글이라야 합니다. 두 번째는 재미가 있어야 합니다. 곧, 읽을 맛이 나야 한다는 것이지요. 세 번째는 읽을 만한 가치가 있어야 합니다. 이 세 가지 중 어느 한 가지라도 빠지면 좋은 글이 될 수 없습니다. 그런데 이 세 가지를 통틀어 말한다면 바로 '감동'입니다." 아이들의 글은 진솔하다. 그렇기 때문에 더 큰 감동을 줄 수 있다. 이제 아이들 글을 보는 어른들의 눈을 바꾸어야 할 때다.

3) 글감 찾기

'쓸거리 찾기'는 글쓰기의 성패가 달려 있다고 할 수 있을 만큼 매우 중요하다. 그래서 혹자는 시인에게는 남다른 눈이 있는 것 같다는 평을 한 적도 있다. 결국 글은 쓰고 싶은 것을 자기 마음대로 찾아 쓰도록 해야 하는데, 우리는 아이들에게 이 부분도 허락하지 않는다. 비단 백일장 등의 대회가 아니더라도, 자유로운 글보다는 정해진 제목에 정해진 분량의 글을 쓰게 강요하는 경향이 짙다. 글감 찾기 역시 아이들에게 맡겨보자. 아이들의 눈은 더 많은 것을 찾아낼 수 있다. 어른의 눈에는 보이지 않는 순수성이 담긴 것들을 말이다.

4) 솔직성

글의 생명은 정직이다. 운문이든 산문이든 마찬가지이다. 그러므로 글쓰기의 첫 번째는 솔직성이다. 비록 표현이 서툴어도 글 속에 정직성이 그대로 담겨 있으면 살아 움직이는 글이 될 것이다.

이 내용들을 다시 정리하면 좋지 못한 글은 다음과 같다.

(1) 무엇을 썼는지 알 수 없는 글

(2) 알 수는 있어도 재미가 없는 글

(3) 누구나 다 알고 있는 것을 알고 있는 그대로만 쓴 글

(4) 자기 생각은 없고, 남의 생각이나 행동을 흉내 낸 글

(5) 어른들이 쓰라고 해서 할 수 없이 마음에도 없는 것을 쓴 글

(6) 사실이 아닌 거짓을 쓴 글

(7) 생활이 없는 곧, 머리로 꾸며 만든 글

(8) 꼭 하고 싶은 말이 무엇인지 갈피를 잡을 수 없도록 쓴 글

(9) 글에 나타난 생각이나 행동이 옳지 못한 글

(10) 어른들이 쓰는 어려운 말을 쓴 글

(11) 읽어서 얻을 만한 내용이 없는 글. 곧, 가치가 없는 글

(12) 정성이 담기지 않고 아무렇게나 써 버린 글

(13) 아주 재주 있게, 멋지게 썼구나 싶은데, 마음에 느껴지는 것
    은 없는 글

2. 원고지 쓰기

1) 원고지의 첫머리 쓰기

(1) 글의 '종별' 쓰기

원고지 1행의 두 칸부터 글의 종별을 쓴다. 예를 들어 시면 〈시〉라고 쓰고, 그밖에는 〈소설〉, 〈희곡〉, 〈수필〉, 〈기행문〉이라고 표시한다. 간혹 글의 종별 표시 없이 비워두는 경우가 많은데 이는 원고지 사용법에 무관심하기 때문이다.

(2) '제목'과 '부제' 쓰기

① 제목은 2행 중심부에 쓴다. 만약 제목이 두서너 자일 때에는 두어 칸씩 벌려 써서 미적 조화를 이룬다.

〈참고〉 제목의 글자도 한 칸에 한 자씩 쓴다.

② 제목을 쓸 때에는 문장 부호에 유의한다.

㉮ 마침표는 찍지 않는다.

㉯ 물음표와 느낌표는 가급적 붙이지 않도록 한다.

㉰ 같은 계열의 단어가 열거될 때에는 쉼표 대신 가운뎃점을 쓴다.

㉱ 줄임표는 사용하지 않는다.

③ 제목이 길 때에는 두 행을 잡아 쓴다. 이때에도 두 행 중 첫 행은 좌측으로, 둘째 행은 우측으로 잡아 쓴다.

④ '부제'가 있으면 본 제목 아랫줄에 쓰되 양끝에 줄표(−)를 표시한다.

(3) '소속'과 '성명' 쓰기

원래 소속과 성명은 제목 아래의 1행을 비우고 난 뒤 4행부터 쓰는 것이나, 소속은 3행에, 성명은 4행에 오른쪽으로 치우쳐 쓰는 것이 보편화되어 있다.

① 소속의 끝 자는 3칸을 성명은 2칸을 소속 다음 행에 끝에서 비우고 쓴다.

〈참고〉 성과 이름을 붙여 쓴다. 다만, 성과 이름을 분명히 구별할 필요가 있을 경우에는 띄어 쓸 수 있다.

② 성명의 각 글자 사이는 시각적 효과를 고려하여 널찍이 한 두 칸 씩 띄어 써도 무방하다.

〈참고〉 소속 없이 성명만 적거나 소속, 성명을 한 줄에 적은 경우에는 제목 아래 한 줄을 비워 답답하지 않게 한다.

2) 원고지 본문 쓰기

(1) 글자는 한 칸에 한 자씩 쓴다

원고용지의 한 칸에 한 자씩만 쓴다. 칸을 무시하고 한 칸에 두 자씩 쓴다든가 또는 두 칸에 석 자씩 쓰게 된다면 원고지를 쓰는 뜻이 무시된다.

(2) 숫자와 알파벳 쓰기

① 로마 숫자, 알파벳 대문자 그리고 낱자로 된 아라비아 숫자와 알파벳 소문자는 한 칸에 한 자씩 쓴다.

〈참고〉 분수는 '1/2', '½' 둘 다 허용된다.

② 두 자 이상의 아라비아 숫자나 알파벳 소문자는 한 칸에 두 자씩 쓴다.

(3) 앞 칸 비우기

① 글을 처음 시작할 때, 단락이 바뀔 때마다 그 행의 첫 칸을 비우고 둘째 칸부터 쓴다.

② 대화 글은 행을 바꾸어 쓰되 전체 내용을 첫 칸은 비우고 둘째 칸부터 따옴표로 시작한다. 또한 대화가 아무리 짧아도 두 사람의 대화를 한 줄에 같이 쓰지 않는다.

③ 본문에 인용문을 사용할 때에, 줄을 따로 잡아 쓰는 경우에는 인용문 전체를 한 칸씩 들여 쓴다.

〈참고〉 한 문단은 지나치게 길지 않도록 하는 것이 좋다.

④ 항목별로 나열할 때는 한 칸씩 비우고 쓴다.

⑤ 소 항목 표제 또는 단락 표제를 표시할 때도 첫 칸을 비우고 쓴다.

⑥ 인용문 내에서 문단이 바뀔 때 앞의 두 칸을 비운다.

⑦ 시나 시조 등 운문을 쓸 때나 인용할 때는 앞의 두 칸을 비운다.

(4) 첫 칸을 비우지 않을 때

① 단락이나 글월 내에서는 처음의 시작만 첫 칸을 비운다. 줄의 끝에서 비울 칸이 없을 경우에는 v표시만을 하고 첫 칸부터 글을 써 나간다.

② 대화나 인용문 다음에 연결되는 -할, -(라)고, -하고, -하기에, -등의, -한다 등 이어받는 말은 다음 줄 첫 칸부터 쓴다.

3) 문장 부호 쓰기

(1) 문장 부호도 한 글자로 취급하여 한 칸에 하나씩 표시한다.

(2) 물음표, 느낌표 등의 문장 부호 다음은 한 칸씩 띄어 쓴다.

(3) 줄표(-)는 두 칸을 차지한다.

(4) 줄임표(……)는 한 칸에 석 점씩 찍는다.

(5) 문장 부호, 숫자, 알파벳 등이 연이어 쓰일 때는 각각 다른 칸에 쓴다.

(6) 줄 끝에서의 부호 처리

- 글자가 오른쪽 끝 칸을 차지하여 문장 부호를 찍을 칸이 없을 때는 끼움표(∧) 속에 처리한다.
- 따옴표나 묶음표와 같이 두 부호가 마주 한 짝을 이룰 때는 줄 끝에서 시작되는 것을 피하여 끝의 칸을 비우고 다음 줄 첫 칸부터 부호를 처리해도 된다.

3. 소개문

1) 소개문의 정의

소개문이란, 사람이나 어떤 사실에 대하여 다른 사람에게 소개할 목적으로 쓰는 글을 말한다. 일반적으로 나에 대한 소개를 할 때 어른들은 이력서와 함께 자기소개서를 쓰는 경우도 흔하다. 우리는 사회생활 중에서도 여러 사람의 모임에서 자기소개를 할 기회가 많으며, 자기 자신을 소개할 때는 다른 사람들이 자신을 알고 기억해 주도록 하는데 목표를 두어야 한다. 또 어떤 사실에 대한 소개를 하는 경우에도 소개자는 사실 그대로를 소개하고, 자신의 의견을 담아서 쓸 수 있어야 한다.

2) 소개문은 왜 필요할까?

우리 인간의 사회는 공동 사회이기 때문에 서로가 상대방을 알고 지내는 것이 편리하다. 그리고 새로운 모임에 가입하거나 직장에 취업을 할 때 자신을 소개하는 경우가 많으며, 대학에서 입학선발 할 때도 면접이나 자기 소개서 제출을 통해서 자기 자신을 소개하는 경우가 많다. 이처럼 소개문은 서로를 조금 더 알 수 있게 해주므로 관계를 맺어나가는데 있어서 꼭 필요하다.

3) 소개문은 어떻게 써야 하나?

(1) 진실 되게 써야 한다.

(2) 지나친 미사여구는 쓰지 않도록 한다.

(3) 형식적으로 쓰지 않고 자연스럽게 말하듯이 쓴다.

(4) 나름대로 짜임을 갖추어 쓴다.

(5) 겉모습만 소개하지 말고 내면세계를 중심으로 소개한다.

(6) 소개할 대상과 소개받을 상대를 알고 써야 한다.

(7) 좋지 않은 점은 될 수 있는 한 쓰지 않는다.

(8) 소개문을 쓰는 목적이 어디에 있는지 알고 써야 한다.

(9) 소개를 받는 사람이 분명하게 기억할 수 있도록 개성 있는 문체와 특색 있는 내용으로 쓴다.

4) 소개문에 들어가야 할 일반적 요소

〈내용면〉

(1) 성장과정

성장과정은 말 그대로 태어나 자라온 내 이야기를 표현하는 것으로, 일반적이거나 너무 평범한 내용으로 채우기 보다는 자신의 뚜렷한 개성이나 강한 의지를 보여주는 것이 좋다. 즉, 남들이 관심을 기울이지 않던 새로운 분야에 대한 관심 및 흥미, 그리고 그것을 선택한 결단, 자라는 과정에 영향을 많이 주신 많은 분들에 대한 이야기를 하는 것도 좋다.

(2) 장·단점 및 특기

사람은 누구나 장점과 단점, 그리고 특기가 있다. 이는 다른 사람과 나를 구별되게 해주는 점들이다. 따라서 자신의 장점은 당당하게, 그리고 단점도 솔직하게 고백하면 읽는 사람으로 하여금 큰 공감을 불러일으킬 수 있다. 또한 특기는 내가 잘 할 수 있는 것에 대한 이야기이므로, 가능하면 구체적으로, 체험한 내용들을 들려주는 방법으로 써주면 좋다.

(3) 장래희망과 포부

여러분들이 갖고 있는 장래희망과 포부를 써주면 되는데, 반드시 그 꿈을 이루기 위해 어떤 노력을 해왔고, 앞으로는 어떤 노력들이 필요한지에 대한 부분도 함께 쓰기 바란다.

〈형식면〉
(1) 개성 있게 쓰자!
(2) 충분한 시간을 갖고 쓴 다음, 반드시 수정을 하자!

4. 편지글

1) 편지글이란?

편지글이란 안부나 소식을 묻는 등 어떤 용무가 있을 때 적어서 보내는 글을 말한다. 서한(書翰), 서찰(書札), 서신(書信) 등의 말로도 쓰는데, 전화가 발명되기 전에는 대표적인 통신 수단 가운데 하나였고, 오늘날에는 이메일이나 문자가 그 역할을 대신하는 측면도 있다.

2) 편지글의 성격

편지는 알리는 글이다. 또한 상대방에게 전하고 싶은 말을 일정한 형식에 맞추어 쓴 글이다. 따라서 편지글은 일상생활에 매우 중요한 구실을 한다. 직접 만나서 이야기하기 어려운 경우에 편지로 자세히 써서 상대방의 마음을 움직이게 할 수 있고, 시간이나 거리의 제약을 받거나 내용을 자세하게 알리려 할 때에도 편지를 이용하게 된다.

3) 편지글의 형식

(1) 처음부분 - 부르는 말(받을 사람), 첫인사, 계절에 관계된 인사, 받는 사람의 안부, 자기의 안부

(2) 가운데 부분 - 하고 싶은 말(사연)

(3) 끝부분 - 끝인사, 쓴 날짜, 보내는 사람의 이름

4) 편지글의 종류

(1) 안부 편지 - 편지를 받는 사람의 안부를 묻고 보내는 사람의 안부를 알림.

(2) 초대 편지 - 생일, 학예회, 운동회 등에 참석을 바라는 편지. 날짜, 장소, 초대 목적을 써야 함.

(3) 주문 편지 - 어떤 물건이 필요해서 보내 달라고 하는 편지.

(4) 위문 편지 - 슬프고, 괴롭고, 어려운 일을 당했을 때 위로하는 편지.

(5) 축하 편지 - 졸업, 당선, 합격 등 상대방의 기쁜 일을 축하해 주는 편지.

(6) 소개 편지 - 새로 나온 책, 쓸 만한 물건, 관광지 소개 등 남에게 어떤 사람, 지역, 물건을 소개함.

(7) 교제 편지 - 같은 또래의 친구끼리 주고받는 편지.

(8) 사과 편지 - 상대방에게 자기의 잘못을 사과하는 편지

5) 편지글의 조건과 유의할 점

(1) 조건

① 쓰는 목적이 똑똑하게 드러나야 한다.

② 쉬운 말, 쉬운 문장으로 써야 한다.

③ 예의를 갖추어야 한다.

④ 자기보다 상대방에게 되도록 많은 관심을 기울여야 한다.

⑤ 받을 사람에게 언짢은 감정을 주지 않아야 한다.

(2) 유의할 점

① 마음을 가다듬어 정중하게 쓴다.

② 마주 앉아 이야기하는 기분으로 쓴다.

③ 깨끗한 글씨로 정성껏 쓴다.

④ 맞춤법, 띄어쓰기에 각별히 유의한다.

⑤ 종이의 선택에도 신경을 쓴다.

⑥ 고치고 다듬은 뒤에 깨끗이 옮겨 쓴다.

⑦ 회답은 되도록 빨리 쓰는 버릇을 갖는다.

5. 생활문

1) 생활문이란?

생활문이란 자기 자신의 생활을 그려낸 글로써, 일상생활에서 겪은 일들 가운데 잊히지 않는 일, 중요한 일, 가치 있는 일 등을 솔직하게 사실대로 쓴 글을 말한다. 따라서 하루 중 중요한 일을 적는 일기도 생활문에 포함된다.

2) 생활문의 글감 찾기

무엇을 쓸까? 이것은 글 쓸 때 가장 어려운 문제이다. 무엇은 곧 주제를 의미한다. 좋은 글은 글을 쓴 사람의 의도가 정확히 전달되어야 한다. 왜냐하면 주제가 정확하지 않으면 글이 어수선해지고 무엇을 표현했는지 알 수가 없는 답답한 글이 되기 때문이다. 그렇다면 생활문을 쓰기 위해 어떤 글감을 찾아야 할까 알아보자.

(1) 생활 주변에서 쉽게 찾기

① 학교 오가는 길에서 : 만난 사람이나 일, 처음 보는 것, 거리의 모습, 계절의 변화, 친구들의 표정, 준비물, 학용품, 갑자기

내리는 눈이나 비 등

② 수업시간에 : 선생님의 모습, 야단과 칭찬, 체육시간의 즐거움, 하기 싫은 공부, 창밖의 새들, 자유, 유리창, 발표한 날의 설렘, 짝이 바뀐 날, 우산, 음악 시간에 등

③ 점심시간에 : 정말 맛이 있어, 내가 좋아하는 반찬, 국은 싫어, 억지로 먹는 밥, 시장 바닥 우리교실, 냠냠냠, 남기면 안 돼, 엄마의 반찬이 그리워 등

④ 주말에 : 산으로 강으로, 심심한 휴일, 모두 어디로 갔을까, 나만의 휴식, 그리운 친구, 할머니 댁에 다녀와서, 바쁜 아버지, 무얼 도와 드릴까 등

(2) 지난 일을 떠올려 보자!

이사, 지난해 장마, 떠나간 친구, 나를 슬프게 하는 일, 눈사람 만들기, 내 마음 속의 선생님, 할머니의 손길, 아버지의 흰 머리, 병아리 기르기, 소풍, 현장학습, 손, 내 마음 같은 친구, 비닐우산 한 개, 우리 집 화단. 마당이 있었으면, 내가 심은 나무, 고마운 사람들, 칭찬해요, 고향 등

3) 생활문 쓰는 방법

(1) 한 가지를 자세히 쓴다

여러 가지 사건을 한 번에 쓰는 것은 수레 하나에 여러 가지를 싣는 것과 같다. 이렇게 되면 나중에 짐을 내리기가 어려워진다.

경험을 토대로 쓰되 한 가지의 경험으로 자세히 써야 좋은 글이 된다.

(2) 솔직한 마음을 표현한다

다른 사람에게 알리는 글이라 하여 자신의 실수나 과오를 부끄러워하면 안 된다. 억지로 감정을 꾸며 쓰는 것보다는 개개인의 솔직한 표현이야말로 감동을 준다. 기쁨은 그대로 슬픔도 정확하게 표현하자.

(3) 사물을 자세히 관찰하는 마음을 갖자

우리는 살아가면서 많은 경험을 한다. 매일 되풀이해서 보는 것도 훌륭한 글이 된다. 자세히 보면 그 안에 좋은 글감이 숨어 있다. 전혀 발견하지 못했던 부분이나, 문득 새로움으로 다가오는 일상을 찾아서 글을 써 보자. 남들이 흔히 겪지 못한 경험은 새로운 글이 나오게 한다. 즐거운 일이나, 슬픈 일을 겪고 나면 그 심정을 자세히 기록해 둔다. 간단한 메모도 글을 쓸 때는 좋은 자료가 된다. 작은 일을 자세히 관찰하는 일은 생활문 쓰는 일에서 무엇보다 중요하다.

(4) 처음 시작하는 문장은 신중하게 한다.

① 경험한 일로 시작한다.
　　예) 점심시간의 일이었다.
② 중심 생각으로 시작한다.
　　예) 어머니에 대한 내 마음을 어떻게 표현할까?
③ 대화글로 시작한다.
　　예) "나영아, 이제 가면 언제 다시 오니?"

④ 사물의 묘사로 시작한다.
　예) 바람이 불 때마다 나무는 함께 춤을 춥니다.

(5) 자기의 의견이나 느낌이 나타나게 쓴다

매일 보는 것이나 매일 겪는 일도 시간이나 느낌이 다를 수 있다. 생활문은 자기의 생활 경험을 쓰는 글이므로 자신의 주장이 없으면 생명력을 잃게 된다. 새로운 발견이나 감동 등을 자신의 마음으로 표현하자.

(6) 문단을 꼭 나누어 쓰자

문단이란 문장의 단락을 말한다. 즉 내용상으로 일단 끊어지는 부분이다. 생활문은 긴 글이므로 시간이나 장소의 변화, 심리 상태에 따라 문단을 나누어 써야 된다. 상황이 바뀌거나, 내용이 달라지는 부분은 문단을 나누어 써야 내용이 효과적으로 전달될 수 있다.

(7) 다 쓴 후에 꼭 다듬어야 한다

글을 다 쓴 뒤에는 처음부터 끝까지 읽어 나가면서 주제가 살아 있는지 맞춤법, 문장부호는 정확한지 띄어쓰기는 잘 되어 있는지 어색한 단어의 사용은 없었는지 꼭 점검해야 한다.

6. 독서 감상문

1) 독서 감상문이란?

어떤 사물을 보거나 겪은 느낌을 쓴 글. 자신의 주변에서 일어난 사건의 경험과 보고 들은 것에 대해 느낀 점을 그대로 쓴 글을 감상문이라 한다. 문장의 갈래로는 예술문에 해당하고 수필이나 기행문이 여기에 속하며, 서간문, 일기문 중에도 속하는 것이 있다. 의견을 주장하는 글과는 달리 감상문은 솔직하고 간명하게 쓰는 것이 특징이며 의견과 사실을 구분하여 쓴다. 이 중 책을 읽고 그 느낌을 쓰면 독서 감상문이라고 한다.

2) 독서 감상문을 쓰는 이유

(1) 읽은 책의 내용을 되살려 다시 맛보기 위해 쓴다

책은 읽고 나면 얼마 안가서 대부분 잊어버리고 만다. 그런데 책을 읽고 나서 그 책에 대한 내용과 더불어 자기의 생각과 느낌을 한번 글로 적어 보면 책을 계속 되풀이해 읽는 효과를 얻을 수 있다. 그 뿐 아니라 이야기 속의 참 맛을 알고 더욱 깊이 생각하게 된다.

(2) 감동을 오래 간직하기 위해 쓴다

어떤 큰일이나 훌륭한 일, 또는 나와 관계가 깊은 일에 대하여 마음속으로 느끼고 마음이 움직여지는 것을 감동이라고 한다. 심청전을 읽으면 눈 먼 아버지를 봉양하고 스스로를 희생하는 심청이의 갸륵한 정신과 행동이 마음속에 와 닿으며 '나도 아버지에게 잘 해 드려야지!' 하는 마음이 저절로 생기게 된다. 독서 감상문을 쓰면 그 감동이 보다 오래 간직된다.

(3) 책 읽는 보람을 얻기 위해 쓴다

독서 감상문은 보통 글과는 달리 쓸 때마다 생각하는 힘이 길러진다. 또한 책에 나오는 주인공이나 책을 쓴 분들의 훌륭한 가르침을 깊이 새기게 된다. 그러므로 책 읽는 큰 보람을 얻을 수 있다. 즉, 독서 감상문은 한 인간의 생각을 보다 깊게 하고 넓혀 주는 구실을 하는 것이다.

(4) 생각과 느낌을 정리하는 힘을 기르기 위해서 쓴다

사람은 누구나 훌륭하고 아름다운 것을 보면 많은 감동을 받게 된다. 그러나 그 감동을 마음속에 오래 간직하고 남에게 표현할 수 있는 능력은 사람마다 다르다. 생각과 느낌을 정리하는 힘을 기르기 위하여 내가 읽은 책 이야기를 남 앞에서 들려주고 글로 차근히 써 보아야 한다. 그런데 글은 말로 하는 것과는 좀 다르다. 글은 언제나 머릿속에서 걸러 나오기 때문에 필요 없는 부분은 줄여지게 된다. 그래서 글을 쓰면 생각하고 정리하는 힘이 생긴다.

(5) 독서 감상문을 쓰다 보면 글짓기 힘도 많이 길러진다.

3) 독서 감상문의 종류

(1) 느낌 중심(일반적인 형식)

가장 일반적인 형식으로 책의 줄거리, 읽게 된 동기, 나의 느낌과 생각, 나의 생활과 비교, 책을 읽고 나서 내가 가진 마음가짐과 다짐 등에 대해서 쓴 독서 감상문이다. 그러므로 책을 읽고 나서 받은 느낌이 가장 강하게 나타나야 한다. 이처럼, 느낌 중심의 감상문은 줄거리 위주가 아니라, 자신이 글을 읽고 나서 받은 느낌이 많이 드러나고, 자신의 생각을 쓸 때 좋은 감상문이 된다.

(2) 편지 형식

책에 나오는 주인공이나 책을 지은 지은이 또는 친구나 부모님, 선생님과 마주 앉아 이야기하듯 쓰는 독서 감상문으로 또래의 주인공이 나오는 동화를 읽고 주로 많이 쓰는 형식이다. 상대가 뚜렷해서 쓰기 쉽고 깊은 내용에까지 몰입하여 쓸 수 있다.

(3) 일기 형식

우리가 일상 쓰고 있는 일기에 책 읽는 내용을 적는 것을 말한다. 그날 특별하게 한 일은 별로 없고 좋은 책을 읽었을 때 좋은 방법이다.

(4) 동시 형식

위인전이나 재미있는 동화를 읽고 그 느낌을 시로 쓸 수도 있다. 시란 어떤 사물이나 자연에 대한 나의 느낌을 짧은 말로 노래한 것이다. 마음의 움직임을 가장 강하게 나타내는 짧게 다듬어진 글이다. 책을 읽고 느낀 감상을 동요나 동시 형식으로 바꾸어 써 보면 퍽 재미있는 글이 된다.

(5) 기행문 형식

책을 읽고 그 현장에 직접 가 본 다음 새로운 느낌을 적은 독서 감상문이다. 예를 들어 유관순 열사에 대한 전기를 읽고 서대문 형무소에 찾아가 둘러본 느낌을 글로 쓴다면, 책만 읽고 쓰는 감상문보다 훨씬 자세하고 진실한 독후감이 될 것이다.

7. 일기문

1) 일기란 무엇인가?

숙제라는 느낌 때문에 참 쓰기 싫은 것이라고 인식함. 내가 경험한 하루 일 중에서 내 기억에 가장 생생하게 남은 일을 사실대로 쓴 글이다.

2) 일기는 개인에 대한 기록이며 역사에 대한 기록이다

안네의 일기, 난중일기, 백범일지 등

3) 일기의 종류

그림일기와 문장일기. 그림일기는 유치원이나 초등 저학년 아동들이 쓰다가 점차 문자일기를 쓰게 되는데, 문장일기를 쓰는 이유는 그림으로는 자세하고 길게 표현할 수 없기 때문이다.

4) 일기 쓰기가 싫어지는 이유

띄어쓰기 및 맞춤법 등 정서법을 강요, 소재가 없다, 반성만 해야 할까?, 피곤한 시간에 쓰기를 강요

5) 일기의 글감

평소 글감 찾기 훈련을 할 필요가 있으며, 다음의 내용들도 고려해야 한다.

(1) 글감 찾기 - 주제는 한 가지여야 한다.

(2) 솔직하게 쓰기

(3) 생각과 느낌이 반드시 들어가야 한다.

(4) 기록의 확인이므로 날짜를 표기해야 한다.

8. 기사문

1) 기사문이란?

기사문이란 사실이나 문제 또는 성질이나 행동 등에 대하여 사람의 욕망을 만족시키기 위하여 쓰는 글로, 일반적으로 신문에서 독자나 시청자에게 알리기 위하여 쓰며, 내용이나 목적에 따라서 여러 가지의 기사문이 있다. 이런 기사문은 간결하고 정확한 표현을 요구하며, 또한 독자의 쉽고 빠른 이해를 위해 평범한 단어와 문장으로 써야 한다.

2) 기사문의 특성

(1) 여러 사람을 대상으로 하는 대중성
(2) 사실 그대로를 알리는 솔직성
(3) 소식을 보다 빨리 알리는 신속성
(4) 어느 의견에 치우치지 않고 공평하게 기사를 쓰는 공정성

3) 기사문의 종류

(1) 보도기사

뉴스의 사명은 보도에 있으므로 신속하면서도 정확함을 생명으

로 한다. 기사문의 대표 격으로, 때로는 사회를 비판하기도 한다.

(2) 논설기사

사설과 외부 전문가들의 글 등을 들 수 있다. 특정한 문제에 대해 글쓴이의 입장과 논지를 밝히는 글이다.

(3) 해설기사

보도기사만으로는 부족할 경우나 매우 중대한 사건인 경우, 독자에게 친절히 설명해 주는 글이다. 내용의 서술에 객관성을 지녀야 한다.

(4) 탐방기사

직접 뉴스가 있는 곳을 찾아가 보고, 느낀 바를 적는 글이다. 기행문이나 답사문이 여기에 포함 될 수 있다.

(5) 대담기사

어떤 사람의 입을 통해 그 사실을 알아내려고 할 때, 또는 특정 인물과의 대화로 얻어진 기사이다.

4) 기사문 작성 요령

(1) 기사는 독자들에게 알리고자 하는 일이나 독자들이 알아야 할 일들을 적는 글이다. 따라서 최대한 전달 효과를 볼 수 있도록 작성되어야 한다.

(2) 반드시 누가, 언제, 어디서, 무엇을, 어떻게, 왜 했다는 것인지를 밝혀야 한다. 이러한 것들은 기사문이 갖추어야 할 핵심적인 요건이자 기사 작성의 6원칙이라고 한다.

5) 기사문의 개요 짜기

모든 일에는 계획이 필요하다. 집을 지을 때도 설계도를 그린 뒤, 설계한 대로 집을 짓기 위해 여러 과정을 거친 뒤 건물을 올리게 된다. 따라서 글도 마찬가지이다. 어떤 글을 쓰든 계획이 필요하다. 이런 계획은 글을 더욱 튼튼하게 만들어 준다. 아래 설명되어 있는 내용은 '기사문'에 필요한 계획이다. 이를 개요 짜기라고 부르는데, 잘 암기해 두었다가 기사문을 작성하기 전에 반드시 실천하기 바란다.

(1) 표제 기사의 제목을 정한다.

(2) 필요 시 기사의 부제목을 붙인다.

(3) 육하원칙에 따라 내가 전해주고 싶은 소식을 정리한다.

(4) 기사의 구체적인 내용을 쓴다.

(5) 기사에 대한 해석과 전망 또는 기대를 쓴다.

9. 서사문

1) 서사문이란?

서사문은 자기가 보고 듣고 생각한 것, 경험한 것을 솔직하고 자세하게, 남들이 잘 알 수 있도록 쓴 글을 말한다. 생활을 바탕으로 생각이나 느낌보다 이야기가 중심이 되어 뚜렷하게 나타나 있으면 서사문이요, 생활을 바탕으로 감상이 뚜렷하게 나타나 있으면 감상문, 또 주장이 강하게 나타나 있으면 논설문이 되는 것이다.

2) 서사문의 작성 요령과 특징

(1) 서사문에는 내가 겪은 일이 모두 포함되기 때문에 여러 가지 글의 형태로 표현할 수 있고, 글쓰기의 기초를 이룰 수 있기도 하다. 서사문에는 일기, 편지, 설명문, 현장기록문, 감상문과 경험하여 나타낸 글 모두가 포함된다.

(2) 서사문에서는 각자의 이야기가 들어가기 때문에, 그 일을 하게 된 동기, 성격, 그리고 배경 등의 세 요소를 중요하게 생각한다. 보통 일이 발생한 순서에 따라 글을 쓰게 된다.

(3) 글은 말하는 것과 마찬가지로 한 번에 한 단락씩만 적어나가면 되고, 혹 내용이 길거나 복잡할 때는 전체를 몇 개의 단락으로 나누는 것이 좋다.

(4) 느낌과 생각을 억지로 짜내서 쓰지 말아야 한다. 서사문에서는 느낌을 적는 것이 필요하지만, 그 느낌은 실제 그 일을 겪었을 때의 자연스러운 상태를 말한다. 그런 느낌이 없다면 쓰지 않아도 된다.

(5) 정직하게 쓰는 것이 가장 중요하다. 정직하게 쓴 글이 가장 가치 있는 글이다. 그러니 없는 이야기를 꾸며내어 쓰지는 말자.

3) 서사문 작성 단계

(1) 이야기 떠올리기

먼저 글감을 찾기 위해 하루에 있었던 일들을 머릿속에 떠올려 본다. 그 가운데 가장 재미있었던 일, 혹은 기억에 남아 있는 일을 소재로 삼는다. 여러 친구들과 함께 이야기 할 수 있는 장면이라면 서로 이야기를 나누어 보는 것도 좋다.

(2) 메모하기

이야기 한 내용을 간단하게라도 메모해 본다. 그런 다음 조금씩 자세하게 써 나간다. 특히 그래서 어땠는지 등의 느낌을 살려서 쓴다.

(3) '한 일' 중심에서 점차 벗어나기

처음에는 주로 자기가 한 일 위주로 글감을 잡겠지만, 차츰 자기의 마음을 담아 보는 것은 물론, 자세히 보고 들은 것들도 쓰려고 노력한다. 부모님이나 선생님, 주변의 친구들이 들려준 이야기를 글감으로 삼는 것도 좋다.

(4) 말하듯

글말보다는 입말을 살려서 쓰면 서사문의 맛이 더 난다. 입말은 대화체 등 실제 이야기 하는 것처럼 쓰는 것을 말한다. 미리 이야기를 한 번 말로 해보는 것도 도움이 된다.

(5) 스스로에게 물으면서 가장 기억에 남는 일 쓰기

이제 준비가 됐으면 가장 기억에 남는 일 하나를 글감으로 삼아 글을 쓰면 된다. 글을 쓸 때는 그 때 나의 느낌이 어땠는지를 스스로 물으며 생각을 떠올려 보면 도움이 된다.

10. 표어

1) 표어란?

표어란, 사회나 집단에 대하여 어떤 의견이나 주장을 호소하거나 철저히 주지시키기 위하여 그 내용을 간결하고 호소력 있게 표현한 짧은 말을 말한다. 예컨대 화재 예방을 위한 '불, 불, 불, 불조심!'이라든가, 한국도서관협회의 독서 의욕 고취를 위한 독서의 달 표어 '책! 세상을 채우고, 독서! 세상을 넓히다' 등이 그것이다.

2) 표어의 특징

(1) 현실성이 있어야 한다.

한 시대의 대중들을 계도하는 것이 목적이기 때문에 현실에 바탕을 둔 표어를 만들어야 한다.

(2) 목적이 확실해야 한다.

〈자동차 안전띠는 생명띠입니다〉, 〈산에서 취사 행위를 삼갑시다.〉 등의 표어는 금방 눈에 들어온다. 직선적인 표현이든 암시적인 표현이든 목적이 확실해야 한다. 〈나무를 심자〉보다는 〈푸른 나무 푸른 마음〉, 〈기름이나 물을 아끼자〉보다 〈한 방울도 아끼자〉도 큰 효과를 얻었다.

(3) 표어는 지속성이 있어야 한다

인간의 심리는 자주 자극을 받게 되면 습관이 되고 습관이 계속되면 신념으로 발전하게 된다. 〈불 불 불조심〉, 〈지나친 흡연은 건강을 해칩니다〉, 〈과속은 위험 안전거리 유지〉 등은 과거에도 많이 썼고 지금도 많이 쓰인다.

(4) 표어는 독창성과 동시에 보편성과 단순, 간결해야 한다

독창성이 결여되면 내용전달에 급급해지고 싫증을 느끼게 된다. 〈자연 사랑 나라 사랑〉, 〈아빠! 오늘도 무사히〉, 〈한 사람이 10원 낭비 사천만이 4억 낭비〉 등이 있다.

(5) 표어는 계도의 기능이 있어야 한다

표어는 보는 이로 하여금 합리적인 사고 방식에 입각하여 올바른 판단을 할 수 있도록 하는 기능이다. 〈낭비 앞에 풍요 없고 저축 앞에 가난 없다〉, 〈전기를 아껴 씁시다.〉, 〈함께 하는 고통 분담 함께하는 밝은 내일〉등 수없이 많은 표어가 계도의 기능이 지녔다.

3) 표어 작성 시 주의 점

(1) 표어의 구조적 유형

첫째, 띄어쓰기가 무시되고 짧고 간결하다. 대부분의 표어는 16 음절 이내이다. 따라서 조사와 어미는 생략되는 경우가 대부분이다. 〈국어사랑 나라사랑〉, 〈바른 삶 실천하기〉, 〈총력 안보〉, 〈새마을 새마음〉 등이 있다. 운율을 위해서 조사를 넣는 경우가 있다. 〈남의 일에 관심을 가질 때 비로소 우리는 하나가 됩니다〉 등등이 있다.

둘째, 뜻을 강조하기 위하여 도치법을 쓴 예가 다수 보인다. 〈우리가 싫어한다 범죄와 무질서를〉, 〈상기하자 6 · 25〉, 〈북괴는 우리를 노린다 우리의 혼란을〉 등등이 있다. 이런 유형의 표어들은 뜻을 확실히 드러낸 수법이다.

셋째, 표어는 대부분 대구형식으로 되어 있다. 500여 개의 표어 중 대구형식으로 된 것이 400여개가 넘는다. 이런 원인은 읽기 좋고 한국인의 정서에 맞추려는 의도이다.

넷째, 표어는 뒷 구에 무게가 많이 놓인다. 앞 구에 중심이 있는 표어는 〈인구주택 바른 조사 나라살림 바탕 된다〉, 양쪽은 〈파는 마음 신용으로 사는 마음 믿음으로〉, 뒷 구는 〈끌어안고 싶은 하루 꼭 품고 싶은 이 한 권〉, 〈추석선물은 우리 농산물로〉등이 있다.

(2) 표어의 문장 유형

첫째, 청유형을 많이 사용한다. 표어라는 속성 자체가 대중을 이끌기 위한 수단으로 명령형은 드물다. 대부분의 표어가 ~하자 등으로 대중을 유도한다.

둘째, 서술형을 들 수 있다. 〈공중전화는 우리 모두의 재산 다 같이 아끼고 깨끗이 사용합시다〉 등.

셋째, 명사형이 많았다.

마지막으로 표어는 순수 국어로 많이 창작됨을 볼 수 있다. 반 이상의 표어들이 거의 국어로 만들어졌다. 예외로 영어를 사용한 표어는 몇 개에 불과하다.

(3) 표어의 주제별 유형

첫째, 표어는 비유나 상징이 드물었다. 이것은 표어의 특수성이 때문이라고 본다. 금방 무슨 내용인지 알아야 효과가 크기 때문에 비유나 상징 대신 강조법이 많이 사용된다. 예는 ~있다, ~없다 등등으로 나타낸다. - 필승의 신념 앞에 6·25는 다시없다.

둘째, 표어의 주제는 시대에 따라 많이 변한다는 점이다. 셋째, 표어는 의미상 같은 주제 안에서도 대립된다는 사실이다. 뜻을 강조하기 위함은 말할 필요도 없다.

11. 동시

1) 짧게 쓴다 - 느낌을 중심으로 요약한다.

2) 진실하게 쓴다 - 진실성(reality)

3) 사투리를 살린다.

4) 글자수를 맞추려 애쓰지 말 것 - 행과 연을 굳이 나누지 말 것.

5) 표현법 중 비유법(직유와 은유)을 많이 활용한다. - 내포(함축)

6) 일상어는 언어 : 사물이 1 : 1(지시어 - 객관적 언어), 시어는
   1 : 多(함축성 - 주관적 언어)

7) 상식 깨뜨리기(deformation : 사고의 전환) - 뛰어난 관찰력이
   필요하다.

8) 접속어는 쓰지 않는다. 특히 주어!

12. 기행문

1) 기행문이란?

기행문이란, 여행 중에 보고들은 견문 등의 체험에다 감상 등을 여정에 따라 기록한 글을 말한다. 따라서 기행문은 여행을 하면서 겪은 것만을 기록하는 것이 아니라, 여행지에서의 체험을 통해 발견한 뜻있는 주제나 의미를 담아 쓰는 것이다.

2) 기행문의 요소

(1) 여정 : 여행의 일정(日程)과 노정(路程)을 시간적 순서로 '언제', '어디를' 여행했는가를 알려 준다.

(2) 견문 : 여행 중에 보고 듣고 느낀 점과 그 고장의 경치, 풍속, 사투리 등의 지방색이 나타난다.

(3) 감상 : 여행하면서 보고들은 사실에 대해 생각하고 느낀 점을 서술한 부분으로 기행문의 요소 중 가장 주관적인 부분이다.

3) 기행문의 구성

(1) 처음(서두) : 기행문의 머리로 여행의 동기, 목적, 출발의 기분 등이 나타난다.

(2) 중간(본문) : 여행 경로와 경험과 내용이 나타난다.

(3) 끝(결미) : 귀로와 여행에 대한 지은이 감상이 나타난다.

4) 기행문의 형식

기행문은 쓰는 형식에 따라 몇 가지로 나누어 볼 수 있다.

(1) 일기 형식   (2) 생활문 형식 (3) 편지 형식

(4) 감상문 형식 (5) 보고문 형식 (6) 안내문 형식

(7) 논설문 형식

5) 기행문의 특징

(1) 수필의 한 형식이지만, 여정이 정확히 나타난다는 점에서 보통 수필과 구별하여 기행 수필이라고 한다.

(2) 여행 중의 체험을 쓰는 글이므로 정보 전달의 기능을 지닌다.

(3) 지은이에게는 기념문, 독자에게는 안내문이 된다.

(4) 여행의 동기나 목적이 나타나 있고, 대부분 여정(시간의 흐름)에 따라 서술된다.

(5) 지방색(사투리, 색다른 풍속)이 드러난다.

6) 기행문 쓰는 요령

(1) 기행문을 잘 쓰려면

기행문을 잘 쓰려면 여행을 떠나기 전에 여행할 곳에 대한 사전 조사, 여행 중의 기록, 여행 후의 정리, 뼈대 짜기 등의 일이 이루어져야 한다.

① 사전 조사

여행을 할 곳에 대해 미리 여러 가지를 알아보는 일은 여행을 즐겁게 하는데 필요할 뿐만 아니라, 여행 후 기행문을 쓰는데 많은 도움이 된다.

미리 알아두어야 할 내용 - 자연 환경, 산업, 사람들의 생활 모습, 역사, 교통, 통신, 숙박시설, 음식 등

② 여행 중의 기록
· 여행하는 차례를 시간과 장소에 따라 정확히 기록한다.
· 보고 듣고 느낀 것을 그때그때 메모한다.
· 여행 중에 만나고 헤어진 사람, 도움을 준 분의 이야기를 쓴다.
· 낯선 곳에서의 마음을 되도록 자세히 기록한다.
· 녹음, 사진 촬영, 비디오 등으로 장면을 생생히 기록 보존한다.

③ 여행 후의 정리

여행 후에는 기행문을 쓰기 위해 여행하기 전에 조사한 것, 여행 주의 기록과 사진 등을 보며 정리한 후 기행문의 뼈대를 살펴보자.

13. 견학기록문

1) 견학 기록문이란?

견학 기록문이란 어떤 곳을 방문하여 그곳에서 보고, 듣고, 알게 된 점을 사실 그대로 옮겨 적는 것이다. 그래서 견학 기록문은 사실을 바탕으로 쓴다. 없는 것을 꾸며서 적는 것이 아니라 그 곳에서 알게 된 사실을 구체적으로 적어야 하는 것이다.

견학 기록문은 기행문의 한 종류이나 글의 내용을 기행문과 비교해볼 때 생각과 느낌이 기행문이 중심이라면 견학기록문은 생각과 느낌보다 사실을 바탕으로 적는다. 그래서 견학 기록문은 설명글 형식으로 적으면 쉽게 적을 수 있다.

위의 글을 보면 알 수 있지만 견학기록문은 사실이 바탕이 되고 있다. 그렇다고 해서 무조건 사실만을 적은 것이 아니라 물론 자신의 의견을 적어도 된다. 그러나 전체적으로 사실 중심이라는 것이다.

견학기록문을 잘 쓰기 위해서 필요한 것은 바로 자신이 견학한 곳에 대한 자료이다. 그래서 어떤 곳을 견학하게 되면 메모를 하든지, 사진을 찍든지, 하나도 놓치지 말고 꼼꼼히 그것과 관련된 것을 적어 보는 것이 중요하다.

2) 견학 기록문의 짜임과 내용

(1) 처음 - 가게 된 동기, 가는 장소의 정확한 이름, 어디에 있는 가, 어떻게 가는가?

(2) 가운데 - 뭐 하는 곳인가, 어떻게 생겼나, 무엇이 유명한가, 얽힌 이야기, 그곳에는 무엇이 있나, 가장 인상적인 것, 겪은 일 등.

(3) 끝 - 소감.

14. 설명문

1) 설명문이란?

설명문이란, 읽는 사람들이 어떠한 사항에 대해 이해할 수 있도록 객관적이고 논리적으로 서술한 글을 말한다. 여기서 객관적이고 논리적이라는 것은 자신의 주관적인 의견이나 생각 등 확인되지 않은 내용을 추측으로 쓰면 안 된다는 것이다. 확인되고 입증된 것만을 써야 한다는 뜻이다. 따라서 문학 작품 이외의 실용적인 문장을 이르기도 한다.

2) 설명문의 특징과 짜임

(1) 설명문의 짜임

① 머리말 : 설명할 내용, 사항, 배경, 동기, 목적, 방법 등을 제시한다.

② 본　문 : 여러 가지 설명 방법으로 사실이나 지식을 알기 쉽게 풀이한다.

③ 맺음말 : 본문에서 설명한 내용을 간단히 요약하고 마무리한다.

(2) 설명문의 특성

① 내용의 사실성 : 정확한 지식을 사실에 근거하여 설명한다.

② 설명의 객관성 : 개인적 의견이나 감정을 배제하고 객관적으로 설명한다.

③ 문장의 명료성 : 뜻이 명확하게 전달되도록 문장을 간결하게 쓴다.(정확하고 평이한 문장, 체계적 연결 관계, 전체로 향하는 통일성)

(3) 설명문의 종류

① 실용적 설명문 : 일상생활에 직접 도움이 되도록 일의 처리 방법 등을 쉽게 풀이하여 쓴 글이다. 예를 들면, 사전의 일러두기, 여행안내 책자, 박물관의 안내 책자, 전기 제품의 사용법 등을 설명한 것이 그것이다. 실용적 설명문은 경우에 따라서는 정상적인 설명문의 형식을 갖추지 않고 요점만 적기도 한다.

② 과학적 설명문 : 지식이나 교양을 넓혀 줄 목적으로, 체계적으로 알기 쉽게 정리한 글이다. 각종 전문 학술 서적, 교과서, 사전, 작품 해설집 등 매우 다양하게 쓰이고 있다.

③ 물체 설명문 : 동·식물, 광물, 기타 전기 제품, 자동차, 약품 등의 문물에 대해 설명한 글이다.

④ 사건 설명문 : 역사적·사회적 사건을 비롯하여 여러 가지 사건에 대해 설명한 글이다.

⑤ 역사 설명문 : 인류의 역사나 사건의 경과 등 일이 되어 나간 내력을 설명한 글이다.

(4) 설명문의 설명 방법

① 정의 : 낱말이나 대상 또는 사물의 범위를 본질적으로 구분하는 것을 말한다. 일반적인 부류나 범주를 구분하기도 하며, 동일 범주에 속하는 타 요소들과의 차이를 명확하게 하기도 한다.

② 예시 : 구체적인 예를 들어 일반적인 원리나 진술을 구체화하는 방식이다.

③ 분류 : 어떤 대상이나 생각들을 공유하는 비슷한 특성에 근거하여 구분 짓는 방식이다. 분류를 전제할 때는 분류라거나 구분 또는 종류라고 말하기도 한다.

④ 분석 : 구성 요소들의 복잡하고 유기적인 결합을 단순한 요소나 부분들로 나누는 방식이다. 학문적인 내용이나 설명 또는 보고의 경우에 자주 쓰인다.

⑤ 비교와 대조 : 사물들 사이의 비슷한 점이나 차이가 나는 것을 말할 때 사용하는 방식이다. 비슷한 대상은 비교를 하며, 차이가 나는 대상은 대조를 하여 말하게 된다.

⑥ 묘사 : 대상의 형태나 색채 등을 눈에 보이는 것처럼 말하는 방식이다. 시각적이고 청각적인 감각에 의한 묘사도 있고, 미각이나 후각 또는 피부 감각에 의한 묘사도 있다.

⑦ 서사 : 시간의 경과에 따른 일련의 사건들을 눈에 보이듯이 말하는 방식이다. 사건이나 행동의 전개에 초점을 두어 진술하는 것으로 묘사가 공간적이라면 서사는 시간적으로 구성하여 말하는 점이 특색이다.

⑧ 과정 : 어떤 방법에 대하여 말을 할 때 결과가 있기까지의 과
정을 차례대로 말하는 방식이다. 문제의 해결 과정이나 제품
의 생산 과정 등을 말할 때 흔히 쓰게 된다.

⑨ 원인과 결과 : 인과 관계가 바르게 나타나도록 말하는 방식이
다. 논리적으로 말할 때 주로 활용된다.

15. 주장글

1) 주장하는 글이란?

주장하는 글이란 어떤 문제에 대해 자신의 생각과 의견을 나타낸 글이다. 그러기 위해서는 주장하는 문제에 대해 자신이 잘 알고 있음을 분명히 드러내야 한다. 또 내가 무슨 생각을 하는지에 대해 다른 사람이 알고 나와 같은 생각과 행동을 하도록 설득하는 글이다. 그러기 위해서는 내가 주장하고자 하는 것에 대해 타당한 근거를 드러내어 써야 한다. 이렇게 주장하는 글을 논설문이라고도 한다.

2) 주장하는 글 개요 짜기

(1) 서론 : 전체 분량의 5분의 1

① 문제제기 : 이 부분에서는 현재 내가 쓰려는 주제가 우리 사회에 어떤 영향을 미치고 있는가에 대해 흥미를 끌 수 있으면서도 간결하게 시작한다.

② 나의 주장 : 그래서 나의 주장은 어느 쪽이라는 것을 확실히 밝힌다.

③ 방향 : 나의 주장을 어떻게 증명해 나갈 것인지에 대해 암시
해 주는 것이다.

④ 범위 : 때로 주제가 너무 넓은 경우 써야 할 글의 분량은 한
정되어 있으니 범위를 정할 필요가 있다. 예를 들어 환경이라
는 주제일 때는 범위를 정하는 것이 좋겠다.

(2) 본론 : 전체 분량의 5분의 3

본론은 서론에서 정해주었던 방향에 따라 주장에 대한 입증만
하면 된다. 여기서 중요한 것은 주장한 쪽, 방향, 범위를 벗어나지
않아야 한다는 점이다. 적어도 3가지 정도는 논리적인 근거를 들어
주면 좋다.

(3) 결론 : 전체 분량의 5분의 1

① 요약 : 서론과 본론에서 중요했던 내용을 다시 한 번 요약 정
리해 주는 것이다. 중요한 점은 논지는 그대로 유지하면서 표
현은 바꾸어 주어야 한다는 것이다.

② 제언 : 주장을 실천할 수 있는 구체적인 방법을 알려주는 것
이다.

③ 전망 : 만약 내 제언을 실천한다면 이런 면에서 좋아질 것이
라는 희망적인 메시지를 주는 곳으로, 보통 미래형으로 쓴다.

④ 평가 : '내 글이 이런 면에서 기여를 할 것이다'라고 말하는
부분이다.

★ 이런 책과 함께 할 수 있어요! ★

· 내가 처음 쓴 일기/윤태규 엮음/보리

· 일기 쓰기 어떻게 시작할까/윤태규 지음/보리

· 신나는 글쓰기/이오덕 지음/지식산업사

· 우리 모두 시를 써요/이오덕 지음/지식산업사

· 이렇게 써보세요/이오덕 지음/지식산업사

· 와아, 쓸 거리도 많네/이오덕 지음/지식산업사

· 삶을 가꾸는 글쓰기 교육/이오덕 지음/보리

· 무엇을 어떻게 쓸까/이오덕 지음/보리

· 글쓰기 어떻게 가르칠까/이오덕 지음/보리

· 우리 말 살려 쓰기 하나·둘/이오덕 지음/아리랑나라

· 어린이를 살리는 글쓰기/이오덕 지음/우리교육

· 살아 있는 글쓰기/이호철 지음/보리

· 아주 기분 좋은 날/한국글쓰기연구회 엮음/보리

· 띄어쓰기 편람/이승구 외 지음/대한교과서

· 우리 말글 바로 알고 옳게 쓰자 1, 2/정재도 외 지음/창작과비평사

· 아이들과 함께 하는 갈래별 글쓰기/강승숙 외 지음/우리교육

· 얘들아, 독후감 가지고 놀자/김종순 지음/민미디어

· 우리 아이의 즐거운 일기쓰기, 독서록쓰기 : 초등 1·2학년을 위한 혼자하
는 방학숙제/강승임 지음/아주큰선물

· 어린이 원고지 쓰기 : 어린이 원고지 바로 쓰기의 길잡이/편집부 지음/태
을출판사

독서지도 계획 세우기

1. 독서지도의 계획

글쓰기에서 얼거리(개요) 짜기는 튼튼한 글을 쓰기 위한 설계도에 비유된다. 마찬가지로 독서지도에서의 계획은 향후 진행될 프로그램에 대한 모든 것을 담고 있기 때문에 매우 중요하다. 따라서 독서지도사는 자신이 맡은(진행할) 프로그램에 대한 독서지도 계획을 세울 수 있어야 한다. 그러려면 대상에 대한 이해 및 점검과 독서지도가 시행될 기관(장소)에 대한 확인을 먼저 해야 한다. 즉, 독서지도를 위한 절차에 맞게 준비할 필요가 있는데, 필자는 다음과 같은 순서를 거쳐 프로그램을 진행한다. 한 과정 과정을 꼼꼼하게 검토하시기 바란다.

1) 프로그램에 참여할 대상자 인터뷰 및 독서능력진단 검사

모든 프로그램에서 참여 대상자는 가장 중요하다. 그런데 아이들을 대상으로 한 프로그램들은 수업의 주체인 아이들을 만나기 전에 부모님(특히 엄마)과 만나는 경우가 많다. 그래서 이런 저런 질문을 통한 확인과 협의 절차를 거친 이후에야 비로소 아이들을 볼 수 있는데, 독서치료에서처럼 이 단계는 매우 중요하다. 왜냐하면 아이들의 독서능력 및 흥미를 어머니의 관점에서 파악해 볼 수 있기 때문이다. 그렇다고 어머니들께서 자신의 자녀에 대해 갖고 있는 주관적인 생각들을 전부 수긍할 수는 없다. 더불어 그녀들의 수업에 대한 욕구 또한 무조건 수용할 수는 없다. 이는 이후 아이들을 만나서 인터뷰와 독서능력진단 검사를 해본 다음에 내릴 수 있는 결론으로, 실제로 아이들은 어머니들의 말씀에 비해 능력이 훨씬 부족하거나 흥미 분야가 전혀 다른 경우가 많다. 그래서 이때는 독서지도사가 약간의 고민을 해야 한다. 비용을 지불하는 어머니들의 편에 서서 수업을 진행할 것인지, 아니면 아이들의 입장을 대변하며 어머니들을 설득할 것인지. 필자는 당연히 후자이다. 왜냐하면 수업은 아이들과의 만남이기 때문이다. 그러니 어머니들의 의견은 반영을 하되, 객관적인 현재 우리나라에는 독서능력 및 흥미를 점검해 볼 수 있는 검사가 몇 가지 나와 있는데, 실시할 수 있는 기관에 따라 특성과 비용이 다르니 꼼꼼하게 따져볼 필요가 있다. 이처럼 인터뷰와 독서능력진단 검사를 거치게 되면 독서지도사는 프로그램에 참여할 대상 아이들에 대한 비교적 객관적인 결과를 갖게 된다. 그러므로 이 단계는 독서지도 계획 단계에서 가장 중요하다.

2) 독서지도 목표 설정

이 글을 읽고 계신 분들은 어떤 삶의 목표를 갖고 있을까? 목표는 한 사람을 곧은길로 안내한다. 그래서 다른 곳으로 한눈을 파는 대신 **빠르고** 정확하게 내가 원하는 곳에 도달하게 해준다. 독서지도에서도 마찬가지이다. 독서지도 목표는 위 1)번의 결과에 따라 독서지도사가 정하는 것으로, 시작부터 끝까지 유지되는 장기 목표와 각 회마다 따로 적용되는 세부 목표가 있다. 그러니 프로그램에 참여할 대상의 파악이 끝나면 독서지도사는 주어진 기간 동안에 이루려는 독서지도 목표를 장기 및 세부로 설정해야 한다.

3) 독서지도 계획서 작성

독서지도의 목표가 설정되면 다음에는 그 목표를 달성하기 위한 구체적인 계획을 세워야 한다. 이 때 현실적인 여건을 고려하여 계획이 얼마나 구체적으로 세워졌는지에 따라 독서지도의 효과가 달라질 것이다.

(1) 독서지도 계획의 수립

각 급 학교나 공공도서관 등에서 독서지도의 계획을 설정할 때는 세부계획의 수립에 앞서 독서지도의 대상자와 장소, 주관자 등에 관한 것을 우선적으로 조사할 필요가 있다. 이미 '대상자 인터뷰 및 독서능력진단 검사' 항목에서 다루었지만, 기관에서의 집단수업인 경우에는 그조차 할 수 없는 경우가 많다. 그래도 독서지도사는 더 좋은 수업을 위해 가능한 많은 정보를 파악할 필요가 있다. 그것을 보다 자세히 살펴보면 다음과 같다.

① 대상자들의 독서생활의 실태를 조사한다.

대상자들의 독서활동과 관련된 기초적 자료를 조사한다. 즉 그들의 독서능력과 흥미, 일상적인 독서활동 상태, 환경적 요소 등을 정확하게 조사하고 바람직한 성장상태를 고려하여 어떤 독서행동을 할 수 있도록 할 것인지에 관한 구체적인 세부 지도계획을 세운다.

② 지도가 이루어지는 곳의 여건을 확실하게 파악하도록 한다.

즉, 각 급 학교별로 혹은 공공도서관에서 자신들의 독서지도 계획을 설정할 때 현실적으로 어느 정도 독서지도에 시간을 할애할 수 있고, 가정과의 연계활동은 어느 정도 가능하며, 각종 독서지도와 관련된 프로그램을 실시할 장소는 어느 정도의 여건이 마련되어 있고, 투입될 수 있는 예산이나 실제적 경비의 수준, 독서 자료와 참고자료 등을 구체적으로 고려하여 실천 가능한 계획을 수립한다.

③ 독서지도자들의 자질과 품성을 고려한다.

즉, 독서지도를 담당할 사람들의 전공이나 지식의 범위, 인격과 품성, 어린이의 심리와 행동발달에 관한 지식 및 독서생활에 관련된 사항 등을 고려하여 지도자를 선정하고 계획을 세우도록 한다.

④ 학교의 경우 월별행사, 학교 교과 과정, 계절 특성, 지도교사의 계획안 등을 고려해야 한다.

이상과 같은 독서지도의 대상자, 독서지도가 이루어질 곳, 독서지도자의 여러 가지 조건을 고려한 후 독서지도의 기본적인 방향을 다음과 같이 설정한다.

① 독자 스스로 도서를 선택할 수 있는 태도를 길러준다.

② 독서의 범위나 영역에 있어서 어느 한쪽으로 치우침 없이 각

분야의 책을 조화 있게 읽을 수 있도록 한다.

③ 비판적으로 읽는 태도를 길러준다.

④ 활자를 매체로 하는 전통적인 자료와 각종 시청각 및 뉴미디어를 유기적으로 결합하여 이들 매체의 각 특성을 종합적으로 이용할 수 있는 기술이나 능력, 태도를 길러준다.

⑤ 독서내용을 실생활에 결부시켜 활용할 수 있는 태도를 길러준다.

⑥ 독서를 개인적인 활동으로만 끝내게 하지 않고 독서를 매체로 하여 사회적 활동으로 이끌어 갈 수 있게 한다.

(2) 독서지도 계획의 내용

독서지도를 계획할 때 그것이 효과를 발휘할 수 있도록 하려면 다음과 같은 사항에 유의하여 수립해야 한다.

① 독서지도의 목표를 명확히 한다.

② 독서지도의 내용을 명확히 한다.

③ 독서 자료를 명시한다.

④ 지도의 장을 명확히 설정한다.

⑤ 지도 체제를 확립한다.

(3) 독서수업 계획안 작성하기

독서지도 계획을 위한 사전 작업이 마무리 됐다면, 이제 본격적으로 계획을 짜면 된다. 계획은 여건에 따라 무수히 많은 형태로 만들어질 수 있는데, 필자의 경우 그룹 수업인 경우 1년을 기본으로 해서 계획을 짜는 편이다. 또한 여타 기관들은 주어진 기간 내에서 계획을 짜는데, 보통 12회나 15회 내외가 가장 많다. 더불어 내용적인 면을 살펴보면 '사고력 기르기'나 초등 고학년을 위한 '논술', 저학년과 고학년을 위한 '신문 활용 교육'과 관련된 주제가 많다.

(4) 독서발달단계별 수업 계획안

반복되는 이야기지만 발달단계는 모든 영역에서 중요하다. 보통 독서지도는 학년별로 그룹을 지어서 실시되는 경우가 많은데, 이는 그 학년이기 때문에 독서발달단계로 봤을 때 일정 수준 이상에 올라와 있을 거라는 전제를 한 것이다. 물론 수업 장면에서 만나는 아이들이 모두 그 이상의 수준을 갖고 있는 것은 아니지만, 특히 기관에서의 수업인 경우 접수를 통해 대상자를 선발하기 때문에 개인별 발달단계를 모두 고려할 수 없는 현실이다. 그래서 만약 가능하다면 독서발달단계별로 수업을 진행할 수도 있다.

독서수준에 따른 수업 안으로는 역할놀이 독서, 실험적인 독서, 초기독서, 과도기적 독서, 자립적 독서의 보통 다섯 단계로 나눈다.

4) 수업지도안 작성하기

(1) 수업지도안 작성 방법

① 제목 : 책이름, 출판사, 지은이, 지도한 때, 지도한 곳, 대상 학년, 지도 선생님을 자세히 기록해 두어야 자료의 가치가 있다. 물론 본인이 참고하기 위한 것이라도 근거를 정확히 남기는 것이 좋다.

② 목표 확인 : 이 동화에서는 지은이가 무엇을 찾으려고 하고 무

엇을 얻기 위함 인가를 분명히 확인하여 말하기, 듣기, 읽기, 쓰기
의 목표를 명확하게 쓴다.

☞ 목표 쓰기를 할 때 주의사항 :
- 한 문장에 한 가지 목표를 쓴다.
- 학생 입장에서 쓴다. (-안다. -한다.)
- 정확히 판단할 수 있는 내용으로 기술한다.

③ 활동

㉠ 도입 - 도입부는 선정 자료 및 목표에 따라 진행할 수업에 대
   한 흥미를 유발시키고, 더불어 간단한 발문을 통해 관련 지식
   을 점검해 볼 수 있는 독서지도 수업에서의 첫 단계이다. 따
   라서 지도사는 아이들이 관심을 갖고 수업에 참여하고 싶은
   마음이 들도록 도입부를 이끌어야 한다. 도입부에서 활용하는
   대표적인 방법은 표지 보며 이야기 나누기이다.

㉡ 전개 - 전개에서는 선정된 자료를 읽고(고학년이라서 선정 자
   료의 양이 많은 경우에는 읽어 오게 했을 것이다), 내용 파악
   과 이해를 위한 발문을 통해 자료가 담고 있는 주제 및 사상
   을 알 수 있게 한다.

㉢ 발전 - 발전 단계에서는 전개에서 나눈 이야기들을 바탕으로,
   생각의 물꼬를 더 터주기 위한 발문으로 나아가야 한다. 혹은
   발문이 아닌 활동으로 그 역할을 대신하기도 한다.

㉣ 발표 - 정리에 앞서 발표를 하는 것은, 아이들이 열심히 활동
   한 내용을 나눔으로써 경험을 확장하기 위한 목적이다. 따라
   서 활동을 한 경우에는 반드시 발표를 통해 나눔의 시간을

갖고, 만약 발문이나 토론으로만 진행된 수업이라 할지라도 소감나누기를 하면 좋다.

⑩ 정리 - 지도사는 수업을 마치기 전 수업 목표와 선정 자료, 활동 내용들을 정리해 준다.

⑭ 평가 - 지도사는 수업 전반에 관한 평가를 스스로 해본다.

(2) 독서지도 계획 및 수업 지도안, 활동지의 실제

자, 이제 본격적으로 독서지도 수업 계획안 및 수업 지도안, 활동지를 만나볼 차례다. 다음에 제시되는 예들은 모두 필자가 만들어 주관했던 수업에서 사용한 것으로, 대상은 유아에서부터 청소년, 성인에 이르기까지 다양하며, 조금 더 세부적으로 들어간 수업 지도안까지 제시했다. 더불어 수업 중 활용되는 활동지도 제시를 했는데, 특히 활동지는 대상에 따라 차별을 기해야 할 부분이 있다. 아주 쉽게 설명을 하자면 유치원생과 고등학생을 대상으로 각각 수업을 진행할 때, 제시되는 활동지도 당연히 다르지 않겠는가? 담고 있는 발문의 수준은 물론이거니와 틀까지도 다를 필요가 있다. 이 모든 것들은 다음 내용을 통해 확인하시기 바란다. 더불어 독서지도 장면에서는 계획만 잘 세울 것이 아니라, 밖으로 보여지는 활동지 하나하나에도 세심한 신경을 써야 함을 명심했으면 한다.

① 독서지도 계획안 1 - 꿈나무 유치원 유아 독서지도

순서	주제	활용 자료	활동 내용
1	만남	안녕 안녕	인사놀이
2	친구	야, 우리 기차에서 내려	기차놀이
3	이름	이름 보따리	연극놀이
4	가족	엄마를 화나게 하는 10가지 방법	부모님께 감사 편지 쓰기
5	창의력	색칠 동화	내가 만드는 동화
6	동시	화분, 가위 바위 보	몸짓 표현 놀이
7	NIE (신문활용교육)	털북숭이 신문이 나왔어요	신문에는 무엇이 있나?
8	전통문화	새색시	예절 교실, 전통문양 색칠하기
9	애완동물	좋아질 것 같아	내가 좋아하는 동물 '좋아 좋아' 게임
10	만화 (애니메이션)	오늘이	애니메이션 시청
11	나만의 책 만들기	팝업 북	자동차 책 만들기
12	음악	동물의 사육제	소리가 다른 악기
13	창의력 발상훈련	연상화 그리기	무엇이 될까?
14	전래동화	똥 벼락, 팥죽할멈과 호랑이	착한 일에 대한 경험 나누기
15	위인	꿈의 궁전을 만든 우체부 슈발	몸으로 표현하는 사물
16	나	너는 특별하단다	비디오 시청

② 독서지도 계획안 2 - 초등 저학년의 독서능력·흥미 발달을 위한 독서지도

순서	프로그램	준비물
1	우리 처음 만난 날 - 자기소개(소개판, 얼굴가면, 별칭 짓기, 이름놀이)	필기도구
2	네가 궁금해 - 나의 기억, 내 마음 속, 문장완성검사, HTP·KFD검사	필기도구
3	창의력 기르기 - 연상화 그리기, 변형놀이(자·보자기), 만약…	크레파스(색연필)
4	주제별 독서지도 - 인체(우리 몸의 구멍 : 감각 체험, 우리 몸을 지켜라!)	색연필, 전지
5	'NIE - 신문으로 놀자' (신문 넘기기, 접기 : 모자, 배, 옷, 감촉 느끼기, 구기기, 찢기, 공 만들기, 신문의 활용도 알아보기, 신문 이름표 만들기)	신문, 풀, 가위
6	독서토론 및 생각 키우기 - 누구를 태울 것인가, 당나귀의 경주, 원숭이 사로잡기	필기도구
7	창의력 기르기 - 창의력 모양 만들기 1·2, 난화 상호 이야기 만들기	크레파스(색연필)
8	주제별 독서지도 - 전래동화(똥벼락 : 역할극, 찰흙으로 똥 만들기)	필기도구, 찰흙
9	NIE - 신문의 구성 살펴보기, 신문으로 독서하기, 사진에 게 말 걸기	신문, 풀, 가위
10	독서토론 및 생각 키우기 - 전쟁(도서 : 전쟁, 비디오 : 전쟁과 축구)	필기도구
11	창의력 기르기 - 팝업 크리스마스카드 만들기(The Night Before Christmas!)	색도화지, 가위, 풀, 색연필 등
12	주제별 독서지도 - 계절(십이월의 친구들 : 몸으로 표현하 는 계절, 계절 생일 카드 만들기)	도화지, 가위, 풀, 계 절 그림, 색연필 등
13	NIE - 오늘의 운세를 활용한 12지 이야기(열두 띠 이야기)	신문, 풀, 가위
14	독서토론 및 생각 키우기 - 만화자료의 활용	필기도구
15	창의력 기르기 - NIE(나를 자랑하는 광고 포스터)	신문, 스케치북, 풀, 가위, 색연필 등
16	주제별 독서지도 - 환경(미스 럼피우스 : 환경 난타)	각종 재활용품
17	NIE - 신비한 글자 나라, 단어 연결하기	신문, 풀, 가위
18	독서토론 및 생각 키우기 - 내가 쓰는 동화 (글자 없는 그림책, 사진과 그림으로 꾸며보는 동화)	필기도구
19	창의력 기르기 - 우리들의 패션쇼(엉뚱이 소피의 못 말리 는 패션)	신문, 스케치북, 풀, 가위, 색연필, 옷 등
20	주제별 독서지도 - 요리(고사리손 요리책 : 요리 퀴즈)	음식관련사진 등
21	NIE - 시장 놀이(옷걸이로 분류한 물건들, 경제교실)	신문, 풀, 가위, 전단지

③ 독서지도 계획안 3 – 초등 고학년을 위한 사고력·논술 1단계

순서	프로그램	준비물
1	2분 스피치, 정보 이어가기, 발음 연습 및 전형 자기 소개서 작성 해보기	관련 자료
2	독서토론 - 아버지의 편지, 주제별 토론 - 사람답게 살아가기	관련 책 및 자료
3	사고력 논술 - 가상과 현실	필기도구
4	월간 NIE 시사 논술, 이야기 요약법	신문
5	2분 스피치, 정보 이어가기, 찬반 토론 - 인터넷 용어 사용 및 확산	관련 자료
6	독서토론 - 아무도 미워하지 않는 자의 죽음, 주제별 토론 - 참 자유	관련 책 및 자료
7	사고력 논술 - 강자와 약자	필기도구
8	월간 NIE 시사 논술, 이야기 요약법	신문
9	2분 스피치, 정보 이어가기, 찬반 토론 - 얼짱 문화, 바람직한가?	관련 자료
10	독서토론 - 어린이를 위한 북한 그림 이야기, 주제별 토론 - 남과 북 문화의 통일 방안	관련 책 및 자료
11	사고력 논술 - 진짜와 가짜	필기도구
12	월간 NIE 시사 논술, 이야기 요약법	신문
13	2분 스피치, 정보 이어가기, 찬반 토론 - 해외어학연수 바람직한가?	관련 자료
14	독서토론 - 바이 바이, 주제별 토론 - 외국 노동자에 대한 차별	관련 책 및 자료
15	사고력 논술 - 비관주의와 낙관주의	필기도구
16	월간 NIE 시사 논술, 이야기 요약법	신문
17	2분 스피치, 정보 이어가기, 찬반 토론 - Day 문화, 바람직한가?	관련 자료
18	독서토론 - 어린이 세계 종교, 주제별 토론 - 학교 내 종교의 자유	관련 책 및 자료
19	사고력 논술 - 이론과 실천	필기도구
20	월간 NIE 시사 논술, 이야기 요약법	신문

④ 독서지도 계획안 4 - 초등 고학년을 위한 사고력·논술 2단계

순서	주제	프로그램
1	나	책 말하기, 단어 스무 고개, 면접·구술 백서
2		통합 논술
3		자료 토론(도서 '꽃들에게 희망을'), 글쓰기 학습 1 - 줄거리 구성의 원리
4		논술 및 첨삭
5	가족	책 말하기, 단어 스무 고개, 면접·구술 백서
6		통합 논술
7		자료 토론(도서 '해피 버스데이'), 글쓰기 학습 2 - 내용 전개 방법
8		논술 및 첨삭
9	우정	책 말하기, 단어 스무 고개, 면접·구술 백서
10		통합 논술
11		자료 토론(도서 '친구라는 소중한 선물'), 글쓰기 학습 3 - 개요 짜기
12		논술 및 첨삭
13	사랑	책 말하기, 단어 스무 고개, 면접·구술 백서
14		통합 논술
15		자료 토론(도서 '나의 그녀'), 글쓰기 학습 4 - 서론 쓰기
16		논술 및 첨삭
17	꿈	책 말하기, 단어 스무 고개, 면접·구술 백서
18		통합 논술
19		자료 토론(도서 '아홉 살 인생'), 글쓰기 학습 5 - 본론 쓰기
20		논술 및 첨삭
21	모험	책 말하기, 단어 스무 고개, 면접·구술 백서
22		통합 논술
23		자료 토론(도서 '15소년 표류기'), 글쓰기 학습 6 - 결론 쓰기
24		논술 및 첨삭

⑤ 독서지도 계획안 5 - 초등학생을 위한 다양한 글쓰기

순서	날짜	프로그램	준비물
1	4월 4주	인사 및 소개문 쓰기, 강의 내용 소개	필기도구
2	5월 1주	원고지 쓰기의 실제	필기도구, 원고지
3	5월 2주	글쓰기의 기초	필기도구
4	5월 3주	좋은 글쓰기 - 일기문	필기도구
6	5월 4주	좋은 글쓰기 - 생활문	필기도구
7	6월 1주	좋은 글쓰기 - 독서 감상문	필기도구
8	6월 2주	좋은 글쓰기 - 편지문	필기도구, 편지지, 봉투
10	6월 3주	좋은 글쓰기 - 동시, 삼행시, 시조	필기도구
11	6월 4주	좋은 글쓰기 - 설명문	필기도구
12	7월 1주	좋은 글쓰기 - 논설문(신문사설)	필기도구
14	7월 2주	좋은 글쓰기 - 관찰 기록문	필기도구
15	7월 3주	좋은 글쓰기 - 견학 기록문(기행문)	필기도구
16	7월 4주	좋은 글쓰기 - 기사문, 광고문	필기도구
18	8월 1주	좋은 글쓰기 - 초대장, 안내문	필기도구
19	8월 2주	좋은 글쓰기 - 노랫말 쓰기(작사, 개사)	필기도구
20	8월 3주	좋은 글쓰기 - 희곡과 시나리오	필기도구
28	8월 4주	소감문 쓰기 및 강의 평가, 롤링 페이퍼	필기도구

⑥ 독서지도 계획안 6 - 중·고생을 위한 사고력·논술

회기	주제	프로그램	준비물
1	미디어	3분 말하기, 면접·구술 백서, 찬·반 토론 : CCTV 설치, 필요한가?	필기도구
2		자료 토론(영화 '트루먼 쇼', 도서 '텔레비전을 버려라')	해당 자료
3		NIE 사고 논술, 벤다이어그램으로 살펴보는 시사	필기도구, 신문
4		논술 및 첨삭	필기도구, 자료
5	환경	3분 말하기, 면접·구술 백서, 찬·반 토론 : 참살이 열풍, 바람직한가?	필기도구
6		자료 토론 (영화 '에린 브로코비치', 도서 '요람에서 요람으로')	해당 자료
7		NIE 사고 논술, 벤다이어그램으로 살펴보는 시사	필기도구, 신문
8		논술 및 첨삭	필기도구, 자료
9	사형제도	3분 말하기, 면접·구술 백서, 찬·반 토론 : 사형제도, 필요한가?	필기도구
10		자료 토론(영화 '데드맨 워킹', 도서 '사형수 최후의 날')	해당 자료
11		NIE 사고 논술, 벤다이어그램으로 살펴보는 시사	필기도구, 신문
12		논술 및 첨삭	필기도구, 자료
13	복수	3분 말하기, 면접·구술 백서, 찬·반 토론 : 복수는 정당한가?	필기도구
14		자료 토론(영화 '친절한 금자씨', 도서 '복수')	해당 자료
15		NIE 사고 논술, 벤다이어그램으로 살펴보는 시사	필기도구, 신문
16		논술 및 첨삭	필기도구, 자료
17	소외	3분 말하기, 면접·구술 백서, 주제 토론 : 고령화, 그 대책은?	필기도구
18		자료 토론(영상 '왕따 동영상', 도서 '비폭력, 폭력의 강 을 건너는')	해당 자료
19		NIE 사고 논술, 벤다이어그램으로 살펴보는 시사	필기도구, 신문
20		논술 및 첨삭	필기도구, 자료

⑦ 독서지도 계획안 7 – 성인을 위한 독서지도 1

순서	주제	내용
1강	오리엔테이션, 독서지도 및 어린이 독서교육환경	우리 아이들과 독서교육
2강	주제별 책 읽기	그림책, 환타지 외
3강	독서지도의 계획	무엇을 어떻게 가르칠 것인가?
4강	영역별 독서지도의 실제 1	창의력(상상력), 놀이
5강	영역별 독서지도의 실제 2	동요·동시
6강	영역별 독서지도의 실제 3	음악(소리)·미술
7강	영역별 독서지도의 실제 5	책 만들기·북아트
8강	영역별 독서지도의 실제 6	NIE(신문활용교육), MIE(다매체교육)
9강	영역별 독서지도의 실제 7	원고지 쓰기, 갈래별 글쓰기
10강	영역별 독서지도의 실제 9	토론과 사고력
11강	영역별 독서지도의 실제 10	통합논술의 이해
12강	영역별 독서지도의 실제 12	독서상담 및 종강

⑧ 독서지도 계획안 8 – 성인을 위한 독서지도 2

순서	주제	내용
1강	오리엔테이션, 독서교육 및 어린이 독서교육환경	우리 아이들과 독서교육
2강	주제별·매체별 자료 제대로 읽기 1	도서 분석
3강	주제별·매체별 자료 제대로 읽기 2	신문 분석
4강	주제별·매체별 자료 제대로 읽기 3	영상 분석
5강	주제별·매체별 자료 제대로 읽기 4	교과 분석
6강	주제별·매체별 자료 제대로 읽기 실습	모둠별 발표
7강	통합적 독서교육의 필요성 및 계획	무엇을 어떻게 가르칠 것인가?
8강	통합적 독서교육을 위한 제 활동들	놀이, 글쓰기 관련, 미술 활동, 북 아트 외
9강	통합적 독서교육안 살펴보기 1	유아
10강	통합적 독서교육안 만들기 실습 1	유아
11강	통합적 독서교육안 살펴보기 2	초등
12강	통합적 독서교육안 만들기 실습 2	초등
13강	통합적 독서교육안 살펴보기 3	중등
14강	통합적 독서교육안 만들기 실습 3	중등
15강	참여 소감 나누기 및 수료식	종강 및 정리

⑨ 세부 수업안 1

주제별 독서지도안 : 인체
- 우리 몸의 구멍/허은미/돌베개어린이 -

주제	우리들의 몸	지도대상	저학년

학습 목표	· 우리 몸의 주요 기관들에 대해 알 수 있다. · 우리 몸의 주요 기관들의 유기적 연결성과 각각의 기능을 알 수 있다. · 우리 몸의 기관들이 갖고 있는 특성과 그 역할을 체험해 볼 수 있다.

단계	학습과정 및 학습내용	교수 - 학습활동
전개	· 이게 어디야? (활동자료 1)	① 우리 몸에는 어떤 기관들이 있는가? 그 모양은 어떻게 생겼는지 이야기 해보기 ② 그림책을 같이 읽어 나가면서 어느 기관을 표현하고 있는 것인지 알아 맞혀 보기 ③ 자기가 생각하고 있던 이미지들과 비슷한 것은 무엇이고 다른 것은 무엇인지 말해보기, 다른 것들에게는 새로운 이름을 붙여주기 (예: 콧구멍은 선글라스, 손가락은 팬 플롯 등)
	· 너는 어떻니?	① 우리 몸의 기관들을 어린이 각각에게 역할배정해 준다. (코, 눈, 입, 엉덩이 등) ② 정해진 물건을 서로가 돌아가면서 자신의 감각 기관으로 느껴볼 수 있게 한 다음, 그 느낌을 말이나 몸으로 표현하도록 한다. (장난감, 과일, 과자 등을 냄새 맡아 보고, 손이나 다른 기관으로 만져 보기도 하며, 직접 먹어 보게 한다.) ③ 감각 기관들이 제대로 활동하지 않으면 어떤 문제점이 생길지 이야기 해본다.
	· 표현 활동	① 나의 몸을 지켜라! - 6명 정도로 모둠을 나눈 뒤, 각 조에 크레파스와 아이들 키보다 더 큰 전지를 나누어준다. 모둠원 가운데 한사람을 골라 전지 위에 눕게 한 다음 전체 골격을 그려보게 하고, 그 안에 우리 몸의 기관들을 채워 넣고, 각 기관들이 제대로 작동하지 않으면 생기는 문제점(신체의 질병 등)을 표시해 보고 발표하게 한다.

⑩ 세부 수업안 2

주제별 독서지도안 : 세시풍속
– 열두 달 풍속 놀이/김종대/산하 –

주제	우리나라의 세시풍속	지도대상	전학년
학습목표	*일 년을 주기로 반복되는 세시풍속에 대해 알 수 있다. *우리의 명절이나 풍속이 전승되어 온 과정과 이유를 알 수 있다. *서구 문화와 우리 문화를 비교해 보고 그 차이를 알 수 있다.		

단계	학습과정 및 학습내용	교수 – 학습활동
전개	*세시풍속이란? *우리 문화 대 서구 문화 * 표현 활동	① 세시풍속은 일 년을 주기로 계절에 따라 반복되는 고유의 풍속을 말한다. (유행과는 구별됨을 설명해준다.) ② 풍속이 만들어지는 데 가장 중요한 요소로는 자연(환경)과 '무엇을 해서 먹고사느냐' 하는 생업을 들 수 있다. (환경적 요소로는 사계절이 뚜렷한 계절적 특징, 삼면이 바다인 지형적 특징, 많은 사람들의 공감 등) ③ 세시풍속이 전해져 내려온 방법에 대해 생각하고 이야기 해본다. ① 우리나라에 전해져 오는 풍속과 외국에서 들어온 풍속들을 자유롭게 이야기 해본다. (설날, 정월대보름, 추석 등과 발렌타인데이, 크리스마스 등의 발표 내용을 적고, 그것들을 다시 구분하여 적어본다.) ② 우리 민속 가운데 서구 문화와 비슷한 것은 무엇인지 찾아보고, 그것을 대체할 수 있는 방법에 대해 이야기 해본다. ③ 풍속(민속)놀이 등을 사람들이 많이 하지 않는 이유에 대해 이야기 해보자. (날짜를 알고 있기가 어렵다, 규칙이 어렵다 등) ④ 서구 문화가운데 좋은 것을 받아들이고 우리의 정서에 맞게 바꾸는 방법을 알아본다. ① 세시풍속 달력 만들기- 각 월별 세시풍속 모습을 담은 그림과 날짜가 배합된 세시풍속 달력을 만들어 본다. (모둠별 작업 혹은 개인 작업) ② 풍속 놀이 - 모둠별 윷놀이 및 공기놀이 ③ 풍속 알아맞히기 퀴즈대회

⑪ 세부 수업안 3

주제별 독서지도안 : 계절
- 십이월의 친구들/미샤 담안/마루벌 -

주제	우리들의 계절 맞이	지도대상	저학년

| 학습
목표 | ·계절의 변화와 그 특성에 대해 알 수 있다.
·일년내내 계절의 변화가 없는 나라들에 대해 이야기 나누어 본다.
·계절과 관계된 활동을 여러 가지로 표현할 수 있다. | | |

단계	학습과정 및 학습내용	교수 - 학습활동
전개	· 일 년 사계절	① 사계절은 어떻게 변화되고 우리는 그 변화를 어떻게 알 수 있는가? (어떤 느낌이나 상황에 대해 이야기 해보기) ② 내가 좋아하는 계절과 싫어하는 계절은 무엇이며 그 이유는 왜 그런가? ③ 각 계절에 가장 먼저 떠오르는 것들에는 무엇이 있는지 브레인스토밍 해보고 종류별로 모아보기
	· 변화와 불변의 차이	① 우리나라와 달리 일년내내 계절의 변화가 없는 나라들은 어디가 있을까? (아프리카, 남극, 북극 등) ② 우리나라처럼 사계절의 변화가 있는 곳과, 계절의 변화가 없는 나라들 사이에는 어떤 차이가 있을까? 각 나라의 특징 살펴보기 ③ 만약 내가 아프리카나 남극 등에 가서 살아야 한다면 어떤 기분이 들 것 같고, 한 가지 물건만을 꼭 가져 갈 수 있다면 무엇을 가져 갈 것인가?
	· 표현 활동	① 몸으로 표현하는 계절 - 각 계절별 특징을 모둠원이 함께 주제를 정해 몸으로만 표현을 하고, 다른 모둠원들이 맞추는 게임을 한다.(몸짓놀이) ② 과일 카드 고르기 - 계절별 과일 그림이나 사진을 섞어 놓고 계절에 맞는 과일을 많이 고르거나 먼저 고르기 대회 (모둠 혹은 개인) ③ 계절의 특징이 담긴 생일 초대 카드 만들기 - 자기가 태어난 달의 계절에 맞는 생일 초대 카드 만들어 보기

⑫ 활동지 1 – 우리 몸의 구멍

이게 어디야?

1. 우리 몸에는 어떤 기관들이 있나요? 알고 있는 곳을 모두 써
보세요.

2. 우리 몸의 기관들과 닮은 것들을 생각해 보세요. 과연 어떤
것이 떠오르는지 써 보고 재미있는 이름도 지어 보세요.

콧구멍 = 선글라스 이름 : 까만 콩 두 개	= 이름 :
= 이름 :	= 이름 :
= 이름 :	= 이름 :
= 이름 :	= 이름 :
= 이름 :	= 이름 :

⑬ 활동지 2 – 만약 …

내가 해보는 상상 +

〈그림으로 그려보세요!〉

만약

〈어떤 일이 벌어질까요?〉

⑭ 활동지 3 - 왜 그런지 정말 궁금해요 1 : 건물에도 뿌리가 있나요?

왜 그런지 정말 궁금해요 1

건물에도 뿌리가 있나요?

이 책은 '왜 그런지 정말 궁금해요' 시리즈 중 첫 번째로, 우리가 생활하는 건물에 대한 궁금증을 하나하나 설명해 주고 있습니다. 여러분은 우리가 편하게 살고 있는 집이 어떤 재료들로 지어지는지, 어떤 과정을 거쳐 지어지는지 알고 있나요? 또한 여러 건물을 지을 때 사용하는 도구에는 어떤 것들이 있는지, 세계에서 가장 높은 건물은 어떤 것인지 알고 있나요?

혹시 아직 잘 모르고 있다면, 들은 적이 있는데 알쏭달쏭하다면 이 책을 읽어 보세요. 이 책에는 집은 어떻게 지어지는가, 건물에는 뿌리가 있는가, 그밖에 터널이나 다리 등은 어떻게 만들어지는지 자세한 정보가 들어 있답니다. 나아가 땅 위에서만이 아닌 바다 속이나 땅 밑, 우주, 온실 속에서도 사람이 살아가고 있다는 것도 배울 수 있습니다.

건물이 하나 지어지려면 많은 과정이 필요한 것처럼, 이 책은 여러분들이 건물에 대해 하나하나 알아갈 수 있도록 차근차근 도와주는 길잡이가 될 것입니다. 자, 신기하고도 놀라운 건물 속으로 함께 들어가 볼까요? 〈다섯수레〉

책의 내용을 정리해요 1

(생각 열기) 다음 중 세계에서 가장 높은 건물의 이름은 무엇일까요? 보기에서 골라 보세요.

① 한국 63 빌딩　　　　　　② 미국 시어스 타워

③ 말레이시아 페트로나스 빌딩　④ 대만 101 빌딩

(이해 다지기) 사람들은 여러 재료를 이용해 집을 지었습니다. 그런데 아무래도 주변에서 쉽게 구할 수 있는 재료로 지었겠지요? 왼쪽의 지역에서는 주로 어떤 재료로 집을 지었을까요? 오른쪽의 재료들과 줄로 이어보세요.

깊은 숲 속 ●　　　● 진흙에 밀집을 섞어서 지었다.

서양 ●　　　● 강가의 갈대를 엮어서 지었다.

중동의 늪지대 ●　　　● 주로 벽돌을 이용해 지었다.

아프리카처럼 더운 지방 ●　　　● 통나무로 지었다.

(생각 넓히기) 우리는 이미 우주나 바다 속, 그리고 땅 밑에서까지 살기 위한 연구를 하고 있습니다만 아직은 상상에 그치는 것 같아요. 하지만 곧 실현이 될 텐데, 만약 땅 위에서만이 아닌 다른 곳에서도 살 수 있는 환경이 주어진다면 여러분은 어디에서 살고 싶은가요? 이유도 함께 적어 보세요.

(30, 31페이지 그림 각각 넣어주세요. 우주, 바다 속, 땅 밑 장면)

(마음 다지기) 우리나라처럼 땅이 적은 나라는 건물을 높이 지어, 한꺼번에 많은 사람들이 들어갈 수 있도록 하는 것이 효율적입

니다. 하지만 건물을 짓는 일 자체가 환경을 해치는 경우가 많은 데, 그렇다면 환경도 지켜주고 필요한 건물도 지을 수 있는 방법에는 무엇이 있을까요?

(활동 나누기) 집이나 건물은 결국 사람들이 편리하게 쓸 수 있게 설계를 하는 것이 가장 좋습니다. 여러분들의 창의적인 생각을 담아 멋진 건물이나 집을 설계해 보세요.

교과서와 책의 만남 1

(교과서 속으로) 국어 4학년 2학기 읽기, 새들의 집짓기

(가) 딱따구리는 나무에 구멍을 파서 집을 짓는다. 집을 짓기 위하여 구멍을 팔 때, 앞뒤로 두 개씩 난 발가락에 달린 발톱으로 나무를 움켜잡고 단단한 꽁지깃으로 몸을 지탱한다. 딱따구리는 한번 만든 집을 몇 해 동안 쓴다.

(나) 까치는 1-2개월쯤에 둥지를 만든다. 주로 은행나무, 느티나무, 소나무 등 키가 큰 나무의 꼭대기에 집을 짓는다. 도시에서는 철탑에 집을 짓기도 한다. 까치는 집을 지을 때에 비가 새지 않게 지붕을 만들고, 어미 새가 겨우 드나들 정도의 작은 구멍을 옆으로 낸다.

위 글 (가)와 (나)는 딱따구리와 까치가 집을 어떻게 짓는가에 대해 설명한 것입니다. 그렇다면 딱따구리나 새와 사람의 집짓기를 비교해 보세요.

	집을 짓는 장소	집을 짓는 방법	기타 특징
딱따구리			
까치			
사람			

※ 5학년 2학기 사회 2) 첨단 기술과 산업의 발달에도 수중 도시에 대한 내용이 나와 있답니다. 이 책과 함께 공부해 보세요.

생각을 모아서 글로 표현해요 1

(생각 모으기) 자, 이제 건물에 대해 많이 알게 됐나요? 그렇다면 이제 생각들을 모아서 독서감상문을 써보도록 하세요. 독서감상문은 아래의 순서에 따라 쓰면 됩니다.

(1) 내가 쓰려고 하는 글의 제목을 먼저 정해보세요.

(2) 책의 내용 가운데 가장 기억에 남았던 장면은 무엇인가요?

(3) 새로 알게 된 사실은 어떤 것이 있나요?

(4) 이제 책을 본 전체 느낌을 적어 봅니다.

(5) 단계를 다 거쳐 왔다면 이제 위에 쓴 내용들을 모아 글을 한 편 써봅니다.

독서 퀴즈 1

(퀴즈 1) 아프리카처럼 더운 지방에서는 이것에 밀짚을 섞어 집을 짓는다고 합니다. 왜냐하면 이것에 밀짚을 섞으면 햇빛을 받아 마르면서 단단해지기 때문이라고 하지요. 이것은 무엇일까요?

(퀴즈 2) 이 기계는 땅을 파는 것은 물론, 앞에 달린 넓고 커다란 버킷으로 모래나 자갈을 퍼서 트럭에 담기도 합니다. 어떤 기계에 대한 설명일까요?

(퀴즈 3) 우리가 보통 아파트 등의 높은 건물을 지을 때 볼 수 있는 것으로, 영어로는 크레인(crane)이라고 부릅니다. 강철 들보나 외벽을 필요한 자리로 들어 올릴 때 쓰는 기계의 이름은 무엇인가요?

(퀴즈 4) 이 건축물은 프랑스 파리에 있는 것으로, 프랑스 내에서는 가장 높습니다. 높이는 300미터이고 1887년부터 1889년에 걸쳐 세워졌다고 합니다. 파리를 대표하는 이 건축물의 이름은 무엇일까요?

(퀴즈 5) 커다란 터널을 뚫을 때 쓰는 기계 TBM과 두더지가 땅파기 시합을 하면 어느 쪽이 이길까요?

(퀴즈 6) 호주의 시드니에 있는 하버 교는 생긴 모양 때문에 이런 별명이 붙었다고 합니다. 우리가 옷을 걸 때 쓰는 이것은 무엇일까요?

(퀴즈 7) 운동 경기장 가운데 뚜껑이 있어 비가 오거나 할 때 닫을 수 있는 구조를 부르는 한 음절의 단어를 쓰세요. 현재 우리나라는 광명에 있는 경륜장이 최초의 이 구조물이라고 합니다.

(퀴즈 8) ○·X 문제입니다. 다음 읽어주는 이야기를 잘 듣고 맞으면 ○를, 틀리면 X를 적으세요.

〈다리는 바람이 불 때 약간씩 흔들리도록 만든다.〉

(퀴즈 9) 불도저는 다른 바퀴에 달려 있는 타이어 대신 탱크처럼 앞뒤 바퀴에 이것이 달려 있기 때문에 진흙 속에서도 빠지지 않습니다. 이것은 무엇일까요?

(퀴즈 10) 집의 구조 가운데 천장과 마루를 튼튼하게 받쳐주는 버팀목을 부르는 말은 무엇인가요?

제 16 장

독서지도의 실제 13 :
종결프로그램

1. 종결 프로그램

모든 일은 시작이 있으면 끝도 있다. 따라서 독서지도 장면에서
도 끝은 존재한다. 특히 개인적으로 팀 수업을 하는 경우가 아닌
기관에서의 수업이라면 학기 당 혹은 정해진 기간 동안만 아이들
과 만날 수 있으므로, 프로그램 계획을 할 때부터 종결에 대한 계
획도 세워야 한다.

그런데 특히 종결은 잘 할 필요가 있다. 왜냐하면 종결은 끝이
아니라 새로운 출발을 의미한다고 볼 수도 있기 때문이다. 보통 기
관들은 수업을 마치기에 앞서 수강생들에게 설문조사를 하며, 그
방법을 통해 수업에 대한 평가를 한다. 이 평가는 수업을 진행한
독서지도사(강사)에게도 매우 중요할 수밖에 없는 것이, 다음 학기
나 분기에 다시 수업을 할 수 있는가의 여부도 결정되기 때문이다.
그러니 독서지도사는 수업이 마무리 될 때까지 항상 최선을 다해
수업에 임할 필요가 있다.

그렇다면 수업 마지막 날에는 어떤 내용으로 진행을 하면 될까?
보통 아이들과의 수업에서는 과자 파티를 하면서 장기자랑을 펼치
기도 하는데, 그런 활동에 덧붙여 배운 내용들을 차분히 정리하고
미래의 독서 장면에 어떻게 적용할 것인가를 생각해 보는 소중한

시간으로 만들 필요가 있다. 아래는 종결 프로그램의 실제를 설명한 것이다.

1) 종결 프로그램의 실제

(1) 나의 다짐

이제 우리는 이 프로그램을 마무리해야 할 시간이 온 것 같습니다. 처음 시작할 때를 되돌아봅시다. 이 프로그램에 참가할 때에는 많이 망설이기도 했을 것입니다. 어떤 사람은 정말 참여하고 싶어서 스스로 온 사람도 있겠지만, 혹은 친구를 따라 왔거나, 그것도 아니면 담임선생님과 부모님의 강요에 못 이겨 억지로 참여하게 된 경우도 있을 것입니다.

그렇다면 수업 마지막 날 이 순간 여러분의 마음은 어떻습니까? 아마도 여러분 모두가 이러한 독서야말로 우리가 살아가는데 얼마나 중요한 것인지, 나아가 어떻게 하면 조금 더 즐거운 독서를 할 수 있는지 느끼는 시간이 됐을 것입니다. 그런가요?

이제 여러분은 내 자신이 스스로 좋은 책을 찾아 읽고 그 느낌을 간직해 볼 수 있을 것입니다. 더불어 독서와 함께 생활할 것이고, 책을 가장 친한 친구로 삼을 것입니다. 그러려면 내 마음이 흔들릴 때마다 붙잡아 줄 수 있는 것이 필요하겠습니다. 여러분 스스로 앞으로도 독서에 대한 사랑의 마음이 변치 않을 것이라는 다짐하는 글을 한 번 써보면 어떨까요? 떠오르는 만큼만 적어주세요.

〈나의 다짐〉

① 나는

② 나는

③ 나는

④ 나는

⑤ 나는

⑥ 나는

⑦ 나는

⑧ 나는

⑨ 나는

⑩ 나는

(2) 나의 소원

드디어 마지막 시간입니다. 마지막이라 생각하니 섭섭하고 아쉽기도 합니다. 사람은 누구나 꿈을 갖고 살지요. 그 꿈의 종류나 크기가 문제가 아니라 그 꿈을 어떻게 실현하는가가 중요하지요. 자신이 어느 정도 노력하는가 하는 것이 이러한 성공 여부를 결정할 것이기 때문에, 자신의 꿈을 자기 것으로 만들기 위해서는 구체적인 계획을 수립하며 의식화하여 실천할 수 있어야 하겠지요.

〈내가 되고 싶은 사람〉

(지시사항)

이 세상에는 여러 사람들이 살고 있지만, 지금 여기 있는 나는 이런 사람이 되고 싶습니다. 지금 나에게는 무엇보다도 그것이 됨을 원하기 때문입니다. 곰곰이 생각하고 열심히 찾아 적어 봅시다.

(1) 원대한 꿈을 가진 사람

(2) 솔직한 사람

(3) 능력이 있고 쓸모가 있는 사람

(4) 쾌활하고 명랑한 사람

(5) 깨끗하고 단정한 사람

(6) 자신이 믿는 바를 실천하는 용기 있는 사람

(7) 남의 잘못을 용서할 수 있는 사람

(8) 남을 도와주려는 사람

(9) 정직하고 성실한 사람

(10) 상상력이 풍부하고 창의력이 뛰어난 사람

(11) 자주적인 사람

(12) 지혜로운 사람

(13) 검소한 생활을 하는 사람

(14) 사랑할 수 있는 사람

(15) 겸손한 사람, 예의바른 사람

(16) 정의를 지키는 사람

(17) 책임감이 강한 사람

(18) 자신을 다스릴 수 있는 사람

(19) 열정적인 사람

(20) 부지런한 사람

선택한 이유	구체적인 실천 계획

(3) 사랑의 선물 - 롤링 페이퍼

그 동안 함께 한 친구들과 헤어지게 되어, 아쉽고 서운함이 큽니다. 헤어지는 친구들에게 작지만 마음의 선물을 서로 나누며, 오늘을 마쳤으면 합니다. 우리 모두 정성스럽게 마음을 모아 친구들에게 사랑의 선물을 전달합시다.

(4) 소감문 쓰기

〈프로그램을 마치면서〉

① 프로그램 과정을 마치면서 느낀 점을 구체적으로 적어 봅시다.

② 프로그램을 통하여 변화된 나의 모습을 구체적으로 적어 봅시다.

③ 프로그램 과정에서 가장 인상 깊었던 점(기억에 남는 점)은 무엇입니까?

④ 프로그램 과정에서 가장 아쉬웠던 점은 무엇입니까?

(5) 작품 및 파일 전시회

필자는 독서지도 프로그램을 진행할 때 참여하는 아이들 각자 클리어 파일 하나씩을 준비하게 한다. 그 안에는 수업에서 나눈 활동지 등을 정리하게 하는데, 마지막 날 여러 친구의 파일을 전시해서 살펴본 뒤 소감 나누기를 해도 좋다.

나아가 책 만들기 및 북 아트, 신문 활용 교육, 미술 활용 시간에 만들어진 작품을 별도로 전시해도 좋다. 실제로 도서관에서는 일정 기간 동안 수강생들의 작품을 전시하기도 한다. 단, 이런 기회를 가지려면 독서지도사가 작품들을 일률적으로 걷어 보관하고 있는 편이 낫다. 왜냐하면 집으로 가는 도중 파손되는 경우가 많고, 정작 필요할 때 잊고 가져오지 않는 경우도 많기 때문이다. 하지만 잘 진행이 되면 그동안의 성과를 눈으로 보면서 감회를 나눌 수 있는 좋은 방법이다.

제 17 장

독서상담의 실제

  독서상담은 문자 그대로 독서에 대한 상담 전반을 의미하는 것으로, 단순히 필요한 책에 대한 정보를 주는 것에서부터, 임상적인 문제를 호소하는 사람에게 적절한 자료와 함께 치료를 진행하는 것까지 포함될 수 있다. 하지만 후자는 독서치료라는 분야로 정립되어 실시되고 있으므로, 이 범주에 포함시키지 않는 것이 좋겠다. 대신 독서행위나, 독서습관, 독서방법(편독 등), 글쓰기 등의 독후활동 관련, 적정 책의 선택과 관계된 영역은 독서상담에서 다루고자 한다. 따라서 이 장에서는 공공도서관이나 학교도서관, 도서 관련 사이트, 서점 등에서도 시행이 되고 있는 독서상담의 유형과 실제에 대해 살펴보고자 한다.

1. 주로 누가 묻는가?

독서상담의 주 내담자는 학부모님이다. 그 가운데 양육을 담당하는 어머니인 경우가 90%를 넘는다. 이는 너무나 당연하게 받아들여지는 현실이기 때문에 그 이유에 대해 논할 필요도 없겠다. 하지만 이런 결과에는 아쉬움이 남는 것도 사실이다. 왜냐하면 한참 발달해 가는 아이들이, 청소년들이 직접 물으며 스스로의 길을 걸어가면 더 좋을 것이기 때문이다.

2. 주로 어떤 것들을 묻는가?

독서상담만을 전문적으로 담당하며 관련 통계를 잡고 있는 곳은 한 곳도 없다. 따라서 정확한 언급을 하기에는 어려움이 있지만, 경험을 살펴봤을 때 요즘 가장 많은 질문은 몇 가지가 있다. 그 질문들을 몇 가지 영역으로 나누어 살펴보면 다음과 같다.

1) 책읽기 습관에 관한 것

(1) 만화나 무협지, 판타지 동화에서 벗어날 수 있는 방법에 대한 질문.

(2) 만화는 아니지만 공룡, 로봇, 공주, 곤충 등 한 주제에만 집중하는 것에서 벗어 날 수 있는 방법에 대한 질문.

(3) 책을 전혀 읽지 않아 책을 좋아할 수 있는 방법에 대한 질문.

(4) 잠을 자기 전에 책을 읽어야 하고, 꼭 읽어달라고만 하는 것에 대한 질문 등.

(5) 책을 너무 빨리 읽어버려 잘 읽었는지 확인할 수 있는 방법에 대한 질문.

2) 적정 자료에 대한 것

(1) 나이, 학년, 과제 해결, 탐사나 견학 등에 어울리는 내용의 자료를 묻는 질문.
(2) 현재 읽히고 있는 자료가 바람직한 것인가 등.

3) 글쓰기에 관한 것

(1) 논술에 도움이 되는 책읽기 및 글쓰기 방법에 대한 질문.
(2) 일기 및 생활문 등 학교에서 배우고 과제로 내주는 문종에 대한 질문.

4) 독후 활동에 관한 것

(1) 학년 및 성별에 따라 어떤 활동을 해주면 더욱 도움이 되는 가에 대한 질문.
(2) 현재 하고 있는 활동이 바람직한 것인가 등.

3. 어떻게 대답해 주어야 하는가?

비록 독서에 관한 것을 주 내용으로 하고, 그 깊이가 얕다고 할 수 있지만, 어쨌든 상담이기 때문에 내담자들의 호소문제가 무엇인지 잘 듣고, 그 문제를 도와줄 수 있는 대답을 해주어야 한다. 또한 앞서 살펴본 것처럼 주로 묻는 사람들은 학부모들이기 때문에, 아이들의 상황에 대한 체크를 반드시 할 필요가 있다. 왜냐하면 상담을 해오는 사람들은 학부모님들이지만, 그들이 호소하는 상담 내용의 주체는 아이들이기 때문이다. 즉, 상담을 통해 어떤 결과를 주더라도 그를 이행할 사람들은 아이들이라는 이야기이다. 때문에 아이들의 상황 등을 점검하지 않으면, 아이들에게는 더 힘든 독서의 길을 안내한 셈이 된다. 그밖에도 여러 상황들을 면밀히 살펴볼 필요가 있다.

4. 독서상담의 실제

자, 그렇다면 이제 온라인상에서 행해지고 있는 상담 내용들을 하나씩 살펴보도록 하자. 아래의 내용은 현재 필자가 전문 상담가로 활동하고 있는 사이트 '자녀를 위한 학부모 커뮤니티 맘스쿨 (www.momschool.co.kr)의 상담실에 올라온 질문들을 추가·변형해 여러 유형으로 나눈 뒤, 필자가 답한 형식으로 정리한 것이다.

질문 1) 제목 : 제대로 하고 있는 건가요?

초등학교 2학년 여학생인데, 책을 잡고 자리에 앉으면 특별히 가리는 분야 없이 10권도 넘게 읽어냅니다. 그런데 제대로 읽고 있는 것인지 궁금합니다. 내용을 물어보면 큰 줄거리는 알지만 세부적인 것 까지는 모르거든요. 정독을 해야 할 것 같은데 그런 것 같지도 않고 말이죠. 그리고 글 쓰는 것을 싫어해서 일주일에 2·3번 정도만 독서 감상문을 쓰는데, 그래도 괜찮을까요?

답변 1) 독서능력과 흥미

안녕하세요. 초등학교 2학년 자녀를 두셨는데, 아이가 책을 정독하지 않고 너무 빨리 읽어버리는 것에 대한 걱정과 함께 올바른 지도 방법이 궁금하시군요.

우선 아이의 독서능력이나 흥미를 학년이나 나이를 기준으로 이야기 할 수만은 없다는 점을 말씀드리고 싶습니다. 이는 어렸을 때부터의 독서습관과도 연관되는 부분인데, 단계에 따라 꾸준히 읽어 왔다면 6학년과 대등한, 혹은 그보다 더 뛰어난 능력을 갖고 있을 수 있답니다. 귀댁의 자녀도 보통의 2학년 친구들보다는 더 높은 능력을 갖고 있어 보입니다.

그래서 어머니 입장에서는 다양한 책들을 열심히 읽는 모습에 뿌듯하시겠는데, 다만 너무 빨리 읽으니 내용들은 다 이해를 했는지, 제대로 읽고 있는 것인지가 궁금하실 수 있습니다.

하지만 이 부분에서도 아이는 자신이 관심 있는 책을 선택해, 흥미 있는 부분을 더욱 집중해서 읽었을 것이며, 결국 기억에 남는 부분도 한정되어 있을 거라는 말씀 드리고 싶네요. 우리 어른들도 드라마를 보면 특히 인상적이었던 장면만 기억을 하는 것처럼 말입니다. 특히 귀댁의 자녀처럼 많은 책을 읽는다면 더욱 그럴 수밖에 없겠습니다.

그렇다면 이런 방법을 활용해 보시면 어떨까요? 어머니께서도 아이가 읽는 책들 중 몇 권을 같이 읽으신 뒤 토론이나 토의 등의 이야기를 나누어 보시는 겁니다. 그저 지은이나 주인공의 이름이나, 한 장면이 어떻게 전개되었는지 등을 묻는 것은 도움이 되지 않습니다. 한 장면으로도 다양한 주제와 연결을 시킬 수 있고, 우리 실생활과도 연결을 지을 수 있으니, 그런 질문과 함께한 이야기를 나누어 보시면, 아이에게 보다 큰 것을 남겨 줄 수도 있답니다. 책 안의 이야기를 바탕으로 하니 어느 정도는 확인도 되고, 그 안에만 머물지 않는 넓은 시각을 만들어 주기도 하고요.

아울러 매일 다양한 분야의 책을 5권에서 10권정도 읽히고 계시는 부분은 잘 하고 계신 것 같습니다. 그렇게 다양한 분야를 접해주면 아이는 보다 넓은 시각을 가질 수 있을 테니까요. 이 부분에서도 깊이에 대한 고민이 있다 하셨는데, 그렇다고 한 분야의 책만을 계속 선택해 주시면 쉽게 흥미를 잃을 수도 있답니다. 어느 정도 시기가 지나면 자연스럽게 아이 스스로 흥미 분야에 대한 책을더 집중해서 읽고 싶어 할 거랍니다.

마지막으로 독후감 쓰기는 최소한으로 아이가 부담스럽지 않은정도로 시켜주시면 되겠습니다. 결국 독후감이라는 것이 독서 후의감상을 내 나름대로 적는 것인데, 책을 읽으면 반드시 해야 하는통과의례가 된다면 아이는 그게 싫어서라도 책 읽는 양을 줄일 수도 있지요. 이 역시 하나의 즐거운 활동이 될 수 있게 해주세요.만화나 퀴즈, 마인드맵, 어떤 것도 좋답니다. 일주일 동안 읽는 책의 양이 많을 것 같은데, 어떤 책들을 읽었는지에 대한 목록을 정리해 두는 것은 차후 아이에게도 도움이 됩니다. 그러니 어머니께서 함께 도서관의 대분류 정도로만(문학, 사회과학, 예술, 역사 등)해두면 어떨까 싶네요. 그리고 그 가운데 한 두 권 정도에 대해서만 원하는 방법으로 감상을 남기면 충분하겠습니다.

어머니, 독서의 목적에는 여러 가지가 있는데, 그 가운데 하나가바로 감동과 즐거움이랍니다. 게임 등 흥미를 끌만한 요소가 많은요즘 세상에 책을 즐겁게 읽을 수 있다는 건 대단한 습관이라고 생각됩니다. 그러니 우리 아이가 앞으로도 즐겁게 책 읽어 나갈 수 있는 환경 만들어 주십시오. 어쩌면 그것만으로도 충분할지 모릅니다.

더 궁금하신 사항 있으면 언제든 글 남겨 주세요. 감사합니다.

질문 2) 해결 방법 좀 알려주세요!

아이 둘을 키우는 직장맘입니다. 초등 2학년인 딸아이가 스스로 책을 읽으려 하지 않네요. 그리고 책을 선택할 때는 워낙 그림을 좋아해서인지, 그림이 마음에 들며 줄거리는 짧은 것들 위주로 고릅니다. 학년에 맞는 책을 사주어도 동생 책을 가져다 읽습니다. 참으로 답답합니다.

책을 읽는 시간은 잠자리에 들기 전 10~20분입니다. 낮에는 워낙 시간이 안 되기 때문에 밤에라도 읽으려 노력합니다. 하지만 그것도 스스로 읽으라면 대강 읽으려 해서 저와 번갈아 가며 읽습니다.

제가 딸아이를 어릴 때부터 너무 관여를 해서일까요? 책을 읽건 공부를 하더라도 꼭 체크하며 지적하는 면이 있어 딸아이가 은근히 스트레스를 받나 봐요. 스스로 알아서 하는 모습이 안 보여 제가 더 그런지도 모르겠네요. 그래서 지금은 알아서 할 때까지 놔두고 있는 상태인데 잘 하려나 모르겠네요. 아직은 어리니까 그렇겠지 하는데, 저학년에 잡아주질 않으면 고학년 가서도 아예 포기를 할까 걱정이 됩니다.

이제는 일기도 일주일에 3번 정도 쓰는데 내용도 형편이 없습니다. 제가 오늘 중에 제일 재미있거나 생각이 제일 많이 떠오르는 내용을 꾸밈 있고, 상세히 더 붙여서 쓰라고 하면 벌써 인상이 굳어 있습니다.

책을 스스로 읽지 않아 모둠논술을 하고 있는데 수업은 정말 재미있다 하더라고요. 선생님이 말씀하시기를 수업 초반에는 내용을 끄집어내는데 시간이 걸리는데, 중간 정도 진행되면 잘 한다고 하며, 참으로 독창적인 아이라고 합니다. 제가 봐서는 글쎄요??

좋은 방법 있으면 도움 좀 주세요?? 그리고, 남아 7세 아이인데 독서 습관을 어떻게 잡아 주어야 하는지도 알려 주시면 고맙겠습니다.

답변 2) 아이의 개성을 존중해 주세요!

안녕하세요, 직장맘님! 책주샘 임성관입니다. 초등학교 2학년인 딸아이가 책을 잘 읽으려 하지 않고, 그나마 읽는 책도 너무 쉬운 것만 고르는 것 같아 걱정이 되시는군요.

우선 질문하신 내용에 대한 답을 드리기 전에, 어머니께서 직장에 나가시나 본데, 언제부터 나가신 건가요? 그리고 직장에 나가시는 동안 아이는 누가 양육을 했고, 책은 어떻게 읽히셨는지 궁금합니다. 왜냐하면 독서능력이나 흥미도 갑자기 높아지는 것이 아니라 일정 단계를 거쳐야 하기 때문이지요. '학년에 맞는 책'을 사주셨다고 했는데, 어쩌면 그 책 자체가 아이의 독서능력에 맞지 않을 것 같기도 합니다.

또한 직장에 계시는 동안 함께 하지 못한 부분을 여러 가지 '확인' 해주는 것으로 표현 하신 것 같은데, 말씀하신 것처럼 아이에게는 큰 부담으로 느껴졌을 것도 같습니다. 매번 체크를 받아야 하고, 엄마의 기대에 부응도 해야 했을 테니까요. 그러다보니 아이는 어차피 해야 할 일에 있어 요령을 부릴 수 있겠습니다. 더구나 과제물과 학습지를 한 뒤에 책까지 읽어야 했다면 시간도 시간이지만 부담이 되었겠네요.

일기쓰기에 대한 부분도, 오늘 일과 중 제일 재미있었거나 생각이 많이 나는 일을 꾸밈없이 상세하게 쓰는 것이 일반적인 형태이기는 합니다만, 과연 아이에게 매일매일 재미있는 일이 벌어질까요? 그리고 매번 그렇게 상세하게 쓰고 싶을까요? 저는 이 부분에 있어서 아이들도 어른과 똑같은 마음이라는 점을 말씀 드리고 싶네요. 즉 아이들도 재미있는 거리를 전혀 느끼지 못한 날도 있을 테고, 내용을 간단하게만 쓰고 싶은 날도 있을 거라는 거지요. 어머니께서 기대하시는 좋은 내용이 무엇인지 궁금한데, 아이가 원하는 대로 기록해 보게 허락해 주시면 어떨까요? 일주일에 3일은 꼭 일기를 써야한다, 상세하게 덧붙여 써라가 아니라, 쓰고 싶을 때 편지, 시, 만화, 그림 등으로 자유롭게 표현해 볼 수 있게 하는 방법도 있답니다.

마지막으로 아이가 모둠논술은 정말 재미있어 한다고 하셨는데, 이런 면만으로도 어머니께서 선택해 사용하시는 독서관련 방법들이 아이에게는 흥미롭지 않음을 알 수 있습니다. 그 선생님께서 말씀하신 아이의 독창성을 끌어내 키워주시는 건 어떨까요? 그렇다면 아이도 강요받지 않으면서 즐겁게 책을 읽어낼 거랍니다.

7세 남아는 동생인 것 같네요. 다양한 분야의 그림책을 열심히 읽어 주시고, 스스로 읽게도 해주세요. 그 정도면 충분합니다. 혹시 더 궁금하신 점이 있으면 글 남겨주세요.

질문 3) 책에 흥미가 없습니다.

초등학교 3학년 남자 아이인데 책을 스스로 읽지 않는 등 흥미가 없어 보입니다. 남자 아이는 강제로라도 습관을 들여야 한다는데, 오히려 흥미만 더 떨어질 것 같아 걱정입니다. 거실을 도서관처럼 꾸며주고, 책도 읽어주며, 도서관에도 데리고 가는 등 할 수 있는 것은 다 해주는데도 시큰둥합니다.

그런데 이상한 것은 일기를 반에서 잘 썼다고 신문에도 실립니다. 언제나 책의 즐거움을 느낄 수 있을까요, 답답합니다. 어떻게 해주어야 할까요?

답변 3) 책을 좋아하는 아이로 만드는 방법

안녕하세요, 어머니! 책주샘 임성관입니다. 초등학교 3학년 남자 아이가 책을 스스로 읽지 않고 흥미를 보이지 않아 어떻게 하면 흥미를 키울 수 있을지 궁금하시군요.

요즘 워낙 독서의 중요성을 강조하고, 특히 대학입시에서 논술의 비중이 크게 다루어지다 보니, 아주 어린 나이 때부터 독서능력과 흥미를 키워주고자 노력하시는 학부모님들이 많으십니다.

하지만 아이들은 그에 응하지 않아 부모님의 속을 썩이는 경우도 많은 것 같습니다. 대신 컴퓨터 게임이나 놀이에는 집중하면서 말입니다. 그렇다면 왜 그럴까요? 맞습니다! 앞 질문에 대한 대답에서도 비슷한 내용을 적었는데, 사람의 흥미는 다 다르답니다. 그래서 책을 좋아하는 사람도 있지만, 대신 운동이나 다른 활동을 좋아하는 사람들도 있지요. 아이들 역시 마찬가지입니다. 모두가 책 읽기는 기본으로 좋아한 다음, 다른 활동들에도 관심을 기울여 주면 좋으련만, 그렇게 부모의 마음을 미리 헤아려 주는 아이들은 많지 않지요.

귀댁의 자녀도 그런 양상인 듯싶은데, 어찌 된 일인지 일기는 잘 쓴다는 평가를 받는가 봅니다. 그렇다면 이 아이는 책읽기에 대한 흥미는 없지만, 하루 중 겪었던 일들을 맛깔스럽게 글로 표현해 내는 능력은 있는 것 같습니다. 일기라는 것은 하루 일과 중 기억에 남는 일을 적는 것이기 때문에, 그것이 꼭 독서와 관련되어 있지는 않지요. 게다가 내가 너무 좋아하는 일들을 한 거였다면 얼마나 재미있고도 자세히 기억되겠습니까? 그러니 그런 면들을 살아있게 써 낼 수 있는가 봅니다.

아이들을 가장 잘 아는 사람은 그래도 부모님이십니다. 그렇다면 우리 아이가 어떤 것을 좋아하는지, 그동안 읽어 온 책들이 이 정도이기 때문에 어떤 책을 읽는 것이 적절할지 나름대로의 판단이 설 수도 있으실 겁니다. 그러니 현재 아이가 가장 관심 있어 하는 분야로 먼저 접근을 하세요. 어떤 기관에서 제시한 목록을 참고해 엄마로부터 선택되어지는 좋은 책이 아이들에게는 좋은 책으로 다가가지 않습니다. 오히려 재미있는 책이 정말 좋은 책으로 다가오지요. 그러니 처음에는 아이의 욕구와 수준에 맞춰 시작하시기 바랍니다. 그래야 아이는 조금씩 책에 대한 흥미를 보이기 시작할 것입니다. 조급하게 마음먹지 마시고 천천히 해 나가세요. 아직 2학년이면 충분합니다. 강제로 들인 습관이 얼마나 오래 갈 수 있을지, 진정성이 내포되어 있을지 생각해 보시기 바랍니다.

질문 4) 책읽기는 좋아하는데….

우리 아이는 초등 2학년 남자 아이입니다. 책에 빠져들면 밤이고 낮이고 시간 가는 줄 모르는, 책 없이는 못 살 정도로 좋아하는 그런 아이입니다. 그런데 문제는 글쓰기를 싫어한다는 겁니다. 그래서 1학년 때 독서논술 교실을 보냈는데, 선생님 말씀이 또래에 비해 지식은 많지만 자기만의 생각을 표출할 줄 모르고 창의력도 부족하다고 하시더군요. 마침 아이도 재미없어 하고 가기도 싫다 하여 수업을 끊고 집에서 엄마와 열심히 해보자고 했는데, 책을 읽고 무엇인가를 쓴다는 것은 무척 싫어합니다. 그러다 보니 아이와 서로 마음만 상하는 것 같고, 제가 너무 강요 하는 것은 아닌가 싶기도 합니다. 어떻게 해야 할까요? 그냥 책만 열심히 읽게 두어도 될지, 그러다보면 언젠가 스스로 표출이 될 지, 아니면 저와라도 해야 하는지 학원에 보내서 전문 선생님에게 맡겨야 하는지 궁금합니다.

답변 4) 표현은 훈련이 필요합니다!

어머니 안녕하세요, 책주샘 임성관입니다. 초등학교 2학년 자녀가 책읽기는 좋아하는데, 글쓰기 등의 활동에는 관심이 없어 고민이시군요.

　말이나 글은 내 생각이나 감정을 외부로 표출시키는 표현의 한 형태로, 일정 시간이 지날수록 자연히 습득되고 향상되는 능력이 아닙니다. 그래서 표현능력을 키우기 위해서는 훈련을 해야 하지요. 실생활에서 경험을 하셨겠지만 말이나 글은 쓰면 쓸수록 잘하고, 잘 쓰게 되지요? 반대로 말도 잘 하지 않고, 글도 잘 쓰지 않는다면 실력이 늘지 않음을 아실 겁니다. 그래서 적절한 훈련을 적절한 때부터 시켜주실 필요가 있는데, 귀댁의 자녀는 글쓰기를 너무 일찍 시작한 것 같습니다. 사실 학교에만 들어가도 독서록 등의 글쓰기를 요구하기 때문에 아이들에게 글쓰기에 대한 부담을 전혀 주지 않을 수는 없는데, 그런 의무적인 글쓰기는 아이들의 능력과 흥미를 키우는 것이 아니라 오히려 반감시킵니다. 책을 읽으면 반드시 무엇인가를 써내야 한다고 생각해 보시면, 그게 얼마나 부담스러운 일인지 아실 겁니다. 그러니 가능한 글쓰기에 대한 부담을 주지 않는 것이 좋습니다.

　대신 다른 독후활동을 해보십시오. 독서지도에 대한 경험이 있으시다면 매우 다양한 독후활동이 있음을 아실 겁니다. 글쓰기도 그 가운데 하나이고, 그림그리기, 만들기, 노래나 동작으로 표현하기 등. 그 가운에 아이가 좋아하는 것으로 시켜 주셔도 좋습니다. 어차피 그 모든 것들이 표현이니까요. 글쓰기와 다른 점이라면 그런 활동들이 꼭 글로 남기지는 않는다는 것입니다.

　한 가지 더 덧붙여, 유아나 저학년 아이들은 어휘력이며 문장력이 떨어지기도 합니다. 그러니 어른들이 원하는 만큼의 글쓰기가 이루어지기 힘들지요. 그런데 말은 잘 하는 편인 경우도 있더라고요. 혹시 그런 아이라면 책에 대한 이야기를 나눌 때 녹음을 해서 글쓰기로 연결을 지어 보세요. 녹음한 내용을 다시 들으며 글로 정리를 하는 것이지요. 그럼 입말도 살아 있어서 훨씬 살아있는 글이 나올 수도 있답니다.

어머니, 저는 독서교육 및 치료를 하는 사람으로서 우리 아이들이 책을 통해 보다 큰 행복을 느꼈으면 하는 마음입니다. 다양한 분야의 책을 읽는 것, 그 내용들을 글로 잘 정리해 내는 능력을 갖는 것도 중요하지만, 더 중요한 것은 책에 대한 관심을 갖고 스스로 골라 읽는, 그럼으로 인해 책이 정말 좋은 친구임을 아는 일이 아닐까 싶네요.

그러니 굳이 학원이나 다른 전문가에게 의뢰하시지 말고, 엄마가 함께 할 수 있는 여러 방법들을 찾아보세요. 요리 관련된 책을 읽으셨으면 간단한 음식을 함께 만들어 보고, 식물 관련 책을 보셨으면 가까운 들로 나가보는 것도 좋지요. 2학년이면 그런 활동들만으로도 충분합니다.

질문 5) 왜, 책을 읽어야 하나요?

저희 아들은 초등학교 4학년입니다. 그런데 스스로는 절대로 책을 읽지 않고 엄마가 읽어 주어야만 듣는 정도입니다. 토론교실에도 보내보고 NIE 수업도 시도해 봤지만 너무 강하게 거부를 해 더 이상 할 수가 없네요. 엄마가 읽어주는 방법 이외에는 정말 없을까요? 좀 알려주세요!

답변 5) 책을 거부하는 아이

안녕하세요, 어머니! 책주샘 임성관입니다. 4학년임에도 불구하고 엄마의 육성을 빌리지 않고는 책을 읽으려 하지 않는 아이 때문에 고민이시군요. 4학년이면 스스로 책을 읽을 수 있는 학년이니, 엄마의 힘을 빌리지 않았으면 하는 마음과, 그동안 해 오신 노력들이 조금이나마 발현되었으면 하는 마음이 함께 느껴지네요. 그러시지요?

그런데 어머니께 한 가지 여쭤보고 싶은 게 있습니다. 그동안 아이가 독서에 관심을 갖게 하기 위해 여러 노력을 하셨는데, 그런 프로그램들을 접하게 하실 때 미리 동의를 구하셨나요? 아니면 어머니의 생각에 따라 억지로 권하셨나요? 후자일 가능성이 큰 것 같은데, 그렇다면 어머니는 왜 그런 결정을 하셨나요? 독서의 중요성을 알기 때문에, 스스로 책을 읽는 습관을 형성시켜주기 위해서, 그밖에 여러 이유가 있으실 수 있겠습니다.

하지만 아무리 좋은 프로그램이었다 하더라도 아이 스스로 동기유발이 되어 있지 않으니 효과가 없었을 것입니다. 따라서 아이가 먼저 책읽기에 대한 동기 유발이 될 수 있게 해주실 필요가 있는데, 일반적으로 많이 권하는 방법은 관심 있는 주제로 접근을 하라는 것입니다. 그래야 흥미도 생기고, 흥미가 생겨야 또 스스로 읽고 싶은 마음도 생기기 때문이지요. 하지만 그 전에 아이의 성향을 짚어보고 싶습니다. 혹시 아이가 독서 이외의 활동에서도 비슷한 면을 보이나요? 그러니까 원하는 것만 하려하고, 그 이외의 것들은 엄마가 해줘야 겨우 하는 시늉을 하는 그런 모습요. 그럼 그럴 때마다 엄마는 먼저 알아서 해주시겠지요.

혹시 그렇다면 아이는 강한 거부를 통해 편리함을 얻을 수 있을 것 같네요. 따라서 하고 싶지 않은 일이 생길 때마다 반복되는 현상을 보여 주기만 하면 되고요. 음, 좀 좋지 않게 표현을 하자면 그런 패턴을 이용한다고 해야 할까요? 이유는 누구나 하고 싶은 일, 편리한 일을 하고 싶기 때문이지요. 그런데 그 일을 시키는 사람이 내 반응에 따라 확 달라지는 모습을 보인다면, 그 점을 잘 활용해 상황을 피하고 싶을 겁니다.

어머니, 일단 남겨주신 글만으로 몇 가지 상황으로 발전을 시켜 봤습니다. 그러니 제가 드린 질문에 대한 답을 적어 주시면서, 보다 자세한 상황을 한 번 더 남겨 주시면 감사하겠습니다.

질문 6) 독후 질문에 대해 궁금해요.

1학년 여아와 4학년 남아를 둔 엄마입니다. 저는 아이들이 책을 읽은 후 적절한 질문을 통해 독후 감동과 글쓰기를 풍부하게 해주고 싶은데, 질문 내용이 늘 빈약한 것 같습니다. 제가 주로 묻는 질문은 "이 책에서 무엇이 가장 인상 깊었니?", "어느 부분이 제일 재미있었어?", "네가 주인공이라면 이럴 때 어떤 기분이 들까?, 또는 어떻게 행동했을 것 같니?" 정도입니다. 다양한 책의 종류별로 독후에 어떤 질문을 하면 좋을지 구체적으로 알려주세요.

답변 6) 독후 질문 방법

안녕하세요, 어머니! 상담실지기 책주샘 임성관입니다. 책을 읽은 후 아이와 할 수 있는 질문 등의 독후활동이 궁금하시군요.

남겨주신 글을 보니 그동안 아이와 책을 읽고 소감 나누기 등의 활동을 열심히 하신 것 같습니다. 또한 단순 내용 확인성 질문이 아닌, 아이가 느낀 점들을 표현할 수 있게 해주신 것도 같고요. 그래서 아이가 책에 대한 관심과 흥미를 꾸준히 유지해 온 것 같네요. 역사만화나 위인전의 경우는 직접 엄마에게 퀴즈를 내보기도 한다니, 즐겁게 책을 읽고 있다는 느낌이 전해집니다.

그런데 늘 묻는 질문이 비슷해서 아이도 지루해 할 것 같고, 어머니 입장에서도 더 발전시켜 주지 못하는 것 같아 고민을 하시는 군요. 하지만 제가 볼 때 질문은 그 정도로도 충분해 보입니다. 다만 독후활동으로 확장을 시켜주셨으면 하는 바람인데, 아시겠지만 독후활동은 매우 다양합니다. 예를 들어 느낀 점을 마인드맵으로 표현해 보거나, 글로 써보는 것, 혹은 그림으로 그려보는 것들도 있지요. 혹은 역할을 나누어 역할극을 해볼 수도 있겠습니다.

흔히 우리가 독서지도라고 하는 분야가 이 모든 것들을 포함하는데요, 내가 읽은 책에 따라서, 또 정한 주제에 따라서 이어지는 활동 역시 차별을 기할 수가 있겠습니다. 그러니 이런 활동의 적절성은 단적으로 말씀드리기 어렵습니다. 그래도 일반적으로 쓰는 방법을 몇 가지 말씀해 드리지요.

(1) 역사만화나 위인전

아무래도 여러 시대를 포괄적으로 담고 있는 내용들이 많지요. 그래서 독후활동으로 내 연대표를 만들어 보기도 합니다. 태어나서부터 지금까지의 나를 한 번 표로 정리해 보는 거지요. 말씀하신 독서퀴즈 등의 방법도 아주 많이 쓰입니다. 퀴즈는 어려울 수도 있지만 재미도 있고, 또 잘 기억되는 특징도 있답니다.

(2) 문학류(동화 등)

독서 감상문을 쓰거나 독서 감상화 그리기, 주인공이나 작가에게 편지쓰기, 결론 바꾸어 써보기 등의 활동은 물론, 대본으로 꾸며 역할극 해보기, 토론 등 정말 다양하게 연결 지을 수 있지요. 그런데 저는 저학년인 경우 쓰기 등 앉아서 하는 활동보다는 움직임이 있는 활동을 주로 연결해서 한답니다. 그래야 지루하지 않고 효과가 더 크거든요.

(3) 만화류

요즘 아이들이 만화를 정말 좋아하지요? 그래서 많은 어머니들이 걱정을 하시는데, 만화라고 해서 다 나쁘지는 않습니다. 오히려 잘 활용하면 더 좋은 효과를 볼 수도 있지요. 따라서 우리 어른들은 아이들을 위한 좋은 만화들을 찾고, 그것들을 읽히려는 노력을 해야 합니다. 만화를 활용해서 할 수 있는 활동으로는 말풍선의 내용을 지운 뒤 아이들에게 내용을 넣어보고 제목도 지어보게 하는 것 등이 있습니다. 그야말로 내가 구성한 만화가 되는 셈이지요. 이런 활동은 창의력을 기르는데 도움이 된답니다.

전체 종류를 말씀드리지 못하고, 아이들이 많이 보는 분야 위주로 몇 가지 활동만을 말씀드려 봤는데, 답변이 됐는지 모르겠네요.

질문 7) 맞춤법을 잘 틀리는 아이

안녕하세요, 저는 4학년 딸아이를 두고 있습니다. 그런데 조금 급한 성격 탓인지, 글만 쓰면 맞춤법이 엉망입니다. 저학년처럼 소리 나는 대로 쓰고, 글씨도 엉망입니다. 그래서 항상 고쳐 쓰게 하는데 근본적인 문제가 해결되지 않아서인지 자꾸 반복됩니다. 국어 학습지도, 논술도 해봤는데 별 효과는 보지 못했습니다. 어찌 해야 할 지 막막하네요.

답변 7) 맞춤법 바르게 쓰기

안녕하세요, 어머니! 책주샘 임성관입니다. 4학년 따님이 글씨를 엉망으로 쓰는 것은 물론 맞춤법 또한 많이 틀려서 걱정이시군요.

맞춤법은 국어는 물론 모든 공부의 기본이라 할 수 있는 부분으로, 맞춤법에 맞게 글을 쓰지 못하면 점차 공부에서 흥미와 자신감을 잃을 수도 있습니다.

따님의 성격이 급한 편이라고 하셨는데, 그것도 한 원인일 수 있겠네요. 왜냐하면 서두르느라 글자를 정확하게 보지 않고, 발음 또한 정확하게 하지 않을 것이기 때문입니다.

하지만 그렇다고 해서 맞춤법 공부를 너무 강요하면 부작용이 생길 수 있습니다. 글을 쓸 때 헷갈리는 단어들은 아예 쓰지 않으려 할 수도 있기 때문이지요.

만약 따님이 특정 단어를 계속 틀린다면, 올바른 글자를 써준 다음, 눈여겨보면서 소리 내어 발음하도록 해보십시오. 예를 들어 '뿌리를 뽑다'에서 '뽑다'를 잘 틀릴 경우, '뽑다, 뽑아서, 뽑으니, 뽑아라' 등 다양하게 발음하면서 써보게 하시면 좋겠습니다.

또한 분량이 많지 않고 흥미 위주의 책이라 하더라도, 아이가 정독하면서 글자 하나하나를 제대로 볼 수 있는 책을 권해주시는 것도 좋겠습니다. 혹 소리 내어 읽게 하실 거라면 녹음을 해두었다가 다시금 들려주시는 것도 괜찮습니다. 그러면서 잘못 발음한 부분을 스스로 고쳐 나갈 수 있게 해보세요.

질문 8) 조언 부탁해요~

8세 여아의 엄마입니다. 사업상의 이유로 아이가 6세 때 중국으로 왔습니다. 한창 한글을 배우고, 한국에서는 2개월 정도 유치원을 다녔습니다. 6세 전까지는 많은 학원을 다녔지만 한글은 못 떼었습니다. 지금은 여기서 2학년인데요, 학교에서는 중국어와 영어로만 수업을 합니다. 처음 오자마자 유치원도 말이 급하니까 중국어에만 매달렸어요. 그런데 시간이 지나면서 우리 아이가 어휘력이 많이 부족함을 느꼈어요. 그럴 수밖에 없는 환경이지만…. 한글을 사용하지 않으니까 방학 때 한글을 떼었어도 자꾸 잊어버리더라고요.

상담하고 싶은 부분은 독서를 비롯해 요즘 한창 논술, 논술하는데 중국어 수업에도 작문이 있고요, 영어 시간에도 더 학년이 올라가면 에세이가 있잖아요. 학교에서 해주지 못하는 부분을 제가 집에서 조금씩 훈련을 시키고 싶은데 뭘 어떻게 해줘야 하는지를 모르겠네요. 생각하는 사고의 범위를 넓히고 자신의 생각을 정리해 잘 표현하는 아이로 키우고 싶은데 어찌 해야 하는지 조언 부탁드립니다.

답변 8) 생각과 표현을 돕기 위한 훈련법

안녕하세요, 어머니! 책주샘 임성관입니다. 멀리 중국에서 질문을 주셨네요. 8세 여아가 다양하게 생각할 수 있고, 그 생각을 글로 잘 표현할 수 있는 방법이 궁금하시군요.

그런데 먼저 이런 생각을 해보셨으면 합니다. 아이가 6세 때 한글을 채 떼지 못한 상태에서 중국으로 갔고, 가자마자 다시 그곳 유치원에 적응을 하기 위해 중국어에 매진할 수밖에 없었다면, 아이도 무척 혼란스럽고 힘들었겠습니다. 어머니 말씀처럼 어떻게든 적응을 해야 하니 급하게 중국어에만 매달렸을 것 같네요.

때문에 한글은 자연스럽게 멀어지게 됐을 것이고, 그러다 보니 또 잊어버리게 됐겠지요. 어떤 기능이든 사용하지 않으면 쉽게 잊혀지기 마련이니까요. 하지만 어머니 입장에서는 한글은 한글대로, 중국어는 중국어대로, 또 영어는 영어대로 잘 했으면 하는 바람이 느껴집니다. 게다가 질문을 주신 것처럼 사고의 범위를 넓히고 자신의 생각을 잘 정리해서 표현도 잘하는 아이로 키우고 싶기까지 하시고요.

하지만 어머니, 아직 아이는 8세밖에 되지 않았다는 점을 다시금 생각해 주세요. 지금이야 그렇지 않지만, 불과 얼마 전까지만 해도 학교에 들어가 한글을 배우기 시작할 나이이지요.

또한 독서능력이나 흥미의 단계로 보자면 옛날이야기나 세계명작동화라는 장르의 그림책을 즐겨 볼 때입니다. 그런데 지금 귀댁의 아이는 환경의 변화라는 큰 스트레스를 감내하고, 다양한 언어와 문화에 적응도 해야 하는 상황입니다. 게다가 어머니의 욕구에도 부응해야 하는 상황인 것 같네요.

어머니, 아이가 매일 똑같은 내용의 일기를 쓰고 있다면, 현재 그 아이의 생활모습을 관찰해 보시기 바랍니다. 아마 아이는 매일 그렇게 생활을 하고 있을 것입니다. 혹은 다른 감정들을 느낄만한 심적인 여유가 없을 것입니다. 어쩌면 주어진 상황에서 최선을 다하고 있을 수도 있다는 이야기지요.

또한 발달단계에서 보자면 사고력이 분화되고 체계적인 사고를 해서 잘 표현할 수 있는 나이는 초등학교 고학년 이상이 되어야 가능하답니다. 그러니 조금 여유 있게 생각하시면 어떨까 싶네요. 다만 지금의 시점에서 해주셨으면 하는 건, 우리나라 그림책을 많이 읽어주시어, 우리 문화와 우리말을 잊지 않게 해주셨으면 하는 것과, 읽은 책에 대한 자유로운 감상을 표현할 수 있게 물어 주시는 것입니다. 이때에는 주인공의 이름이나, 구체적인 상황보다는 전반적인 느낌, 마음에 와 닿은 장면 등을 물으시면 됩니다. 말도 하나의 표현이기 때문에 향후 생각을 표현하고 정리하는데 도움이 될 것입니다.

어머니, 외국에서 생활하시느라 아이의 교육에 더 열정이 있으신 것 같네요. 부디 그 열정이 우리 아이의 상황과 상태에 맞는 정도로만 발현됐으면 합니다.

질문 9) 초등 5학년 남자 독서성향

초등 5학년 남자아이인데요, 성격이 아주 급한 편이라 상대방 말을 귀 기울여 듣지 못해요. 자기 말만 하고 싶어 하는 성격에다가, 전혀 정독이 되지 않아 걱정입니다. 올해 5월부터 정독 문제 때문에 논리 속독을 보냈더니 최근에 '샬롯의 거미줄'이라는 책을 대략 40분 만에 읽었다고 하네요. 정독 문제가 수학 문제를 대충 읽는 것과 관련 있는 것 같은데 어떻게 하면 좋을까요? 주의력과 정독 능력을 키우는 좋은 방법이 있을까요?

답변 9) 주의력 점검이 필요합니다.

안녕하세요, 어머니! 책주샘 임성관입니다. 5학년인 아드님이 책을 정독하지 않아 고민이시군요.

책이나 자료를 읽는 방법에는 여러 가지가 있지만, 정독은 저자가 말하고자 하는 바(주제)를 올바로 파악할 수 있는 가장 좋은 방법입니다. 특히 논술에서 중요한 것은 제시문이 주어졌을 경우 제대로 읽고 논제를 푸는 것이기 때문에, 정독을 통해 주제는 물론 내용을 파악하는 것이 중요하지요. 따라서 그럴만한 가치가 있는 책들은 정독을 통해 독해력을 키울 필요가 있는데, 아드님은 전혀 정독을 하지 않는군요. 따라서 시험을 볼 때 문제를 제대로 읽지 않는 현상으로까지 발전된 것 같습니다.

그렇다면 아이가 좋아하는 분야는 무엇인가요? 성격이 아무리 급하다 하더라도, 자신이 좋아하는 분야가 있을 테고, 그 분야를 할 때는 집중을 잘 할 것 같습니다. 예를 들어서 '메이플 스토리'라는 게임을 좋아한다면, 적어도 그 게임을 할 때만큼은 놀라운 집중력을 보이겠지요. 아드님은 어떤 분야를 좋아하나요? 분명 아이가 좋아하는 것이 있을 테고, 그 부분에서는 집중을 잘 한다면, 기질적으로나 혹은 다른 문제 때문에 집중을 잘 하지 못하는 것으로 보기는 어렵겠습니다. 대신 책이라는 것이 재미없는데, 엄마나 학교 선생님들께서 꼭 읽어야 한다고 말씀하시기 때문에 억지로 읽어야 하는 과제로 여길 수 있지요.

그런데 평소 성격이 급한 편이라고 하니 이 면은 고려가 되어야 할 것 같습니다. 주의집중력 등을 체크해보면 좋을 것 같은데, 혹시 집중도 잘 못하고 산만한 경향이라면 전문 기관에 가서 검사를 받아보시는 것도 권하고 싶습니다.

또한 정독문제 때문에 논리속독 학원을 보내고 계시다고 했는데, 이 부분은 좋은 선택이 아니라고 생각됩니다. 오히려 이런 학원은 어느 정도의 독서력을 갖춘 상태에서 보내야 더 효과를 볼 것이기 때문입니다. 현재 아드님처럼 집중을 하는 대신 책을 빨리만 읽어버리는 상태에서 속독은 더 좋지 않은 양상으로 발전시킬 가능성이 있습니다. 그러니 우선은 아드님의 집중력과 산만함 정도를 체크해 보시는 것이 좋겠습니다.

정독은 수학문제뿐만 아니라 학업 전반에 영향을 미칩니다. 왜냐하면 결국 모든 시험 문제의 시작은 문제를 읽는 것에서부터이기 때문입니다. 수학공식이나 화학식을 아무리 많이 알고 있어도 문제를 제대로 읽고 묻는 바를 이해하지 못한다면 아무 소용이 없지요. 이런 면들은 학습장애와도 연결이 되오니 앞서 말씀 드린 점검을 꼭 해보셨으면 합니다.

혹시 궁금하신 점이 더 있으시면 언제든 글 남겨 주십시오.

질문 10) 도와주세요, 어찌 해야 할 지….

저는 만 5세, 3세 된 아들 둘을 키우는 엄마입니다. 큰 애 3개월 때 남편이 미국으로 발령받는 바람에 나갔다가 올 6월에 들어왔어요. 그런데 제가 미국에 있으면서 향수병과 산후 우울증을 겪었습니다. 그래서 아이들에게 하루 종일 텔레비전만 틀어주고 저는 제 안에 갇혀 살았어요. 그러다 정신을 차릴 때쯤 다시 둘째가 생겨 너무 힘들게 지냈습니다. 아무도 없는 곳에서 저 혼자 아이들을 키우려니 너무 무식하게 키웠습니다. 솔직히 말하면 큰 아이의 5년 유아기를 제가 무참히 빼앗았습니다. 그래서인지 말도 더디고 책을 좋아하는 아이로 키우고 싶은데 책만 꺼내면 도망가거나 집중을 하지 않습니다. 책에 관심을 갖고 함께 책을 읽을 수 있는 아이로 키우고 싶은데 답답하고 너무 힘이 듭니다. 아이에게 지은 죄를 씻고 싶어요. 도와주세요, 어떻게 해야 할 지, 아이를 어떻게 유도해야 할 지 잘 모르겠어요. 작은 아이의 방해도 있으니 집중은 더욱 힘들답니다. 어쩌죠?

답변 10) 아이를 위하는 길

안녕하세요, 어머니! 책주샘 임성관입니다. 남겨주신 글 잘 읽었습니다. 큰 아이에게 책이라는 소중한 선물을 주고 싶으신데, 작은 아이의 방해도 있는데다 큰 아이는 집중을 하지 못하는 등의 어려움이 있으시군요. 그래서 참 고민이 많으신 것 같습니다.

그런데 큰 아이가 태어나 자란 과정을 보니 나름대로 어려움이 있었을 것 같네요. 왜냐하면 주 양육자인 어머니가 겪으신 향수병과 산후우울증의 영향이 아이에게도 전해졌을 것이기 때문입니다.

어머니께서도 말씀하셨듯이 하루 종일 아이에게 TV만 틀어주었고, 정작 어머니께서는 자신 안에 갇혀 살았으며, 비로소 정신을 차렸을 때에는 둘째아이가 생겨 거기에 집중을 하셨을 테지요. 이런 몇 가지 일들만 봐도 큰 아이는 어머니와 소통할 시간이나 공간이 거의 없었을 것 같습니다.

때문에 큰 아이는 말이 더딜 수밖에 없었을 것 같네요. 결국 말이라는 것도 한창 관심을 보일시기에 적절한 자극이 주어졌어야 하는데, 우울한 어머니께서 자극을 거의 주시지 않았을 것 같거든요. 그렇다면 현재 시점에서의 언어 발달도 점검을 해봤으면 하는 생각입니다. 더욱이 외국에 살다가 들어왔다면 우리말이 능숙하지 않을 수 있겠네요. 어른들에게는 별 차이가 아닌 듯 여겨질 일도 아이들에게는 큰 영향일 수 있으니, 특히 소통의 주 매체인 언어 발달이 어느 정도 수준인지 전문적인 기관에서 점검을 받아보시면 좋겠습니다.

나아가 좀 차분하고 책에도 관심을 가져 함께 읽을 수 있는 아이로 키우고 싶다는 바람을 이루시기 위해서라도, 먼저 아이가 보이는 행동과 성격적인 특성들이 왜 그렇게 형성되었을까에 집중을 해보셨으면 하는 생각입니다. 어머니께서는 '아이에게 지은 죄를 씻고 싶다'라는 표현을 쓰셨을 만큼 큰 아이에 대한 죄책감이 큰 편이라 생각되는데, 아이가 왜 그런 모습을 보이는지에 대한 점검과 이해가 선행되지 않은 채, 행동적인 면에서 엄마가 바라는 면으로 만들고자 하신다면, 이 역시 아이에게는 또 다른 어려움일 수 있습니다. 즉, 예전에는 너무 관심을 두지 못하신 것이 문제였다면,

이제는 엄마가 원하는 방식으로 관심을 보이시는 것이 문제일 수 있다는 이야기입니다.

어머니, 아이들이 보이는 문제들의 대부분은 애착에서부터 시작됩니다. 즉, 부모로부터 적절한 양육을 받았느냐 그렇지 않느냐, 부모로부터 충분한 사랑을 받았으냐 그렇지 않느냐, 나아가 부모와 처해진 환경을 믿고 있느냐 그렇지 않느냐의 문제라는 것이지요. 결국 이에 대한 처방은 부모가 아이에게 사랑과 신뢰를 심어주는 것 밖에는 없습니다. 어쩌면 쉬우면서도 어려운 일이지요.

지금 아이에게 필요한 것이 무엇일까요? 어머니께서 말씀 하신 죄를 씻는 방법이 무엇일까요? 그것은 엄마가 원하는 방식처럼 차분하고 책을 좋아하는 아이로 만드는 것이 아닙니다. 큰 아이를 중심에 두고 방법을 생각해 보시기 바랍니다. 도움이 필요하시다면 가까운 기관을 방문하시어 상담을 받아보시는 것도 좋겠습니다.

5. 독서상담 실습

질문 1) 초등 1학년 한국사 책을 권해 주세요.

아이가 초등학교 1학년인데, 한국사에 관심이 많습니다. 방학 중에 읽는다며 책을 사달라고 하는데, 어떤 책이 좋을까요? 제가 아직 한국사에 관한 책을 검색해 보지 못했네요. 부탁드립니다.

답변 1)

질문 2) 좋은 독후 감상문이란?

안녕하세요. 독후감 쓸 때 주로 읽게 된 동기, 줄거리, 느낀점, 이런 식으로 많이 쓰거든요. 정말 좋은 독후 감상문이란 어떤 건지 알고 싶습니다.

답변 2)

♣ 글쓴이 **임성관**

선생님은 한국사이버정보대학원 졸업, 중앙대학교 교육대학원 사서교육전공 졸업, 서울불교대학원대학교 상담심리전공 졸업의 학력과, 더불어 한국독서치료학회에서 운영하는 독서치료전문가 과정 및 숙명여자대학교 사이버교육원 아동교육전문가과정을 모두 1기로 수료했습니다.

이런 경력을 바탕으로 2004년부터 休독서치료연구소(www.poetrytherapy.kr)를 운영하고 있으며, 숭의여자대학교와 인천전문대학교 문헌정보과 및 평생교육원, 과천시립정보과학도서관, 수원슬기샘도서관, 인천화도진도서관 등에서 독서치료 및 독서교육을 강의하고 있기도 합니다. 또한 여러 복지관 및 재활원, 정신보건센터, 학교, 도서관, 쉼터, 수련관 등에서 개인 및 집단을 위한 독서치료 프로그램을 운영하고 있기도 합니다.

저서 :『독서치료 프로그램의 실제』(2007),『독서치료 연구』(2007),
　　　『시 치료』(2005, 공역),『책과 함께하는 마음놀이터 1』(2008),
논문 :「읽기부진아를 위한 독서치료 프로그램 연구」외 다수

책 좋아하는 아이 만들기

초 판 1쇄 | 2008년 8월 20일
7 쇄 발행 | 2015년 1월 5일
저　　자 | 임 성 관
펴 낸 이 | 권 호 순
펴 낸 곳 | 시간의물레
인　　쇄 | 대 명 제 책
표지디자인 | Design tell

등　　록 | 2002년 12월 9일
등록번호 | 제1-3148호
주　　소 | (121-050)서울시 마포구 마포동 332번지 1층
전　　화 | (02)3273-3867
팩　　스 | (02)3273-3868
전자우편 | mulrebook@empal.com

ISBN 978-89-91425-64-4 (93010)
정가 30,000원
ⓒ 임성관 2008